물권법

황경웅 저

圖書出版 오래

물 권 법

이 책을 부모님께 바칩니다

머리말

실무에 종사하다 민법을 가르치기 위해 강단에 선 지도 벌써 10년 가까이 된다. 로스쿨 체제가 되면서 법학을 처음 접하는 학생과 법학과를 졸업한 학생 모두를 대상으로 강의를 하다보니 자연히 어떤 방식으로 가르치는 것이 좋은지, 어떤 교재를 선택해야 하는지 끊임없이 고민하게 되었다.

내가 느끼기에 기존의 법학 교과서는 거의 천편일률적으로 크게는 의의, 요건, 효과순으로 대법원의 입장과 학설을 나열한 뒤 간단히 저자의 견해를 밝히고 있는 체제로 되어 있고, 그 학설의 내용도 추상적인 수준의 논의에 그치고, 인용하는 대법원 판결도 요지만을 옮겨놓는 식이다.

나도 이런 식의 교과서를 읽고 법학을 공부하였고, 실무에서 다양한 사건의 판결문을 쓸 때나 소장이나 답변서를 쓸 때에도 이러한 추상적인 교과서나 민법주석서, 민법주해 등을 참조하면서 해결해 나갔다. 그러나 구체적 사안이 아닌 추상적으로 쓰인 법학 교과서의 기술내용을 이해하기가 쉽지 않았고, 오히려 이들 책에서 소개한 대법원 판결문을 찾아서 추상적인 법이론이 구체적 사안에서 어떻게 적용이 되는지를 파악하고 난 후에야 비로소 교과서의 기술내용을 이해할 수 있었다.

이러한 나의 실무경험에 의하면 대법원의 판결은 이론적인 면에서나 실무적인 면에서나 학생들이 생각하는 이상으로 그 중요성이 높아 대법원의 판결을 정확하게 이해하는 것이 매우 중요하다. 따라서 추상적인 개념만을 이해하고 단순히 판결의 요지만을 아는 것으로는 턱없이 부족하다. 판결을 정확히 파악하기 위해서는 구체적인 법이론과 해당 판결의 사안을 제대로 이해해야 한다.

따라서 본 교재는 교과서를 통하여 법이론을 추상적으로 기술하는 데 그치기보다는 사례를 중심으로 하여 그 사례를 어떻게 법률적으로 해결하여야 할 것인가를 자세히 서술하였고 그 후 해당 사례의 구체적인 법이론을 설명하였다. 이런 방식은 그 동안의 법과대학체제에서는 행해지지 않았던 방식이기 때문에, 법학을 처음 배우는 학생에게도 그리고 법과대학을 졸업하여 어느 정도의 법학지식을 습득한 학생에게도 유효한 교수방법이라고 생각한다.

이런 식의 강의는 민법에 대한 학생들의 흥미를 유발시키고, 추상적인 법이론이 어떻게 실생활에 적용되는지, 결과적으로 법이 실생활에 어떤 영향을 끼치는지 명확하게 이해하게 한다. 따라서 이 책의 기술 방식도 위와 같은 강의 방식을 따라서 기술하였다.

이런 스타일을 채택하면서도 세운 원칙은 가급적 페이지 수를 줄여 읽는 학생으로 하여금 부담을 줄여 주자는 점과, 문장은 쉽게 쓰되 다루는 사안은 실무에서 활동하는 변호사에게도 도움이 될 만큼의 깊이 있는 것이어야 한다는 점이었다. 그리하여 학설에 대한 소개는 간단히 기술하고, 특히 대법원의 견해와 반대되는 학설은 중요하다고 판단되는 것만을 언급하였다. 또 사안도 제법 깊이가 있어야 하기 때문에 대법원 판결 중에서도 요지만으로 알 수 있는 것보다는 사안이 복잡하고, 학습하는 데 의미있는 사안, 그리고 현재 문제가 되고 있는 쟁점에 대한 사안이라고 판단한 것을 중심으로 약간의 가공을 거쳐 제시하였다. 이런 점 때문에 현재 변호사로서 활동하는 분들에게도 유용한 책이 되지 않을까 생각한다.

이런 스타일의 교과서는 우리나라에서는 처음 시도하는 것이라 참고할 것이 없는 상황에서 호기심과 두려움으로 이 책을 썼고, 대법원 판례 중에서 중요하다고 판단되는 것을 채택하였으나 누락된 부분도 많으리라 생각한다. 오랫동안 생각해 왔던 것을 마침내 책으로 펴내는 것이라 애착이 많이 가 체제나 서술형식 등에 대하여 많은 고민을 하였으나 그것이 얼마만한 성과가 있을지는 모르겠다. 하지만 성과에 상관없이 예전부터 내가 생각했던 효과적인 강의방식대로 책을 완성했다는 것에 뿌듯함과 후련함을 느끼며 이 책에 대한 따끔한 질책은 겸허히 받아들이겠다.

이 책에 펴내는 데 있어 본서의 초고를 처음부터 끝까지 읽어 주고 교정을 해 준 박사과정의 유충호 군과 도서출판 오래의 사장님, 교정작업을 해 주신 이종운 님께 감사의 말씀을 전한다. 마지막으로 이 책을 쓰느라 같이 많은 시간을 하지 못한 우리 딸들과 항상 나를 지지해 주는 사랑하는 아내에게도 고마움을 전하고 싶다.

2013. 7. 20
흑석동 연구실에서
저 자 씀

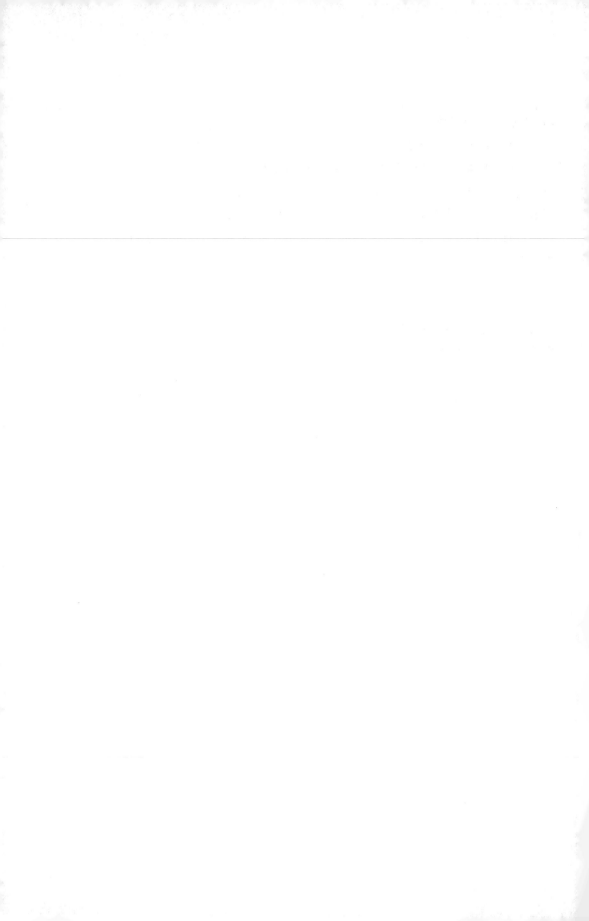

차   례

제1장

물권법 서론

Ⅰ. 물권의 의의 및 종류 ·········· 3
　1. 의의와 종류 ·········· 3
　2. 물권과 채권의 차이 ·········· 5
　　가. 절대권과 상대권 ·········· 5
　　나. 차이의 상대성 ·········· 6

Ⅱ. 물 건 ·········· 10
　1. 집 합 물 ·········· 10
　2. 토 지 ·········· 12
　3. 건 물 ·········· 12

Ⅲ. 물권의 효력 ·········· 16
　1. 의 의 ·········· 16
　2. 물권적 청구권 ·········· 17
　　가. 개 념 ·········· 17
　　나. 법적 성격 ·········· 17
　　다. 종 류 ·········· 18
　　　(1) 반환청구권 ·········· 18
　　　(2) 방해제거청구권 ·········· 18
　　　(3) 방해예방청구권 ·········· 18
　　라. 문제되는 경우 ·········· 18
　　　(1) 상대방과 관련한 문제 ·········· 18
　　　(2) 비용의 부담과 관련한 문제 ·········· 19

제2장

물권의 변동

Ⅰ. 의　의 ·· 22
Ⅱ. 부동산에 관한 물권변동 ·· 23
　1. 개 념 ·· 23
　2. 법률행위에 의한 물권변동 ·· 23
　　가. 성립요건주의(민법 제186조의 의미) ·· 24
　　나. 부동산 물권변동에 관한 판례이론(유인성) ···································· 26
　　다. 제3자 보호문제 ··· 28
　　　(1) 무효의 경우 ··· 29
　　　(2) 취소의 경우 ··· 30
　　　(3) 해제의 경우 ··· 33
　　　(4) 문제가 되는 경우 ·· 35
　3. 부동산 등기 ·· 38
　　가. 1부동산 1용지주의 ·· 38
　　　(1) 중복등기의 문제 ··· 41
　　　(2) 구분건물에 관한 등기부 ·· 43
　　나. 사항란의 기재 ·· 45
　　　(1) 이전등기 ··· 45
　　　(2) 말소등기 ··· 47
　　　(3) 말소회복등기 ··· 51
　　　(4) 중간생략등기 ··· 54
　　　(5) 가 등 기 ··· 57
　　　(6) 무효등기의 유용 ··· 60
　　　(7) 부기등기 ··· 61
　　　(8) 등기인수청구권 ·· 62
　　　(9) 등기의 추정력 ·· 63
　4. 법률의 규정에 의한 부동산 물권변동 ··· 65
　　가. 민법 제187조의 의미 ··· 65
　　나. 적용범위 ··· 65
　　　(1) 판 결 ··· 66
　　　(2) 경 매 ··· 67

Ⅲ. 동산에 관한 물권변동 ·························· 68
　　1. 법률행위에 의한 물권변동 ·············· 68
　　　가. 점유이전의 방법 ······················· 68
　　　나. 선의취득 ······························· 70
　　　　(1) 요　건 ····························· 71
　　　　(2) 효　과 ····························· 80
　　　　(3) 도품 및 유실물에 관한 특칙 ·········· 80
　　2. 법률의 규정에 의한 물권변동 ············ 81
Ⅳ. 물권의 소멸 ······························· 81
　　1. 의　의 ································· 81
　　2. 혼동에 의한 소멸 ····················· 81

제3장

점 유 권

Ⅰ. 의　의 ································· 85
　　1. 개　념 ······························· 85
　　2. 사실상 지배의 관념화 ················· 85
Ⅱ. 점유의 종류와 승계 ····················· 86
　　1. 점유의 종류 ·························· 86
　　　가. 자주점유, 타주점유 ················· 86
　　　나. 그 외 ····························· 87
　　2. 점유와 하자의 승계 ··················· 88
Ⅲ. 점 유 자 ······························· 89
　　1. 간접점유 ···························· 89
　　2. 점유보조자 ·························· 90
Ⅳ. 점유의 효력 ··························· 90
　　1. 추 정 력 ···························· 90

   2. 점유자와 회복자의 관계 ·· 91
      가. 과실의 처리 ··· 91
         (1) 선의 점유자의 경우 ·· 92
         (2) 악의 점유자의 경우 ·· 96
      나. 목적물의 멸실, 훼손시 ··· 96
      다. 비용상환청구권 ·· 97
   3. 점유보호청구권 ··· 100
      가. 점유물반환청구권 ··· 100
      나. 점유물 방해제거청구권과 점유물 방해예방청구권 ················· 103
      다. 본권의 소와의 관계 ··· 103

Ⅴ. 준 점 유 ··· 104

제4장

소 유 권

Ⅰ. 의   의 ·· 106

Ⅱ. 상린관계 ·· 106
   1. 생활방해(민법 제217조) ·· 107
   2. 주위토지통행권(민법 제219조) ······································ 108
   3. 건물의 구분소유자의 상린관계 ······································ 109

Ⅲ. 소유권의 취득 ·· 110
   1. 취득시효 ··· 110
   2. 선점·습득·발견 ·· 110
   3. 첨부(添附) ··· 110
      가. 부 합 ··· 111
         (1) 부동산에의 부합(민법 제256조) ···························· 111
         (2) 동산간의 부합(민법 제257조) ····························· 117
      나. 혼화, 가공(민법 제258조, 제259조) ····························· 117
      다. 첨부의 효과(민법 제261조) ······································ 117

Ⅳ. 부동산에 관한 취득시효 ·· 117

  1. 의 의 ·· 117

  2. 요 건 ·· 118

    가. 점유취득시효 ·· 118

      (1) 시효취득이 가능한 권리 ······························ 118

      (2) 자주점유 ··· 119

      (3) 평온, 공연하게 20년간 점유 ························ 121

      (4) 소유자측의 대응 ·· 127

    나. 등기부 취득시효 ·· 127

  3. 효 과 ·· 128

Ⅴ. 공동소유 ·· 132

  1. 공 유 ·· 133

    가. 의 의 ·· 133

    나. 공유의 특징 ·· 133

      (1) 특 징 ··· 133

      (2) 공유물분할 ··· 134

    다. 공유자 상호간의 관계 ·· 135

    라. 공유자와 제3자와의 관계 ····································· 136

      (1) 다른 공유자의 특정승계인과의 관계 ············· 136

      (2) 그 외의 제3자와의 관계 ································ 137

    마. 구분건물과 공유 ·· 139

    바. 구분소유적 공유 ·· 142

  2. 합 유 ·· 144

  3. 총 유 ·· 145

    가. 교 회 ·· 147

    나. 종 중 ·· 148

  4. 준공동소유(민법 제278조) ··· 149

Ⅵ. 명의신탁 ·· 150

  1. 부동산실권자명의등기에 관한 법률 ······························ 151

    가. 의 의 ·· 151

    나. 유형과 효력 ·· 151

(1) 양자간의 등기명의신탁 ···································· 151

(2) 3자간 등기명의신탁 ···································· 151

(3) 계약명의신탁 ···································· 152

2. 부동산실권자명의등기에 관한 법률의 적용을 받지 않는 경우 ········· 155

제5장

지상권·지역권

Ⅰ. 지 상 권 ···································· 156

1. 의   의 ···································· 156

2. 존속기간 ···································· 156

3. 지   료 ···································· 159

4. 특수한 지상권 ···································· 161

　가. 구분지상권 ···································· 161

　나. 분묘기지권 ···································· 161

　다. 관습상의 법정지상권 ···································· 161

Ⅱ. 지 역 권 ···································· 162

1. 의   의 ···································· 162

2. 종류와 법적 성질 ···································· 163

3. 취득 및 그 효력 ···································· 163

4. 특수지역권 ···································· 164

제6장

전 세 권

Ⅰ. 의   의 ···································· 165

Ⅱ. 성   립 ···································· 170

Ⅲ. 존속기간 ···································· 170

Ⅳ. 전세권의 효력 ·· 171

1. 전세권의 처분 ··· 171

2. 경매청구권 ·· 175

Ⅴ. 소　멸 ·· 176

1. 소멸사유 ··· 176

가. 일반적인 사유 ······································ 176

나. 소멸청구와 소멸통고 ······························ 177

2. 소멸시 효과 ··· 178

가. 동시이행 ··· 178

나. 전세금의 우선변제권 ······························ 178

다. 그 외 ·· 178

Ⅵ. 전세권 저당권 ··· 179

1. 성　립 ·· 179

2. 실행방법 ·· 180

가. 문 제 점 ··· 180

나. 판례의 입장과 검토 ································· 181

다. 전세금반환 의무자의 공탁금액 ······················ 184

라. 전세권 설정자와 전세권자와의 합의의 효력 ·············· 186

제7장

유 치 권

Ⅰ. 담보제도의 의의 ······································· 188

1. 인적 담보와 물적 담보 ································ 188

2. 물적 담보 ··· 189

Ⅱ. 의　의 ·· 190

Ⅲ. 요　건 ·· 192

1. 채권과 목적물의 견련관계 ····························· 192

2. 채권과 목적물의 점유와의 견련관계가 필요한가 ·············· 195
3. 채권의 변제기 도래 ··· 195
4. 타인 소유의 물건이나 유가증권의 점유 ··························· 196

Ⅳ. 효   력 ··· 197
1. 유치권자의 권리 ·· 197
가. 목적물의 유치 ·· 197
나. 경매권과 우선변제권 ·· 198
다. 과실수취권 ··· 200
라. 목적물 사용권 ·· 200
마. 비용상환청구권 ··· 200
2. 유치권자의 의무 ·· 201

Ⅴ. 유치권의 소멸 ·· 203

제8장

질   권

Ⅰ. 의   의 ··· 204
Ⅱ. 동산질권 ··· 205
1. 성   립 ··· 205
2. 대상 및 피담보채권 ··· 206
3. 효   력 ··· 206
가. 목적물의 범위 ·· 206
나. 유치적 효력 ··· 206
다. 우선변제효력 ·· 207
라. 경매권(질권실행) ·· 210
마. 전 질 권 ··· 211
(1) 의의와 문제점 ·· 211
(2) 책임전질 ··· 212
(3) 승낙전질 ··· 214

   4. 동산질권의 침해에 대한 효력 ································ 215

   5. 동산질권자의 의무 ······································ 216

   6. 동산질권의 소멸 ·· 216

Ⅲ. 권리질권 ··· 216

   1. 의　의 ··· 216

   2. 설정방법 ··· 217

   3. 효　력 ··· 218

     가. 효력이 미치는 범위 ································· 218

     나. 유치적 효력 ·· 218

     다. 질권설정자의 권리처분에 대한 제한 ················· 218

     라. 질권의 실행 ·· 220

제9장

저 당 권

Ⅰ. 의　의 ··· 222

Ⅱ. 성　립 ··· 222

   1. 성립상의 부종성 ······································· 223

   2. 이전상의 부종성 ······································· 225

   3. 소멸상의 부종성 ······································· 228

Ⅲ. 저당권의 효력 ·· 228

   1. 피담보채권의 범위 ····································· 228

   2. 목적물의 범위 ··· 229

     가. 부합물과 종물 ····································· 230

     나. 과　실 ··· 231

     다. 저당토지 상의 건물 ································· 231

     라. 저당부동산에서 분리·반출된 물건(부합물이나 종물)에 대한 효력 ······ 231

   3. 물상대위 ·· 234

     가. 의　의 ··· 234

　　　　나. 물상대위가 인정되는 권리 ·· 235
　　　　다. 압류의 의미와 시기 ·· 235
　　　　　　(1) 학　설 ·· 235
　　　　　　(2) 판　례 ·· 237
　　　　　　(3) 사　견 ·· 237
　　　　라. 부당이득과의 관계 ·· 238
　　　　　　(1) 채무자 또는 물상보증인(내지 제3취득자)이 수령한 경우 ·238
　　　　　　(2) 양수인 또는 전부채권자가 지급받은 경우 ······················· 240
　　　　　　(3) 민사집행절차인 배당절차에서 배당을 받아간 채권자의 경우 ·241
　　4. 저당권의 실행과 용익물권과의 관계 ··· 242
　　　　가. 저당권의 실행과 용익물권의 운명 ··· 242
　　　　나. 법정지상권 ·· 244
　　　　　　(1) 입법 취지 ··· 244
　　　　　　(2) 요　건 ··· 245
　　　　　　(3) 효　력 ··· 249
　　　　다. 관습법상의 법정지상권 ··· 253
　　　　라. 일괄경매청구 ·· 258
　　　　　　(1) 의　의 ··· 258
　　　　　　(2) 요　건 ··· 258
　　　　　　(3) 행　사 ··· 260
　　　　　　(4) 효　력 ··· 260
　　　　마. 저당부동산을 취득한 제3자의 지위 ··· 261
　　　　　　(1) 입법취지 ··· 261
　　　　　　(2) 제3취득자의 범위 ·· 262
　　　　　　(3) 변제 후의 구상관계 ·· 263
　　　　　　(4) 경매실행시의 지위 ·· 265

Ⅳ. 저당권의 침해와 구제 ··· 267
　　1. 문제 제기 ·· 267
　　2. 침해행위의 태양과 구제수단 ·· 268
　　　　가. 저당물의 멸실·훼손 ·· 269
　　　　　　(1) 행위자가 채무자인 경우 ··· 269
　　　　　　(2) 행위자가 물상보증인인 경우 ··· 269
　　　　　　(3) 행위자가 그 외 제3자인 경우 ··· 272
　　　　나. 저당물의 일부 분리·반출 ··· 274

　　다. 점　유 ·· 275
　　라. 저당물의 현상의 변경행위 ································· 276
　　마. 임차권 설정행위 ·· 277

Ⅴ. 저당권의 처분과 소멸 ·· 278
　1. 저당권의 처분 ·· 278
　2. 저당권의 소멸 ·· 279

Ⅵ. 특수한 저당권 ··· 279
　1. 공동저당 ·· 279
　　가. 의　의 ··· 279
　　나. 성　립 ··· 280
　　다. 효　력 ··· 280
　　　(1) H와 L이 모두 채무자 소유인 경우 ················ 281
　　　(2) H는 채무자 B, L은 물상보증인 B'의 소유인 경우 ·········· 283
　　　(3) H와 L이 모두 동일인인 물상보증인의 소유인 경우 ········· 285
　　　(4) H는 물상보증인 E, L은 또 다른 물상보증인 F의 소유인 경우 286
　　　(5) 제3취득자와의 관계 ······································ 286
　2. 근저당권 ·· 287
　　가. 의　의 ··· 287
　　나. 성　립 ··· 289
　　다. 피담보채권의 확정 ··· 289
　　라. 피담보채권의 범위 ··· 291
　　마. 이　전 ··· 293
　　　(1) 근저당권의 확정 후의 이전 ····························· 293
　　　(2) 근저당권의 확정 전의 이전 ····························· 293
　　바. 소　멸 ··· 294

Ⅶ. 특별법상의 저당권 ·· 295
　1. 입목저당 ·· 295
　2. 공장재단, 광업재단 저당 ······································ 295
　3. 동산저당 ·· 296

제10장

양도담보

Ⅰ. 의   의 ·· 297

  1. 필 요 성 ··· 297

  2. 문 제 점 ··· 297

Ⅱ. 법적 성격 ··· 299

  1. 가등기 담보법의 제정 전의 상황 ··· 299

    가. 판례의 태도 ··· 299

      (1) 대내적 관계 ·· 300

      (2) 대외적 관계 ·· 302

    나. 판례에 대한 학설의 태도 ·· 302

  2. 가등기 담보법의 제정 후의 상황 ··· 302

    가. 기존 판례 이론과의 저촉 ·· 302

    나. 판례와 학설의 대응 ··· 303

Ⅲ. 성   립 ··· 305

Ⅳ. 효   력 ··· 305

  1. 양도담보 설정자와 양도담보권자로부터 권리를 취득한 자의 지위 ··· 306

    가. 양도담보 설정자로부터 권리를 취득한 자의 지위 ···················· 306

    나. 양도담보권자로부터 권리를 취득한 자의 지위 ························ 307

  2. 양도담보 설정자와 양도담보권의 일반채권자의 지위 ························ 308

    가. 양도담보 설정자의 일반채권자의 지위 ··································· 308

    나. 양도담보권자의 일반채권자의 지위 ······································· 308

Ⅴ. 특수한 양도담보 ··· 309

  1. 집합물의 양도담보 ·· 309

  2. 집합 금전 채권의 양도담보 ··· 311

Ⅵ. 소   멸 ··· 312

제11장

가등기담보

Ⅰ. 의 의 ··· 314
Ⅱ. 법적 성격과 적용범위 ·· 314
  1. 법적 성격 ··· 314
  2. 적용범위 ··· 314

Ⅲ. 성 립 ··· 316
Ⅳ. 효 력 ··· 316
  1. 일반적 효력 ··· 316
  2. 목적물의 이용관계 ·· 317
  3. 가등기담보권의 실행 ··· 317
    가. 사적 실행절차 ·· 318
      (1) 통지에서 청산까지 ·· 318
      (2) 후순위 권리자의 권리행사 ······························ 320
      (3) 채무자의 말소등기청구권 ······························· 322
    나. 경매청구권 ·· 326
  4. 제3자가 신청한 경매절차에서의 지위 ······················ 326

제12장

소유권 유보부 매매

Ⅰ. 의 의 ··· 327
Ⅱ. 법적 성격 ··· 327
Ⅲ. 성 립 ·· 328
Ⅳ. 효 력 ·· 328
  1. 대내적 효력 ··· 328
  2. 대외적 효력 ··· 329

Ⅴ. 소유권 유보의 실행 ·· 329
Ⅵ. 소　멸 ··· 330

사항색인　331
판례색인　333

물 권 법

황경웅

제1장 물권법 서론

I. 물권의 의의 및 종류

1. 의의와 종류

물권은 물건에 대하여 가지는 권리로서, 그 종류로서는 민법상으로 점유권, 소유권, 지상권, 지역권, 전세권, 유치권, 질권, 저당권 등을 규정하고 있으나 그 이외에도 특별법에 의한 담보물권으로 가등기담보, 공장저당법에 의한 공장저당 등이, 관습법에 의한 관습법상의 법정지상권, 양도담보 등이 있다.

물권 중 소유권은 물건에 대하여 전면적인 지배권으로 그 물권을 사용하고 수익을 취할 수 있는 포괄적인 권리이다. 이런 포괄적인 권능 중 사용가치를 다른 사람에게 부여하여 그 사람이 그 물건을 이용하게 할 수도 있는데 이때 그 사람이 가지는 권리를 용익물권이라고 하고, 용익물권에는 지상권, 지역권, 전세권,[1] 관습상의 법정지상권 등이 있다.

또 소유권의 권능 중 교환가치를 이용하여 금융을 얻을 수도 있는데 이때 채권자가 그 물건에 대하여 가지는 권리를 담보물권이라고 하고, 담보물권에는 유치권, 질권, 저당권, 공장저당, 가등기담보, 양도담보 등이 있다.

이런 용익물권과 담보물권은 소유권의 권능 중의 일부에 대하여 제한을 가한 것이라는 의미에서 이 둘을 합쳐 제한물권이라고 부른다. 각각에 대한 자세한 내용은 아래 해당 부분에서 보도록 한다.

이처럼 물권은 법률(관습법도 포함)에 의해 규정되어 있는 것에만 한

---

1) 전세권은 용익물권적인 성격과 담보물권적인 성격을 겸유하고 있다.

정되어 그 종류나 내용이 정해져 있는 것임에 반하여(물권법정주의), 채권은 그 대상이나 내용이 다종다양하여 그 모든 종류와 내용을 열거한다는 것은 불가능할 정도로 많다(예를 들면 특정물 또는 불특정물에 대한 매매계약, 공연계약, 의료계약 등등).

그러나 재산권인 물권과 채권은 서로 밀접한 관련을 가지면서 또 서로 구별해야 하는 개념이다. 즉 물권은 물건을 직접 지배하여 이익을 얻는 배타적이고 절대적인 권리를 말하고, 채권은 특정인에 대하여 어떤 행위를 요구할 수 있는 권리이다.

> **<예 1-1>** 어떤 사람 A가 자기 소유의 집 H를 B에게 매도하는 경우를 본다,

이 경우, A는 B와 매매계약을 체결한 후 대금을 받고 B에게 H에 대한 소유권이전등기와 인도를 해 주게 되면 B는 H의 소유권을 취득하게 된다. 이 과정을 채권과 물권이라는 법적인 관점에서 분석해 보면 A는 H에 대한 소유권(물권)을 가지고 있다가, 채권계약인 매매계약을 체결함으로써 A는 B에 대하여 매매대금을 자기에게 지급해 달라고 할 수 있는 매매대금지급 청구권(채권)을 가지게 되고, 반대로 B는 매매대금을 지급할 의무(채무)를 부담한다. 한편 B는 매매대금을 지급하는 채무를 이행하면 A에 대하여 자기 명의로 이전등기를 해 달라고 청구할 수 있는 소유권이전등기청구권(채권)과 H의 점유를 자기에게 이전해 달라고 청구할 수 있는 인도청구권(채권)을 가지게 되며, 반대로 A는 위와 같은 의무(채무)를 부담하게 된다. 그 후 B가 이전등기를 하게 되면 점유를 이전받지 않았더라도 이제 B는 H에 대한 소유권(물권)을 취득하게 된다. 이런 관점에서 보면 물권은 채권계약의 완전한 이행으로 인하여 취득하게 된다고 볼 수 있다.[2]

그러면 물권과 채권은 어떤 차이가 있는가.

---

2) 물권이 항상 당사자 사이의 채권계약이 선행되어야만 취득할 수 있는 것은 아니다. 상속이나 공용징수, 첨부 등의 경우와 같이 채권계약이 없이 취득할 수 있는 경우가 있고 민법 제187조는 이런 경우에 대한 규정이다. 이에 대하여는 후에 자세히 보도록 한다.

2. 물권과 채권의 차이

가. 절대권과 상대권

위 두 권리는 개념상으로는 앞서 본 바와 같고 구체적으로는 물권은 물건을 지배하는 권리(지배권)임에 반하여, 채권은 어떤 행위를 청구할 수 있는 권리(청구권[3])이고, 또 물권은 모든 사람에 대하여 주장할 수 있는 권리(절대권)임에 반하여 채권은 모든 사람이 아닌 어떤 특정인에 대해서만 주장할 수 있는 권리(상대권)이고, 물권은 채권보다 우선하고 물권 상호간에서 우열관계가 있지만(우월성, 배타성), 채권은 물권에 우선 당하고 채권상호간에는 평등하다(채권자 평등주의)고 말해진다.

위 〈예 1-1〉에서 보면, 물권인 소유권은 A가 H를 독점적으로 다른 사람의 행위의 개입없이 직접 사용, 수익하여 만족을 얻을 수 있다는 의미에서 지배권적 성격을 가진다. 이에 반하여 채권은 위의 예에서 보듯 A가 B에 대하여 매매대금의 지급을 청구하거나, B가 A에 대하여 이전등기 또는 인도를 청구하여 상대방이 그 청구에 대한 어떤 행위(B의 금전 지급이나 A의 등기이전행위 또는 인도행위)가 있어야[4] 비로소 만족을 얻을 수 있는 점에서 청구권적 성질을 가진다.

또 H에 대한 소유권은 A가 그 소유권을 모든 사람들에 대하여 주장할 수 있다[5]는 의미에서 절대권(대세권)이라고 하고, 이에 반하여 매매대금청구권이나 이전등기청구권 또는 인도청구권은 A가 B에 대해서만 혹은 B가 A에 대해서만 요구할 수 있는 권리라는 점에서 상대권(대인권)이라고 한다.

---

3) 이런 정의는 청구권의 정의와 동일하여 채권과 청구권의 구별을 어렵게 하는 측면이 있다. 그러나 청구권은 채권에만 있는 것은 아니고, 물권에도 뒤에서 보는 바와 같이 물권적 청구권이라는 청구권이 생기고, 재산권이 아닌 것으로서 친족상속법에서 상속회복청구권 등의 청구권이 인정된다. 따라서 청구권과 채권은 그 분류의 기준이 다른 것이나, 채권에는 청구권이 가장 주요하고 핵심적인 권리이므로 채권과 청구권을 마치 동의어인 것처럼 사용하고 있다. 그러나 구별해야 할 개념이다.

4) 채권에서는 이를 이행행위라고 한다. 자세한 것은 채권법에 넘긴다.

5) 이런 의미에서 모든 사람들에게 그 권리가 자신에게 있다는 것을 알리기 위하여 공시제도가 필요하게 되고, 부동산에 관하여는 그 공시제도가 등기부라는 장부로, 동산에 대하여는 점유라는 사실적 행태로 나타나게 된다.

또 물권인 소유권은 하나의 물건 위에 하나의 소유권만이 있을 수 있는데(일물일권주의) 반하여 채권인 매매대금지급청구권이나 이전등기청구권 또는 인도청구권은 A나 B가 아닌 다른 사람도 가질 수 있다. 즉 이 경우는 A가 B에게 H를 매도하고 난 후 이전등기를 해주기 전에, 다시 C에게 H를 매매하는 경우로서 소위 이중매매의 경우에 생길 수 있다.[6] 이렇게 되면 A는 B나 C에 대하여 매매대금지급청구권을 행사할 수 있고, B와 C는 A에 대하여 이전등기청구권과 인도청구권을 행사할 수 있다. 이처럼 채권에서는 동일한 물건(또는 행위)을 대상으로 하여 2개 이상의 채권이 성립할 수 있는데 이 경우 B와 C 상호간의 권리에는 우선권이 없다. 다시 말하면 B가 C보다 먼저 매매계약을 체결하였다고 하여 C보다 권리가 우선하거나, C가 B보다 먼저 매매대금을 전부 지급하였다고 하여 B보다 우선하지 않고, 오로지 A가 B와 C 중 누구에게 물권인 소유권을 취득하게 해 주느냐, 다시 말하면 A가 누구에게 이전등기를 해 주느냐에 따라 B와 C의 우열은 결정된다.

즉 이 경우는 등기를 하는 사람이 소유권을 취득하게 되어 등기를 하지 않은 사람보다 우선하여 소유권을 취득하게 되는 것이다. 이를 법적으로 보면 C가 먼저 A로부터 등기를 이전받게 되면 C가 H에 대한 소유권이라는 물권을 취득하게 되고, 그 시점부터는 A가 H의 소유권자가 아니게 된다. 이런 상황에서 B는 A에 대해서만 H에 대한 이전등기청구권과 인도청구권이라는 채권을 가질 뿐으로 채권은 상대권이어서 C에 대하여는 위 채권을 행사할 수 없게 되고, 결국 B는 H의 소유권을 취득할 수 없게 되어 A에 대하여 매매계약상의 이전등기 및 인도채무를 이행할 수 없게 되었음을 이유로 채무불이행책임(이행불능을 원인으로 한 손해배상청구)을 물을 수밖에 없다.

나. 차이의 상대성

위와 같은 설명은 전형적인 물권과 채권의 차이를 설명하고 있다. 그러나 이런 차이가 철저하게 지켜지는 것은 아니다. 부동산취득을 내

---

6) 이 책에서는 이중매매를 예를 들어 설명하는 경우가 자주 나오므로 이 예를 기억해 두면 이해하는 데 도움이 될 것이다.

용으로 하는 이전등기청구권이라는 채권적 권리도 가등기를 해 두면, 그 후에 물권자가 나타나더라도 그 물권자보다 우선할 수 있고,[7] 판례에 의하면 제3자에 의한 채권침해를 인정하고 있으며(제3자에게도 채권을 주장할 수 있는 결과가 된다), 또 대항요건을 갖춘 임대차(채권계약)에 방해제거청구권을 인정하는 다수설에 따르면 물권과 채권의 구별은 관철되고 있지 않다. 그리고 어떤 경우에는 법률이 특별한 이유로 일정한 채권에 대하여 저당권 등의 물권에 우선하는 효력을 인정하는 경우(근로기준법의 임금우선특권(근로기준법 제30조의2), 주택임대차보호법의 소액보증금, 상법의 우선특권(상법 제468조, 제866조) 등)가 있다. 그럼에도 불구하고 이런 구별을 하는 이유는 이런 구별이 민법의 기본적 사고방법의 하나이고 이념형으로서 법률관계를 설명하고 전달하는 데 유익하기 때문이다.

　　물권과 채권과의 효력상의 차이를 더 잘 이해하기 위하여 다음의 예들을 본다.

> <예 1-2>　2010. 1.경 A 소유의 L1토지에 5년간 그 토지를 사용할 수 있는 지상권을 B가 취득하였고, 같은 해 A 소유의 L2 토지에 5년간 임차권을 C가 취득하였다. 그런데 2년 경과한 2012. 1.경에 A가 L1, L2 소유권을 D에게 이전하여 주었다. D가 그 후 B, C를 상대로 L1, L2는 자신의 소유이고, 자신과 지상권계약과 임차권계약을 체결한 적이 없으므로 그 토지들을 점유, 사용할 권한이 B, C에게는 없다는 이유로 각 토지의 인도를 구하면 어떻게 되는가.

　　먼저 B에 대해서 보면, B는 지상권이라는 물권을 취득하고 있으므로 절대권의 성질상 양도인인 A에 대해서뿐 아니라 D에 대해서도 지상권자임을 주장하여 2015.까지 그 토지를 이용할 수 있다.

　　다음 C에 대해서 보면, C는 채권적 권리인 임차권자로서 오로지 A에 대해서만 자신의 권리를 주장할 수 있는 상대권적인 권한밖에 없다. 따라서 위 임차권은 양도인인 A에 대해서만 주장할 수 있고 양수인인 D에 대해서는 주장할 수 없으므로, D와의 관계에서는 아무런 권원없이

---

7) 자세한 사항은 가등기에서 본다.

점유하고 있는 것이 되어 위 토지를 인도해 주어야 한다. 이것이 바로 '매매는 임대차를 깨뜨린다'는 원칙이다. 이런 결과는 임차인에게는 상당한 불이익이다. 만일 앞의 예가 토지가 아닌 생활의 근거가 되는 주택이나 상가라면 임차인은 임대인(양도인)의 배신행위로 인하여 하루아침에 생활의 터전에서 쫓겨나게 된다. 이런 사정을 감안하여 주택이나 상가에 대하여는 주택임대차보호법(제3조)과 상가건물임대차보호법(제3조)이라는 특별법에 의하여 일정한 경우 임차인을 보호하고 있다. 이런 특별법에 의하여 보호의 대상에 해당되지 않는 임차권자로서는 위와 같은 불이익을 당하지 않으려면 민법 제621조에 의하여 등기를 하여야 한다.

이처럼 절대권과 상대권의 차이로 말미암아, 지상권자인 B는 제3자가 L지상에 어떤 적치물을 두어 자신의 이용을 방해하는 경우에는 물권인 지상권을 근거로 방해의 방지나 제거를 청구할 수 있는 데 반하여, 채권인 임차권만을 가지고 있는 C는 제3자가 방해를 하더라도 그 임차권을 제3자에게 주장할 수 없기 때문에 임차권에 기하여 할 수는 없고 소유권자인 A가 가지는 방해제거청구권을 대위행사하여 방해의 제거를 청구할 수 있을 뿐이다.[8]

> <예 1-3> A가 H부동산(시가 1억원)과 L부동산(3억원)을 소유하고 있고, H에 B가 5천만원의 1번 저당권을, C가 4천만원의 2번 저당권, L에 D가 1억원의 저당권을 갖고 있고, A에 대하여 일반 채권자들인 채권자 E(4천만원), F(6천만원)가 각 채권을 가지고 있다. H가 경매되어 그 경매절차에서 D가 자신의 채권도 변제해 달라고 배당요구를 하였다. 시가대로 경매절차에서 매각된 경우 채권자들에게 어떻게 배분해야 하는가(일반채권자들은 모두 적법하게 배당요구를 하였다는 것을 전제로 한다).

---

8) 임차권에 기한 방해제거청구권이 인정되는가 하는 문제는 채권법에서 문제로 되고 있다. 대항력 있는 임차권에 대하여는 방해제거청구권을 인정하고, 대항력이 없는 임차권에 대해서는 인정하지 않는 것이 다수설의 입장이다. 판례의 태도는 명확하지는 않으나 적어도 대항력 없는 채권에 대하여는 부정적인 입장을 취하고 있다(대법원 1981.6.23. 선고 80다1362 판결 참조). 자세한 것은 채권총론에 넘긴다.

H	**B:** 5천	**E:** 4천
	C: 4천	**F:** 6천
L	**D:** 1억	

  A의 채권자들 중 H부동산에 저당권이라는 물권을 가지고 있는 사람으로는 B, C 2명이 있고, 일반 채권자로는 E, F가 있다. 저당권이라는 물권은 채권보다는 우선하므로 B와 C는 E와 F보다 우선하여 위 매각대금에서 배당을 받게 된다. 그리고 물권자인 B와 C 사이에는 먼저 등기를 갖춘 B가 C보다 우선하므로 먼저 B가 1억원에서 5천만원을 배당받게 되고, 그 후 나머지 5천만원에서 C가 4,000만원을 배당받게 된다. 그 나머지 1,000만원에 대해서는 만일 D가 배당요구를 하지 않았다면 일반 채권자 E, F는 서로 우선권이 없으므로 채권액의 비율인 4000만원 : 6,000만원의 비율대로 안분하여 배당을 받게 되어 E는 4백만원(1천만원×4천만원/1억원), F는 6백만원(1천만원×6천만원/1억원)을 배당받게 된다. 이때 혹시 물권자인 저당권자 D도 일반 채권자 E, F보다 먼저 배당을 받아야 하는 것이 아닌가 하는 의문이 있을 수 있는데, D는 L이라는 물건에 저당권을 가지고 있는 것이지 H라는 물건에 저당권을 가지고 있지 않기 때문에 H의 매각대금에서는 물권자로 취급되지 않는다. 만일 D가 H의 매각대금에 배당요구를 하게 되면 일반 채권자로서 취급되어 E나 F와 같은 순위로 취급받게 되고 배당액은 D가 5백만원(1천만원×1억/2억), E가 2백만원(1천만원×4천만원/2억), F는 3백만원(1천원×6천만원/2억)이 된다.[9] 이처럼 물권자는, 어떤 물건에 대하여 우선권을 가지는가는 다른 채권자들에게도 큰 영향을 미치므로 그 물권이 어느 범위에까지 미치는지, 즉 그 대상이 되는 물건의 범위가 특정되어야만 한다.
  따라서 다음에서는 물권의 대상인 물건에 대하여 본다.

---

9) 이 경우 D는 L에서 자신의 채권을 충분히 다 받을 수 있음에도 H의 매각대금에 일반 채권자로서 배당요구를 함으로써 E와 F의 배당금액이 줄어들게 되는 불이익을 받게 되는데, 이에 대한 E와 F의 구제책은 저당권에서 보도록 한다.

II. 물 건

물건에 대해서는 민법 제98조가 규정하고 있고 자세한 것은 민법 총칙에 넘기나, 특히 물권법에서 문제로 되는 것만 보기로 한다.

물권에서는 하나의 물건에는 하나의 물권만이 성립한다는 일물일권주의가 있다. 그러나 일물일권주의가 관철되는 것은 소유권과 소유권 같이 서로 배타적인 물권인 경우이고, 소유권과 지상권과 같은 제한물권 사이에는 A 소유인 L토지상에 B가 지상권을 가지는 경우와 같이 서로 양립이 가능하므로 일물일권주의가 관철되지 않는다. 그리고 유체물이 물건으로서 물권의 객체가 되는 것은 당연하고, 유체물이 아닌 것 즉 권리도 물권의 대상이 된다(민법 제345조 이하의 권리질권, 민법 제371조).

문제로 되는 경우를 본다.

1. 집 합 물

하나의 동산에 양도담보권이라는 담보물권이 설정될 수 있는 것은 말할 필요도 없으나, 이런 단일 동산의 집합체에 양도담보권이 설정될 수 있는가? 즉 창고업자가 창고 안에 물건을 보관하고 있는 경우 그 물건들 전부에 대하여 양도담보를 설정하여 돈을 빌릴 수 있는지가 문제이다.

물권의 경우 그 대상을 특정하여 다른 물건과 객관적으로 명확하게 구별이 되면 족하므로 창고 안의 물건 전부라고 할 경우에는 특정이 되었다고 할 수 있어 양도담보의 대상이 될 수 있다고 할 것이다. 그러나 위 창고의 물품 중 1/2이라고 할 경우에는 창고 안의 어떤 물건이 그 대상인지를 다른 물건과 구별할 수 없어 특정이 되었다고 볼 수 없다 할 것이고 따라서 이런 내용의 양도담보는 무효라고 보아야 할 것이다.

문제는 양도담보권설정자와 양도담보권자가 합의하여 양도담보의 목적물이 변동 가능한 것을 인정한 경우에 양도담보가 성립하는가 하는 유동 집합물에 대한 양도담보[10]의 경우이다.

---

10) 채권을 담보하기 위하여 물건의 소유권을 채권자에게 양도하면서, 점유는 계속 채무자(또는 소유자)가 하는 경우를 말하는데, 자세한 것은 후에 나올 양도담보에서 보도록 한다.

> **<예 1-4>** A는 뱀장어를 키우는 양만장을 경영하는데, B로부터 1억
> 원을 빌리면서 담보로 양만장 내에 있는 뱀장어 백만 마리를 양도담
> 보로 제공하되, A는 자신이 담보가 설정된 뱀장어를 키워 B의 승낙
> 하에 팔고, 그 판 돈으로 새끼 뱀장어를 구입하여 양만장에 입식하
> 기로 하되, 그 판 돈에서 위와 같이 구입한 새끼 뱀장어 구입비, 사
> 료비, 인건비 등을 공제한 나머지 금액을 차용금의 변제에 충당하기
> 로 하는 계약을 체결하면서 그 양도물건의 목록에 소재지, 보관장소
> 를 기재하고, 목적물을 양만장 내 뱀장어, 약 백만 마리라고 기재하
> 였다. 그런데 그 후 A의 일반채권자 C가 A의 위 뱀장어에 대하여
> 강제집행을 하려 하자 B는 양도담보권자로 자신이 뱀장어의 소유자
> 라고 다투었고, 이에 C는 B의 뱀장어에 대한 양도담보는 그 대상이
> 특정이 되지 않아 무효라고 주장했다. 어떻게 되는가.[11]

이 소송에서 C의 입장에서는 B의 양도담보는 물권이므로 그 양도
담보가 유효하면 그는 B보다 후순위가 되어 잘못하면 한 푼도 가져갈
수 없게 된다. 그래서 C는 B의 양도담보가 무효라고 하면서 그 이유에
대하여 다음과 같이 주장했다. B의 양도담보는 뱀장어 백만 마리에 미
치는데, 위 양만장 내에는 백만 마리 이상일 때도 있고, 이하일 때도 있
는바, 백만 마리 이상일 경우에는 양만장 내의 뱀장어 중 어느 뱀장어
가 양도담보의 대상인지가 구별이 되지 않아 특정이 되지 않으므로 B의
양도담보는 그 대상이 특정되지 아니하여 무효라고 주장했다.

통상 유동 집합물 담보의 경우, 목적물 소재지, 보관장소, 물건의
수량 등으로 기재하여 특정 가능하고, 특히 수량의 경우에는 창고 내의
물건 전부라고 할 경우에는 특정이 되었다고 보지만, 창고 내의 1/2 또
는 창고의 물건 중 200개라고 지정할 경우에는 어느 물건이 그 대상인지
가 특정되지 않아 그 양도담보는 무효라고 할 수밖에 없다. 이 사건에서

---

11) 대법원 1990.12.26. 선고 88다카20224 판결 사안을 변경한 것이다. 이보다 조금
더 복잡한 사안으로는 대법원 2004.11.12. 선고 2004다22858 판결이 있고 이 사안은 제3
자가 양도담보물에 자신이 구입한 것을 혼합시킨 때에 담보목적물의 범위에 관한 것이었다.
이 판결도 참고하면 좋다.

대법원은 '목적물을 양만장 내 뱀장어 수량 약 백만 마리라고 기재한 것은 특별히 위 양만장 내의 뱀장어 중 백만 마리로 그 수량을 지정하여 담보의 범위를 제한한 사실이 인정되지 않는다면 위 양도담보계약서에 기재된 수량은 단순히 위 계약 당시 위 양만장 내에 보관하고 있던 뱀장어 등의 수를 개략적으로 표시한 것에 불과하고 당사자는 위 양만장 내의 뱀장어 등 어류 전부를 그 목적으로 하였다고 봄이 당사자의 의사에 합치된다고 할 것이고, 성장을 계속하는 어류일지라도 특정 양만장 내의 뱀장어 등 어류 전부에 대한 양도담보계약은 그 담보목적물이 특정되었으므로 유효하게 성립하였다고 할 것이다'라고 판시하여 유효하다고 보았다.

대법원은 위 사안에서 계약서에 기재된 '양만장 내 뱀장어 수량 약 백만 마리'라고 문언을 '양만장 내의 모든 뱀장어'를 지칭하는 것으로 해석하였으므로 담보목적물로 특정되었다고 판시하였던 것이고, 만일 위 문언이 수량에 중점을 둔 '뱀장어 백만 마리'라고 해석되었다면 양만장 내에 백만 마리인 때도 있고 아닌 때도 있어 이 경우는 양도담보의 목적물이 특정되지 않았으므로 무효라고 판단하였을 것이다.

2. 토 지

토지는 지면에 선을 그어 구분하게 되는데, 토지의 단위는 필로서 1필의 토지가 1개의 물건이다. 또 1필의 토지는 분필하는 절차를 거쳐 2개 이상의 물건으로 만들 수 있다.

3. 건 물

건물을 토지와는 별도의 독립된 부동산으로 보는 우리 법제하에서는 건물에 특유한 몇 가지 문제가 발생한다.

첫째 언제부터 부동산인 건물이 되느냐 하는 문제다.

시멘트, 모래, 자갈, 목재, 못 등으로 건물을 만드는 과정을 보면, 토지 위에 이런 동산들을 혼합하여 어떤 구조물을 건설하게 되어 완공되면 건물이라는 부동산이 되는 것이므로 언제 이런 동산들의 혼합물이 부동산으로 질적으로 변화하게 되는가 하는 것이다. 동산인지와 부동산인지는 소유권의 이전에 있어서 등기가 필요한지 여부와 관련하여 중요한 문제이다.[12] 판례[13]는 최소한의 기둥과 지붕 그리고 둘레 벽이 이루어져 외부와 차단이 되면 건물이라고 할 수 있다고 한다.

둘째, 건물의 일부는 독립된 부동산으로 될 수 있는가가 문제이다.

예전에는 1동의 건물은 하나의 부동산으로 보아서 건물의 일부는 하나의 부동산의 일부에 불과한 것으로 보았으나, 아파트의 등장과 함께 건물의 일부도 독립된 부동산으로 보게 되기에 이르렀다.

그렇다고 하여 임의로 건물을 여러 개로 나누면 그 일부가 독립된 또 하나의 부동산으로 되는가 하면 그렇지는 않다. 판례[14]에 의하면, 1동의 건물의 일부분이 구분소유권의 객체가 될 수 있으려면 그 부분이 구조상으로나 이용상으로 다른 부분과 구분되는 독립성이 있어야 한다고 했다.[15] 그리고 구분건물과 관련하여 대법원 2001.1.16. 선고 2000다51872 판결은, 본래 설계된 건물은 지하 2층, 지상 7층의 건물이나, 건축공사가 중단된 때에는 지하 1, 2층 및 지상 1층까지의 콘크리트 골조 및 기둥, 천정(슬라브) 공사가 완료되어 있고, 지상 1층의 전면(남쪽)에서 보아 좌측(서쪽) 벽과 뒷면(북쪽) 벽 그리고 내부 엘리베이터 벽체가 완성된 상태였는데, 이 상태로서도 '최소한 지붕과 기둥 그리고 둘레 벽이 이루어졌다고 할 것이어서 미완성 상태의 독립된 건물(원래 지상 7층 건물로 설계되어 있으나, 지상 1층만으로도 구분소유권의 대상이 될 수 있는 구조임이 분명하다)로서의 요건을 갖추었다고 할 것이다'라고 판시하여 본래 설계도의 건물과 동일할 정도에 이르렀는지를 따지지 않고 중단된 상태 자

---

12) 특히 건축공사 도중에 A건설회사가 부도가 나서 B건설회사에게 공사중인 건물을 양도하고 점유의 이전까지 해 주었는데(완공되지 않은 상태였으므로 당시에는 등기부도 존재하지 않았다), 그 후 A의 채권자들이 그 건물을 A의 소유라고 하여 압류를 하는 경우, A와 B가 공사중인 건물을 양도할 때 부동산이었는지 아닌지는 A의 채권자들이 한 압류가 적법한지 여부를 결정하는 쟁점이 되는 것으로 건축공사와 관련한 재판에서 자주 등장하는 쟁점이다.

13) 대법원 1986.11.11. 선고 86누173 판결.

14) 대법원 1999.11.9. 선고 99다46096 판결 등 다수의 판결.

15) 다만 예외적으로 상가건물에 대해서는 집합건물의 소유 및 관리에 관한 법률 개정(2003.7.18. 공포, 2004.1.19.부터 시행) 제1조의2에서 점포가 판매 및 영업시설로서 1동 바닥면적이 1,000㎡ 이상이면 견고한 경계식별표지를 설치하고 각 점포별로 부여된 건물번호표지를 견고하게 부착함으로써 각 점포를 구분소유권의 대상이 되도록 하였다.

체를 가지고 설계도상의 건물과 분리하여 위와 같이 독립된 건물로서의 이용상, 구조상 독립성이 있는지를 개별적으로 판단하였고, 그 동안의 판례는 위와 같은 취지의 것이 많았다.

그런데 대법원 2006.11.9. 선고 2004다67691 판결은 '건물이 설계도상 처음부터 여러 층으로 건축할 것으로 예정되어 있고 그 내용으로 건축허가를 받아 건축공사를 진행하던 중에 건축주의 사정으로 공사가 중단되었고 그와 같이 중단될 당시까지 이미 일부 층의 기둥과 지붕 그리고 둘레 벽이 완성되어 그 구조물을 토지의 부합물로 볼 수 없는 상태에 이르렀다고 하더라도, 제3자가 이러한 상태의 미완성 건물을 종전 건축주로부터 양수하여 나머지 공사를 계속 진행한 결과 건물의 구조와 형태 등이 건축허가의 내용과 사회통념상 동일하다고 인정되는 정도로 건물을 축조한 경우에는, 그 구조와 형태가 원래의 설계 및 건축허가의 내용과 동일하다고 인정되는 건물 전체를 하나의 소유권의 객체로 보아 그 제3자가 그 건물 전체의 소유권을 원시취득한다고 보는 것이 옳고, 건축허가를 받은 구조와 형태대로 축조된 전체 건물 중에서 건축공사가 중단될 당시까지 기둥과 지붕 그리고 둘레 벽이 완성되어 있던 층만을 분리해 내어 이 부분만의 소유권을 종전 건축주가 원시취득한다고 볼 것이 아니다. 또한, 구분소유가 성립하는 시점은 원칙적으로 건물 전체가 완성되어 당해 건물에 관한 건축물대장에 구분건물로 등록된 시점이라고 할 것이므로,[16] 건축공사가 중단될 당시까지 종전 건축주에 의하여 축조된 미완성 건물의 구조와 형태가 구분소유권의 객체가 될 수 있을 정도가 되었다고 하더라도 마찬가지이다'라고 하여 중단된 상태의 건물이 건축허가서의 설계도상의 구조와 형태와 동일하다고 인정될 정도에 이르러야 비로소 건물로 볼 수 있다고 하여 기존의 판결과는 그 취지가

---

16) 그 후 나온 대법원 2013.1.17. 선고 2010다71578 전원합의체판결은 '1동의 건물이 객관적·물리적인 측면에서 존재하고, 구분된 건물 부분이 구조상·이용상 독립성을 갖추어야 할 뿐 아니라 1동의 건물 중 물리적으로 구획된 건물 부분을 각각 구분소유권의 객체로 하려는 구분행위가 있어야 한다. 여기서 구분행위는 그 시기나 방식에 특별한 제한이 없으므로 처분권자의 구분의사가 객관적으로 외부에 표시되면 된다'고 하여, 집합건축물 대장에 구분건물로 등록되어야 한다거나 등기부에 구분건물의 표시에 관한 등기가 마쳐져야만 구분소유가 성립하는 것은 아니라고 판시하고, 2004다67691 판결의 내용을 변경했다.

다른 내용의 판시를 하였으나 기존의 판례를 변경하는 전원합의체판결로 하지 않고 있는바, 이 판결과 종전 판결과의 관계를 둘러싸고 많은 논란이 있다.[17] 향후 대법원의 태도가 주목된다.

개인적으로는 다음과 같이 생각해야 하는 것이 아닌가 생각된다.

건물은 건축공사, 즉 터파기 등의 기초공사에서부터 시작하여 골조공사, 조적공사, 창호공사, 미장공사 등의 인테리어공사를 통하여 점점 완성되어 간다. 이를 법률적으로 보면 토지에 부합된 상태에서 점점 독립된 부동산으로서 건물로 되는 것이라고 할 수 있다. 이렇게 본다면 토지에 부합된 상태에서 동산으로 다시 건물이라는 부동산으로 된다고 보아야 하지 않을까 생각된다.

그리고 건물이라는 부동산이 되는 순간은 앞에서 본 바와 같이 최소한의 기둥과 지붕 그리고 둘레 벽이 이루어져 외부와 차단이 되는 순간이라고 보아야 할 것이다.

그러나 이렇게 보더라도 구분소유인 건물과 구분소유가 아닌 1동의 단독 건물의 경우를 나누어서 생각해야 할 것이다. 즉 후자의 경우에는 그 건물이 1개의 부동산이므로 전체로서의 1동 건물이 완공된 것이 아니라도 일부 공사가 완공된 부분이 최소한의 기둥과 지붕 그리고 둘레 벽이 완공되어 있으면 하나의 부동산이 성립된 것으로 보고, 그 후에 다른 사람이 전체로서의 부동산을 완공하면 부동산에의 부합이 이루어진다고 생각하여 민법 제256조 본문에 의하여 최초 건축주가 그 건물을 소유하고, 후에 건축을 한 건축주는 최초 건축주에 대하여 민법 제261조에 의한 부당이득반환을 청구할 수 있을 뿐이라고 생각해야 할 것이다.[18]

---

17) 대법원 1999.7.27. 선고 98다35020 판결은 1동 건물의 증축 부분이 구분건물로 되기 위해서는 구조상·이용상의 독립성과 그 건물을 구분소유권의 객체로 하려는 의사표시 즉, 구분행위가 있어야 한다고 판시했는데, 대부분의 경우 아파트와 같은 구분건물은 건축중에 이미 아파트임을 선전하고 건축허가서도 그렇게 기재되어 있으므로 이 경우에는 건축시부터 구분행위가 있었다고 보아야 할 것이므로 이용상·구조상 독립성만 있으면 구분건물로서 완성된 것으로 보아야 할 것으로 생각된다. 따라서 본문 판례와 같이 건물 전체를 하나의 소유권의 객체(하나의 건물)로 보아야 할 것은 아니고 종전의 판례에 따라 기존 공사 부분은 구분소유권의 객체인 하나의 건물로 완성되어 있었다고 보아야 할 것으로 생각한다.

18) 이에 대해서는 A가 건물을 짓다가 독립된 부동산으로서의 건물의 형태를 갖추고 중단된 때에 그 투입금액이 5천만원이고, 그 후 B가 2억을 들여 완공한 경우에, A가 그 건물을

그러나 구분소유인 건물의 경우에는 개개의 구분건물마다 앞서의 1동의 단독건물에서 본 것과 같이 각 구분건물 단위로 개별적으로 판단하여 건설된 부분이 최소한의 기둥과 지붕 그리고 둘레 벽이 이루어져 외부와 차단이 되면 그 해당 구분건물은 독립된 부동산이 된다고 보아야 할 것이다. 따라서 예를 들면 10층 건물을 A가 8층까지 골조공사를 마치고 5층까지는 기둥과 지붕 그리고 둘레벽을 완공한 상태라면, A는 5층까지의 구분건물을 최초 건축주인 A가 그 소유권을 원시적으로 취득하고, 그 후 B가 10층까지 완공하면, 나머지 6층부터 10층까지는 민법 제256조 단서에 의하여 B가 원시적으로 취득한다고 보아야 하지 않을까 생각한다.

구분건물이 아닌 1동의 건물은 본래 1개의 부동산인 건물을 예상하고 건축한 것이므로 일부라도 부동산인 건물이 되는 순간에 1개의 부동산이 성립하였다고 볼 수밖에 없고, 구분건물의 경우에는 처음부터 수개의 부동산을 예상한 것이므로 하나하나씩을 개별적으로 판단하여 부동산인 건물로 되었는지를 판단할 수밖에 없다고 생각되기 때문이다.

Ⅲ. 물권의 효력

1. 의 의

물권의 효력으로는 우선적 효력과 물권적 청구권을 들 수 있다. 우선적 효력에서는 채권과의 관계와 물권 상호간의 관계가 문제로 되는데, 채권과의 관계에서는 물권이 채권에 우선한다. 물권 상호간에는 물권의 성립순서, 통상의 경우 등기의 선후에 의하여 결정되는데, 먼저 성립한 물권이 후에 성립한 물권에 우선한다. 그 구체적인 예는 〈예 1-3〉

원시적으로 취득하고 B는 A에 대하여 부당이득반환청구만을 할 수 있다는 것은 부당하다고 하여, 민법 제258조 또는 제259조를 유추적용하여 금액비율별로 A, B의 공유로 하거나, B의 소유로 해야 한다는 견해가 있다. 경청할 만한 견해이나 민법 제256조의 규정을 뛰어넘는 해석이고, 과연 해석으로서 민법 제256조를 무시하고 이렇게까지 볼 수 있는지는 의문으로 생각된다.

에서 보았다. 이하에서는 물권적 청구권에 관하여 본다.

2. 물권적 청구권

가. 개 념

물권자가 물권의 구체적 내용을 실현하는 데 있어 방해당하거나 방해당할 염려가 있는 경우에는 방해자를 상대로 그 제거나 예방에 필요한 행위를 청구할 수 있는 권리가 있다. 이것을 물권적 청구권이라고 하는데 이는 물권의 실효성을 확보하기 위한 것이다.

물권적 청구권이라는 명칭을 가지게 된 이유는 청구권의 기초가 되는 권리가 물권이라는 점과 상대방에 대하여 어떤 행위를 요구할 수 있는 청구권과 같은 내용의 권리라는 점 때문이고, 일반적인 채권적 청구권과 다른 점은 채권적 청구권은 그 청구권의 상대방이 계약의 당사자로서 청구권의 상대방이 처음부터 누구인지가 정해져 있지만, 전자의 경우에는 물권을 방해하는 사람은 누구라도 가능하고 처음부터 상대방이 누구인지가 정해져 있지 않다는 점과 소유권과 분리하여서 물권적 청구권만을 양도할 수 없다는 점,[19] 물권적 청구권이 이행불능이 되더라도 전보배상청구권이 생기지 않는다는 점[20]에서 차이가 있다.

나. 법적 성격

물권적 청구권은 침해의 태양에 따라 반환청구권, 방해제거청구권, 방해예방청구권으로 나뉜다. 위 각 청구권을 행사함에는 침해자의 고의나 과실이 없어도 가능하고, 침해자에게 고의나 과실이 있으면 물권적 청구권 외에 손해배상청구도 가능하다. 그리고 물권적 청구권은 소멸시효에 걸리지 않는다는 견해도 있으나, 판례[21]는 물권적 청구권의 기초가 되는 물권의 종류에 따라, 즉 소유권의 경우에는 소멸시효에 걸리지 않으므로(민법 제162조 제2항) 소유권에 기한 물권적 청구권은 소멸시효에

---

19) 대법원 1969.5.27. 선고 68다725 판결.
20) 대법원 2012.5.17. 선고 2010다28604 전원합의체판결.
21) 대법원 1979.2.13. 선고 78다2412 판결; 대법원 1993.12.21. 선고 91다41170 판결 등 참조.

걸리지 않고, 소유권 외의 제한물권은 소멸시효에 걸린다고 한다.

그러나 기존의 논의에서처럼 물권적 청구권 자체의 독자적 소멸시효를 논하는 것은 의미가 없고, 물권적 청구권이 물권을 근거로 하여 그 행사를 원활하게 하기 위한 것으로 물권의 효력을 유효적절하게 발휘하게 하는 수단적인 청구권이므로 그 물권의 소멸시효를 논하면 되고, 별도로 물권적 청구권에 대한 소멸시효를 논할 필요는 없다. 따라서 물권이 시효로 소멸하면 당연히 물권적 청구권도 소멸한다고 보아야 할 것이다.

다. 종 류

(1) 반환청구권

소유권에 기한 물건의 반환청구권이 대표적인 것으로 소유 목적물의 점유를 상실한 자가 권원 없이 그 물건을 점유하고 있는 자(불법점유자)에 대하여 물건의 반환을 구하는 것을 내용으로 한다.

(2) 방해제거청구권

이는 타인이 목적물의 점유 이외의 방법으로 물권을 방해하는 경우에 그 자를 상대로 그 방해의 제거를 청구할 수 있는 권리로서 대표적인 것으로는 무효의 등기가 기재된 경우 소유자는 그 무효의 등기에 의하여 소유권의 원활한 행사가 방해받고 있으므로 소유자가 무효등기 명의자를 상대로 한 무효등기의 말소등기청구권을 들 수 있다.

(3) 방해예방청구권

이것은 물권침해의 발생이 예상되는 경우에 미연에 그 발생을 저지하기 위한 것으로 예를 들면 옆집에서 건축공사로 자신의 집에 붕괴될 위험이 있다고 판단되면 옆집을 상대로 공사금지처분을 구하는 것을 들 수 있다.[22]

라. 문제되는 경우

(1) 상대방과 관련한 문제

<예 1-5> A 소유의 토지에 B가 건물을 무단 신축하여 등기 없

---

22) 대법원 1999.7.27. 선고 98다47528 판결.

이 살고 있는 경우, A는 B를 상대로 어떤 청구를 할 수 있는가.

A는 B를 상대로 방해제거청구권을 행사하여 건물의 철거와, 반환청구권을 행사하여 건물 부지의 인도를 구할 수 있다. 위의 예에서 B가 C에게 임대를 주어 현재 C만이 거주하고 있는 경우에는 B는 간접점유자로서 소유자이므로 B에 대하여 건물의 철거와 부지의 인도를 구하고, C에 대하여는 부지에서의 퇴거를 구해야 할 것이다.[23]

> **<예 1-6>** 그런데 위의 경우 만일 B가 D에게 위 건물을 미등기인 채로 양도하고 D가 등기 없이 점유하고 있으면 건물의 철거의무자는 건물의 원시취득자로서 여전히 소유권자인 B인가 아니면 미등기인 채 양수한 D인가.

원칙적으로 건물의 소유자만 건물을 처분할 수 있으므로 소유자가 철거의무자[24]이나 이와 같이 미등기인 채 양수하여 점유하고 있는 자는 그 건물을 법률상 또는 사실상 처분할 수 있는 지위에 있으므로 양수인을 상대로 건물의 철거를 구할 수 있다는 것이 판례[25]의 태도이고 A의 입장에서도 어디에 있는지 알 수 없는 B를 찾아서 그를 상대로 하는 것은 비현실적이고 철거와 관련한 실질적인 이해관계는 D가 B보다 크므로 판례의 태도는 타당하다. 따라서 A는 법률상의 소유자가 아닌 D에 대하여 건물의 철거와 건물 부지의 인도를 구할 수 있다.

(2) 비용의 부담과 관련한 문제

〈예 1-5〉에서 건물철거와 건물부지 인도와 관련한 비용은 상대방인 B나 C가 타인 소유의 토지에 아무런 권원없이 점유하였기 때문에 그에게 부담시켜야 한다는 것에 대해서는 이론이 없다.

그러나 그런 방해상태가 제3자나 천재지변으로 생긴 경우에는

---

23) B가 건물을 소유함으로써 그 건물의 부지를 점유하고 있는 것에는 다툼이 없지만, 그 외 C가 건물 외에 부지도 점유하고 있는 것으로 보아야 할 것인가에 대해서는 다툼이 있는데, 통설이나 판례(대법원 1994.12.9. 선고 94다27809판결 등)는 C도 부지를 점유하고 있는 것으로 보고 있다.

24) 대법원 2003.11.13. 선고 2002다57935 판결.

25) 대법원 1988.9.27. 선고 88다카4017 판결.

그 비용을 누가 부담할 것인가.

> **<예 1-7>** B가 A 소유의 사무실을 임차하여 C로부터 빌린 인쇄기를 바닥에 고정 설치하여 인쇄업을 경영하다가 부도가 나서 야간도주를 하였다. A는 C를 상대로 인쇄기의 수거(방해제거청구권)와 아울러 수거에 필요한 비용을 C에게 부담시킬 수 있는가, 아니면 C가 A를 상대로 인쇄기의 반환(물권적 반환청구권)과 아울러 그 반환비용을 청구할 수 있는가.

> **<예 1-8>** 천재지변에 해당하는 지진이나 폭우로 A 소유의 토지 위에 있던 조각상이 빗물에 휩쓸려가다 B의 마당에 방치되게 된 경우, A는 B에 대하여 조각상의 반환과 그 비용을 청구할 수 있는가, 아니면 B가 A를 상대로 조각상의 수거 및 그 비용을 청구할 수 있는가.

위 2개의 예에 대하여 합리적인 해결책을 구하려는 여러 견해들이 있는데, 물권자 상호간의 물권적 청구권의 경합의 문제와 비용부담의 문제가 서로 얽혀 많은 견해들이 제시되고 있다.

먼저 물권적 반환청구권의 경합이라는 문제가 어떻게 제기될 수 있는가에 관해서 본다.

위 <예 1-7>에서 A 입장에서 보면 인쇄기의 존재로 인하여 자기의 소유물인 사무실의 사용에 방해를 받고 있으므로 인쇄기의 소유자 C에 대하여 수거할 것을 청구할 수 있다고 볼 수도 있고(방해배제청구권), C의 입장에서는 인쇄기를 A가 점유하고 있다고 보아 A를 상대로 인쇄기의 반환을 청구할 수 있다(반환청구권)고 볼 수도 있다(<예 1-8>에서도 마찬가지다). 이렇게 본다면 A가 C에 대하여 가지는 방해배제청구권과 C가 A에 대하여 가지는 반환청구권이라는 물권적 청구권이 경합이 된다고 보는 것이다.

또 다른 견해는 A의 입장에서 보면 그가 물권적 반환청구권을 행사하려면 점유자를 상대로 하여야 하는데, 위 두 경우에는 자신의 행위에 기인하지 않은 우연한 사정에 의하여 자신의 지배하에 물건이 들어오게 된 것이므로 점유한다고 볼 수 없고, 따라서 물권적 반환청구권은 성립하지 않고 방해제거청구권만이 성립한다고 보는 것이다. 이런 입장을 취하면 물권적 청구권의 경합문제는 일어나지 않게 된다.

다음으로 비용부담의 문제를 보면, 이에 관해서는 물권적 청구권의 본질과 관련시키는 입장과 본질과는 분리하여 생각하는 입장이 있다.

전자의 입장에서는 물권적 청구권을 상대방에게 어떤 행위를 요구할 수 있는 권리라고 보는 견해(행위청구권설)와 물권적 청구권자가 방해의 제거행위를 하는 것을 상대방이 용인하도록 하는 권리라는 견해(용인청구권설)로 나뉜다. 행위청구권설은 물권적 청구권의 상대방이 비용을 부담해야 한다고 보게 되나,[26] 용인청구권설은 물권적 청구권자가 제거비용을 부담해야 하는 것으로 보게 된다.

후자의 입장에서는 물권적 청구권의 본질론과 무관하게 방해상태의 귀책사유가 있는 사람에게 부담시켜야 한다는 견해, 방해물건의 소유자가 책임을 져야 한다는 견해 등이 있다.

우리 판례[27]는 행위청구권설의 입장에 있다는 것이 대다수 학자들의 견해이나, 대부분의 판례내용은 상대방의 귀책사유로 인한 방해상태에 대해 물권적 청구권을 인용한 것이고, 따로 비용문제에 대하여는 언급하고 있지 않다. 다만 위 판결에 의하여 집행을 하게 되면 그 집행비용은 패소자인 상대방에게 부담시키게 되므로 이는 집행비용의 문제로 되어 결국 패소자인 상대방이 그 비용을 부담하게 되는 결과가 된다.

우리 판례는 아직 명확하게 입장을 표현한 것으로 생각되지는 않기 때문에, 차후 상대방의 귀책사유가 없는 위와 같은 예에서도 판례가 행위청구권설을 좇아 처리할지는 두고 보아야 하는 것이 아닐까 생각한다.

---

26) 이 견해를 취할 경우 물권적 청구권의 경합을 인정하게 되면 먼저 청구하는 자가 상대방에 대하여 비용을 부담시킬 수 있게 되어 부당하다는 반론이 있다.

27) 대법원 1967.2.27. 선고 66다2228 판결; 대법원 1990.5.8. 선고 90다684,90다카3307 판결; 대법원 1997.7.27. 선고 98다47528 판결; 대법원 1983.5.10. 선고 81다187 판결.

제2장 물권의 변동

Ⅰ. 의 의

물권변동이란 물권의 발생,[1] 변경, 소멸을 말하고 물권의 주체의 입장에서 보면 물권의 득실 및 변경이라고 할 수 있다.

물권변동의 원인으로서는 법률행위로 인한 물권의 변동(민법 제186조)과 법률의 규정에 의한 물권변동(민법 제187조)으로 나눌 수 있다. 전자의 주요한 예로는 매매 등의 계약, 증여 등의 단독행위로 변동이 일어나는 경우를 들 수 있고, 후자의 예로는 상속, 혼동, 선점, 첨부, 공용징수 등에 의한 경우를 들 수 있다.

물권변동에서 가장 중요한 원인은 법률행위(특히 매매계약)에 의한 경우이다. 이런 법률행위에 의한 물권변동에 있어서도 부동산과 동산의 경우는 그 공시방법의 차이에 의하여 문제되는 사항이 달라지므로 따로 나누어 설명하는 것이 좋다고 생각되어 먼저 부동산에 대하여 설명하고, 후에 동산에 대하여 설명하기로 한다.

---

1) 무주물 선점(제252조), 건물의 신축, 매립지, 공장에서 만든 제품 등과 같이 물권이 새롭게 발생하는 절대적 발생과, 타인에게 속하는 기존의 물권을 승계하여 취득하는 상대적 발생이 있다. 절대적 발생은 제187조에 의한 물권변동으로 부동산의 경우에는 보존등기를 하지 않더라도 소유권을 취득한다.

Ⅱ. 부동산에 관한 물권변동

1. 개 념

법률행위에 의한 부동산 물권변동은 민법 제186조가 규율하고 있고, 법률의 규정에 의한 부동산 물권변동은 민법 제187조가 규율하고 있는데, 이 두 법조문은 부동산 물권변동에 있어서 뼈대를 이루고 있다고 해도 과언이 아니므로 이 두 조문을 중심으로 살피기로 한다.

물권변동의 이해를 돕기 위하여 매매에 의한 소유권의 변동을 주된 예로 하여 설명한다.

2. 법률행위에 의한 물권변동

물권변동의 원인 중 가장 많은 것이 매매인바, 이것은 매매라는 채권계약인 법률행위에 의하여 물권변동이 일어나는 것을 의미한다.

물권은 지배권으로 대세권이므로 다른 사람들에 대하여 소유권자가 누구인지를 널리 알릴 필요가 있고, 이런 필요에 의하여 고안된 제도가 부동산에 있어서는 등기라는 제도[2]로서 등기란 그 등기부라는 정부가 관리하는 공적 장부에 물권의 변동사항을 기재하는 것을 말한다.

이런 등기부의 등장으로 인하여 물권과 등기와의 관련성이 깊어지게 됨에 따라, 물권은 물권자가 누구인지를 아는 사람에게도 등기가 있어야만 물권자로 취급을 해 줄 것인가, 아니면 누가 물권자인지를 아는 사람에는 물권자로 취급해 주고 그를 모르는 사람에게는 등기해야만 물권자로 취급해주어야 하는가 하는 문제가 등장하게 되는 것은 필연적일 것이다.

여기서 물권을 등기와 밀접하게 관련시키고 이에 따라 제3자들에게 공시하는 기능을 중시하는 입장을 취하게 되면 물권은 등기하여야만 물권변동, 즉 소유권이라는 물권을 취득하게 된다는 입법주의(성립요건주의)와, 매매계약의 당사자 사이에서는 매매계약의 체결로 소유권이라는 물권이 매수인에게 이전되는 것으로 보나 계약 당사자가 아닌 제3자들 사

---

2) 동산에는 점유가 공시방법이다.

이에서는 등기가 있어야만 소유권이라는 물권의 취득을 주장할 수 있다는 입법주의(대항요건주의)가 생겨나게 된다.

가. 성립요건주의(민법 제186조의 의미)

우리나라는 민법 제186조에서 '부동산에 관한 법률행위로 인한 물권의 득실변경은 등기하여야 그 효력이 생긴다'고 규정하여 성립요건주의를 취하고 있음을 확실히 하고 있다.

> <예 2-1> A로부터 B가 A 소유 H아파트를 매매하는 과정은 어떻게 되는가.

먼저 A와 B가 채권계약인 매매계약을 체결하고, 계약금, 중도금 및 잔금을 지급하고 통상 잔금 지급과 동시에 이전등기에 필요한 서류와 현관 열쇠를 B가 A로부터 교부받은 후 그 서류를 이용하여 B가 단독으로 자기 명의로 이전등기를 경료하게 된다. 이런 과정에서 B가 소유권이라는 물권을 취득하게 되는 때는 민법 제186조에 따라 이전등기를 경료하는 때이다. 따라서 B가 A에게 매매대금 전부를 지급하였고 현관 열쇠까지 받았더라도(이는 점유의 이전에 해당한다고 한다) 이전등기를 하지 않고 있다면 B는 이전등기청구권만을 가지는 채권자적 지위에 있을 뿐이고, A에게나 다른 제3자에게도 자신이 H의 소유자임을 주장할 수 없다. 따라서 제3자가 B의 H 아파트 사용을 방해하는 행위를 하더라도 B는 소유권자로서 가지는 물권적 청구권인 방해배제청구권을 행사할 수 없다. 위와 같은 상태에서는 아직도 H의 소유권자는 A이므로, B는 A에 대하여 가지는 이전등기청구권을 피보전권리로 하여, A가 제3자에 대하여 가지는 물권적 청구권을 대위행사할 수 있을 뿐이다.[3]

그리고 이런 상태에서 A가 이중으로 C에게 H를 매도하고 이전등기를 해 줘버리면 특단의 사정이 없는 한 C가 H의 소유권자가 되고, B는 이제는 H에 대한 소유권을 취득할 수 없게 된다.[4]

---

3) 대법원 1980.7.8. 선고 79다1928 판결. 이처럼 채권자가 채무자의 권리를 대신 행사하는 것을 채권자 대위권이라고 하고, 이에 대한 자세한 설명은 채권총론에 넘긴다.

4) 이런 결과가 되는 것은 앞에서도 본 바와 같이 B는 채권자의 지위에 서게 되고, C는 물권자인 소유권자의 지위에 서기 때문이라고 한다. 그리고 이를 실질적으로 뒷받침하는 사

이처럼 부동산에 관하여 물권자인 소유권자가 되기 위해서는 매매계약 외에 소유권을 넘기는 것에 대한 A와 B 사이의 합의(이를 채권적 합의 내지 계약과 구별하는 의미에서 통상 이 합의를 물권적 합의라고 부른다[5])와 등기가 있어야 하는 것이다.

학설 중에는 이런 물권적 합의가 매매계약인 채권행위와 독립하여 따로 행해진다고 하는 물권행위의 독자성을 주장하는 견해도 있으나 우리 판례는 이런 입장을 취하지 않고 있다.

이렇게 물권적 합의와 공시수단인 등기를 하게 되면 물권의 변동이 일어나게 되므로 만일 A와 B 사이에 매매대금이 모두 지급이 되지 않은 상태에서 B명의로 먼저 이전등기를 하고 후에 매매대금을 지급하기로 합의가 되고, 이에 따라 B명의로 이전등기가 이루어지면 그 이후부터는 B가 소유권자로 된다.

그런데

> **<예 2-2>** 그 후 B가 매매대금을 지급하지 않게 되면 A는 B의 매매
> 대금 미지급을 이유로 매매계약을 해제하는 등으로 그 효력을 상실

상은 자유경쟁사상으로 채권자 사이에는 우열이 없으므로 그 물건의 취득에 대하여 서로 경쟁할 수 있다는 것이다. 그러나 이미 계약이 체결된 상태에 있는 것을 알면서도 계약을 체결한 C를 비난할 수 없는가, 그리고 채무자는 채무를 이행할 것인가, 이행하지 않고 손해배상청구를 당할 것인가를 선택할 수 있는 자유가 있다고 하나, 이런 이중계약의 경우에도 선행계약을 무시하고 후에 계약을 체결한 자에게 이행을 할 자유까지도 가지는가 하는 것에는 의문의 여지가 있다. 이런 논점은 이중매매가 선행계약의 채권침해로서 불법행위책임이 성립하는가와 관련하여 중요한 논점이다. 자세한 것은 채권총론에 넘긴다.

5) 물권의 변동을 일으키는 법률행위로서는 물권적 합의 외에 소유권의 포기, 유증 등과 같은 물권적 단독행위도 있으므로 물권적 합의와 물권적 단독행위를 합하여 물권행위라고 한다. 이에 반하여 물권행위를 이런 물권적인 의사표시(합의와 단독행위) 외에 등기(또는 인도)라는 공시방법까지도 포함하는 것이라는 보는 견해도 있는데, 이 견해는 물권행위는 이행의 문제를 남기지 않는 것인데 물권적 합의라는 의사표시만으로 물권변동이 생기지 않아 이행의 문제가 남으므로 공시까지 포함하여야 물권변동이라는 이행이 완전하게 된다는 것을 근거로 들고 있다. 그러나 의사주의 입법하에서는 계약 당사자 사이에서는 물권적 합의만으로 물권변동이 발생하는 것이고, 공시까지 있어야만 물권변동이 일어나게 되는 것은 우리나라가 성립요건주의를 취하였기 때문인 점, 물권적 합의와 공시는 그 법적인 성질(물권적 합의는 사법상의 합의인데 반하여 등기는 등기 공무원이라는 국가 기관에 대한 의사표시로서 공법행위에 가깝다)을 달리하는 것으로 물권행위라는 하나의 개념에 포괄하기 어려운 점을 감안하면 위 견해는 타당하지 않다.

시키고 H의 소유권을 되찾아오는 절차를 취하게 되는데, 이때 그 소유권은 언제 A에게 복귀하게 되는가.

나. 부동산 물권변동에 관한 판례이론(유인성)

이와 관련하여서는 물권행위의 독자성을 강조하는 입장에서 채권행위가 무효로 되더라도 물권행위에는 영향이 없고 따라서 소유권은 여전히 B에게 있고, A명의로 이전등기를 하여야만 A에게 소유권이 복귀된다고 보게 된다(무인성 이론).

그러나 우리 판례[6]는 일관하여 이런 견해를 취하지 않고, 채권계약이 취소나 해제가 되어 소급하여 무효가 되면 그에 따른 물권적 효과도 소급하여 무효가 되어 소유권은 소급하여 복귀되고, 무효의 경우에는 처음부터 소유권은 이전되지 않은 것으로 보고 있다(유인성 이론). 따라서 판례이론에 따르면 A는 소유권에 기한 방해제거청구권으로서 무효의 등기인 B명의 이전등기의 말소를 구할 수 있고,[7] 이 말소등기청구권은 소유권에 기한 것으로서 소멸시효에 걸리지 않게 되며, 만일 B가 그동안 목적 부동산을 점유하여 사용하였다면 그 이득은 A 소유의 부동산을 법률적 원인없이 사용한 셈이 되어 그 이득을 부당이득으로 반환하여야 한다.[8]

유인성 이론에 따라 당사자 사이에 매매계약이 취소가 된 때에는 소급하여 소유권변동의 효력이 부정되고, 무효인 때에는 처음부터 소유권이 이전되지 않았다고 보게 되면, 이전등기가 되어 있던 B로부터 그 이전등기를 믿고서 매수한 제3자가 있는 경우에는 그 제3자는 소유권을

---

6) 대법원 1977.5.24. 선고 75다1394 판결.

7) 대법원 2001.9.20. 선고 99다37894 전원합의체판결에 의하면, 소유권자는 진정한 등기명의의 회복을 위한 소유권이전등기도 인정하고 있으므로, B명의의 이전등기에 관하여 말소등기 또는 A명의로의 이전등기 중 어느 하나를 선택하여 청구할 수 있다.

8) 이에 반하여 무인성설에 따르면, 매매계약의 효력이 상실되더라도 등기명의가 A로 이전되기 전에는 소유권자는 B이므로 A는 B에 대하여 원인없이 이전등기가 되었다는 이유로 부당이득반환청구권이라는 채권적 권리에 기하여 이전등기만을 청구할 수 있게 된다. 이 설의 장점은 B로부터 당해 부동산을 매수한 제3자가 있는 경우에는 그 제3자는 선의, 악의를 불문하고 당해 부동산의 소유권을 취득할 수 있어 거래의 안전을 도모할 수 있다는 데에 있다. 그러나 악의의 제3자까지도 구제해 주는 것은 지나치다는 비판이 있다.

취득할 수 없다고 보아야 할 것이다. 이렇게 되면 거래의 안전에 큰 위험이 생기게 된다. 유인성이론에서도 거래의 안전을 도모할 방법은 없는가 하는 것이 문제로 된다(무인성이론에서도 이와 같은 문제는 생긴다).

* A와 B의 매매계약이 민법 제103조 위반으로 무효가 되는 경우, 유인성이론에 따르면 A는 B에 대하여 소유권에 기한 말소등기청구권을 행사할 수 있다고 해야 할 것이다. 그런데 여기에는 민법 제746조와 관련하여 문제가 생긴다. 대법원 1979.11.13. 선고 79다483 전원합의체판결은 '불법원인 급여의 경우 반환을 청구하지 못하도록 규정하고 있는 민법 제746조는 단지 부당이득제도만을 제한하는 것이 아니라 동법 제103조와 함께 사법의 기본이념으로서, 결국 사회적 타당성이 없는 행위를 한 사람은 스스로 불법한 행위를 주장하여 복구를 그 형식 여하에 불구하고 소구할 수 없다는 이상을 표현한 것이므로, 급여를 한 사람은 그 원인행위가 법률상 무효라 하여 상대방에게 부당이득반환청구(채권적 청구권)를 할 수 없음은 물론 급여한 물건의 소유권은 여전히 자기에게 있다고 하여 소유권에 기한 반환청구(물권적 청구권)도 할 수 없고 따라서 급여한 물건의 소유권은 급여를 받은 상대방에게 귀속된다'고 판시하여 A의 B에 대한 청구를 제한하고 있다. 이 판결은 이중양도의 경우에 특히 문제로 된다. 즉 대법원은 '이중매도인의 배임행위에 적극 가담하여 매수한 매매행위는 사회정의관념에 위배된 반사회적인 법률행위로서 무효'(대법원 1969.11.25. 선고 66다1565 판결 등 다수 판결이 있다)라고 하고 있다. 따라서 소유권자인 A가 B에게 먼저 부동산을 매도한 후 이전등기를 해주지 않고 있는 사이에, 다시 C에게 매도하여 이전등기를 한 이중매매의 경우, C의 적극 가담으로 이중매매가 이루어졌다면 A와 C의 이중매매계약은 민법 제103조 위반으로 무효가 된다. 그리하여 A가 C에 대하여 민법 제103조 위반임을 이유로 소유권에 기하여 C명의로의 등기의 말소를 구하는 형식으로 부동산의 반환을 청구하면, C는 위 79다483 판결을 들어 A의 청구를 막을 수 있다고 보아야 할 것이다. 그런데 위와 같은 사안에서 대법원은 B가 C를 상대로, B가 A에 대하여 가지는 소유권이전등기청구권을 피보전권리로 하여, 채권자 대위권을 행사하여 A가 C에 대하여 가지는 이전등기말소등기 청구권을 대위행사하는 것을 인정했다(대법원 1980.5.27. 선고 80다565 판결). 본래 B가 채권자 대위권을 행사하여 A의 C에 대한 권리를 행사하는 경우에는, A가 C를 상대로 청구하는 것과 같이 보아야 하므로 A가 C에 대하여 청구를 할 수 없다면, A의 권리를 대위행사하는 B도 A의 C에 대한 청구는 할 수 없다고 보아야 한다. 그럼에도 80다565 판결은 A의 C에 대한 청구권을 채권자 대위권으로 행사한 B의 청구를 인정했다. 그러면 위 70다483 판결과 80다565 판결은 서로 모

순되는 것이 아닌가 하는 것에 관하여 많은 논란이 되고 있다. 대부분의 학설은 80다565 판결의 결론에는 찬성하면서 70다483 판결과 모순되지 않게 이론을 구성하는 것에 집중되어 있다.[9]

다. 제3자 보호문제

어떤 부동산을 매수하려고 하는 사람의 입장에서는 소유권자가 누구인지를 알 수 있는 것은 공시제도, 즉 등기부상에 누가 소유권자인가를 조사하는 수밖에 없고, 등기부에 소유권자로 기재된 사람이 일응 적법한 소유권자라고 믿고서 거래를 하게 된다.

> **<예 2-3>** B가 소유권자 A로부터 부동산을 매수하여 자기 앞으로 이전등기를 하였고, 그 후 C에게 매도하여 C 앞으로 이전등기까지 마쳤는데, 그 후 A와 B의 매매계약이 무효가 되거나 취소되거나 해제되는 경우는 어떻게 되는가.

유인성 이론에 따르면 A와 B의 매매계약이 원래부터 효력이 없거나 소급하여 효력을 잃게 되면 B는 처음부터 소유권자가 아니게 된다. 이렇게 보면 C는 결국 무권리자인 B와 거래를 한 셈이 되고 무권리자로부터는 어떠한 권리를 취득할 수 없기 때문에 C는 소유권을 취득할 수 없게 된다고 보지 않을 수 없다.[10]

이는 거래가 빈번하게 이루어지고 있는 현대 시장경제체제하에서는 거래의 안전에 큰 위협이 된다.

그렇다고 하여 거래의 안전을 위하여 위와 같은 경우에 C를 보호하

---

9) 이와 관련하여서는 윤진수, '제3자의 채권침해와 부동산의 이중양도, 사법논집 16집 (85.12.), 대법원 법원행정처, 99면 이하를 참조

10) 매매계약이라고 하는 것은 매도인의 권리를 그대로 매수하는 것으로서 승계취득이다. 승계취득의 의미는 매매계약의 경우 매도인이 가지고 있는 권리 이상의 권리를 매수인이 취득할 수 없다는 것을 의미하는바, 만일 매도인에게 그런 권리가 없다면 매수인이 아무런 잘못 없이 매도인에게 그런 권리가 있었다고 믿었다고 하더라도 그 권리를 취득할 수 없다. 결국 매수인은 매매대상의 목적물이나 권리를 취득할 수 없고 매도인을 상대로 한 손해배상으로 자기의 손해를 전보받을 수밖에 없다. 다만 예외적으로 선의취득이 인정되는 경우에는 매도인이 무권리자라도 매수인이 그 권리를 취득하는 예가 있을 뿐이나, 우리법제하에서는 부동산의 선의취득은 인정되지 않는다.

게 되면, 이제는 진정한 소유권자인 A의 이익이 위험하게 된다. 즉 B가 A 몰래 A의 인감도장 등 이전등기에 필요한 서류를 훔쳐서 자기 명의로 이전등기를 한 후 C에게 매도한 경우를 보자. 이런 경우에도 C가 보호된다고 하면 A는 자신이 어떠한 잘못을 하지 않았는데도 소유권을 상실하게 되어 심히 부당하다고 하지 않을 수 없다.

위와 같은 모든 경우에 어느 한 쪽이 항상 우선하는 것으로 하는 조치는 너무 극단적인 것으로 타당한 결과를 가져올 수 없다. 결국 이런 경우에는 A와 C의 이익을 조정하는 선에서 타협을 할 수밖에는 없는바, 우리 민법은 어떠한 해결책을 제시하고 있는지에 대하여 자세히 보도록 한다.

(1) 무효의 경우

우리 민법에 의하면 A와 B의 매매계약이 무효로 되는 경우로 제103조(반사회적 법률행위), 제104조(불공정 행위), 제107조(비진의 의사표시), 제108조(통정 허위표시)를 들 수 있고, 그 중 제103조와 제104조에 의한 경우에는 선의의 제3자를 보호한다는 내용이 없고, 그 외의 무효의 경우에는 선의의 제3자를 보호한다는 규정이 있다.

민법 제103조와 제104조에 제3자 보호규정을 두지 않은 것은, 위 규정에 위반되는 계약은 우리나라가 기본적 가치로 삼고 있는 사회적 질서에 반하는 것으로서 어떠한 경우에도 효력을 인정할 수 없고, 설사 제3자가 피해를 보는 한이 있더라도 그런 계약은 무효로 하여 사회에서 근절시켜야 할 정도로 위법성이 크다고 입법자들이 평가하였기 때문일 것이다.

이에 반하여 민법 제107조와 제108조의 경우에 선의의 제3자를 보호하는 규정을 두고 있는 것은, 이들 규정에 의한 무효는 의사표시를 한 자에게도 그 의사표시에 관하여 어느 정도 책임이 있다는 것을 고려하여 선의의 제3자를 보호하여 거래의 안전을 도모하려 한 것이라고 평가해야 할 것이다.

따라서 A와 B의 매매계약의 무효가 선의의 제3자를 보호한다는 내용이 없는 민법 제103조나 제104조에 의하여 무효가 되는 경우에는 C는 보호되지 못하여 A의 말소등기청구에 응할 수밖에 없고 C는 당해 부동산에 관한 소유권을 취득할 수가 없다.

이는 B에게 이전등기가 경료되었다고 하더라도 소유권은 B에게 이전되지 않은 채 등기만이 B 앞으로 되어 있었던 것에 불과하므로, 무권리자인 B로부터 양수받은 제3자인 C는 무효인 사실을 모르고(선의) B로부터 매수하여 이전등기를 경료하였더라도 A의 말소청구에 응하여야 한다는 것을 의미한다. 이는 달리 말하면 등기부의 기재가 진실성을 담보하지 못하고, 따라서 그 기재를 믿고서 거래를 하더라도 선의자는 보호되지 않는다는 것이다.

이와 같이 등기부의 기재내용이 실제 권리관계와 다른 경우에는 그 등기부의 기재대로 권리관계가 있었던 것으로 보지 않는 것을 두고 등기에 공신력을 인정하지 않는다고 한다.[11]

다만 무효의 경우에 예외적으로 79다483 전원합의체판결에 적용되는 사안에 해당되는 경우에는 C가 보호되는 경우가 있을 수 있으나 이는 등기에 공신력을 인정하기 때문이 아니라 이와 별개의 불법원인급여법리라는 또 다른 법리에 의한 것이기 때문이다.

한편 A와 B의 매매계약의 무효가 민법 제107조와 제108조에 의하여 무효가 되는 경우에는 C가 선의라면 C는 해당 부동산의 소유권을 취득할 수 있게 된다.

(2) 취소의 경우

매매계약이 취소로 되는 경우는 민법 제5조(미성년자의 행위), 제10조(피성년 후견인의 행위의 취소), 제13조 제4항(피한정후견인의 행위와 취소), 제109조(착오 의사표시의 취소), 제110조(사기, 강박에 의한 의사표시의 취소) 등을 들 수 있다.

그런데, 제5조, 제10조, 제13조의 취소의 경우에는 선의의 제3자를 보호하는 규정이 없는데, 이는 거래의 안전보다는 행위능력이 제한되는 자를 더 보호해야 한다는 입법자의 결단 때문이다. 따라서 A가 제한

---

11) 동산의 경우는 선의취득에서 보는 것처럼 점유라는 공시제도에 공신력을 인정하여 무권리자가 권리자처럼 점유하고 있다면 권리자로 취급하여 선의자는 보호되는 선의취득제도가 인정되고 있다.

능력자임을 이유로 A와 B의 매매계약이 취소되는 경우에는 C는 보호받지 못한다.

그 외 취소사유에는 선의의 제3자를 보호하는 규정이 있는데, 이 경우에는 그 표의자에게 어느 정도의 책임이 있는 것을 고려하여 이와 같이 규정한 것으로 평가할 수 있을 것이다.

보호되어야 하는 제3자의 범위에 관하여 보도록 한다.

취소는 처음에는 일응 유효하였던 계약이 취소라는 의사표시에 의하여 소급하여 효력을 상실하게 되는 것인바, A와 B 사이의 매매계약은 최초에는 유효하므로 B는 적법하게 소유권을 취득하게 된다. 따라서 A와 B의 매매계약이 취소되기 전에 C가 B로부터 매매계약을 체결하고 이전등기를 경료하였다면 C는 적법한 소유자인 B로부터 소유권을 취득한 셈이 되어 적법하게 소유권을 취득하게 된다. 그런데 그 후 A가 B와의 위 계약을 취소하게 되면 그 소급효로 인하여 B는 소유권을 소급하여 잃게 되고, 매매계약은 승계취득이므로 앞 사람이 가지고 있었던 권리를 그대로 취득하고 그가 가진 것 이상의 권리를 취득할 수 없기 때문에 C 역시 그 소급효로 인하여 적법하게 취득한 소유권을 상실하게 되는 결과가 된다.

만일 C가 A와 B 사이의 매매계약이 위와 같이 취소될 위험이 있다는 것을 알았다면(악의), C는 위와 같은 위험을 감수하고서 B와 매매계약을 체결하였던 것이므로 C를 보호하지 않아도 큰 불합리는 없을 것이다. 그러나 C가 취소가능성을 전혀 모른 상태에서(선의) 등기부상의 B 명의의 등기까지 확인하여 위와 같은 위험을 전혀 고려함이 없이 B와 매매계약을 체결하였다면 위와 같은 결과는 거래의 안전을 심하게 훼손하는 것이 된다.

이런 이유로 제3자를 보호하는 규정을 둔 것이므로 이런 취지를 고려하면 C는 A가 취소의 의사표시를 하여 B가 적법하게 취득하였던 소유권을 소급시켜 무효로 되기 전에 거래를 하였어야 한다고 보아야 할 것이다. 즉 C는 A가 취소의 의사표시를 하여 그 의사표시가 효력을 발휘하게 되는 B에게로의 송달시까지 취소가능성을 모르고 B와 거래를 한 사람을 의미한다고 할 것이다.

그러면 A에 의한 취소의 의사표시가 B에게 송달되었지만 아직 A명의로 이전등기가 이루어지기 전에 C가 취소한 사실을 모르고 B와 매매계약을 체결한 사람은 구제받을 수 있는가.

A가 취소의 의사표시를 하여 그 의사표시가 B에게 송달되면, 유인성 이론에 따라 A는 자기 명의로 등기를 하지 않았더라도 소유권은 복귀하게 되므로 취소 이후 소유권자는 A이지, B가 아니게 되고, C는 소유권자가 아닌 B로부터 매수하였으므로 등기에 공신력이 인정되지 않는 우리 법제하에서는 소유권을 취득할 수 없다.

A가 취소하기 전에 C가 B와 매매계약을 체결한 앞의 경우에는 적어도 A가 취소하기 전까지는 적법한 소유자였던 적이 있었지만, A가 취소한 후에 B와 매매계약을 체결한 C는 처음부터 소유권자가 된 적이 없는 자이다. 이런 자도 선의의 제3자로 보호하여야 하는가가 문제이다.

C의 입장에서 보아 A가 취소하기 전에 B와 매매계약을 한 경우나, A가 취소한 후 A 앞으로 등기가 이루어지기 전에 매매계약을 한 경우 거래의 안전이라는 측면에서 보호가치에 있어 차등을 둘 이유는 없다. A의 입장에서도 취소를 하게 되면 곧바로 자기 명의로 등기가 이루어지도록 하거나 가처분을 하는 등으로 자기의 권리를 보호할 수 있는 조치를 게을리한 잘못도 있으므로 A보다는 C를 보호해야 할 것이다.

판례[12]도 '사기에 의한 법률행위의 의사표시를 취소하면 취소의 소급효로 인하여 그 행위의 시초부터 무효인 것으로 되는 것이지 취소한 때에 비로소 무효로 되는 것이 아니므로 취소를 주장하는 자와 양립되지 아니하는 법률관계를 가졌던 것이 취소 이전에 있었든가 이후에 있었든가는 가릴 필요없이 사기에 의한 의사표시 및 그 취소사실을 몰랐던 모든 제3자에 대하여는 그 의사표시의 취소를 대항하지 못한다고 보아야 할 것이고 이는 거래안전의 보호를 목적으로 하는 민법 제110조 제3항의 취지에도 합당한 해석이 된다'고 판시하였다.

---

12) 대법원 1975.12.23. 선고 75다533 판결.

(3) 해제의 경우

물권변동과 관련하여 해제가 문제되는 경우로서는 A와 B 사이에 매매대금이 지급되지 않은 상태에서 먼저 소유권이전등기를 하기로 특약을 하고 그 특약에 기하여 B명의로 이전등기를 한 상태에서, C가 B로부터 매매계약을 체결하여 이전등기까지 경료한 후[13] B가 매매대금을 지급하지 아니하는 등 매매계약에 기한 채무의 이행을 하지 않아 이를 이유로 A가 매매계약을 해제하는 경우이다.

이 경우에는 A와 B 사이에는 물권적 합의와 공시로서 등기가 경료되었기 때문에 B가 적법하게 소유권을 취득하게 되고 그 권리에 기하여 C에게 처분하게 되는 것으로 C가 적법하게 소유권을 취득한다. 그런데 그 후에 A와 B 사이의 계약이 해제되고 그 해제의 소급효로 인하여 B의 소유권이 소급적으로 박탈당하게 되고 이에 따라 C에게로의 물권변동도 최초에는 적법 유효했던 것이 소급하여 효력을 상실하게 되는 구조이다. 효력면에서만 보면 취소와 구조가 비슷하다.

B의 입장에서는 자신의 채무불이행으로 불이익을 당하는 것이므로 당연히 감수해야 할 것이지만, C의 입장에서 보면 행위 당시에는 매매계약도 적법하여 유효하게 소유권을 취득하였는데 그 후 자신과 무관한 A와 B의 사정으로 인하여 소유권을 박탈당하게 되는 결과가 되어 부당하다고 하지 않을 수 없다.

이런 사정으로 인하여 민법 제548조 제1항 단서에서 제3자의 권리를 해하지 못한다고 하여 제3자의 권리를 보호하고 있는 것이다.

따라서 앞의 예에서 만일 매매대금 지급 전에 미리 소유권이전등기를 해 주기로 하는 특약이 없음에도 B가 서류를 위조하여 이전등기를 하게 되면 이때에는 물권적 합의가 없이 공시가 이루어진 것으로 물권변동의 효력이 없어 B는 소유권을 취득하지 못하게 된다.

이런 상태에서 B가 C에게 매도하는 것은 소유권이 없는 무권리자가 매도하는 셈이 되어 해제의 소급효를 제한하는 민법 제548조 제1

---

13) 해제시 보호되는 제3자가 되기 위해서는 완전한 권리를 취득하고 있어야 하므로 C가 단순히 매매계약을 체결한 상태로는 제3자에 해당하지 않고, 이전등기까지 경료해야만 제3자에 해당한다는 점에 유의해야 한다.

항 단서가 적용될 여지가 없다. 이렇게 소유권자가 아니면서 자기 명의로 이루어진 것을 기회로 B가 C에게 매도하는 것은, B가 마치 아무런 권원없이 서류를 위조하여 자기 명의로 이전등기를 하여 소유권이 없는 상태에서 C에게 매도한 것과 동일하게 평가할 수 있다. 이렇게 무권리자가 매매를 한 경우에 관하여는 부동산의 경우 등기에 공신력을 인정하지 않는 우리 법제하에서는 선의의 제3자도 보호되지 않으므로 그 후에 A가 B와의 매매계약을 해제하게 되면 C는 보호받지 못한다. 또 민법 제548조 제3항에서 규정하고 있는 제3자보호 규정은 적법하게 권리를 취득한 사람과 제3자가 거래를 하여 이해관계를 가지게 된 경우에 적용되는 것이지, 제3자가 무권리자와 거래를 하여 이해관계를 가지게 된 경우에 적용되는 것이 아니므로 위 규정이 적용되지도 않는다(서류를 위조하여 자기 이름으로 등기한 자와 거래한 제3자를 민법 제548조 제3항의 제3자라고 할 수는 없는 것이다).

해제의 경우 기본적으로는 취소시 선의의 제3자가 보호되는 것과 같은 구조이나, 여기서 유의해야 할 점은 해제의 경우에는 취소의 경우와 달리 선의의 제3자에 한정하고 있지 않고[14] 또 제3자 되기 위해서는 등기, 인도 등으로 완전한 권리를 취득하고 있어야 한다[15]는 것이다.

이렇게 취소와 해제를 달리 취급하는 이유는 무엇인가. 취소의 경우는 일응 유효한 것으로 취급하는 계약이 원래 하자가 있는 계약으로서 의사표시를 한 본인을 보호해야 할 요청이 강한 반면, 해제는 계약이 처음부터 유효하나 다만 후발적인 채무불이행이란 사정에 의하여 해제된 것으로서 이런 의미에서 해제 전에 계약 당사자와 거래한 제3자를 보호할 요청이 강하기 때문이라는 견해[16]가 있다. 자세한 것은 채권각론에 넘긴다.

---

14) 대법원 2010.12.23. 선고 2008다57746 판결 참조. 쌍무계약의 경우에는 항상 해제의 가능성이 있으므로, 악의를 '해제가능성을 알고 있었다'는 것으로 해석하게 되면 A와 B 사이의 계약이 쌍무계약임을 알고 있었던 제3자는 전부 악의자로 취급되어 구제받지 못할 가능성이 있게 되어, 제3자 보호를 위한 위 규정의 의미가 퇴색될 우려가 있을 것이다. 아마도 이런 고려가 작용하고 있기 때문에 선의, 악의를 묻지 않고 있는 것으로 생각된다.

15) 대법원 2002.10.11. 선고 2002다33502 판결.

16) 內田貴, 위 책 民法Ⅱ[第2版] 債權各論, 東京大學出版會(2007), 99면.

(4) 문제가 되는 경우

(가) 재단법인 설립시 출연재산의 귀속 여부

민법 제48조의 해석과 관련하여 재단법인에 출연한 재산은 재단법인 설립시에 재단법인으로 이전하는지(재단법인 설립시설), 아니면 재단법인이 설립하고 난 후 재단법인 명의로 이전등기한 때에 비로소 재단법인의 소유로 되는지(등기시설) 문제가 된다. 등기시설은 재단법인에게로의 재산출연행위를 법률행위로 보아 민법 제186조에 해당된다는 입장에 선 것임에 반하여, 재단법인 설립시설은 민법 제48조의 규정을 법률규정으로 보아 민법 제187조에 해당한다고 보는 입장이다.

대법원 1993.9.14. 선고 93다8054 판결은 '민법 제48조는 재단법인 성립에 있어서 재산출연자와 법인과의 관계에 있어서의 출연재산의 귀속에 관한 규정이고, 이 규정은 그 기능에 있어서 출연재산의 귀속에 관하여 출연자와 법인과의 관계를 상대적으로 결정함에 있어서의 기준이 되는 것에 불과하여, 출연재산은 출연자와 법인과의 관계에 있어서 그 출연행위에 터잡아 법인이 성립되면 그로써 출연재산은 민법의 위 조항에 의하여 법인성립시에 법인에게 귀속되어 법인의 재산이 되는 것이고, 출연재산이 부동산인 경우에 있어서도 위 양당사자간의 관계에 있어서는 위 요건(법인의 성립) 외에 등기를 필요로 하는 것이 아니나, 제3자에 대한 관계에 있어서는 출연행위가 법률행위이므로 출연재산인 부동산이 법인에게 귀속되기 위해서는 법인에게로 이전등기가 되어야 한다'고 한다.

판례와 같이 소유권자가 되는 시기를 법인과 출연자 사이에서는 법인설립시로, 법인과 출연자 이외의 자와 사이에서는 등기시로 보게 되면, 출연 후 법인명의로 이전등기하기 전까지는 법인과 출연자 사이에서는 법인을 소유자로, 법인과 출연자 외의 제3자 사이에서는 출연자(또는 상속인)의 소유로 보는 셈이 되고, 이는 하나의 부동산이 동시에 법인과 출연자의 소유로 보는 것이 된다. 이런 태도는 성립요건주의와 일물일권주의를 취하는 우리나라의 물권법 제도와 맞지 않는다는 학설의 비판이 많다.

판례는 법인의 재산권 보호와 거래의 안전을 보호하기 위한 고육책으로 절충적인 입장을 보이고 있는 것으로 생각된다.

(나) 제한물권자의 소멸청구와 소멸통고

지상권설정자나 전세권설정자의 소멸청구(민법 제287조, 제288조, 제311조)와 소멸통고(민법 제313조)에 대하여는 지상권이나 전세권에 대하여 말소등기가 되어야만 소멸하는가, 아니면 위 각 법조문에 해당하는 사태가 일어나는 때[17]에 말소등기 없이도 소멸하는가가 문제로 된다.

이에 대하여는 학설상으로 견해가 나뉜다.

그러나 전세권의 경우에는 목적물을 이용하는 용익물권적인 성격과 전세금을 담보한다는 담보물권적인 성격을 겸유하고 있으므로 용익물권이 소멸하더라도 전세금의 담보를 위한 전세권 등기는 여전히 유효하기 때문에 소멸청구나 소멸통고의 의사표시만으로 담보물권적인 성격까지 소멸한다고 할 수는 없고, 민법 제317조가 전세권 설정등기의 말소와 전세금의 지급과 동시이행 관계에 있음을 규정하고 있는 것에 비추어 전세금이 전세권자에게 지급됨과 동시에 전세권이 소멸한다고 보아야 할 것이다. 그렇다면 전세권에 있어서는 소멸청구와 소멸통고 외에 전세금이 지급되어야 담보물권의 부종성의 원칙상 등기없이도 소멸한다고 보아야 할 것이다.

판례도 대법원 2005.3.25. 선고 2003다35659 판결에서 '전세권설정등기를 마친 민법상의 전세권은 그 성질상 용익물권적 성격과 담보물권적 성격을 겸비한 것으로서, 전세권의 존속기간이 만료되면 전세권의 용익물권적 권능은 전세권설정등기의 말소 없이도 당연히 소멸하고 단지 전세금반환채권을 담보하는 담보물권적 권능의 범위 내에서 전세금의 반환시까지 그 전세권설정등기의 효력이 존속하고 있다'고 판시하고 있는 점에 비추어 같은 입장에 있는 것으로 보인다.

지상권의 경우, 말소등기가 소멸한다는 견해는 지상권 소멸

---

17) 제287조와 제311조의 경우에는 지상권 내지 전세권 소멸의 의사표시가 지상권자 내지 전세권자에게 도달하는 때, 제288조의 경우에는 저당권자에게 통지한 후 상당기간이 경과한 때, 제313조의 경우에는 소멸통고가 전세권자에게 도달한 날로부터 6월이 경과한 때.

청구가 물권적 단독행위라고 보고 이로 인한 물권변동은 민법 제186조의 물권변동에 해당하므로 등기가 있어야만 소멸한다고 보는 입장이다.

이에 반하여 말소등기가 필요없다는 견해는, 지상권의 소멸은 민법 제287조와 제288조가 민법 제187조에서 규정하는 법률에 해당한다고 보아 제187조의 물권변동으로서 등기가 필요없다고 보는 입장이다.

위 소멸청구는 지상권자의 채무불이행으로 인한 것으로 계약의 해지에 해당하고 해지에 의하여 지상권이 소멸하게 되면 유인성 이론에 의하여 등기가 있더라도 지상권은 소멸한다고밖에 볼 수 없을 것이다. 이렇게 보는 경우 소멸되었지만 아직 말소등기가 되지 아니한 지상권을 양도받은 선의의 제3자가 피해를 볼 수도 있는데 이는 부동산에 관하여는 공신의 원칙에 적용되지 않아 어쩔 수 없고, 이런 위험은 지상권자로부터 지상권을 양도받으려면 지상권설정자에게 적어도 지상권에 관하여 문의하는 등의 조치를 취하면 피할 수 있을 것이다. 이런 점에서 등기가 필요없다는 설에 찬성하고 싶다.

(다) 부동산 물권의 포기

부동산 소유권의 포기의 경우 이는 물권적 단독행위이므로 민법 제186조에 의하여 등기를 해야만 포기의 효과가 생긴다는 견해와, 포기는 형성권의 행사로서 등기없이 소멸하고 민법 제252조 제2항에 의하여 국유로 된다고 하는 견해가 있다.

판례[18]는 합유지분의 포기와 관련하여 합유지분에 포기를 물권적 단독행위라고 보아 등기가 필요하다고 보고 있다.

소유권포기의 경우, 멸실 직전의 위험한 건물의 소유권을 포기함으로써 그 위험을 국가에 전가시키는 등 사회상규에 반하는 경우가 있으므로 등기를 하여야 한다고 생각한다. 실무상 포기시의 등기 절차와 관련하여서는 포기자와 국가가 공동으로 등기신청을 하도록 하고 있고, 저당권자가 있는 경우에는 그 저당권자의 승낙서를 제출하도록 하고 있다.[19]

---

18) 대법원 1997.9.9. 선고 96다16896 판결.
19) 법원행정처, 부동산등기실무[II], (2007), 302-303면; 등기예규 제816호.

3. 부동산 등기

물권변동에 있어서 물권행위와 더불어 중요한 위치를 점하고 있는 등기의 본래 목적은 현재의 권리관계를 일반인에게 알리는 역할을 담당한다.

따라서 등기의 기재가 현재의 권리관계를 제대로 반영하고 있다면 그 절차나 과거의 권리변동 과정을 사실 그대로 나타내고 있지 못하고 있더라도 현재의 등기기재를 무효라고 할 필요는 없다.

등기는 등기권리자와 등기의무자의 공동신청에 의하여 등기관이 기입하는 것이고, 등기관은 형식적 심사권밖에 없기 때문에 당사자들이 제출한 서류가 일정한 요건에 따라 제대로 구비되었는지 여부만을 따지고 그 서류에 기재된 내용이 사실인지 여부에 대하여는 심사를 함이 없이 등기 여부를 결정한다. 등기를 위와 같이 등기권리자와 등기의무자로 하여금 공동으로 신청하게 하는 것은 간접적으로나마 실제 법률관계와 다른 내용의 등기가 이루어지는 것을 방지하기 위한 것이다.

이런 효과를 가지는 등기를 등기관이 기재하려면 등기부가 있어야 하는데, 그 등기부는 하나의 부동산에는 하나의 등기부만이 있어야 한다는 1부동산 1등기용지주의가 적용된다.

> * 부동산에는 등기 외에도 예로부터 명인방법이라는 관습상의 공시방법이 있었고 이것은 대법원도 인정하고 있다. 명인방법이란 경계에 해당하는 주변 나무들의 껍질을 벗겨내고 그곳에 소유자의 이름을 기재하거나, 새끼줄을 묶어 거기에 나무명찰을 걸어 두는 방법 등을 통하여 권리관계를 알리는 것이다. 이런 공시방법은 그 공시내용이 단순하기 때문에 소유권의 양도에 대해서만 인정하고 있다. 따라서 소유권양도의 법리로 하는 양도담보의 경우에는 이를 이용할 수 있다.

가. 1부동산 1용지주의

하나의 부동산에 2개의 이상의 등기부가 존재하게 되면 공시제도에 혼란을 초래하므로 하나의 부동산에는 하나의 등기부만이 존재하여야 할 것이다.

이를 1부동산 1용지주의라고 한다.

그리고 그 등기부가 어느 부동산에 관한 것인지를 알아야 하므로,

부동산의 특정을 위하여 등기부의 표제부에 토지의 경우에는 그 부동산의 소재지번, 면적, 지목 등을 기재하여 부동산을 특정하게 된다. 따라서 등기부의 표제부는 권리에 관한 사항을 기재하는 것이 아니라 동일성을 판별하게 하기 위하여 그 부동산의 현재의 사실적 현황을 기재하게 된다.

부동산의 권리에 관한 사항은 표제부 다음 면에 기재하게 되는데, 그 면은 갑구와 을구로 나누어 갑구에는 소유권에 관한 사항을, 을구에는 소유권 이외의 물권에 관한 사항을 기재하게 된다.

그런데 건물등기부의 경우 건물은 증축하거나, 멸실되어 신축하게 되면 표제부의 표시와 건물의 현황이 서로 일치하지 않게 되는 경우가 생긴다. 증축한 경우에 증축한 건물이 기존의 등기부의 표시와 동일성이 상실될 정도라면 등기부로서의 효용이 없어 그 등기부에 기재된 등기는 권리변동의 등기로서의 효력이 없게 되고,[20] 멸실되어 신축되는 경우에는 같은 형태의 건물이라도 기존의 등기부는 효력을 상실하게 된다고 보아야 할 것이다. 따라서 이런 경우에는 구 등기부를 폐쇄하고 새로운 등기부를 제조하여야 할 것이다. 그러나 동일성을 잃을 정도가 아니라면 변경등기를 하면 된다.

최초로 등기부가 만들어질 때 갑구에는 최초의 소유권자를 기재하게 되는데, 그 등기를 소유권보존등기라고 하고, 그 등기는 소유권자가 혼자서 등기신청을 하게 된다(건축물을 신축하여 소유권을 취득한 자를 생각하면 좋을 것이다).[21]

---

20) 대법원 1995.9.29. 선고 95다22849 판결.
21) 본래 등기는 당사자 쌍방이 신청하는 것이 원칙이나 보존등기는 같이 신청할 상대방이 없으므로 그 예외라고 할 수 있다.

<토지등기부 표제부와 갑구>(말소사항 포함)

【 표 제 부 】	(토지의 표시)				
표시 번호	접 수	소재지번	지 목	면 적	등기원인 및 기타사항
~~1~~ (전 3)	~~1993년~~ ~~8월 13일~~	~~경기도 양평군 양평~~ ~~읍 오빈리 000~~	잡종자	~~1221m²~~	부동산등기법 제177조의 6 제1 항의 규정에 의하여 2001년 11 월 28일 전산이기
~~2~~	~~2003년~~ ~~6월 24일~~	~~경기도 양평군 양평~~ ~~읍 오빈리 000~~	주유소 용자	~~1221m²~~	지목변경
3	2005년 6월 2일	~~경기도 양평군 양평~~ ~~읍 오빈리 000~~	주유소 용지	~~1201m²~~	분할로 인하여 주유소용지 20㎡ 를 경기도 양평군 양평읍 오빈리 xxx에 이기

【 갑 구 】	(소유권에 관한 사항)			
순위 번호	등기목적	접 수	등기원인	권리자 및 기타 사항
1 (전 1)	소유권보존	1966년 10월 12일 제3632호	1966년 9월 1일 매매	소유자 000 양평군 양평읍 오빈리 ~~000~~ 부동산등기법 제177조의 6 제1항의 규정에 의하여 2001년 11월 28일 전산이기

<건물등기부의 표제부>(말소사항 포함)

　[건물] 경기도 양평군, 양평읍 오만리 151　　고유번호 1343-1996-019095

【　표　　제　　부　】		(건물의 표시)		
표시 번호	접　수	소재지번 및 건물번호	건물 내역	등기원인 및 기타사항
1 (전 1)	1992년 12월 16일	경기도 양평군 양평읍 오만리 000	콘크리트조 스라브지붕2층 주유소 및 사무실 숙소 1층 213.67m² (주유소 및 사무실) 2층 113.67m² (숙소)	부동산등기법 제177 조의 6 제1항의 규정 에 의하여 2001년 12 월 06일 전산이기
2	2008년 7 월 9일	경기도 양평군 양평읍 오만리 000	콘크리트조 스라브지붕2층 주유소 및 사무실 숙소 1층 213.67m² (주유소 및 사무실) 2층 113.67m² (사무소)	용도변경

　(1) 중복등기의 문제

　　본래 하나의 부동산에는 하나의 등기부만이 존재하여야 하는데,
실수로 하나의 부동산에 등기부가 2개 이상이 만들어지는 경우가 있다.
　　이런 경우 어느 등기부가 적법한 것인가가 문제가 된다. 이는
물권변동에 있어서 등기가 가지는 위치를 고려할 때 중요한 문제이다.

> <예 2-4>　H부동산에 등기부가 X, Y 2개가 만들어지고 X등기
> 부에는 보존등기 명의자로 A명의가 있었다가 B에게 이전등기가
> 경료된 것으로 등재되어 있고, Y등기부에는 보존등기 명의자가
> A로 되어 있다가 C에게 이전등기가 된 것으로 기재되어 있는
> 경우 누가 소유권자인가.

> <예 2-5>　X부동산에는 D가 소유자로, Y부동산에는 E가 소유
> 자로 각기 보존등기 되어 있고 그 후 각기 등기가 다른 사람에
> 게로 소유권이 이전된 것으로 기재된 경우는 어떠한가.

이를 어떻게 해결해야 할 것인가.

등기가 현재의 권리관계를 공시하는 장부에 불과하다고 본다면 최초의 소유자가 누구인지, 중간에 어떤 자가 정당한 권리자인지를 가리는 것보다는 현재 등기명의자가 진실한 권리자인지를 가려서 현재의 권리관계를 공시하고 있는 등기부를 적법한 등기부라고 판단하고, 그렇지 않은 등기부는 부적법하다고 하여 폐쇄하여야 할 것으로 생각된다(실체법설).

그러나 본래 등기부는 1개의 부동산에는 하나의 등기부만이 제조되어야 하는 것으로 일단 1개의 부동산이 먼저 만들어졌으면 그 후의 등기부는 처음부터 존재해서는 안 되는 무효의 등기부인 것이라는 입장에서라면 현재의 권리관계보다는 먼저 만들어진 등기부가 우선한다고 할 수 있다(절차법설).

판례는 보존등기명의인이 동일인인 경우에는 실체관계에 부합하는지를 가릴 것 없이 후에 만들어진 등기부가 무효라는 입장이고,[22] 보존등기의 명의인이 다를 경우에는 먼저 이루어진 소유권보존등기가 원인무효가 되지 아니하는 한, 후에 이루어진 소유권보존등기는 비록 그 부동산의 매수인에 의하여 이루어진 경우에도 1부동산 1용지주의를 채택하고 있는 부동산등기법 아래에서는 무효라고 한다.[23]

이런 판례의 태도에 대하여 실체법설에서는, 등기의 무효를 주장하여 무효화시키기 위해서는 실체법적으로 권리를 가진 자만이 할 수 있으므로 실체적인 관계를 파악하여 실제 권리자가 누구인지를 가려야 하는 것이지, 형식적으로 먼저 등기부가 만들어졌다는 절차적인 면 때문에 실체적인 권리가 없어질 수 없다고 비판한다. 그러나 절차적인 면에서 등기부 자체가 무효라고 한다면 그 등기부에 기재된 등기도 무효라고 보아야 하고, 그런 무효인 등기부에 등기가 되었다고 하여 물권자로 취급해 줄 수는 없다고 할 것이다.[24] 따라서 판례의 입장이 타당한

---

22) 대법원 1979.1.16. 선고 78다1648 판결.

23) 대법원 1990.11.27. 선고 87다카2961, 87다453 전원합의체판결. 이 판결에는 다수의견과 소수의견이 있는데, 꼭 읽어보길 권한다.

24) 예를 들어 소유권을 취득하려면 물권적 합의와 등기를 해야만 되는데, 실제 소유자

것이 아닌가 생각된다.

대법원의 태도는 등기부 자체가 무효가 되면 그 등기부에 기재된 등기는 등기로서의 효력을 전혀 가지지 못하는 것으로 보는 것이라 할 수 있다.[25]

(2) 구분건물에 관한 등기부

1부동산 1용지주의의 예외가 구분건물(집합건물)에 관한 등기이다. 우리나라는 토지와 건물이 각각 독립된 부동산을 보므로 토지와 건물에 대해서는 각기 다른 등기부가 만들어진다.

그런데, 근래에 들어와서 대단위 아파트 등의 구분건물이 생기게 되자 등기업무가 폭주하게 되었다. 예를 들어 6채로 구분된 구분건물 1동이 4개의 필지위에 세워졌다고 하면, 4개의 각 토지등기부에 6채가 가지는 해당 토지지분 비율이 모두 등기된다. 이때 3세대가 매도하여 매수인 명의로 이전등기를 해야 된다고 하면 4개의 각 토지등기부에 이전 상황을 기재하여야 하므로 건물등기부의 기재를 제외하더라도 토지등기부에 12번의 토지지분이전등기가 경료되게 되고, 등기가 필요하여 복사를 신청하게 되면 4개의 필지 전부와 건물등기부등본을 복사를 해 주어야 한다. 게다가 1개의 토지등기부가 여러 장일 경우(6채의 토지지분을 모두 기재해야 하므로 통상 여러 장일 것이다)에는 복사량은 엄청나고 시간과 경비와 노력이 과다하게 소모된다. 그리하여 이렇게 번잡하게 된 등기업무를 간편화할 목적으로 다음과 같이 등기부를 기재하게 된다.

구분건물 등기부에는 표제부가 2개로 2면에 걸쳐 있다. 첫째

로부터 매매를 하였더라도 무효의 등기부에 등기가 되었다면 실체적 권리로서의 물권인 소유권을 취득하였다고 보기 어렵다는 것이다.

25) 대법원의 이런 태도는 등기부 취득시효에서도 보이는데, 대법원 1996.10.17. 선고 96다12511 전원합의체판결은 '민법 제245조 제2항은 부동산의 소유자로 등기한 자가 10년간 소유의 의사로 평온·공연하게 선의이며 과실 없이 그 부동산을 점유한 때에는 소유권을 취득한다고 규정하고 있는바, 위 법 조항의 '등기'는 부동산등기법 제15조가 규정한 1부동산 1용지주의에 위배되지 아니한 등기를 말하므로, 어느 부동산에 관하여 등기명의인을 달리하여 소유권보존등기가 2중으로 경료된 경우 먼저 이루어진 소유권보존등기가 원인무효가 아니어서 뒤에 된 소유권보존등기가 무효로 되는 때에는, 뒤에 된 소유권보존등기나 이에 터잡은 소유권이전등기를 근거로 하여서는 등기부취득시효의 완성을 주장할 수 없다'고 판시했다.

면의 표제부에는 1동 건물의 소재와 지번, 건물명칭 및 번호, 그리고 1동 건물의 대지권의 목적인 토지의 표시에 관한 사항을 기재한다. 둘째 면의 표제부에는 전유부분의 건물번호와 대지권의 비율을 기재한다. 그리고 토지등기부는 대지권 등기를 하고는 폐쇄하여, 위 건물등기부 하나로 구분건물의 토지와 건물을 모두 공시하게 하는 것이다.

이렇게 하여 토지와 건물이 하나의 등기부에 공시되는 것으로 되고, 토지(구체적으로는 토지의 공유지분)는 구분건물의 처분에 따르도록 하고 있다.

<구분건물의 표제부>[26)]

서울특별시 강남구 역삼동 29, 32   고유번호 1147-2003-000000

【 표 제 부 】 (1동건물의 표시)				
표시 번호	접 수	소재지번, 건물명칭 및 번호	건물내역	등기원인 및 기타사항
1	2007년 12월 1 일	서울특별시 강남구 역삼 동 29,32 백합아파트 제 101동	5층 아파트 철근콘크리트조 슬래브지붕 1층 637m² 2층 637m² 3층 637m² 4층 637m² 5층 637m² 지하실 220m² 옥탑 121m²	도면편철장 제5책 제75면

(대지권의 목적인 토지의 표시)				
표시 번호	소재 지번	지 목	면 적	등기원인 및 기타사항
1	1. 서울특별시 강남구 역삼동 29 2. 서울특별시 강남구 역삼동 32 3. 서울특별시 강남구 역삼동 46	대 대 대	1759m² 745m² 674m²	2007년 12월 1일

---

26) 다음의 각 등기 기재례는 법원행정처(2007)에서 발간한 부동산등기실무에서 옮겨온 것이다.

【 표　　제　　부 】	(전유부분의 건물의 표시)			
표시 번호	접 수	건물 번호	건물내역	등기원인 및 기타사항
1	2007년 12월 1일	제1층 제101호	철근콘크리트조 96m² 부속건물 철근콘크리트조 지하실 10호 34m²	도면편철장 제5책 제 75면

(대지권의 표시)			
표시 번호	대지권 종류	대지권 비율	등기원인 및 기타사항
1	1. 소유권 대지권 1. 소유권 대지권 2. 소유권 대지권 2. 소유권 대지권 3. 임차권 대지권	1759분의 47 1759분의 16 745분의 23 745분의 9 674분의 18	2007년 11월 8일 대지권 2007년 11월 8일 부속건물 대지권 2007년 11월 8일 대지권 2007년 11월 8일 부속건물 대지권 2007년 11월 8일 대지권 2007년 11월 8일 등기

주) 위 기재례에서 백합아파트의 법정대지는 역삼동 29, 32이고, 역삼동 46은 규약
    상 대지임을 알 수 있다. 또 전유부분 101호의 부속건물로 대지권이 있는 지하
    실 10호가 딸려 있다.

나. 사항란의 기재

사항란에는 부동산에 관한 권리관계가 기재되게 되는데, 그 기재
내용은 권리의 내용에 따라 다르다.

(1) 이전등기

B가 A로부터 A의 부동산의 소유권이나 물권을 양도받아 자신
의 명의로 등기하는 것을 이전등기라고 하고, 이 등기는 A와 B가 공동
으로 신청을 하여야 한다.[27] 이런 등기로 권리를 얻거나 의무를 면하는
자인 B를 등기권리자라고 하고, 그 반대의 입장에 있는 자, 즉 A를 등
기의무자라고 한다. 이렇게 등기권리자와 의무자가 공동으로 신청하게

---

27) 이처럼 등기를 공동으로 신청하여야 하나, 실제로는 등기의무자가 등기권리자에게
등기신청에 필요한 서류와 위임장을 주어 등기권리자가 등기의무자를 대리하여 혼자서 등기
를 하는 예가 대부분이다.

함으로써 등기의 진실성을 담보하려고 하는 것이다.

* 참고로 등기의 기제례를 아래에 기재해 둔다.

승 역 지

【 을　　구 】 (소유권 이외의 권리에 관한 사항)				
순위 번호	등기목적	접　수	등기원인	권리자 및 기타 사항
1	지역권설정	2003년 3월 5일 제3005호	2003년 3월 4일 설정계약	목적　통행 범위　동측 50m 요역지　경기도　고양시 덕양구 원신동 5 도면편철장　제6책　제8 면

요 역 지

〈기재례〉 요역지(승역지와 요역지가 동일 등기소 관내인 경우)

【 을　　구 】 (소유권 외의 권리에 관한 사항)				
순위 번호	등기목적	접　수	등기원인	권리자 및 기타 사항
1	요역지지역 권			승역지 경기도 고양시 덕양구 원신 동 6 목적　통행 범위　동측 50m 2003년 3월 5일 등기

저당권 설정등기

【 을　　구 】 (소유권 이외의 권리에 관한 사항)				
순위 번호	등기목적	접　수	등기원 인	권리자 및 기타 사 항
1	저당권설정	2007년 3월 5일 제3005 호	2007년 3월 2일 설 정 계 약	채권액 금10,000,000원 변제기 2008년 3월 3일 이　자 연 6푼 원본 및 이자의 지급장소 서울 종로구 원 서동 6 이숙자의 주소지 채무자 이도령 　서울 종로구 원남동 3-1 저당권자 김삼남 561213-1089723 　서울 종로구 원서동 6

주) 저당권등기의 경우 임의적 기재사항으로 변제기, 이자 및 그 발생기·지급시

기·원본 또는 이자의 지급장소, 채무불이행으로 인한 손해배상의 약정 등이 있다(부동산등기법 제140조 제1항).

근저당권 설정등기

【 을 구 】	(소유권 이외의 권리에 관한 사항)			
순위 번호	등기목적	접 수	등기원인	권리자 및 기타 사항
1	근저당권 설정	2007년 3 월 15일 제3691호	2007년 3월 12일 설정계약	채권최고액 금6,000,000원 채무자 김상문 　서울 종로구 원남동 9 근저당권자 이갑동 530412-1017289 　서울 용산구 청파동 21

(2) 말소등기

〈예 2-2〉에서처럼 B에게 이전등기가 된 후에 매매계약이 해제나 취소되어 B에게로의 권리이전의 효력이 소급하여 무효가 되어 원래의 소유권자로 복귀되어야 할 경우에 B의 등기를 등기부에서 없애야 하는데 그때 하는 등기가 말소등기이다. 말소등기는 해당등기의 등기란의 기재를 X자로 표시를 하고, 말소하였다는 취지의 등기를 하여야 한다.[28] 이렇게 말소등기가 되면 등기부에는 B명의 등기가 말소되어 종전의 A명의 등기가 되살아나게 되어 현재의 등기명의자는 A로 되는 것이다.

> 〈예 2-6〉 B가 A로부터 매수하여 C에게 저당권을 설정해 준 상태에서 A와 B의 매매계약이 미성년자와의 거래라는 이유로 취소되는 경우, A와 B의 공동신청 또는 B에 대한 말소등기를 명하는 판결로 B의 등기를 말소시킬 수 있는가.

C의 등기는 B의 소유권을 전제로 한 것으로서 만일 B의 소유권이 부정되어 말소된다면 C는 무권리자로부터 저당권을 설정받은 셈

---

28) 말소대상 등기에 X자 표시만 해 둘 경우 권한없는 자가 등기부를 발급받아 X자 표시를 해버리면 말소된 것으로 오인할 우려가 있으므로 위 표시 외에 말소하였다는 취지의 등기를 따로 하는 것이다. 현재에는 등기가 전산화되어 X자 표시를 않고 말소할 문자 위에 말소했다는 의미에서 선을 그어 둔다.

이 되어 자신의 권리도 부정당하게 된다. 이런 이해관계자가 있는 경우에는 이해관계자인 C의 승낙이 있어야만 B의 등기도 말소를 할 수 있다 (부동산등기법 제57조 제1항). 따라서 위와 같은 경우에는 B의 등기를 말소하라는 판결만을 등기소에 제출하면 등기관은 등기를 하지 않고 등기신청을 각하하게 되므로, 위 판결만 가지고서는 B의 등기조차도 말소할 수 없게 된다.

C의 승낙이 있다는 서류를 제출하면 그때 비로소 등기관은 B의 등기의 말소와 함께 C의 등기를 직권으로 말소하게 된다(부동산등기법 제57조 제2항).

그런데 만일 C가 승낙을 거부한다면 A는 C를 상대로 승낙의 의사표시를 하라는 소송을 하여야 한다.

위의 예에서는 C가 승낙을 거부하여, A가 C를 상대로 승낙의 의사표시를 하라는 소송을 제기하는 경우, A와 B의 매매계약은 미성년자와의 계약이라는 이유로 취소되는 것이고, 그 경우에는 선의의 제3자를 보호하는 단서조항이 없으므로 C는 무권리자로부터 저당권을 설정받은 것이 되어 승낙의무를 부담하게 된다.

<예 2-7> 그런데 만일 A와 B 사이의 매매계약이 미성년자를 이유로 하는 것이 아니라 사기에 의한 의사표시를 이유로 취소한 것이고, C는 선의로 B로부터 저당권을 취득한 경우에는 어떻게 되는가.

이 경우 C는 비록 B의 소유권이 소급하여 효력이 없게 된다고 하더라도 민법 제110조 제3항에 의하여 유효하게 저당권을 취득할 수 있다. 따라서 설사 A가 B를 상대로 말소등기를 명하는 판결을 받았더라도 C가 승낙을 하지 않는다면(A는 선의의 제3자인 C에 대하여 B와의 매매계약이 취소되어 무효라는 주장으로 대항할 수 없으므로, C는 A의 청구에 승낙하여야 할 의무가 없고, 자기의 저당권을 지키기 위하여 승낙하지 않을 것이다) B의 등기를 말소할 수 없게 되어 결국 B명의 등기를 말소하라는 판결은 집행불능의 판결이 되어 소유자의 등기명의를 A의 명의로 회복시킬 수가 없게된다. 이렇게 되면 소유권자는 A인데 등기부상으로는 A명의를 회복시

킬 방법이 없게 되어 곤란하게 된다.

그러면 이런 경우 A의 명의로 소유자 명의를 회복시킬 방법은 없는가. 대법원 1990.11.27. 선고 89다카12398 전원합의체판결[29]은 '이미 자기 앞으로 소유권을 표상하는 등기가 되어 있었거나 법률에 의하여 소유권을 취득한 자는 진정한 등기명의를 회복하기 위한 방법으로 진정한 등기명의의 회복을 원인으로 한 소유권이전등기절차의 이행을 직접 구할 수 있다'고 하고 있으므로 위와 같은 경우에는 A는 B를 상대로 진정명의회복을 원인으로 하는 소유권이전등기를 청구하여 승소판결을 받아 B에서 A명의로 이전등기를 경료하면 된다. 이렇게 이전등기를 하게 되면 C의 저당권 등기는 계속 존속하게 된다.[30]

이런 말소등기청구권은 통상은 소유권에 기한 것으로 물권적 청구권인 경우가 많지만, 예외적으로 말소등기청구권이 채권적 청구권인 경우도 있다. 즉

> <예 2-8> A가 B에게 저당권을 설정한 후 C에게 매매하여 이전등기를 해 주었다. 그 후 A가 B에게 피담보채권을 변제하였다. A는 B를 상대로 저당권의 말소등기를 청구할 수 있는가.

A가 B에 대하여 말소등기를 청구할 당시에는 소유권자가 아니므로 소유권에 기한 방해배제청구권이라는 물권적 청구권을 행사할 수 없다. 이에 판례는 A와 B가 체결한 저당권설정계약에는 피담보채권을 변제하는 경우에는 저당권을 말소한다는 합의가 있다고 보아야 하므로 이런 저당권설정 계약상의 권리에 기하여 말소를 구할 수 있다고 보고 있다.[31]

---

29) 이 판결은 B명의 말소등기 외에 '진정명의회복을 원인으로 한 소유권이전등기 청구'도 가능하다고 하였으나, 대법원 2001.9.20. 선고 99다37894 전원합의체판결에 의하여 변경되어 위 두 청구는 소송물이 동일하여 하나의 청구에 대한 확정판결의 기판력은 다른 청구에도 미친다고 판시하였다. 따라서 A로서는 위 두 청구 중 어느 하나만을 선택하여 청구하여야 할 것이다.

30) 저당권이 설정되어 있는 부동산을 매수인이 저당권의 부담을 인수한 채로 매수하는 경우와 동일하다.

31) 대법원 1994.1.25. 선고 93다16338 판결.

* 등기권리자·등기의무자와 등기청구권자 및 그 상대방의 구별

등기권리자·등기의무자는 절차법적인 개념으로, 등기될 사항에 의하여 직접적으로 권리를 얻거나 또는 의무를 면하는 자를 등기권리자, 그 반대의 입장에 있는 자가 등기의무자라고 한다. 이에 반해 등기청구권자는 실체법상의 개념으로 상대방에 대하여 등기청구권을 가지는 자를 말한다.[32) 예를 들면 A가 H 부동산을 B에게 매도하는 경우, 등기에 의하여 권리를 얻게 되는 B는 등기권리자이고, 그 권리를 잃게 되는 A는 등기의무자이며, B는 A에 대하여 실체법상 매매계약에 기한 이전등기청구권을 행사할 수 있는 권리가 있으므로 등기청구권자이다. 이처럼 통상의 경우는 등기권리자와 등기청구권자가 일치하나 그렇지 않은 경우도 있다. 예를 들면 A 명의로 소유권 이전등기가 되어 있는 H 부동산에 대하여 B가 서류를 위조하여 아무런 원인 없이 자기 명의로 소유권이전등기를 경료하고, 곧바로 C에게 다시 이전등기를 한 경우를 보자. 이 경우 A가 자기의 소유명의를 회복하려면 B와 C를 상대로 순차로 그들 명의 등기의 말소를 구하여야 할 것이다.[33) 이때 C 명의의 등기말소에 관하여 생각해보면 등기부상으로는 C 명의의 등기의 말소로 인하여 권리가 회복되는 자는 B이고, 그 반대의 입장에 있는 자는 C이다. 따라서 C 명의의 말소등기의 등기권리자는 B이고, 등기의무자는 C이다. 그러나 C 명의의 등기의 말소를 구할 수 있는 말소등기청구권을 가지고 있는 사람은 A이다. 왜냐하면 B는 등기명의만을 가지고 있을 뿐 H 부동산에 관하여 아무런 물권적 권리가 없을 뿐 아니라 C와 매매계약을 체결한 사람이므로 C에 대하여 말소를 청구할 수 있는 권리가 없기 때문이다. 이런 예에서 보듯 등기권리자가 등기청구권자가 아닌 경우도 있으므로 위 개념들은 구별해야 한다.

---

32) 이런 개념에 반대하는 견해로는 제철웅, '실체법상의 등기권리자 및 등기의무자와 소위 절차법상의 등기권리자 및 등기의무자의 관계', 민사법학 18호, 한국사법행정학회 (2000), 717면 이하 참조.
33) 물론 A는 C를 상대로 진정명의회복을 위한 이전등기를 청구할 수도 있다.

<근저당권의 목적인 지상권 설정등기의 말소>

【 을 구 】	(소유권 이외의 권리에 관한 사항)		
순위 번호	등기목적	접 수	등기원인	권리자 및 기타 사항
1	~~지상권설정~~	(~~생략~~)	(~~생략~~)	(~~생략~~)
~~1-1~~	~~1번지상권근저당 설정~~	(~~생략~~)	(~~생략~~)	(~~생략~~)
2	1번 지상권설정등기 말소	2003년 1월 5일 제112호	2003년 1월 4일 포기	
3	1-1번 근저당권설정 등기 말소			1번 지상권의 말소로 인하 여 2003년 1월 5일 등기

주) 이 경우 지상권말소등기신청서에는 근저당권자의 승낙서 또는 그에 대항할 수
있는 재판의 등본을 첨부하여야 한다.

(3) 말소회복등기

이는 말소등기와 반대로 부적법하게 말소된 등기를 말소 전의
상태로 복구시키는 등기이다.

> **<예 2-9>** A는 자신의 소유인 H부동산에 대하여 B로부터 돈을
> 빌리면서 저당권을 설정해 주었는데, A가 B의 저당권 등기를
> 불법적으로 말소한 후 C에게 소유권을 이전하여 이전등기까지
> 해 준 경우 B는 자신의 저당권 명의를 회복할 수 있는가.

먼저 살펴보아야 할 것은 B명의의 등기가 부적법하게 말소되면
B는 저당권을 상실하게 되는가 하는 점이다. 물권변동은 물권적 합의와
그 물권적 합의내용에 따른 등기가 이루어져야만 일어나는데 위의 예에
서는 A와 B 사이에 저당권이라는 물권의 소멸에 관한 물권적 합의가 없
이 저당권의 등기만이 말소된 것이므로 그 말소등기에 어떠한 물권적인
변동효력을 인정할 수 없다. 또 우리 법제상 등기의 공신력도 인정되지
않아 등기가 말소되었다고 하여 권리가 상실되었다고 할 수 없고, B에
게 아무런 잘못이 없음에도 그 저당권을 상실시키는 것은 너무나 부당
하다고 할 것이므로 등기가 말소되었다고 하여 저당권이 상실된다고는
할 수 없을 것이다. 따라서 B는 등기가 말소되더라도 여전히 저당권자

라 할 것이고, 판례[34]도 같은 입장이다.

그렇다면, B는 저당권자로서 부적법하게 말소된 자기 명의의 등기를 복구시킬 수 있는 물권적 권리(저당권에 기한 권리)가 있다고 할 것이다. 그러면 B는 A와 C 중 누구를 상대로 말소회복등기를 청구할 것인가.

등기는 등기 권리자와 등기 의무자가 공동으로 신청해야 하는데(말소회복등기를 예를 들어보면 본래 소송이란 상대방에게 말소회복등기에 관하여 공동으로 신청해야 할 의무가 있는 사람이 불응하는 경우에 그 사람에 대하여 강제로 소송으로 그 의무의 이행을 구하는 것이다. 이는 역으로 생각하면 상대방이 응하여 공동으로 등기를 신청하게 되면 소송 없이도 말소회복등기가 가능해야 하는 것이다), 말소된 등기의 회복시에 그 등기 권리자와 의무자를 판단하는 시기는 말소된 당시를 기준으로 한다는 것이 판례[35]의 태도인바, 이에 의하면 부적법하게 말소된 B의 말소등기의 등기 권리자와 등기 의무자는 A와 B이므로, B는 A를 상대로 말소회복등기를 청구하여야 한다.

그런데 위의 예에서 말소회복등기가 기재되면 C의 입장에서는 자신이 소유권을 취득할 당시에는 저당권의 제한이 없었던 완전한 소유권이었는데, 자신과 무관한 A와 B 사이의 말소회복등기 소송에 의하여 저당권의 말소회복등기가 경료됨에 따라 갑자기 저당권의 제한을 받는 소유권을 취득한 것으로 되어 불이익을 받게 된다.

부동산등기법 제59조는 이런 이해관계가 있는 사람이 있을 때는 말소회복등기시에 제3자의 승낙(위의 예에서는 C의 승낙)을 얻어야 한다고 규정하고 있다. 따라서 이런 경우에는 C는 위의 말소회복등기에 대한 이해관계자로서 C의 승낙이 있어야만 말소회복등기를 할 수 있게 된다. 위의 예의 경우에는 C는 A로부터, A가 가지고 있었던 권리 즉 B의 저당권의 부담이 있는 소유권을 그대로 승계한 것으로 보아야 하므로 이해관계 있는 제3자로서 승낙의무를 부담한다.[36] 이는 등기에 공신력을

---

34) 대법원 1998.1.23. 선고 97다43406 판결; 대법원 1979.9.25. 선고 79다343 판결.
35) 대법원 1969.3.18. 선고 68다1617 판결. 현재의 소유권자와 말소된 저당권자라는 견해로는 제철웅, 위 논문 737면 이하 참조.
36) 대법원 1990.6.26. 선고 89다카5673 판결.

인정하지 않을 뿐 아니라 A가 가지는 권리만을 이전받는 승계취득자인 C로서는 어쩔 수 없는 결과이고 그 손해는 A에 대한 손해배상으로 구제받을 수밖에 없을 것이다.

말소등기의 경우는 제3자의 승낙이 있으면 제3자의 등기까지 말소되지만, 말소회복등기의 경우에는 제3자가 승낙하더라도 그 제3자의 등기는 말소되는 것이 아니라 등기부 그대로 잔존하게 된다.

참고로 이해관계있는 제3자의 범위에 관하여 본다.

〈예 2-9〉에서 B의 등기가 저당권에 관한 것이 아니라 소유권인 경우에 B의 등기의 말소회복등기시에 C는 승낙을 받아야 할 제3자의 범위에 속하는가.

등기부상으로 보면 B의 말소회복등기로 인하여 C가 불이익을 받게 되므로 이해관계 있는 제3자라고 생각할 수도 있다. 그러나 만일 B의 등기가 회복되어야 할 등기라고 하여 C의 승낙을 받아 B의 등기를 등기부에 회복시키고 C의 등기를 그냥 두게 되면 H에 대하여 소유권자가 B와 C 2인이 있게 되고, 이는 소유권의 성질상 허용될 수 없다. 따라서 위의 C 등기처럼 그 등기가 회복되는 B의 등기와 양립할 수 없는 것이라면, 그 등기는 B의 등기를 기입하기 위하여 말소되어야 할 등기이지, 회복등기시에 승낙서를 받아야 할 이해관계 있는 제3자라고 볼 수 없다.[37]

즉 말소회복등기에 있어서 승낙이 필요한 제3자에는 회복되는 등기와 양립할 수 없는 등기의 명의인은 이해관계인이라고 할 수 없다고 할 것이다.[38]

---

[37] 대법원 2002.2.27.자 2000마7937 결정.
[38] 말소회복등기에 관하여는 안철상, '등기상 이해관계있는 제3자의 승낙을 구하는 소송', 민사재판의 제문제 13권, 민사실무연구회(2004), 225면 이하.

<이전등기의 말소회복등기>

순위 번호	등기목적	접 수	등기원인	권리자 및 기타 사항
【 갑 구 】		(소유권에 관한 사항)		
1	소유권보존	1995년 3월 8일 제15320호		소유자 김갑동 580830-1672312 서울 송파구 잠실동 520
2	소유권어전	1996년 3월 9일 제3009호	1996년 3월 8일 매매	소유자 이도령 540901-1909332 서울 서대문구 홍제동 9
3	2번소유권 이전 등기말소	1998년 2월 1일 제2032호	1998년 2월 1일 서울지방법원의 확정판결	
4	2번소유권 이전 등기회복	2002년 10월 5일 제4007호	2002년 6월 7일 서울지방법원의 확정판결	
5	소유권이전	1996년 3월 9일 제3009호	1996년 3월 8일 매매	소유자 이도령 540901-1909332 서울 서대문구 홍제동 9 2002년 10월 5일 등기

(4) 중간생략등기

<예 2-10> A가 B에게 H부동산을 매도하였으나(매매대금도 모두 지급됨) 아직 B 앞으로 이전등기를 하지 않은 상태에서 C에게 매도하였다(매매대금도 모두 지급됨). 이 경우 C는 A에 대하여 직접 A에서 C명의로 이전등기를 청구할 수 있는가.

이것이 인정된다면 B는 취득세를 내지 않아도 되고 미등기 전매이익을 취득하여 세금을 내지 않을 수도 있어 좋을 것이다.

정상적인 등기의 경로는 A에서 B로, B에서 C로 이전등기가 되는 것이므로 C는 B를 상대로 매매계약에 기한 이전등기를 청구하고, A를 상대로 C가 가지는 B에 대한 위 이전등기청구권을 보전하기 위하여, B가 A에 대하여 가지는 이전등기청구권을 대위행사하여 B명의로 이전등기를 청구하는 것이 원칙이다.

따라서 A, B, C 사이에 합의가 있으면 몰라도 합의가 없다면, B와 C의 매매계약의 효력은 B와 C 사이에서만 효력이 있으므로, C가 위 매매계약의 효력을 A에게 주장하여 자신에게 이전등기를 하여 줄 것을 청구할 수는 없을 것이다.

A, B, C 사이에 합의가 없음에도 A에서 C로 이전등기를 하게 할 수 있는 다른 방법은 없는가. 만약 C 앞으로 이전등기를 하기 위하여 B는 자기가 A에 대하여 가지는 이전등기청구권을 C에게 양도하면 어떤가.

판례[39]는 소유권이전등기청구권은 성질상 양도가 제한되어 그 양도에 채무자의 승낙이나 동의를 요한다고 보고 있으므로 B의 일방적인 양도통지만으로는 소유권이전등기청구권이 C에게 양도되지 않는다. 결국 C가 A에 대하여 직접 청구하기 위해서는 A, B, C 3인의 합의가 있어야만 가능하고,[40] 그 합의는 묵시적인 것이나 순차적인 것이라도 상관없다.[41]

그런데 이런 중간생략등기는 B의 탈세를 방조하는 것이므로 부동산등기특별조치법 제2조에서는 이런 중간생략등기를 금지하고 벌칙규정까지 두고 있다. 그러나 판례는 위 법규정을 단속규정으로 보아 이에 위반된 합의도 사법상 효력이 있다고 보고 있다.[42]

그런데 위 예에서 C가 관계자 3인의 합의가 없었음에도 불구하고 관계서류를 위조하여 A로부터 C에게로 직접 이전등기를 해 가버린 경우 C의 이전등기는 무효로서 말소되어야 할 것인가.

물권변동이 유효하게 되려면 물권적 합의와 공시가 있어야 하는데, 관계자 3인의 합의가 없는 상태에서 A에서 직접 C로 된 이전등기

---

39) 대법원 2001.10.9. 선고 2000다51216 판결.

40) 대법원 1991.4.23. 선고 91다5761 판결. 만일 A와 B 사이에는 매매대금이 완불되었지만 B와 C 사이에 매매대금이 완불되지 않고 있는 상태에서 C가 A에 대하여 이전등기를 인정하게 되면, B가 C에 대하여 가지는 매매대금과 관련한 동시이행항변권이 침해되어 B의 이익이 해하게 되는 불이익을 받게 되므로 판례의 결론은 타당하다고 할 것이다.

41) 대법원 1982.7.13. 선고 81다254 판결.

42) 대법원 1998.9.25. 선고 98다22543 판결; 대법원 1998.10.27. 선고 97다26104, 26111 판결.

는 A와 C 사이에 물권적 합의가 없어 무효라고 해야 할 것이다. 그러나 한편 A에서 B로의 물권변동과, B에서 C에게로의 물권변동에 대하여는 당사자간에 합의가 이루어져 있으므로 현재의 C명의의 등기를 말소하고 다시 등기를 하게 되면 A에서 B로, B에서 C로 등기를 하게 될 것이다. 이 결과는 적법한 절차를 밟아서 등기를 하게 되더라도 최종 명의자가 C이고, 기존의 위법하게 등기절차가 이루어진 결과도 현재의 최종 등기명의자가 C로서 동일하다.

등기부의 존재 목적이 과거의 권리변동과정의 진실성보다는 현재의 권리관계를 일반에 공시하는 것에 가중치가 높다면 권리변동과정 상에 절차상의 하자가 있어도(물론 그 절차상의 하자로 인하여 C가 처벌을 받는 것은 별론으로 하고) 현재의 권리관계를 충실히 공시하고 있다면 굳이 C명의의 등기를 말소하고 다시 C명의의 등기를 할 필요는 없을 것이다.

이런 관점에서 본다면 위 등기는 진실한 권리관계(실체관계)에 부합하여 유효하다고 할 것이다. 판례[43]도 이런 입장이다.

다만 토지거래허가를 받아야만 채권계약인 매매계약이 유효하게 되는 경우에는 예외적으로 A와 B의 매매계약과 B와 C 사이의 매매계약이 토지거래허가를 받아 적법하게 되지 않으면, 관계자 3인의 합의가 있고 그에 기하여 A에서 직접 C명의로 이전등기가 되어도 무효이고, A와 C 사이의 매매계약을 체결한 것으로 하여 토지거래허가를 받아 그 계약에 기하여 등기를 하더라도 무효라고 보는 것이 판례[44]의 입장으로 이는 토지거래허가지역 내에서의 토지에 대한 투기를 막겠다는 법원의 의지를 보여준 것이라고 할 수 있을 것이다.

이처럼 등기가 실체관계에 부합하면 절차상의 위법이 있더라도 유효하다고 보는 것이 원칙인바, 위의 예에서 A와 B 사이에 아직 B가 매매대금을 완불하지 않은 상태에 있었는데, B가 C에게 매도하고, B가 A의 서류를 위조하여 A에서 C 앞으로 직접 이전등기를 하면 이 경우에도 실체관계에 부합하는 등기라고 할 수 있는가.

실체관계에 부합하는 등기가 되기 위해서는 채권계약이 적법함

---

43) 대법원 1970.2.24. 선고 69다967 판결.
44) 대법원 1996.6.28. 선고 96다3982 판결.

은 물론 물권변동의 요건인 물권적 합의와 공시까지도 적법해야 하는데, A와 B 사이에 매매대금이 지급되기 전에 이전등기를 해도 좋다는 특약이 없는 한은, 매매대금이 완불되지 않은 이상 당사자 사이의 의사는 소유권을 이전할 의사(물권적 합의)가 없었다고 보아야 할 것이므로 C의 등기는 실체관계에 부합하지 않는 등기라고 할 것이다.[45)]

(5) 가 등 기

가등기는 본래 부동산 물권 및 그에 준하는 권리의 설정, 이전, 변경, 소멸의 청구권을 보전하기 위하여 예비로 하는 등기이다. 이 등기의 유용성은 등기청구권에 물권에 준하는 대항력을 갖게 하여 순위를 보전하도록 하는 데에 있다.

> <예 2-11> B가 A 소유의 H부동산에 관하여 매매계약을 체결해 두었더라도 그 후 A가 C에게 H에 관한 매매계약을 체결하여 이전등기를 해 버리면 B는 H의 소유권을 취득할 수 없게 된다. 이런 사태를 막기 위한 방법은 없는가.

이 경우 B가 가등기를 해 두면 그 후에 A가 C에게 매도하여 이전등기까지 경료해 주어 물권인 소유권을 취득하더라도 B가 위 가등기에 기하여 본등기(소유권이전등기)를 하는 경우에는 그 순위가 가등기의 순위로 되어 C의 등기순위보다 선순위여서 B의 소유권이 C의 소유권보다 우선하게 되고, 결국 B가 유효하게 H의 소유권을 취득할 수 있게 되는 것이다.[46)] 가등기의 유용성은 여기에 있다.

그런데, 이런 가등기의 기능을 이용하여 대여금에 대한 담보로 위 가등기를 이용하는 경우가 있다. 즉 B가 A에게 1억원을 빌려주고 그 담보로 A 소유의 H부동산에 대하여 B명의로 가등기를 해 두었다가 A가 B에게 위 대여금을 변제하지 못하면, B는 H에 대한 가등기에 기하여 본등기를 하여 자신의 소유로 함으로써 위 대여금의 변제에 충당한다는 것이다. 이런 가등기를 담보가등기라고 하고, 이에 대한 규제는 가

---

45) 대법원 1985.4.9. 선고 84다카130,131 판결.
46) 이때 C의 등기는 등기관이 직권으로 말소하게 된다(부동산등기법 제92조 제1항).

등기담보법에서 규율하게 되므로 이에 대한 설명은 가등기담보에서 하도록 한다.

이처럼 가등기에 기하여 본등기를 하게 되면 본등기는 본등기시의 순위가 아니라 가등기의 순위로 된다. 이때 소유권변동의 효력은 언제 생기느냐와 관련하여 다음과 같이 문제가 되는 경우가 있다.

위의 예에서 C가 이전받아 H를 점유·사용한 경우, B는 본등기를 경료한 후에 C를 상대로 가등기시부터 본등기시까지의 기간 동안의 사용이익을 부당이득으로 반환을 청구할 수 있는가.

본등기를 하게 되면 가등기시로 순위만이 상승할 뿐이지 물권의 변동은 물권적 합의와 등기가 완전히 이루어진 본등기시에 생긴다고 보아야 할 것이다. 따라서 가등시에는 H는 여전히 A 소유이고 C가 A로부터 이전등기한 때에는 H는 C의 소유로 되었으며, 그 후 B가 가등기에 기하여 본등기를 한 때에 비로소 H가 B의 소유로 되었다고 보아야 한다. 다만 가등기의 순위보전의 효력에 의하여 C의 등기 전에 이루어진 B의 가등기로 인하여 B가 본등기를 한 경우에 C는 B에게 물권변동의 효력을 대항할 수 없어 B가 소유권자로 되는 것이다. 그렇다면 B가 가등기를 한 이후 본등기를 한 기간 동안은 H는 C의 소유였지 B의 소유가 아니었으므로 B가 부당이득반환을 청구할 수 있는 권원이 없다. 따라서 B는 부당이득반환청구를 할 수 없다고 할 것이다.

또 위 예에서 C가 H부동산에 필요비나 유익비를 지출하였는데, 그 후 B가 가등기에 기하여 본등기를 하게 되면 C는 남의 물건에 필요비나 유익비를 지출한 것으로서 A에 대하여 그 상환을 청구할 수 있는가 하는 문제가 생긴다.

이를 앞서 생각한 것처럼 물권변동의 측면에서 접근하면, B가 본등기를 하기 전까지는 C가 H의 소유권자이므로 C가 그 기간 동안 필요비나 유익비를 지출하였더라도 이는 자기 물건에 지출한 것이라고 보아야 한다. 그런데 필요비나 유익비의 상환청구는 어떤 사람이 다른 사람 소유의 물건에 필요비나 유익비를 지출한 경우에 인정되는 것이라고 보면 C는 B를 상대로 필요비나 유익비의 상환을 청구하지 못한다고 보아야 할 것이다.

그러나 필요비나 유익비의 상환청구를 인정하는 실제적인 이유가, 필요비나 유익비를 투입한 이익을 결과적으로 그 비용지출자가 아닌 다른 사람이 영위하는 경우, 그 이득을 영위하는 사람으로 하여금 비용지출자의 손실로 얻게 된 이득을 상환하는 것이라고 보면 위 경우에도 상환을 인정하는 것이 타당할 것이다.

판례[47]는 'A 내지 B와 C의 법률관계는 결과적으로 타인의 물건에 대하여 C가 그 점유기간 내에 비용을 투입한 것이 된다고 보는 것이 상당하다'고 하여 후자의 입장을 취하였다. 타당한 판결이라고 생각한다.

그 외에도 법정지상권의 경우와 시효취득의 경우에도 문제가 생기는데 이는 해당 부분에서 논하기로 한다.

* 소유권에 기한 말소등기청구권과 같이 물권적 청구권의 보전을 위하여도 가등기를 할 수 있는가와 관련하여서도 논의가 있다. 즉 가등기는 등기로 인하여 물권변동이 생기는 경우에 그 등기청구권을 보전하기 위한 것인데, 소유권에 기한 말소등기청구권은 소유권자의 명의로 되어 있지 아니한 등기의 말소를 구하는 것이므로 등기가 말소된다고 하여 물권의 변동이 생기지 않는다. 그런데 이런 말소등기청구권을 보전하기 위해서도 가등기를 할 수 있는가가 문제로 된다. 대법원 1982.11.23. 선고 81다카1110 판결은, 매매계약에 따라 이전등기를 해 주었다가 해제하는 경우 소유권은 매수인에게로 복귀하게 되어 매수인은 매도인을 상대로 매도인 명의의 이전등기를 말소해 달라는 말소등기청구권을 가지게 되는데, 이 경우 매도인이 매수인에게 이전등기를 해 주기로 하는 약정을 한 경우에 그 약정에 따른 청구권을 보전하기 위하여 가등기를 설정할 수 있는가가 문제로 된 사안에 대한 것이었다. 위 판결은 위 특약에 기하여 가등기를 할 수 있다고 했다. 이에 대하여는 해제권자는 소유권에 기하여 '진정명의회복을 위한 이전등기청구권'을 가지므로 위와 같은 약정은 독자적인 의미를 가질 수 없고, 가등기는 '권리의 설정, 이전, 변경 또는 소멸의 청구권'을 보전하기 위한 것으로서 채권적 청구권만을 보전의 대상으로 한다는 이유로 반대하는 학설[48]도 있다.

---

47) 대법원 1976.10.26. 선고 76다2079 판결.

48) 김상용, 해제의 효과에 관한 법리의 재구성, 법조 49권 2호(통권521호), 법조협회(2000.2), 102면 이하에서는, 이 판결은 해제의 효과에 관하여 직접 효과설 중 물권적 효과설의 입장과는 맞지 않고, 청산관계설을 취할 경우에는 타당하다고 한다.

<가등기>

【 갑 구 】				(소유권에 관한 사항)
순위 번호	등기목적	접 수	등기원인	권리자 및 기타 사항
2	소유권이전 청구 권가등기	2003년 5월 5일 제2000호	2003년 5월 3일 매매예약	가등기권자 이도령 530510-1157231 서울 강남구 대치동 150
	소유권이전	2003년 5월 5일 제3500호	2003년 6월 4일 매매	소유자 이도령 530510-1157231 서울 강남구 대치동 150
3	~~소유권이전~~	~~2003년 6월~~ ~~1일~~ ~~제3000호~~	~~2003년 6월~~ ~~1일~~ ~~매매~~	~~소유자 이을남 560320-1124434~~ ~~서울 중구 정동 7~~
3-1	~~3번 소유권이~~ ~~전말소통지~~			~~2003년 6월 5일~~
4	3번 소유권이 전등기 말소			2번 가등기의 본등기로 인하여 2003년 7월 5일 등기

(6) 무효등기의 유용

기존의 등기가 실체적 법률관계에 부합하지 않아 무효로 된 후 다시 그 등기에 부합하는 실체적 권리관계가 생긴 때 기존의 등기를 그 후에 생긴 실체적 권리관계를 공시하는 것으로 이용할 수 있는가가 문제로 된다.

> <예 2-12> A가 B로부터 1억원 빌리면서 자기의 집에 저당권을 설정하였다가 A가 B에게 1억원을 변제하면 그 저당권은 피담보채권이 없음에도 등기만 있는 것이 되어 무효로 되는데, 그 후 다시 A가 B로부터 1억원을 빌리면서 위 저당권을 후에 빌리는 1억원의 저당권으로 이용할 수 있는가

만일 이를 이용할 수 있다면 A와 B로서는 기존의 저당권등기의 말소비용과 새로운 저당권 등기의 기입등기 비용을 절약할 수 있을 뿐 아니라 저당권의 순위도 유지할 수 있어 좋은 것이다.

그러나 만일 최초 B가 1번 저당권을 설정받았고, 이어서 C가 2번 저당권을 설정받았는데, 그 후 A가 1억원을 B에게 변제하여 1번 저당권이 무효로 되었고 그 후 다시 A가 B로부터 1억원을 빌리면서 위 1번 저당권을 다시 이용하기로 A와 B가 합의하는 것을 유효하다고 하면, C로서는 A의 B에 대한 피담보채권의 변제로 1번 저당권이 무효로 됨으로써 순위가 상승하여 1번 저당권자가 되었다가 갑자기 A와 B의 합의로 저당권의 순위가 1번에서 2번으로 되는 불이익을 입게 된다. 판례[49]는 이런 C의 불이익을 고려하여 이러한 무효의 등기의 유용에 대하여 등기가 무효로 된 후부터 유용하기 전까지에 등기부상 새로운 이해관계를 갖게 된 제3자가 없는 한 유효하다고 보고 있다.

그러나 이런 무효등기의 유용은 표제부의 등기에 대해서는 인정하지 않는다. 즉 기존의 건물이 멸실된 후에 새로운 건물을 신축하고, 기존 건물의 등기부의 표제부의 기재를 신축한 건물의 외형과 맞게 변경등기를 하였더라도 무효인 등기부가 유효로 되지 않는다고 하는 것이 판례이다.[50] 등기사항이 무효로 된 경우가 아니라 등기부 자체가 무효로 된 경우에는 유용할 수 없다는 뜻으로 해석되고, 이런 경우에는 새로운 등기부를 조제해야만 할 것이다.

(7) 부기등기

부동산등기법 제52조에서는 부기등기를 하는 경우를 기재하고 있고, 부기등기의 순위는 주등기의 순위에 따르는 것으로(부동산등기법 제5조) 규정하고 있다.

부기등기의 예로는 가등기 권리자의 권리 이전시[51]나 저당권의 이전시를 들 수 있다.

B가 A에게 1억원을 대여하고 A 소유의 H부동산에 저당권을 설정받은 후 C에게 위 1억원의 채권과 저당권을 양도하는 경우에는 B에게서 C에게로의 채권양도통지와 아울러 위 저당권의 명의자를 B에서

---

49) 대법원 1998.3.24. 선고 97다56242 판결; 대법원 2009.5.28. 선고 2009다4787 판결.
50) 대법원 1992.3.31. 선고 91다39184 판결.
51) 대법원 1998.11.19. 선고 98다24105 전원합의체판결.

C로 이전해야 한다. 이 경우 위 저당권의 순위를 계속 유지하게 하기 위하여 저당권자의 명의만을 B에서 C로 변경하는 부기등기를 하게 되고, 이 부기등기는 저당권 등기의 순위에 따르게 되는 것이다.

> **<예 2-13>** 주등기와 부기등기가 일체를 이루고 있기 때문에 만일 B가 A로부터 채권의 변제를 받는 등으로 하여 A에 대한 채권이 소멸하여 B명의의 저당권이 무효로 된 후, 이처럼 무효로 된 저당권을 C에게 양도하여 그에 대한 저당권 이전의 부기등기가 이루어진 경우 A가 위 저당권의 말소를 구하려면 누구를 상대로 어떤 등기의 말소를 구해야 하는가.

판례는 근저당권 이전의 부기등기는 기존의 주등기인 근저당권설정등기에 종속되어 주등기와 일체를 이루는 것으로서 기존의 근저당권설정등기에 의한 권리의 승계를 등기부상 명시하는 것일 뿐 그 등기에 의하여 새로운 권리가 생기는 것이 아니므로 A는 현재의 명의자인 양수인 C를 상대로 주등기인 근저당권의 말소를 구해야 하지,[52] 부기등기의 말소를 구할 수는 없다고 판시했다.[53]

(8) 등기인수청구권

> **<예 2-14>** A가 자기 소유의 H부동산을 B에게 매도하고 잔금까지 다 받았으나, B가 소유권이전등기를 해 가지 않으면 H와 관련하여 나오는 부동산 관련 세금을 자신이 납부해야 하는 불이익을 입게 된다. 이럴 때 A는 B에 대하여 등기를 이전해 가라는 청구를 할 수는 없는가.

원래 이전등기청구권은 B가 A에 대하여 가지는 것이고, A는 B에 대하여 이전등기의무를 부담할 뿐이다. 그러나 위와 같은 경우에는

---

52) 대법원 2003.4.11. 선고 2003다5016 판결.

53) 대법원 2009.7.9. 선고 2009다21386 판결은 주등기인 저당권 말소 외에 부기등기의 말소를 구하는 경우에는 부기등기의 말소를 구하는 부분은 소의 이익이 없어 각하해야 한다고 한다. 다만 부기등기의 말소에 대한 소의 이익이 인정되는 경우로는 대법원 2005.6.10. 선고 2002다15412,15429 판결 참조.

이전등기의무자인 A로서도 이전등기에 관하여 상당한 이해관계를 가지게 되므로 A가 B에 대하여 위와 같은 청구를 할 수 있는 것으로 보아야 하는 것이 아닌가 하는 논의가 있고, A가 B에게 하는 이런 청구를 등기인수청구권(또는 등기수취청구권)이라 부른다.

부동산등기법 제23조 제4항은 판결에 의한 등기는 승소한 등기권리자 또는 등기의무자가 단독으로 신청한다고 하여 등기의무자도 단독으로 신청할 수 있는 길을 열어주고 있으나,[54] 등기권리자가 소송을 제기하지 않아 판결이 없는 경우에는 문제이다.

등기인수청구권의 인정 여부에 대하여는 학설상으로는 견해가 나뉘나, 판례는 명확하지는 않지만 대법원 1988.11.8. 선고 87다카2188 판결이 이를 인정한 것이라는 견해[55]가 있다.

(9) 등기의 추정력

우리 법제하에서 등기에 공신력이 인정되지는 않지만, 등기가 등기권리자와 의무자가 신청으로 이루어지고 등기소라는 국가기관이 관장하기 때문에 일단 등기가 되면 그 등기의 내용과 같은 법률관계가 실제적으로 존재할 가능성이 높다. 그래서 이렇게 기재된 등기에 대하여는 등기된 대로의 법률관계가 있을 것이라고 하는 추정력을 인정하고 있다.[56]

그 인정범위와 관련하여서는 일단 등기가 되어 있으면 등기원인[57]에 대해서뿐 아니라 등기에 필요한 절차나 등기 전의 절차를 거친

---

54) 대법원 2001.2.9. 선고 2000다60708 판결.

55) 이 판결에 대한 재판연구관의 논문인 이성룡, '부동산의 매도인이 중도금의 수령을 거절할뿐더러 계약을 이행하지 아니할 의사가 명백한 경우 매수인의 해제권의 유무', 대법원 판례해설 19호, 법원도서관(1993), 127-128면에서는 이 판결이 등기인수청구권을 인정한 것이라고 한다.

56) 대법원 1977.6.7. 선고 76다3010 판결에서는 등기부에 A명의에서 B명의로 이전된 것으로 기재되어 있으나, A가 B명의의 등기가 원인 없이 이루어진 것으로서 무효라고 주장하여 B명의의 등기를 말소청구하는 때에도 등기의 추정력이 미친다고 보아 A가 원인 없음을 증명하여야 한다고 하고 있으나, 이에 대하여는 A와 B 사이에는 A가 매매 사실을 부인하는 경우에는 본래 매매계약이 있었음은 B가 증명하여야 하는 것이 증명책임의 분배에 관한 원칙상 타당하므로 이때에는 추정력이 미치지 않는다고 보아야 한다는 유력한 반대설도 있다.

57) 대법원 1977.6.7. 선고 76다3010 판결.

것으로 추정한다. 예를 들면 친권자와 미성년자의 이해상반행위에 해당하더라도 그에 관한 민법 제921조의 절차를 거쳐서 이루어진 것[58]으로 추정한다.

그러나 적법절차에 의하여 등기가 이루어진 것이 아니라고 의심할 만한 사유가 있는 때에는 이런 추정력을 인정하지 않는데, 이런 사유로서 판례가 드는 것은 다음과 같다.

소유권보존등기는 소유권이 진실하게 보존되어 있다는 사실에만 추정력이 있고 권리변동의 사실은 추정되지 않으므로 보존등기명의인이 원시취득자가 아니라는 사실이 드러난 경우,[59] 소유권이전등기의 날짜가 전소유자가 사망한 후의 날짜로서 사망한 사람으로부터 소유권이전등기를 경료받은 것으로 되어 있는 경우,[60] 소유권이전등기의 원인으로 주장된 계약서가 진정하지 않은 것으로 증명된 경우[61] 등에는 추정력이 인정되지 않는다.

또 추정력은 제3자에 대해서뿐만 아니라 전 소유자에 대해서도 미친다.[62]

그리고 이전등기 중에는 임야소유권 이전등기에 관한 특별조치법이나 부동산 소유권이전등기 등에 관한 특별조치법에 의하여 이루어진 것들도 많은바, 이런 경우에는 위 각 법의 취지와 규정에 따라 판단하여야 하고, 통상의 추정력보다는 더 넓게 추정력을 인정한다.

가등기[63]에는 추정력이 미치지 않는다는 것이 판례의 태도이다.

---

58) 대법원 2002.2.5. 선고 2001다72029 판결.
59) 대법원 2005.5.26. 선고 2002다43417 판결(토지 사정인이 아닌 다른 사람이 보존등기한 경우); 대법원 1996.7.30. 선고 95다30734 판결(건물의 신축자가 아닌 양수인이 보존등기한 경우) 등.
60) 대법원 1990.5.8. 선고 90다카1097 판결.
61) 대법원 1998.9.22. 선고 98다29568 판결.
62) 대법원 1982.6.22. 선고 81다791 판결. 전 소유자의 관계에서는 추정력이 미치지 않는다는 견해도 있다.
63) 대법원 1979.5.22. 선고 79다239 판결. 판례의 이런 태도는 청구권보전을 위한 가등기의 경우에는 가등기 자만으로는 아무런 효력을 갖지 않는다는 입장이라고 볼 수 있을 것이다.

4. 법률의 규정에 의한 부동산 물권변동

가. 민법 제187조의 의미

위 규정에 따르면 법률행위가 아닌 원인으로 인한 부동산의 물권변동 중 물권의 취득은 등기 없이도 취득하지만, 이를 처분하기 위해서는 등기를 해야 한다. 물권을 민법 제187조에 의하여 등기없이 취득한 자가 그 물권을 매매계약 등의 법률행위로 처분하려면 매수인에게 등기를 해야만 매수인이 물권을 취득할 수 있도록 하여 간접적으로나마 등기를 하도록 강요하고 있다.

다만 민법 제245조는 점유로 인한 부동산 소유권은 등기함으로써 소유권을 취득한다고 규정하고 있으므로, 이와 같은 점유취득시효로 인하여 물권을 취득하는 것은 법률의 규정에 의한 물권취득이지만 법률의 규정 자체에 등기를 요하게 함으로써 민법 제187조의 예외라고 할 수 있다.

나. 적용범위

민법 제187조는 상속, 공용징수, 판결, 경매 기타 법률의 규정에 의한 것을 법률규정에 의한 물권변동의 예로 들고 있다. 이때의 법률에는 관습법도 포함되므로 관습상의 법정지상권 등도 이에 속하게 된다.

이렇게 취득에 등기를 요하지 않는 이유는 다음과 같다. 상속과 같은 경우에는 등기의무자인 피상속인이 사망하게 되면 상속등기를 공동으로 신청을 할 수 없다. 또 상속인이 등기하여야만 소유권을 취득한다고 하게 되면 피상속인의 사망 후부터 상속등기 전에는 무주의 부동산이 되어 민법 제252조 제2항에 의하여 국가에 귀속된다고 하지 않을 수 없는데 이렇게 되면 상속인은 국가로부터 소유권을 이전받지 않는 이상 소유권을 취득할 수 없다고 보아야 함에도 우리 민법은 피상속인이 사망하면 피상속인 소유의 부동산은 상속인의 소유로 보고 있어 이를 이론적으로 설명하기 어렵다는 어려움이 있다. 이처럼 이론적인 난점과 그 외 법 정책적인 사유 등으로 등기가 없이도 물권의 취득을 인정하는 것이다.

또 건물을 신축하는 경우도 새로운 물건을 창조해 내는 것으로 민법 제187조의 물권변동으로 보고 있어 자신의 명의로 등기가 없더라도 소유권을 취득하게 된다.

이하에서는 법률의 규정에 의한 물권변동의 예를 자세히 살펴보도록 한다.

(1) 판 결

민법 제187조에서 규정하고 있는 판결은 형성판결만을 의미한다.

매도인 A가 매수인 B에게 이전등기를 해주지 않으면, B는 A를 상대로 소유권이전등기청구소송을 제기하여 승소판결을 받은 후 그것이 확정되면 이 판결에 기하여 B가 단독으로 등기를 할 수 있게 된다. 이 경우 위 판결은 민법 제187조의 판결에 해당하는가. 즉 위 판결을 받으면 등기를 하지 않더라도 위 판결만으로 B는 소유권을 취득하는 것인가.

그렇지 않다. 위 판결은 A가 B와 공동하여 이전등기를 신청할 의무가 있음에도 이를 이행하지 아니하고 있으므로, B가 A에 대하여 그 이행을 구하는 것으로서 이 판결이 확정되면 B는 단독으로 이 판결을 가지고 이전등기를 신청할 수 있는 것에 불과하고,[64] 그 효과는 A와 B가 공동하여 이전등기를 신청하는 것과 같은 것이다.

그렇다면 A와 B가 공동으로 신청하여 이전등기를 한 경우나 B가 A에 대하여 위 판결을 받아서 단독으로 이전등기를 하는 경우는 모두 그 효과가 같아야 하는 것인바, 이렇게 보면 매매계약의 경우 매도인과 매수인이 순순히 협력하여 이전등기를 한 경우나, 매수인이 매도인을 상대로 이행판결을 받아 이전등기를 한 경우 모두 민법 제186조에 의한

---

64) 매수인에게 이전등기를 신청할 의무가 있다고 하면 판결에서는 매수인에 대하여 '이전등기절차를 이행하라'는 식으로 판결을 내리게 된다. 그 구체적인 의미는 무엇인가. 본래 이전등기를 할 때에는 등기의무자와 등기권리자가 등기소에 출석하여 등기관에게 등기의무자는 '등기권리자에게 소유권을 넘긴다'는 의사를, 등기의무자는 '등기권리자로부터 소유권을 이전받는다'는 의사(물권적 합의)를 표시하여야 한다. 따라서 판결에서 말하는 등기의무자에게 '이전등기절차를 이행하라'는 의미는 등기의무자가 위와 같은 의사를 표시하라는 의미이고, 등기소에 위 판결을 보여주면 등기의무자가 출석하여 위 의사를 밝히지 않았더라도 판결이 그 의사를 밝힌 것으로 보아 등기권리자 1인만으로 이전등기가 가능하게 된다. 이와 같은 판결은 이행판결 중에서도 의사의 진술을 명하는 판결로서 다른 이행판결과 달리 판결이 확정되어야만 집행을 할 수 있고, 가집행선고를 붙일 수 없다. 결국 위 판결의 효용은 B가 단독으로 등기신청을 하여 이전등기를 받을 수 있다는 것에 그친다.

물권변동으로서 등기를 해야만 물권변동의 효력이 발생하는 것이다.

그러면 민법 제187조에서 말하는 판결은 어떤 판결을 말하는 것인가.

본조에서의 판결은 이행판결이 아니라 형성판결을 의미한다. 형성판결이란 판결에 의하여 당사자의 권리관계가 변동이 일어나게 되는 것을 말하는 것으로 그 예로서는 민법 제268조의 공유물분할판결, 민법 제1013조에 의하여 협의가 성립하지 아니한 경우의 상속재산분할심판 등이 있다. 즉 이행판결에서는 A가 B에 대하여 이전등기의무가 이미 존재하고 있는 것이므로 이것을 이행하도록 명령하는 것임에 반하여, 형성판결에서는 그 판결 전에는 공유 재산 중 어느 재산이 얼마만큼 누구에게 귀속하는지, 상속재산 중 어느 재산이 어느 상속인에게 얼마만큼 귀속하는지는 알 수 없고 그 판결이 확정되어야만이 그 범위나 소유자가 결정되는 것이다.

이런 형성판결은 그것이 확정된 경우 각자에게 귀속하는 것으로 결정된 부동산은 각자 명의로 등기하지 않더라도 그들 소유로 물권이 변동된다.

(2) 경 매

경매에는 강제집행과 담보권실행을 위한 경매, 민법·상법 그 밖의 법률에 의한 경매가 있다(민사집행법 제1조). 그 외에도 세무관서 등에서 하는 공매처분도 있다.

B가 A에 대한 저당권이 있거나, A가 B에게 금원을 지급할 것을 명한 판결이 있음에도 A가 변제하지 않는다면 A의 부동산을 A의 의사에 반하여 법원에 경매신청을 할 수 있다.

부동산에 대한 경매의 자세한 절차는 민사집행법에 넘기도록 하고, 민법과 관계되는 부분만 간략하게 본다.

먼저 경매신청을 하면 법원은 경매개시결정을 하면서 부동산에 대하여 경매개시등기를 하고(압류에 해당) 아울러 채무자, 소유자 등 이해관계인에게 통지를 하게 되고, 부동산의 시가감정과 현황조사(부동산의 존재 여부, 임차인의 존재 여부 등을 조사)를 명하게 된다. 그 후 매각기일과 배당요구의 종기, 매각결정기일을 정하고 매각기일에 최고가 매수신고인이 있으면 매각기일을 종결하고 매각허가결정을 한 후, 정해진 대금납부기일에 최고가 매수신고인이 매각대금을 납부하면, 법원은 직권으로 경매개시결정등기 및 매수인이 인수하지 아니하는 등기의 말소와 매수인 앞으로 이전등기를 촉탁하고 매각대금으로 채권자들에게 배당을 하게 된다.

이런 절차 중에 언제 매수인에게 소유권이 이전되는가. 매수인은 자신의 명의로 등기한 때가 아니라 대금을 완납한 때에 등기 없이도 소유권을 취득하게 된다.

Ⅲ. 동산에 관한 물권변동

1. 법률행위에 의한 물권변동

동산물권의 변동에 대해서도 법률행위에 의한 물권변동의 경우에는 물권적 합의와 공시가 필요하다. 따라서 동산에 있어서의 공시방법은 점유이므로 물권적 합의 외에 점유의 이전이 있어야 한다.

가. 점유이전의 방법

점유이전의 방법으로 현실의 인도, 간이인도, 목적물반환청구권의 양도, 점유개정 이렇게 4가지가 있다.

현실인도는 현실적인 점유의 이전을 의미한다.

간이인도는 A가 동산을 B에게 임대해 주어 B가 점유하고 있던 중 B가 A로부터 그 동산을 매수하는 경우로서 인도가 이미 그 전에 이루어진 상태에서 소유권을 이전하는 것을 의미한다.

목적물 반환청구권의 양도는 A가 동산을 B에게 보관시키고 있던 중 C에게 그 동산을 양도하는 경우와 같이 A가 B에 대하여 가지는 목적물반환청구권을 양도하여 C로 하여금 소유권을 취득하게 하는 것을 의미한다.

점유개정이란 A가 자기 자신이 점유중인 동산을 B에게 매도함과 동시에 B로부터 임차하여 자기가 계속 점유하는 것을 의미하고, 양도 전후로 점유는 계속 예전의 소유자 A가 점유하는 것에 특색이 있다.

위 점유이전의 방법 중 문제로 되는 것은 목적물반환청구권의 양도와 점유개정인바, 점유개정은 선의취득에서 보도록 하고, 여기서는 목적물반환청구권의 양도와 관련하여 본다.

> <예 2-15> A가 B에게 기계를 임대하여 B가 그 기계를 점유, 사용하던 중 A가 C에게 B에 대하여 가지는 반환청구권을 양도하는 형식으로 매도하였는데, 당시 A는 C에게 그 기계를 B에게 임대한 사실을 알리지 않아 C는 당장이라도 그 기계를 반환받을 수 있는 것으로 알고서 양도받았다고 하는 경우 C는 B에게 즉시 위 기계의 반환을 구할 수 있는가.

C는 물권적 합의와 인도에 의하여 물권자인 소유권자가 되었고, B는 그 기계에 대하여 채권자적 지위인 임차인의 지위에 있으므로 소유권자로서의 C의 반환요구에 응하여야 할 것으로 생각된다.

그러나 다른 한편으로 생각해 보면, C가 양도받은 것은 A가 양도당시에 가지고 있던 권리를 승계하여 취득하는 것이므로 B에 대한 임대차 계약의 부담이 있는 기계의 소유권을 양도받았다고밖에 볼 수 없고, 또 C는, A가 B와의 임대차계약에 기초하여 발생하는 반환청구권을 양도받은 것이므로, C의 반환요구에 B는 양도되기 전에 A에 대하여 대항할 수 있었던 사유로 대항가능할 것이므로(민법 제451조), A와의 임대차계약기간중임을 이유로 적법하게 점유할 권한이 있다고 주장할 수 있다고 볼 수도 있을 것이다.[65]

생각건대 C가 물권자인 이상 채권자적 지위에 있는 B는 C에게 자신의 임차권을 주장할 수 없다는 이론은 수긍이 되지만, 동산 임차인의 경우는 부동산 임차인의 경우와 달리 등기를 하여 대항력을 갖출 수 있도록 하는 제도(민법 제621조)가 마련되어 있지 않다. 민법 제621조가 부

---

65) 鈴木禄弥, 物權法講義 5訂版(2007), 創文社, 193면에 의하면 C는 반환청구가 가능하다는 것이 소수설이고, B가 대항할 수 있다는 것이 일본의 다수설 및 일본 판례(大判大 4.4.27. 民錄21卷, 590頁; 大判大8.10.16. 民錄25卷 1824頁)의 입장이라 한다.

동산 임차인에게 공시방법으로서의 등기에 대항력을 인정해 준다면 동산에 대하여도 임차인에게 공시방법인 점유에 대항력을 인정하여도 부당하지 않은 점 및 C로서도 B가 점유하고 있다면 그 점유의 경위를 조사하여 거래에 응하여야 할 것이라는 점 등을 감안하면 B는 C에 대하여 자신의 임차권을 주장할 수 있다는 견해에 찬성하고 싶다.

그러면 나아가서 C는 임차권이 없는 것으로 알고 기계를 매수하였으므로 선의취득은 인정되는 것이 아닌가 하는 의문이 들 수도 있다. 그러나 선의취득이 인정되기 위해서는 선의이고 과실이 없어야 하는데 위의 예처럼 B가 기계를 점유하고 있는 상황에서는 이를 매수하려는 C는 어떤 경위로 B가 점유하고 있는지를 조사해야 할 것인데 이를 하지 않은 것에 과실이 있다고 해야 하지 않을까? 그렇게 본다면 선의취득은 인정되지 않을 것이다.

나. 선의취득

민법 제249조는 양도인이 동산에 대하여 무권리자이더라도 양수인은 권리를 취득할 수 있다고 규정하여, 승계취득시에는 양수인은 양도인의 권한의 범위 내에서만 그 권리를 취득할 수 있다는 원칙에 예외를 인정하고 있다.

이는 점유라고 하는 공시방법에 대하여 그 공시가 실제의 권리관계와 다른 경우 실제권리관계가 아닌 그 공시에 의하여 표상되는 권리를 인정하는 것으로 공신의 원칙이라고 하고 동산에만 인정되고 부동산에는 인정되지 않는다.

이런 공신의 원칙은 신속한 거래를 필요로 하는 분야에서는 거래의 안전을 위하여 예외적으로 인정되는 것으로서 증권화된 채권(민법 제514조, 제524조, 제525조)에도 인정되는 예가 많다.

그리고 이런 선의취득은 거래의 안전을 보호하기 위한 것이므로 거래와 무관한 경우,[66] 즉 공연장의 대기실에 외투를 맡겨둔 후 찾았는데 직원의 실수로 다른 사람의 옷을 준 경우에는 거래관계가 아니므로 그

---

[66] 선의취득자와 직접적인 거래관계를 맺지 않은 경우임에도 선의취득의 규정을 유추적용하여 선의취득과 같은 효력을 인정한 사안으로서 대법원 2009.9.24. 선고 2009다15602 판결이 있다.

옷에 대하여는 선의취득이 인정되지 않고, 또 거래행위 자체는 유효 적법해야 하므로 그 거래가 무효나 취소되는 경우에는 선의취득이 인정되지 않는다.

경매[67]를 거래행위라고 볼 것인가에 대해서 의문이 있을 수 있으나, 경매를 매매와 같이 보고 있으므로 선의취득이 인정된다.

(1) 요 건

(가) 객체에 관한 요건 ─ 양도 가능한 동산

선의취득이 모든 동산에 적용되는 것은 아니고, 양도가 금지된 동산(아편, 국유문화재 등등)이 아니어야 한다. 선의취득제도가 거래의 안전을 도모하기 위한 것이라면 본래 양도가 금지되어 있는 동산에 대하여는 거래의 객체로서의 자격이 없으므로 보호대상에서 제외되어야 할 것이다.

그러나 양도가 가능한 동산이라도 그 양도방법이 부동산 경우의 등기와 같은 장부에 의하여 이루어지는 경우가 있다. 대표적인 것이 자동차와 중기, 선박 등으로서 이런 것들은 자동차등록원부, 중기등록원부, 선박등기부 등으로 공시하고 있어 양도방법은 부동산에 준하여 취급된다. 따라서 이에 대하여는 선의취득 규정이 적용되지 않는다.

그러나 이에 대하여는 최근에 반론도 나오고 있다.

> <예 2-16> A 소유의 자동차를 B가 점유하고 자동차등록원부에 B명의로 되어 있는 경우, B로부터 C가 선의로 매수하면 선의취득이 인정되지 않는가.

자동차가 동산인 이상 위의 예와 같이 자동차등록원부와 점

---

67) 대법원 1998.3.27. 선고 97다32680 판결 참조. 그러나 선의취득은 양도인의 무권리만을 치유해 주는 것이므로 거래행위 자체는 유효, 적법해야 한다고 한다. 그렇게 보면 경매의 경우에도 거래행위에 해당하는 경매절차 자체는 유효해야 한다고 보아야 할 것이다. 따라서 경매집행절차에서 채무자에게 경매개시결정이 송달되지 않았다거나 강제경매의 집행권원이 무효였다거나 하는 등 집행절차에 하자가 있어 경매가 무효로 되는 때에는 선의취득은 인정되지 않는다고 보아야 할 것으로 생각한다. 이는 경매에서의 하자담보책임 및 부당이득과 관련하여 문제가 되는데 이에 대한 자세한 설명은 채권각론에 넘긴다.

유이전이 되어 있다면 등록원부의 등록과 점유이전을 요건으로 선의취득을 인정해도 괜찮다고 보는 견해가 있다.[68] 자동차가 원래 동산이고 도품 및 유실물에 관한 특례도 있어 진정한 소유자에 대한 이익에 대한 배려도 있는 점을 감안하면 이 견해에 찬성하고 싶다.

그리고 또 문제가 되는 것은 금전이다. 금전은 기재된 금액의 가치를 표상하는 것으로 그 소유자와 점유자가 일치한다. 따라서 금전을 빌려주거나 보관을 시킨 때에도 금전의 소유권은 현재의 점유자에게 귀속한다. 따라서 이런 사람에 대하여는 금전의 소유권에 기한 물권적 반환청구권을 행사할 수가 없고, 오로지 부당이득반환청구만이 문제가 된다.[69]

다만 기념주화와 같이 그것이 가치표상으로 거래된 것이라고 보기 힘든 경우에는 선의취득이 인정된다.

(나) 양도인에 관한 요건 ― 동산을 점유하고 있는 무권리자

양도인은 동산에 대하여 권리가 없는 자로서 동산을 점유하고 있어야 한다. 선의취득제도는 거래 상대방이, 동산을 점유하고 있는 양도인이 적법한 권리자라고 믿은 것에 대한 신뢰를 보호함으로써 거래의 안전을 도모하는 것이므로, 점유라는 공시방법을 취하고 있지 않은 양도인을 적법한 권리자라고 믿은 거래 상대방은 보호할 가치가 없고 또 그와 같이 믿은 데에 과실이 있다고 하지 않을 수 없다.

양도인은 직접 점유자이든, 간접 점유자이든 상관없으며, 점유보조자를 점유자로 잘못 알았다고 하더라도 선의취득의 다른 요건을

---

68) 鈴木祿彌, 위 책, 211면; 內田貴, 民法 I, 東京大學出版會(2007), 470면. 일본에는 등록이 말소된 자동차에 대하여 선의취득을 인정한 판례도 있다(最高裁 昭和45.12.4. 民集24권 13호 1987면).

69) 금전의 이런 성격으로 말미암아 소멸시효와 관련하여 문제가 생긴다. 즉 A의 자전거를 B가 매수하여 인도해 주었다가 취소된 경우, A는 B에 대하여 자전거에 대한 소유권에 기한 물권적 반환청구권을 가지고, B는 A에 대하여 부당이득으로서 대금반환청구권을 가지는데, A의 권리는 소유권에 기한 것으로 소멸시효에 걸리지 않으나, B의 권리는 채권적 권리에 지나지 않아 10년의 소멸시효에 걸린다. 따라서 취소 후 10년이 지나게 되면 A의 권리만이 남고 B의 권리는 소멸하게 되어 B만 피해를 보게 된다는 것이다. 이런 부당성을 막기 위해 나온 이론이 '항변권의 영구성'이라는 것으로 이에 대한 자세한 설명은 민법총칙과 채권각론에 넘긴다.

갖추고 있다면 선의취득을 인정해도 상관없을 것이다.

양도인이 무권리자여야 하는 것은 당연하다. 그가 권리자라면 그와 거래한 사람은 양도인의 권리를 그대로 취득할 것이기 때문에 선의취득을 인정할 이유가 없을 것이다.

문제는 분량적으로 일부에 대해서만 권리를 가지는 경우, A, B가 공유하는 동산을 A가 점유하고 있던 중 C에게 매도한 경우이다. 이 경우 C로서는 A의 지분 1/2에 대해서는 A로부터 적법하게 매수한 것이고, B의 지분 1/2에 대해서는 다른 요건이 갖추어지면 선의취득이 가능할 것이다.

(다) 양수인에 관한 요건 — 평온, 공연, 선의, 무과실로 점유를 취득

무권리자로부터 양수인이 평온, 공연하게 동산을 선의로 과실없이 양수하게 되면 그 동산의 소유권을 취득하게 된다.

평온이란 폭력을 동원하지 않는다는 것이고 공연이란 비밀스럽지 않게 공개적인 것을 의미하고, 선의란 양도인이 무권리자인 것을 알지 못한 것을 의미한다. 이 3가지 요건은 양도인이 점유(간접점유도 포함하여)하고 있으면 민법 제197조에 의하여 추정되므로 선의취득을 주장하는 자가 증명할 책임이 없다.

문제는 과실에 대한 입증책임으로서, 양도인이 점유하고 있는 것을 보고 양수인이 소유권자로 믿은 것에 대하여 과실이 없는 것에 대해서도 추정이 되는가이다. 이에 대해 다수설은 민법 제200조를 근거로 추정이 된다고 보아 양도인이 양수인에게 과실이 있었음을 증명해야 한다고 한다. 그러나 소수설과 판례[70]는 양수인이 자신에게 과실이 없었음을 증명하여야 한다고 한다.

증명책임의 분배는 증거에의 접근 및 증명의 용이함과 가능성도 중요하므로 단순히 법규정의 형식만으로 결정할 것은 아니다.

> <예 2-17> A 소유의 자전거를 B가 임차한 후, C에게 그 자전거를 자신이 소유자인 것처럼 양도하고, 다시 C가 D에게, D가 E에게 각기 양도하여 현재 E가 점유하고 있다고 하는

---

70) 대법원 1981.12.22. 선고 80다2910 판결.

경우, A가 소유권자로서 E를 상대로 자전거의 반환을 구함에 대하여 E가 선의취득을 주장하면 A와 E는 어떤 상황에 처하게 되는가.

$$A \xrightarrow{\text{임대}} B \xrightarrow{\text{양도}} C \xrightarrow{\text{양도}} D \xrightarrow{\text{양도}} E$$

다수설에 의하면 A는 'E가 D로부터 자전거를 양수할 당시에 과실이 있었음'을 증명해야 하는데, A로서는 E가 누구한테서 자전거를 취득하였는지, 어떤 경위로 E가 취득하게 되었는지를 알 길이 없으므로 E의 과실을 증명하는 것은 불가능에 가까울 것이고, 따라서 이런 경우에는 대부분 진정한 소유자인 A가 지게 되는 결과가 될 것이다. 그에 반하여 E의 입장에서는 자기가 누구로부터 매수하였는지는 잘 알 수 있고, 그에 대한 증거도 쉽게 접근하여 용이하게 획득할 수 있으므로 E에게 '자기에게 과실 없었음'의 증명책임을 부담시킨다고 하여 부당하다고 할 수는 없을 것이다.

이런 점에 비추어 보면 판례와 소수설의 입장이 타당한 것으로 생각된다.

양수인이 점유를 취득하여야 한다는 요건과 관련해서는 살펴보아야 할 문제가 있다.

점유이전의 방법에 4가지가 있다는 것은 앞에서 보았는데, 문제가 되는 것은 반환청구권양도와 점유개정이다.

먼저 반환청구권의 양도의 경우를 본다.

<예 2-18> A가 기계를 B에게 보관시켰는데, B는 다시 C에게 보관을 의뢰하여 C가 보관중, B가 D에게 위 기계가 자신의 소유라고 말하고 D에게 C에 대한 반환청구권을 양도하는 형식으로 소유권을 양도하였다. 이 경우 D는 선의취득을 할 수 있는가.

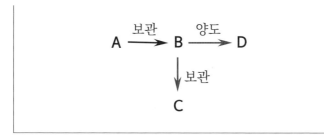

통설과 판례[71]는 반환청구권의 양도의 경우에도 선의취득을 인정하므로 D는 소유권을 취득한다고 한다.[72]

> **<예 2-19>** A가 B에게 임대하여 B의 보관중에 있는 자기의 기계를 C와 D에게 이중으로 양도하게 되면 C와 D 중에 누가 우선하는가.

부동산의 이중양도와 대비하여 생각해 보면 기계는 B의 보관중에 있으므로 C와 D 중 A로부터, B에 대한 목적물 반환청구권의 양도를 먼저 받아 공시방법을 먼저 취한 쪽이 우선하는 것으로 생각할 수 있다. 그러나 만약 A가 C에게 먼저 반환청구권양도를 하게 되면 이제 A는 완전한 무권리자가 되고, 그 이후 A가 D에게 한 양도는 무권리자에 의한 양도가 된다. 이렇게 되면 무권리자인 A로부터 양도받은 D는 선의취득의 요건을 충족하지 않는 한 기계의 소유권을 취득할 수 없다고 보아야 할 것이다. 만약 이 경우 B가 A의 D에 대한 반환청구권의 반환에 대하여 승낙한 때에는 다른 선의취득의 요건이 구비되어 있으면 D가 선의취득할 수 있을 것이다. 이런 결론에 대하여는 C의 권리를 너무 약화시키는 해석이 아니냐는 반론이 있을 수 있으나, B의 위와 같은 승낙은 마치 B가 보관중인 C소유의 물건을 다른 사람에게 매도하여 이득을 취해 버린 것과 같이 보관자의 배신행위에 의하여 보관의뢰인 소유

---

71) 대법원 1999.1.26. 선고 97다48906 판결.
72) 안승국, '목적물반환청구권 양도방식에 의한 동산 선의취득과 선의취득자의 무과실'. 대법원판례해설 32호(99년 상반기) (99.10), 법원도서관 49면 이하에서는 위 통설에 대하여 유력한 반론을 제시하고 있다.

의 목적물 소유권을 상실시킨 것과 같이 평가해야 할 것이다. 후자의 경우에 매수인이 선의취득한다는 데에는 이론이 없을 것이므로 전자의 경우에도 D가 선의취득한다고 보지 않을 수 없을 것이다.

　　다음으로 점유개정에 대하여 본다.

<예 2-20>　인쇄업을 경영하는 A는 영업자금이 부족하게 되자 B로부터 1억원을 차용하면서 인쇄기의 소유권을 넘기되 자기가 이를 임차하여 계속 사용하기로 하여 인쇄업을 하고 있었다(이를 양도담보라고 한다). 그러던 중 자금압박이 더욱 심해지자 C에게 위 인쇄기계가 자기 소유라고 속여 5천만원을 차용하면서 위 기계의 소유권을 C에게 넘기되 자기가 임차하여 계속 사용하는 것으로 하였다(이중으로 양도담보한 경우이다). 그래도 자금사정이 호전되지 않자 A는 D에게 위 인쇄기계를 양도하고 인도하여 주어 D가 그 기계를 점유하고 있다. 이 경우 인쇄기계는 누구의 소유인가.

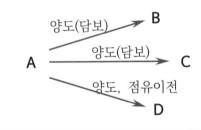

　　판례[73]와 통설은 점유개정시에는 선의취득이 인정되지 않는다는 입장(부정설)인바, 그 이유는 양수인의 점유취득은 물건에 대한 사실상의 지배관계가 원소유자의 지배를 벗어나서 취득자의 지배 안으로 들어와야 하는데 점유개정에 의한 경우에는 이러한 지배의 이전이 없다는 데에 있다고 한다.[74]

---

　　73) 대법원 2004.12.24. 선고 2004다45943 판결. 본문의 예는 이 판결의 사안을 간단하게 변형한 것이다.

　　74) 안승국, 위 논문, 55면. 일본의 판결(最高裁 昭和35.2.12. 民集14卷 2號, 168頁)에 의하면 일반의 외관상 종래의 점유사실의 상태에 어떠한 변경이 생기지 않는 점유개정에 의

　　위의 예에서 A와 B 사이에 소유권을 넘기고 점유개정을 한
때에는 점유개정도 점유이전의 한 태양이므로 B가 적법, 유효하게 소유
권을 취득하고 그 이후부터서는 A에게 소유권이 없다. 따라서 C는 무권
리자인 A로부터 소유권을 취득할 수 없으므로 C에게 선의취득이 인정
되지 않는 이상 위 인쇄기의 소유권을 취득할 수 없다. 그런데 판례에
따르면 점유개정으로는 선의취득이 인정되지 않으므로 C는 소유권을
취득하지 못하게 된다.[75]

　　만일 위의 예가 여기서 끝난다면 B는 A가 점유중인 기계에
대해 소유권에 기한 반환청구권을 행사하여 기계를 찾아올 수 있을 것
이다.[76]

　　그런데 앞의 예는 나아가 D에게 매도하고 현실인도까지 해
주었다는 것인바, 이렇게 되면 D가 선의취득의 다른 요건, 선의·무과실
등의 요건을 갖추고 있었다면 D가 선의취득을 하게 될 것이다.

　　그러나 선의취득의 다른 요건을 갖추고 있지 않다면 예를
들면 D가 악의라거나 과실이 있다면 선의취득이 되지 못하고 여전히 B
의 소유라고 보아야 할 것이므로 B의 반환요구에 D는 응해야 할 것이다.

　　* 판례와 통설과 같이 점유개정으로 선의취득이 인정되지 않는 근거가 외관상
　　으로 보아 점유상태의 변경이 없는 점에서 찾는다면 반환청구권의 양도의

해서도 선의취득이 생긴다고 하면, 타인의 이해관계, 특히 그 전에 점유를 타인에게 위임하였
던 권리자의 이익을 전혀 고려하지 않게 되는 결과가 된다는 이유로 부정하고 있다.

　　75) 대법원 1975.1.28. 선고 74다1564 판결에서, 대법원은 A가 B와 C에게 동산을
이중으로 양도하고 점유개정의 방법으로 A가 점유하고 있는 경우 B와 C 사이에 있어서는
후에 현실인도를 받은 자만이 소유권을 취득한다고 판시했다. 이 판시는 마치 B와 C 사이에
는 우열이 없고 둘 다 소유권을 취득하지 못하고 있는 것으로 보는 듯한데, 만일 그렇게 보고
있다면 이는 잘못일 것이다. 왜냐하면 B는 소유권자인 A로부터 점유개정을 받아 소유권을
취득하였고, C는 무권리자인 A와 계약을 하여 점유개정으로 인도받았으므로 선의취득이 인정
되지 아니하여 무권리자로 보아야 하기 때문이다(대법원 2004.12.24. 선고 2004다45943
판결 참조). 단지 그 후 C가 A로부터 현실적으로 점유를 이전받게 되고 다른 선의취득의 요
건을 구비하게 되면 선의취득을 하게 되어 B에 우선하게 된다고 보아야 할 것이기 때문이다.
따라서 대법원의 위 판시는 오해의 여지가 없도록 위와 같은 내용으로 시정되어야 할 것이다.

　　76) 이 경우 앞서 나온 2004다45943 판결은 다른 채권자가 개시한 집행절차에서 배당
요구를 할 수 있다고 하고 있으나, 양도담보를 신탁적 양도라고 보는 이상은 제3자 이의만이
가능하다고 보아야 할 것으로 생각한다. 자세한 것은 양도담보에서 보도록 한다.

경우에도 외관상 점유상태의 변경이 없는 경우가 생길 수 있는데 이런 경우에도 선의취득을 인정하지 않아야 하는 것이 아닌가 하는 유력한 반론이 있다.[77] 이 견해에 의하면 〈예 2-20〉에서는 반환청구권의 양도에 의하여도 선의취득이 인정되지만, 아래 〈예 2-21〉에서 보는 것처럼 A가 자기 소유의 동산을 B에게 보관시켰고, B가 다시 C에게 점유개정의 방법으로 양도하였으며, 그 후 C가 D에게 B에 대한 목적물반환청구권의 양도의 방식으로 양도한 경우에는 점유개정과 같이 보아 D에게 선의취득이 인정되어서는 안된다고 한다. 즉 〈예 2-21〉을 통설과 판례에 의하여 해결해 보면 C는 소유권자가 아닌 B로부터 점유개정에 의하여 양도받았으므로 선의취득이 인정되지 않지만 D의 경우는 선의취득이 인정되게 된다. 그런데 이 경우의 점유상태의 변경 여부를 보면 소유권의 변동 이전과 이후에 B의 점유상태의 변동이 없으므로 원소유자인 A의 지배를 완전히 벗어났다고 보기 힘들어 이는 점유개정의 상태와 동일하게 평가할 수 있다는 것이다. 따라서 〈예 2-21〉에서는 점유의 이전이 반환청구권양도의 방법에 의한 것이라도 점유개정에 의한 것과 같이 보아서 선의취득이 인정되지 않아야 한다는 것이다. 경청할 만한 견해라고 생각한다.

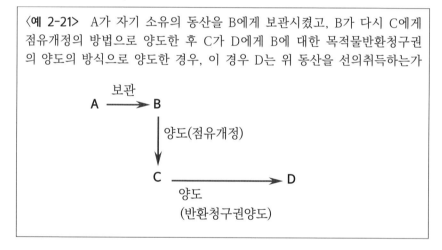

〈예 2-21〉 A가 자기 소유의 동산을 B에게 보관시켰고, B가 다시 C에게 점유개정의 방법으로 양도한 후 C가 D에게 B에 대한 목적물반환청구권의 양도의 방식으로 양도한 경우, 이 경우 D는 위 동산을 선의취득하는가

(라) 유효한 거래행위

선의취득제도는 거래의 안전을 위하여 양도인의 무권리만을 구제해 주는 것이고, 거래행위자체는 유효하고 적법해야 한다. 부적법한 거래행위를 보호하면서까지 거래의 안전을 도모할 수는 없기 때문이다.

---

77) 안승국, 앞 논문, 55면 이하 참조. 이하의 예는 이 논문에서 따온 것이다.

여기서 문제가 되는 것은 본인(A)의 대리인이라고 칭하는 자 (B)가 동산을 점유하고 있고, 그 B로부터 C가 동산을 매수한 경우이다.

이 경우에는 본인인 A가 적법한 권리자인지도 문제가 되지만, C에게 그 동산을 처분할 수 있는 권한이 있는지 없는지도 문제가 된다는 점에서 특수성이 있다.

A의 권리유무와 B의 대리행위의 유효여부에 대하여 경우의 수로 나누어 생각할 필요가 있다.

첫째 A가 적법한 권리자이고, B가 C에게 매도한 매매행위가 적법한 대리행위인 경우에는 C가 A의 소유권을 적법하게 취득하는 것에는 아무런 문제가 없고, 이 경우 선의취득규정이 등장할 이유도 없다.

두 번째 A가 적법한 권리자이고, B가 C에게 매도한 매매행위가 무권대리행위인 경우(예를 들면 B는 A로부터 대리권을 받지 않았거나, 관리권한만을 받았음에도 그 권한을 넘어 매각한 때)는 원칙적으로 C는 소유권을 취득하지 못한다. A가 적법한 소유자이므로 선의취득규정이 적용될 여지는 없고, B의 C로의 매매행위는 적법한 대리행위가 아니므로 그 매매계약의 효력은 A에게 미치지 않는다고 보아야 하기 때문이다. 다만 그 무권대리행위가 민법 제120조나 제126조 또는 제129조가 적용되는 것이라면 표현대리가 성립하여 그 매매계약의 효력이 A에게도 미치게 되어, C는 유효하게 소유권을 취득할 수 있다. 그러나 이는 선의취득규정의 적용에 의하는 것이 아니고, 민법의 표현대리 규정의 적용에 의하여 무권대리행위가 유효하게 되어 A에게 효력이 미치게 되었기 때문이다.

세 번째 A가 권리자가 아니고 B의 매매행위는 적법한 대리행위인 경우. 이때는 선의취득규정이 적용된다. 즉 매매계약에 의하면 양도인은 A이고, 그 양도인인 A가 대리인인 B를 통하여 동산을 점유하고 있는 상태에서 매도하였는데, 그 A가 무권리자였고 그 매매행위도 적법하였기 때문이다. 따라서 이 경우 C는 선의취득규정에 의하여 다른 요건이 충족되면 동산의 소유권을 취득할 수 있는 것이다.

네 번째 A가 권리자가 아니고 B의 매매행위는 앞에서 본 두 번째의 경우와 같이 무권대리행위인 경우, 선의취득규정이 적용되기 위해서는 B의 매매행위가 적법·유효해야 하는데 이 경우에는 무권대리행위로서 부적법하므로 원칙적으로 선의취득규정이 적용될 수 없고, 따라서 C는 소유권을 취득할 수 없다. 그러나 두 번째에서 본 것처럼 그 무권대리행위가 표현대리행위로서 유효하게 된다면 선의취득규정이 적용되어 C는 소유권을 취득하게 된다.[78]

(2) 효 과

선의취득자는 유효하게 물권을 취득하는데, 취득하는 권리는 동산에 관한 물권으로서 소유권과 질권에 한한다. 점유권이나 유치권은 법정의 요건에 해당되어야 취득할 수 있는 것이므로 선의취득이 문제될 수 없다.

그리고 선의취득은 원시취득으로서 양도인의 소유권을 승계하는 것이 아니므로 종전의 소유권에 부가되어 있던 부담은 소멸하게 된다.

(3) 도품 및 유실물에 관한 특칙

도품과 유실물의 경우에는 소유자에게 어떤 책임이 없으므로 소유자를 보호하기 위하여 정책적으로 민법 제251조를 두어 선의취득의 요건을 갖추더라도 소유자가 2년 이내에 찾아올 수 있도록 하고 있다.

이러한 2년은 점유상실시부터 기산하고 조속한 권리관계의 안정을 기하려는 입법취지에 비추어 제척기간으로 보아야 할 것이다.

---

78) 네 번째의 경우와 관련하여, 이 경우 선의취득규정이 적용된다고 하는 것으로 학설이 일치되어 있는 것으로 보인다. 그러나 표현대리는 원래 무권대리인 것을 상대방을 보호를 위하여 본인에게 효력을 인정하는 것에 불과하고 유권대리라고 할 수는 없다. 그렇다면 무권리자인 본인이 아닌 적법한 권리자인 제3자의 권리를 박탈하게 만드는 결과가 되는 선의취득이 문제로 되는 경우에는 표현대리행위를 유권대리행위와 같이 적법·유효한 것으로 보는 데는 문제가 있다고 생각한다. 사견으로는 표현대리는 여전히 본질은 무권대리로서 무권대리인이 적법한 대리인인 것과 같은 외관을 형성시킨 것에 본인의 귀책사유가 있음을 이유로 그 행위의 효력을 본인에게 확장시키는 것에 불과하고 그 행위가 유효·적법한 유권대리로 되는 것은 아니라고 할 것이다. 그렇다면 이 경우는 유효·적법한 매매행위라고 보아서는 안 될 것이고, 따라서 네 번째 경우에는 선의취득규정이 적용되지 않는다고 보아야 한다. 이 경우 선의의 상대방인 C로서는 위 매매계약이 이행불능으로 된 것에 대한 책임을, 표현대리가 성립함을 이유로 매매계약의 효력이 본인 A에게 미친다고 하여 A에게 책임을 묻거나, 또는 무권대리인인 B에 대해서 민법 제135조에 의한 책임을 묻거나 둘 중 하나를 선택하여 행사할 수 있는 지위를 주는 것으로 하면, C의 보호는 충분하다고 생각한다. 이것이 진정한 권리자의 이익에도 배려하는 것이 아닐까 생각한다.

2. 법률의 규정에 의한 물권변동

동산에 관하여는 부동산과 같은 총칙규정(민법 제187조)이 없다.

물권의 취득 부분에 대하여는 소유권에서 규정한 후(취득시효, 무주물 선점, 유실물 습득, 매장물 발견, 부합, 혼화, 가공), 타물권에 준용하고 있다.

Ⅳ. 물권의 소멸

1. 의 의

물권의 소멸원인에는 각 물권에 공통된 것과 개별 물권에 특유한 것이 있는데, 후자에 대해서는 해당 물권에서 검토하고 여기서는 공통된 것을 보기로 한다.

공통된 것으로는 목적물의 멸실, 소멸시효, 물권의 포기, 혼동 등을 들 수 있다.

물건의 소멸의 경우에는 그에 관한 물권이 소멸하지만, 물상대위와 같이 물권의 효력이 그 물건을 대신한 것에 미칠 수 있는 것이 있다(민법 제342조, 제355조, 제370조 등).

소멸시효의 완성에 의하여 지상권, 지역권, 전세권 등은 소멸하고, 시효완성의 효과와 관련하여 절대적 소멸설과 상대적 소멸설의 대립이 있다.

절대적 소멸설에 따르면 물권이 당연히 소멸하므로 민법 제186조가 적용되지 않는다고 하나, 상대적 소멸설에 따르면 시효의 완성으로 등기말소청구권이 발생할 뿐 등기가 말소된 때 비로소 권리가 소멸한다고 한다.

소유권의 포기에 관하여 등기가 필요한가와 관련하여 앞에서 보았다.

2. 혼동에 의한 소멸

동일한 물건에 대하여 소유권과 그 외 다른 물권이 동일인에게 귀속할 때 그 다른 물권은 혼동으로 소멸하지만, 그 물건이 제3자의 권리

의 목적인 때나 제한물권이 제3자의 권리의 목적인 때는 혼동은 생기지
않는다.

B는 A가 소유하는 L토지에 지상권을 가지고 있다고 해보자.

먼저 B가 A로부터 L의 소유권을 취득하게 되면 그 지상권은 포괄
적인 권리인 소유권에 포섭되어 소멸하게 되는 것으로 이것이 민법 제
191조 제1항 본문의 의미다.

〈예 2-22〉 C가 B의 L에 대한 지상권에 저당권을 가지고 있었는데
그 후 B가 L의 소유권까지 취득하게 되는 경우, 이때에도 혼동으로
B의 지상권이 소멸하게 되는가.

소유권 이전

A: 소유권 ──────── B: 지상권

C: 저당권

만일 B의 지상권이 소멸된다고 보면 소멸하여 효력이 없는 지상권
을 대상으로 한 C의 저당권도 소멸하게 된다고 보아야 할 것인데, 이런
결과는 지상권자인 B가 우연히 소유권을 취득하게 됨으로써 C의 저당
권도 소멸하게 되어 B는 망외의 이득을 보게 되는 셈이 된다. 이는 C의
손해로 B가 이익을 보는 결과가 되어 부당하므로 C의 저당권의 존속을
위하여 B의 지상권이 소멸하지 않는다고 보아야 한다. 이것이 민법 제
191조 제1항 단서의 의미다.

이런 혼동의 경우는 소유권과 제한물권 사이만이 아니라 제한물권
과 제한물권 사이에서도 벌어질 수 있는데 이때에도 위와 같이 취급하
라는 것이 민법 제191조 제2항의 의미다. 다음의 예를 보자

<예 2-23> A의 소유의 L토지에 B가 지상권을 가지고 있고, C가 B의 지상권에 저당권을 가지고 있는 상태에서 B가 C의 저당권을 취득하게 되는 경우 그 저당권은 유효하게 성립하는가.

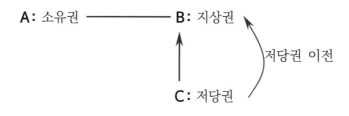

이 경우 B는 자기의 지상권에 자기가 저당권을 가지게 되는 셈이 되어 의미가 없으므로 이런 경우에는 저당권은 혼동으로 소멸하게 된다 (본조 제1항). 그러나 A 소유의 L토지에 B가 지상권을 가지고 있고, C가 그 지상권에 저당권을, D가 그 저당권에 질권을 설정한 상태에서 B가 C의 저당권을 취득한 경우에는 D가 가지고 있는 질권을 위하여 지상권에 저당권은 상실하지 않는다고 보아야 한다(본조 제2항).

<예 2-24> A 소유의 L 토지에 B가 지상권을 가지고 있고, C가 그 지상권에 1번 저당권을, D가 2번 저당권을 가지고 있는 상태에서 B가 C의 1번 저당권을 취득하게 되는 경우 저당권을 혼동으로 소멸하는가.

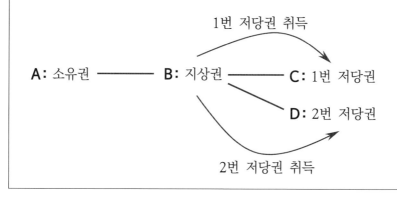

이 경우에도 지상권에 설정된 1번 저당권이 소멸한다고 보면 D가 망외의 이익을 얻기 때문에 B의 이익을 위해서 혼동으로 소멸하지 않는다고 보아야 한다(그러나 B가 C보다 후순위인 D의 저당권을 취득하게 되는 경우에는, D의 저당권이 소멸한다고 하더라도 C의 저당권에는 아무런 영향이 없으므로 D의 저당권은 혼동으로 소멸한다고 보아야 한다).

그런데 위의 경우와 같이 물권과 물권의 혼동으로 물권이 소멸하는 것 외에도, 어떤 경우에는 채권과 채무의 혼동으로 채무가 소멸하게 됨으로써 그 채무를 담보하고 있던 담보물권이 소멸하는 경우(담보물권의 부종성의 원칙)가 있을 수 있다는 것에 유의해야 한다.

즉, A에게 유일한 그의 아들 B가 1억원을 빌려주고 그 채권을 담보하기 위하여 A 소유의 L토지에 1번 저당권을 설정하였고, 그 후 C가 2번 저당권을 설정받았고 얼마있지 않아 A가 사망하여 B는 유일한 상속인으로 A의 L토지와 채무를 상속한 경우 B는 A에 대한 자신의 채권과 A의 자신에 대한 채무를 상속함으로써 채권과 채무가 동일인에게 귀속하여 혼동으로 B의 A에 대한 채권이 소멸하게 되고, 부종성의 원칙에 의하여 그 채권을 담보하고 있던 저당권도 소멸하게 된다. 이 경우 저당권의 소멸은 본조의 적용에 의하여 소멸되는 것이 아니라 채권과 채무의 혼동으로 피담보채권이 소멸하게 됨으로써 담보물권의 부종성의 원칙에 의하여 담보물권인 저당권이 소멸하게 되는 것이다.

제3장 점 유 권

Ⅰ. 의 의

1. 개 념

민법 제192조는 물건을 사실상 지배하는 자는 점유권이 있다고 규정하여, 물건에 관하여 어떠한 권리(예를 들면, 소유권, 임차권, 질권 등을 말하며 이를 본권이라고 한다)를 가지고 있는지 여부를 묻지 않고 객관적으로 그 물건을 사실상 소지하고 있다는 자체에 점유권이라는 권리를 부여하고 있다.

이는 본권자가 통상 그 물건을 사실상 점유하고 있는 경우가 많고 더욱이 우리 법제하에서는 점유가 물권변동의 공시제도를 이루고 있기 때문에 그 사실상태를 보호하고 자력구제를 금지함으로써 사회의 평화와 질서를 유지하기 위하여 인정되는 제도이다.

그러나 점유권이 본권과 독립된 별개의 제도이기 때문에 본권자가 점유를 갖고 있는 경우에는 본권을 보호하는 기능을 수호하지만(소유자가 점유도 가지고 있는 경우), 본권자가 점유를 가지고 있지 않는 경우에는 본권자에게 불리하게 작용하는 경우(도둑이 물건을 점유하고 있는 경우)도 있다.

2. 사실상 지배의 관념화

점유권은 '물건의 사실적 지배'라고 하는 비교적 외부에서 용이하게 파악할 수 있는 물건의 물리적인 소재에 착안한 것이지만, '사실적 지배'라는 의미 자체가 명확하지는 않고 또 관념화되고 있기 때문에 점유권과 관련하여 많은 문제를 내포하게 된다.

즉 점유자가 타인에게 자기의 물건을 보관시킨 경우, 직접 그 물건을 소지하는 자에게 점유권이 있는 것은 당연하지만, 타인에게 보관시킨 본인도 물건이 수중에 없어도 점유권자(간접점유)라고 한다. 또 상속의 경우 상속개시와 동시와 상속재산의 점유가 특별한 승계절차 없이 개개의 상속인에게 이전하는 것으로 보고 있고, 설사 상속인이 해외에 있거나 상속이 개시된 사실을 알지 못하더라도 마찬가지라고 한다.

이처럼 '사실적 지배'라는 개념은 관념화되고 있는 것이다.

그리고 통설은 점유자에게 적어도 사실적 지배관계를 가지려고 하는 의사인, 점유설정의사는 있어야 한다고 보아 무의식적으로 물건을 지배하는 경우를 배제하고 있으므로, 점유권에서 의사적 요소도 완전히 배제되고 있지 않다(다음에 보는 것처럼 자주점유, 타주점유로 분류할 때도 의사를 기준으로 하고 그에 따라 법률적 효과가 달라지는 것을 보아도 의사적 요소가 점유권에 침투해 있음을 알 수 있다).[1]

이처럼 점유권에 순수한 객관적인 사실만이 아니라 의사적인 요소가 도입되고 또 점유의 개념이 관념화됨에 따라 점유권의 이해에 어려움을 겪게 되는 것이다.

Ⅱ. 점유의 종류와 승계

1. 점유의 종류

점유는 이를 나누는 기준에 따라 여러 종류로 나눌 수 있겠지만, 중요한 것들만 본다.

가. 자주점유, 타주점유

가장 중요한 분류로서, 점유를 소유의 의사를 가지고 하는 점유인

---

1) 점유권에서 의사적 요소가 배제되고 순수한 객관적 사실만을 중시해야 한다는 객관설과 의사적 요소를 배제하지 않는 주관설의 대립이 민법 학설사에서 오랜 세월 동안 다투어져 왔던 문제이고 역사적으로 어려운 문제 중의 하나로 되어 있고, 지금도 마찬가지다.

지 여부를 기준으로 하여, 소유의 의사가 있는 점유는 자주점유, 소유의 의사가 없는 점유는 타주점유라고 한다.

이 구별은 취득시효, 무주물선점, 점유자와 회복자와의 관계에 있어서 큰 의미를 가진다.

위 각 경우 자주점유인지 여부를 구체적으로 판단을 함에 있어서, 소유의 의사라는 의사적 요소를 점유의 효력과 관련하여 판단하게 되지만 판례에 의하면 그 소유의 의사라는 것도 점유자의 사실상의 의사가 아니라 점유취득의 원인이 된 사실, 즉 권원의 성질에 의하여 객관적으로 정해진다.[2]

그리고 한번 타주점유이면 계속하여 타주점유로 유지되는 것이 아니고 타주점유자가 소유의 의사를 표시하거나 새로운 권원에 의하여 소유의 의사를 가지고 점유를 시작하면 타주점유가 자주점유로 전환될 수 있다. 예를 들면 임차인이 임대인에 대하여 소유의 의사를 표시하면 그 때부터 자주점유로 되지만, 임차인이 임차한 것을 전제로 하면서 본권의 변경없이 일방적으로 자주점유의사를 표시하는 경우에는 자주점유로 전환되지 않는다. 이는 앞서 본 바와 같이 소유의 의사는 권원에 의하여 판단하는 것이지 당사자의 의사를 기준으로 하는 것이 아니기 때문이다.

상속의 경우 상속을 새로운 권원으로 볼 수 있는가라는 문제가 있지만 부정하는 것이 판례, 통설의 입장이고 이에 대해서는 점유의 승계에서 다시 본다.

나. 그 외

본권이 자기에게 있는 것으로 잘못 알고 점유하는 선의점유와 본권이 없음을 알면서 점유하는 악의 점유, 과실 유무에 의한 과실있는 점유와 과실없는 점유 등으로 나눌 수 있다.

선의점유의 경우에는 민법 제197조 제2항에서 본권에 관한 소에서 패소한 때에는 그 소가 제기된 때로부터 악의의 점유자로 본다고 하고 있으므로 본건에 관한 소에서 패소하여 민법 제201조에 의하여 과실을

---

2) 대법원 2000.3.16. 선고 97다37661 전원합의체판결 참조. 소유의 의사라는 의사적 요소를 이렇게 객관적으로 판단한다는 점은 점유권이론에서 의사적 요소가 도입되었다고 해도 한계가 있다는 것을 보여주고 있는 것은 아닐까.

반환하여야 할 때는 이 점에 유의해야 한다.

2. 점유와 하자의 승계

점유를 승계한 자는 자기의 점유만을 주장할 수도 있고, 전 점유자의 점유까지 함께 주장할 수도 있으나, 전 점유자의 점유를 승계할 경우에는 그 하자도 승계하게 된다(민법 제199조).

> <예 3-1> L토지를 A가 5년, B가 4년, C가 12년을 점유하고 있었던 경우를 보도록 한다.

C가 20년의 점유취득시효의 효과를 받기 위해서 A와 B의 점유를 병합하여 20년의 점유를 주장할 수 있는 것이고, 이때 A와 B의 점유가 자주점유이면 그 태양인 자주점유를 C는 승계해야 하고, 만일 이때 B가 타주점유라면 C는 B의 점유기간의 병합을 주장하면서 그 점유를 자주점유라고 주장할 수는 없다. 이것의 위 조문의 의미이다.

> <예 3-2> 상속의 경우, 즉 A가 B로부터 L토지를 임차하여 10년간 개간하여 농사를 짓고 있다가 사망하였고, A의 자식 A'가 사망 후 24년간 계속 농사를 지었다. A'는 자신의 부(父) A가 L을 매수하여 농사를 짓고 있는 것으로 알고 있은 경우, A'는 L을 20년간 소유의 의사로 점유하였으므로 시효취득할 수 있는가.

만일 A가 L토지가 자기의 것으로 알고 점유하여 경작해 왔다면 자주점유로서 20년이 경과하면 시효취득할 수 있을 것이다. 그러나 이 사안에서는 피상속인인 A는 타주점유이고, 상속인인 A'는 자주점유인 경우이다. 상속인이 자신의 점유만을 주장하게 되더라도 20년이 경과하였으므로 자주점유임을 이유로 시효취득할 수 있는 것으로 보인다. 그러나 판례[3]는 상속에 의하여 점유권을 취득한 경우에는 상속인은 새로운 권원에 의하여 자기 고유의 점유를 개시하지 않는 한 피상속인의 점유를 떠나 자기만의 점유를 주장할 수 없다고 판시하여 부정했다. 즉 상속

---

3) 대법원 1992.9.22. 선고 92다22602,22619(반소) 판결.

하는 경우에는 상속인의 점유가 자주점유라고 하더라도 피상속인의 타주점유의 성격이 그대로 상속인에게 승계된다고 보는 것이다. 상속은 포괄승계사유이므로 상속했다고 하여 점유권원에 어떠한 변경은 생기지 않는다고 법원은 보고 있기 때문인 것으로 보인다.[4]

따라서 위의 경우에는 A'는 그의 의사가 자주점유의 의사였다고 해도 그의 피상속인 A가 타주점유인 이상 그의 의사 여부와 관계없이 타주점유로 되어 점유취득시효를 주장할 수 없다.

Ⅲ. 점 유 자

점유가 관념화되면서 간접점유, 점유보조자에 의한 점유 등의 점유형태가 나타나고 있다. 이런 경우에 사회통념상 사실상 객관적으로 물건을 직접 지배하고 있지 않음에도 점유자로 보고, 또 어떤 경우에는 직접 지배하고 있지만 점유자가 아닌 것으로도 보게 된다.

1. 간접점유

지상권, 전세권, 질권, 사용대차, 임대차, 임치 기타의 관계로 타인으로 하여금 물건을 점유하게 한 자는 간접으로 점유권이 있고, 이런 점유를 가진 자를 간접점유자라고 하며 지상권자, 전세권자, 질권자 등 직접 물건을 지배하고 있는 자를 직접점유자라고 한다.

이런 간접점유자도 물권자인 점유자이므로 점유자가 가지는 모든 권리를 모든 사람들에 대하여 주장할 수 있다. 다만 직접점유자에 대해서는 그와의 계약관계에 의하여 제한을 받는 것은 당연할 것이다.

그리하여 간접점유자는 점유권에 기한 반환청구시 방해자에 대하여 그 물건을 자신에게 직접 반환할 것을 청구할 수는 없고, 직접점유자에

---

4) 일본의 最高裁 昭和47.9.8. 판결(民集26卷 7號 1348頁)은 공동상속인의 1인이 공동상속재산인 토지를 단독으로 점유하고, 자기의 장남에게 증여한 사안에서, 단독상속인 것을 확신하고 토지 전부를 현실적으로 점유하면서 단독으로 관리하여 제세금을 부담하였으며 다른 공동상속인들로부터 이의가 없었던 경우에 타주점유에서 자주점유로의 전환을 인정하였다.

게 반환하도록 청구해야 한다(민법 제207조).

2. 점유보조자

점유보조자란 가사상·업무상 기타 유사한 관계에 의하여 타인의 지시를 받아 물건에 대한 사실상의 지배를 하는 자를 말하고, 가게의 종업원, 가정에서의 가사도우미 등이 이에 해당한다.

이런 사람들에게는 독립된 점유 주체로서 인정할 실익이 없어 점유자로 인정하지 않고 그들의 사용자인 점유주에게 점유자로서의 권리를 인정하고 있는 것이다.

다만 급박하여 점유주의 개입을 기다리기 어려운 경우, 즉 자력구제의 경우에는 점유자와 같은 권한을 주고 있다.

법인의 경우에는 법인 실제설을 따르면 법인 자체가 점유주이고, 대표자인 이사는 점유보조자에 불과하다고 할 것이나, 법인 의제설에 따르면 대표자인 이사가 점유주가 된다고 보게 될 것이다.

동거하는 처의 경우에는 남편과 별개의 독립된 점유권의 주체로 인정해 주기는 어려울 것이나, 상황에 따라서 달리 볼 여지는 있을 것이다.[5]

IV. 점유의 효력

1. 추 정 력

점유는 사실상의 지배로서 동산물권변동의 공시방법이고 사실상 적법한 소유자가 점유하고 있을 개연성이 높기 때문에 점유하고 있으면 자주점유로서(민법 제197조 제1항), 계속하여 점유하고 있었던 것으로(민법 제198조), 또 적법한 권리자인 것으로(민법 제200조) 추정한다.

이런 추정은 점유자의 이익을 위해서뿐만 아니라 불이익한 경우(재

---

5) 대법원 1998.4.24. 선고 96다30786 판결(동거가족에 대해 독립된 점유권의 주체로 보지 않은 경우); 대법원 1980.7.8. 선고 79다1928 판결(동거가족에 대해 독립된 점유권의 주체로 본 경우).

산세의 납부의무의 존재 여부)에도 추정된다.

이 추정력이 법률상 추정이냐 사실상의 추정이냐와 관련하여 논란이 있는데, 법률상 추정이라면 상대방은 법관에게 점유자의 본권의 부존재의 심증을 얻게 하는 정도의 입증(본증)을 해야 하고, 사실상 추정설에 선다면 현재의 점유자가 점유하고 있다는 사실은 그에게 소유권이 있는 것으로 생각되는 그 외의 징표(예를 들면 책에 장서인이 날인된 것 등)와 동일한 가치의 의미밖에 없다고 보게 된다. 사실상 추정설을 취하게 된다면 우리 민법이 제200조를 특별히 규정해 둔 이유를 설명하기 어렵기 때문에 법률상의 추정설에 따라야 할 것이다. 그러나 이렇게 본다고 해도 물건이 현재 점유자의 점유하에 있음에도 불구하고 당해 물건이 과거 점유자의 점유하에 있었다는 것이 증명되었다고 해서 현재는 그것이 현 점유자 소유로 되어 있을 가능성이 전혀 없다고는 할 수 없다. 그러나 그 가능성을 생기게 하는 모든 원인의 부존재를 과거의 점유자가 증명하지 않으면 안 된다는 것은 그에게 불가능을 강요하는 것이므로 과거 점유자가 과거 자기의 점유를 증명하는 것만으로 현 점유자의 본권 추정은 깨어진다고 해석해야 할 것이다. 그렇다면 적어도 이 문제에 관해서는 점유자가 가지는 본권추정력은, 실질적으로는 다른 제반 사정이 가지는 사실상의 추정력과는 그다지 차이가 나지 않는다고 보아야 할 것이다.[6]

2. 점유자와 회복자의 관계

본권이 없이 점유를 하는 자는 본권자의 반환청구에 응할 수밖에 없고 이때는 점유자가 그동안 그 물건에서 취했던 과실의 반환, 멸실·훼손의 책임, 비용상환 등이 문제로 된다.

가. 과실의 처리

본권 없는 점유자가 과실을 수취한 경우의 반환 범위에 관하여 민법 제201조가 규정하고 있는바, 그에 의하면 점유자가 선의이면 과실을

---

6) 鈴木祿弥, 위 책, 92면.

취득할 권리가 있어 수취한 과실은 반환하지 않아도 되지만, 악의의 점유자는 수취한 과실을 반환하여야 하며 소비하였거나 과실로 인하여 훼손 또는 수취하지 못한 경우에는 그 과실의 대가를 반환하여야 하며. 폭력 또는 은비에 의한 점유자는 악의의 점유자와 같이 취급한다.

(1) 선의 점유자의 경우

원칙적으로 권원이 없는 자가 다른 사람 소유의 물건에서 이득을 얻게 된다면 이를 소유자에게 전부 반환하는 것이 옳을 것이다. 그런데 본조는 권원이 없더라도 선의의 점유자에게는 그 과실을 수취할 수 있는 권원을 주고 있는데,[7] 이는 민법 제203조 제1항이 '점유자가 과실을 취득한 경우에는 회복자에 대하여 통상의 필요비를 청구하지 못한다'는 조항과 관련시켜 보면 선의의 점유자는 과실을 얻기 위하여 필요비 등 노력과 자본을 투입하였을 것이므로 그 과실의 반환의 대가와 필요비 등의 비용과를 대가관계에 두어 서로 상쇄시키려는 것이 아닌가 생각된다. 이런 처리는 법원으로서는 두 금액이 다를 경우 이에 대하여 심리하여 각 그 금액을 계산하여 정산하는 등의 복잡한 절차를 생략할 수 있어 심리의 신속성을 가져오는 측면도 있을 것이다.

본조의 과실개념에는 천연과실 외에도 법정과실도 포함시키고 있고, 또 사용이익까지도 포함시키고 있는 것이 판례의 태도이다.

이와 같은 점유자의 과실수취권과 관련하여서는 그 반환 범위와 관련하여 논란이 많다.

먼저 다음과 같은 예를 보자.

> **<예 3-3>** A가 자기 소유의 H부동산을 B에게 1억원을 받고 매도하여 이전등기까지 해 주어 B가 H를 인도받아 점유사용중이었다. 그런데 A가 위 계약이 착오로 인한 것이라고 취소한 경우(취소가 적법하다고 가정한다)에 그 반환범위는 어떻게 되는가.

---

7) 선의 점유자에게 과실수취권이라는 혜택을 주기 때문에 여기서의 '선의'란 통상의 경우와 달리 '어떤 사실에 대하여 알지 못한 것'을 의미하는 것이 아니라 그것을 넘어 그러한 '알지 못한 것'에 정당한 근거가 있어야 한다는 점에 유의해야 한다.

위 매매계약이 무효가 되었으므로 유인성의 원칙에 의하여 H의 소유권은 A에게 등기가 없더라도 복귀하므로, A는 B에 대하여 소유권에 기한 H의 반환과 B 명의로의 이전등기의 말소 및 사용이익의 반환을 구할 수 있을 것이고(이하 물권적 청구라 한다), 아울러 A는 위 매매계약의 당사자로서 위 계약의 취소로 인하여 소유권이전의 원인이 된 매매계약이 실효됨으로써 원인없이 소유권과 H의 점유를 넘긴 것이 되므로 민법 제741조에 기하여 부당이득반환청구(이하 채권적 청구라 한다)로서도 H의 반환, B명의로의 이전등기 말소, 사용이익의 반환이 가능하다.

여기서 H의 반환과 등기의 말소는 물권적 청구에 의하든 채권적 청구에 의하든 청구가 모두 인용이 될 것이지만, 사용이익의 반환범위에 관하여는 두 청구간에 차이가 생긴다.

즉 물권적 청구권의 행사시 B가 선의일 경우 B에게는 민법 제201조에 기한 사용이익을 수취할 권리가 있으므로 그 사용이익의 반환이 부정될 것이다.[8]

그런데 A가 부당이득반환청구를 하는 경우 민법 제748조에 의하여 B에게 이익이 현존하는 한 반환해야 하고 H의 사용이익은 현존한다고 보아야 할 것이므로 그 사용이익(대체로 H의 사용료로서 임대료 상당일 것이다)을 반환하여야 한다고 해야 할 것이다.

이처럼 동일한 사안에서 A가 그 청구원인을 어떠한 것으로 하느냐에 따라 B가 그 사용이익을 반환해야 하는지 여부가 달라진다는 것은 타당하지 않다. 그리하여 이 두 규정의 충돌을 어떻게 해결할 것인지와 관련하여 다양한 견해가 나타나고 있다.[9]

현재의 통설은 A의 청구가 현물의 반환(목적물 그 자체의 반환)이라는 형식으로 행해지는 한도에서는 물권적 청구권이므로 부당이득의 특칙규정인 민법 제201조 내지 제203조에 의하여 규율하고, 목적물 자

---

8) 물론 제197조에 의하여 B는 A의 소제기시 후부터는 악의 점유자가 되어 그때 이후의 사용이익은 반환해야 할 것이다. 대법원 2002.11.22. 선고 2001다6213 판결 참조. 따라서 엄밀하게는 B가 인도받은 이후 소제기 전까지의 과실에 대하여는 반환을 하지 않아도 될 것이다.

9) 학설에 대하여는 민유숙, '부당이득반환청구권과 점유자에 대한 회복자의 과실반환청구권의 관계', 대법원판례해설 제46권(2003 하반기), 법원행정처, 592면 이하.

체의 반환이 아닌 가액반환의 형식으로 행해지는 때에는 부당이득의 일반원칙규정인 민법 제748조에 의한다고 한다. 이에 대한 유력한 반대설은 부당이득을 급부부당이득, 침해부당이득으로 나누어 급부부당이득의 경우[10]에는 계약법의 원리나 부당이득규정인 민법 제748조가, 침해부당이득의 경우에는 민법 제201조 내지 제203조가 적용된다고 한다.[11]

통설에 의할 경우는 단독으로 H의 반환(목적물 자체의 반환)을 청구할 때는 제201조가 적용되고, 사용이익의 반환(가액의 반환)을 청구할 때에는 제748조가 적용된다고 하는데, 그러면 위 둘을 한꺼번에 청구할 때에는 어떻게 하여야 하는지에 대해서는 해답을 제시해 주지 못하고 있으므로 유력설에 찬성하고 싶다.

판례의 입장은 명확하지는 않으나 주로 선의 수익자의 부당이득반환범위에 집중되어 있고, 민법 제201조와 제748조 중 어느 쪽을 언제 적용하여야 하는지에 관하여 확립된 태도를 보여주고 있지 않으며 대부분의 판결들이 선의의 점유자에 대하여는 민법 제201조를 우선적용하기 때문에 과실수취권을 전제로 구체적 사안에서 선의의 점유자인가 여부만이 문제되고 있다 한다.[12]

위의 예의 경우 통설에 따르면, 어느 조항을 따라야 될지 정할 수 없게 되고, 유력설에 따르면 앞의 경우는 급부부당이득에 해당하므로 민법 제748조를 적용하게 되어, B는 선의 점유자라고 해도 현존하는 이익을 반환해야 될 것이다.

위의 사안에 대하여 명확한 입장을 밝힌 판례는 없는 것으로 보이나 그동안의 태도로 볼 때 B가 선의 점유자로서 과실취득권을 가진다고 볼 가능성이 높아 보인다.[13]

---

10) 급부부당이득은 앞의 예와 같이 계약을 체결한 후 그 계약이 무효나 취소되는 때와 같이 계약관계의 청산을 하는 경우의 부당이득반환에 관한 것을 말하고, 침해부당이득은 아무런 계약관계없이 권리자의 의사와 무관하게 권한없이 타인의 재화를 사용, 소비, 처분한 경우의 부당이득반환에 관한 것을 말한다.

11) 반대설에서도 침해부당이득에 관하여 어떻게 처리해야 하는지에 관하여는 조금씩 차이가 있다.

12) 민유숙, 위 논문, 596면.

13) 이에 대하여는 착오의 경우에는 B도 A의 착오사실을 알았을 가능성이 높으므로, 이렇게 A의 착오를 알고 그로 인하여 매매계약이 취소가 될 가능성이 있다는 사실을 알고 있는

나아가 위 예에서 A의 청구에 대하여 B가 매매대금과 그 이자의 반환을 반소로서 청구하게 되면 어떻게 되는가.

대법원 1993.5.14. 선고 92다45025 판결은 매매와 같은 쌍무계약[14]이 취소된 경우 선의의 매수인에게 민법 제201조가 적용되어 과실취득권이 인정되는 이상 선의의 매도인에게도 민법 제587조의 유추적용에 의하여 대금의 운용이익 내지 법정이자[15]의 반환을 부정함이 형평에 맞다고 하여 A의 사용이익반환도, B의 매매대금에 대한 이자의 반환도 모두 부정했다.

결국 판례에 의하면 앞의 예에서는 B는 A에게 H의 반환과 등기의 말소를 해 주어야 하고, A는 B에게 매매대금의 원금만을 반환해야 할 것이다(A의 사용이익의 반환청구와 B의 매매대금의 이자에 대한 청구는 모두 인정되지 않을 것이다).

사견으로는 유력설이 타당한 것이 아닌가 생각하고, 급부부당이득의 경우에는 선의 점유자라고 해도 현존이익을 반환해야 한다는 유력설을 취하더라도 민법 제587조의 규정취지[16]에 비추어 점유로 인한 이득과 대금의 이자를 서로 대등한 것으로 보아 서로 청구하지 못하게 하는 것이 타당하다고 생각한다.

그리고 만일 본조에 의하여 B가 선의 점유자로 인정되어 사용이익을 반환하지 않아도 된다고 하는 경우에 이런 B의 선의점유가 불법행위에 해당하는 요건을 충족하고 있다면 A는 B에 대하여 불법행위에 기한 손해배상으로서 위 사용이익의 배상을 구하면 어떻게 될 것인가.

B를 선의의 점유자로 볼 수 있는가 하는 것은 섣불리 판단하기 어려운 문제이다. 개인적으로는 B가 착오사실을 알았다 하더라도 반드시 A가 취소를 한다는 보장이 없으므로 선의 점유자로 보아도 괜찮은 것은 아닌가 생각한다.

14) 매매대금의 지급과 목적물의 소유권이전이 서로 대가적 관계에 있는 계약을 의미한다.

15) 지연손해금이 아님에 유의해야 한다. 지연손해금은 위의 예에서처럼 동시이행의 관계에서는 자신의 채무를 이행하지 않는 이상 발생하지 않기 때문이다.

16) 민법 제587조의 규정취지는 매도인과 매수인 사이에 과실과 이자에 관한 복잡한 법률관계의 발생을 방지하고 양자의 이익의 균형을 유지하려는 데에 있다고 보고 있는데, 이렇게 보지 않으면 재판부로서는 위 사안의 경우 H부동산의 사용이익과 매매대금의 이자가 얼마인지를 증거를 통하여 산정해야 하고, 각 그 금액이 동일하지 않으면 그 차액 부분을 계산해야 하는 등의 복잡한 문제가 생기게 될 것이다.

이에 대하여 학설은 긍정설과 부정설로 견해가 나뉘고, 판례[17]는 긍정하는 입장이다. 부정하는 입장은 본조에 의하여 선의 점유자에게 적극적인 과실수취권을 인정한 것이므로 불법행위가 될 수 없다는 입장이나 본조와 불법행위 규정은 서로 다른 독립된 제도로서 선의 점유자가 불법행위의 요건을 구비하고 있다면 불법행위책임을 인정해도 상관없을 것이므로 긍정설을 취한 판례의 입장을 지지하고 싶다.

(2) 악의 점유자의 경우

본조에 의하면 악의 점유자의 경우에는 수취한 것은 물론이고, 소비하였거나 과실로 훼손 또는 수취하지 못한 것까지도 반환을 해야 하는데 이는 부당이득이라고 보기보다는 불법행위에 의한 손해배상책임까지 포함하여 규정한 것이라고 보아야 할 것이다.[18]

악의 점유자에 대해서는 그 반환범위와 둘러싸고 부당이득반환에 관한 규정인 제748조 제2항에 의하든, 본조의 규정에 의하든 그 반환 범위가 같으므로 선의 점유자의 경우처럼 다툼이 많지 않다.

다만, 이자의 반환과 관련하여 본조에는 규정이 없는 데 반하여 제748조 제2항에는 이자를 반환하도록 규정하고 있어 본조에 의한 책임을 묻는 경우에 이자를 가산하여야 하는가 하는 문제가 있다. 판례[19]는 악의 점유자인 경우 본조에 규정이 없더라도 이자를 붙여야 한다는 입장이다.

나. 목적물의 멸실, 훼손시

점유물이 점유자의 책임있는 사유로 멸실, 훼손된 때에는 악의 점유자는 그 손해의 전부를 배상하여야 하고, 선의의 점유자는 이익이 현존하는 한도에서 배상하여야 하며, 타주점유자는 선의인 경우에도 손해의 전부를 배상하여야 한다(민법 제202조).

악의의 점유자나 타주점유자는 다른 사람의 소유의 물건임을 알고 있으므로 그의 과실로 점유물이 멸실, 훼손되면 배상하여야 하는 것은

---

17) 대법원 1966.7.19. 선고 66다994 판결.
18) 대법원 1980.7.8. 선고 80다790 판결.
19) 대법원 2003.11.14. 선고 2001다61869 판결.

당연할 것이고 이는 일반불법행위와 동일한 성격의 것이다. 다만, 선의 점유자의 경우에는 자기의 소유물인 것으로 알고 있으므로 자신의 소유 물을 멸실하게 하거나 훼손한다고 하여 책임을 지지 않고, 따라서 이런 불법의식이 없는 선의 점유자의 책임을 경감시키려는 데에 본조의 입법 취지가 있다.

이런 취지를 감안하면 선의 점유자의 경우 '책임있는 사유'란 '선량 한 관리자의 주의의무'가 아니라 그보다 정도가 낮은 '자기 재산에 대한 주의'를 기준으로 이를 게을리한 경우에 책임을 진다고 해야 할 것이다.

다. 비용상환청구권

점유자가 필요비를 투입한 경우 과실을 수취하지 않은 경우에는 그 반환을 청구할 수 있고, 유익비의 경우에는 그 가액의 증가가 현존한 경 우에 한하여 지출금액이나 증가액 중 회복자의 선택에 좇아 상환을 청 구할 수 있다.

필요비는 평상적인 물건의 보존·관리를 위하여 지출되는 비용으로 보존비, 수리비, 제세금 등이 포함되나, 특별한 필요비(태풍으로 인한 건물 의 피해를 보수한 경우)는 이에 포함되지 않고 이런 필요비는 과실을 수취 한 경우에도 반환청구가 가능하다.

유익비는 물건의 객관적 가치를 증가시키는 비용을 말한다. 따라서 자신의 업무상 필요에 의하여 고급 재료로 인테리어를 하는 것은 건물 의 객관적 가치를 증가시키는 것이 아니어서 유익비에 속하지 않는다.

그리고 이 청구권의 이행기는 비용을 투입하거나 지출한 때가 아니 고 회복자에게 반환하거나 회복자가 반환을 청구하는 때[20]이다. 그리고 유익비에 대하여는 법원은 회복자의 청구에 의하여 상당한 기간을 허여 하여 이행기를 연기할 수 있다.

이행기는 유치권(민법 제320조 제1항)과 관련하여 중요성을 가진다. 즉 유익비의 경우 점유자는 회복자의 점유물반환청구에 대하여 유익비 의 상환이 있을 때까지 점유물을 반환하지 않을 수 있는 유치권을 행사 하여 반환을 저지할 수 있는데, 이를 이용하여 점유자가 회복자의 반환

---

20) 대법원 1994.9.9. 선고 94다4592 판결.

청구를 어렵게 하기 위하여 회복자의 자력으로는 지급하기 어려운 금액을 투입하여 유익비를 지출하는 경우가 있을 수 있으므로 그런 경우에는 본조 제3항에 의하여 법원으로부터 이행기를 연기시키는 조치를 받아 유치권을 성립시키지 못하게 하여(유치권은 피담보채권이 이행기에 도달해야 발생한다) 회복자가 점유물을 반환받을 수 있다. 본조 제3항의 입법취지는 여기에 있다

이런 필요비나 유익비 상환에 관하여 유사한 내용은 민법 제310조, 제325조, 제594조, 제611조, 제626조에도 있는데 이에 대한 상세한 설명은 해당 부분의 교과서의 설명에 넘긴다.

이 청구권과 관련하여 목적물이 양도되는 경우 청구자와 상환의무자가 누구인가에 대하여 견해의 대립이 있다.

A가 B에게 매매로 H부동산을 매도하였고, B가 H에 유익비를 지출하였는데 그 후 A와 B의 매매가 취소되어 A가 B에 대하여 H의 반환을 청구하는 경우, B는 A에 대하여 유익비의 상환을 청구할 수 있는 것은 당연할 것이다.

> <예 3-4> B가 A로부터 H부동산을 매수한 후 H에 유익비를 지출하였고, H를 C에게 매도하였는데, 그 후 A와 B의 매매가 취소되고 A가 C를 상대로 H의 반환을 청구하여 C가 반환해야 하는 경우(C가 악의이거나, C가 선의이더라도 A와 B의 매매계약이 제한능력을 이유로 취소된 경우처럼 C가 반환에 응하여야 하는 경우), C는 A를 상대로 B가 지출한 유익비에 대하여 상환청구를 할 수 있는가.

이에 대하여는 비용상환청구권은 물건에 부착되어 있는 성질이 강한 것이고 C가 B로부터 매수할 때 유익비가 투입된 상태를 기준으로 매매대금을 산정하여 매수하였을 것이므로 C에게 유익비상환청구권을 인정하는 것이 타당하다는 긍정설이 있다.

이에 대해서는 비용상환청구권은 채권적 권리로서 B만이 주장할 수 있고 그 권리가 물건에 부착되어 있는 성질이 강한 것이라고 보기 어렵다고 보아 부정하는 부정설이 있다.

판례는 위와 같은 경우에 관한 것은 아니나, 임차인의 부속물매수

청구권에 대하여 임차인의 지위가 전전 승계된 경우에 부속물매수청구권이 승계되는 것을 인정한 것이 있는데[21] 이런 입장에 비추어 보면 긍정설에 가까운 입장에 있는 것으로 추측된다.

> **<예 3-5>** B가 A로부터 임차한 후 필요비나 유익비를 지출한 상태에서, A'가 점유물의 소유권을 A로부터 양수받아서 B에 대하여 인도를 청구하게 되면 B는 A'에 대하여 유익비상환청구를 할 수 있는가.

민법 제203조는 비용상환청구권의 대상자을 회복자로 규정하고 있으므로 위의 예에서는 목적물의 인도를 구하는 A'가 회복자라고 보아야 할 것이고, 유익비 투입의 경제적 이득을 물건의 현재 소유자가 보유하고 있는 것이므로 유익비의 상환을 인정해도 현재의 소유자에게 불리하다고도 할 수 없을 것이다.

참고로 대법원[22]은 A가 B와 공동소유인 H건물에 관하여, B와 상의 없이 C에게 창호공사를 의뢰하였고, 이에 C는 공사를 완료하였으나 A로부터 창호공사대금을 받지 못하자 공사계약의 상대방이 아닌 B를 상대로 본조에 기하여 유익비청구를 한 사안에서, '계약상의 급부가 계약의 상대방뿐만 아니라 제3자의 이익으로 된 경우에 급부를 한 계약 당사자가 계약 상대방에 대하여 계약상의 반대급부를 청구할 수 있는 이외에 그 제3자에 대하여 직접 부당이득반환청구를 할 수 있다고 보면, 자기 책임하에 체결된 계약에 따른 위험부담을 제3자에게 전가시키는 것이 되어 계약법의 기본원리에 반하는 결과를 초래할 뿐만 아니라, 채권자인 계약 당사자가 채무자인 계약 상대방의 일반채권자에 비하여 우대받는 결과가 되어 일반채권자의 이익을 해치게 되고, 수익자인 제3자가 계약 상대방에 대하여 가지는 항변권 등을 침해하게 되어 부당하므로, 위와 같은 경우 계약상의 급부를 한 계약 당사자는 이익의 귀속 주체인 제3자에 대하여 직접 부당이득반환을 청구할 수는 없다고 보아야 한다. 유효한 도급계약에 기하여 수급인이 도급인으로부터 제3자 소유

---

21) 대법원 1995.6.30. 선고 95다12927 판결.
22) 대법원 2002.8.23. 선고 99다66564,66571 판결.

물건의 점유를 이전받아 이를 수리한 결과 그 물건의 가치가 증가한 경우, 도급인이 그 물건을 간접점유하면서 궁극적으로 자신의 계산으로 비용지출과정을 관리한 것이므로, 도급인만이 소유자에 대한 관계에 있어서 민법 제203조에 의한 비용상환청구권을 행사할 수 있는 비용지출자라고 할 것이고, 수급인은 그러한 비용지출자에 해당하지 않는다고 보아야 한다'고 판시하여 C의 청구를 기각했다. 대법원의 이런 태도는 계약법으로 해결할 수 있는 경우에는 가급적이면 계약법으로 해결하여야 하고,[23] 민법 제203조는 아무런 계약관계의 개입이 없는 경우에만 한정하여 그 적용범위를 제한하려고 하는 것으로 보이고, 이런 태도는 대법원 2003.7.25. 선고 2001다64752 판결에서도 엿볼 수 있다.

참고로 가등기와 관련하여, 가등기 후 소유권을 취득한 자가 필요비나 유익비를 지출하였는데 그 후 본등기가 되어 소유권을 상실하게 된 경우의 상환청구권에 대한 대법원 1976.10.26. 선고 76다2079 판결은 가등기에서 보았다.

3. 점유보호청구권

앞의 물권의 효력에서 보았듯이 점유권에 기한 물권적 효력으로서 점유보호청구권이 인정되고 구체적으로는 점유물반환청구권, 점유물방해제거청구권, 점유물방해예방청구권 3종류가 있다.

그 효력은 앞의 물권의 효력에서 본 것과 같이 생각하면 되고, 단지 기초가 되는 물권이 점유권이라는 특성상 몇 가지 유의할 점이 있다.

가. 점유물반환청구권

점유물의 침탈시에는 반환을 구할 수 있고 아울러 손해가 있으면 손해배상을 청구할 수 있는 것은 당연할 것이다. 그러나 점유권은 본권이 아니라 사실상 지배라는 상태를 보호하려는 것이므로 오랫동안 그

---

23) 이에 대하여 이영준, 전정신판 물권법, 박영사(2009), 386면에서는 '계약적 반환청구권에 관한 규정은 일반적으로 당해 계약의 특수성 및 특별관계를 고려하여 당사자간의 이해관계를 합리적으로 규정하고 있는 데 대하여 민법 제201조 이하의 일반규정은 이와 같은 점을 고려하지 않고 있으므로 양자가 경합되는 경우에는 계약적 반환관계에 관한 규정만이 배타적으로 적용된다고 할 것이다'라고 하고 있다.

물건을 점유하지 않고 있는 상태로 있게 된다면 이제는 그 점유권은 상실한다고 보아야 할 것이므로 침탈당한 때로부터 1년 이내에 행사하도록 그 기간을 한정하고 있고,[24] 이 기간 내에 소를 제기하여 승소하여 점유를 회복하면 점유하지 않아 사실상 지배하지 않았던 기간 동안에도 점유권을 상실하지 않았던 것으로 본다(민법 제192조 제2항).

또 위 청구의 상대방도 침탈자나 그 포괄승계인에 한정하고 특별승계인에게는 청구하지 못하도록 하고 있다. 다만 특별승계인이 악의인 경우에는 보호할 가치가 없으므로 청구가 가능하다.

그런데 앞에서도 말한 바와 같이 점유권은 본권과 협조관계를 가질 때도 있지만 긴장관계를 가질 때가 있다.

먼저 협조관계를 본다.

> <예 3-6> 소유자인 A가 물건을 점유하고 있는데, B가 그 물건을 침탈한 때 A는 어떠한 권리를 가지는가.

A는 B에 대하여 소유권에 기한 반환청구권과 점유권에 기한 반환청구권을 가지게 되고 위 두 청구권을 모두 행사할 수 있다. 그런데 소유권에 기한 청구의 경우에는 자기에게 소유권이 있다는 것을 먼저 증명해야 하는데 이것이 쉽지 않은 경우가 있다(그 물건을 산 매매계약서 등을 분실한 경우도 있을 것이다). 이에 반하여 점유권에 기한 청구를 하는 경우에는 전에 자신이 점유하고 있었다는 사실을 증명하면 되므로 비교적 소유권 존재의 증명보다는 쉽다. 이런 경우에는 점유권이 소유권 행사를 도와주고 협조해 주는 관계에 있다.

> <예 3-7> B가 A의 물건을 훔쳐가서 보관중이라는 사실을 A가 점유를 빼앗긴 때로부터 상당한 기간이 지난 후에 알게 된 경우 A는 자신의 물건을 직접 자기가 빼앗아올 수 있는가.

---

24) 대법원 2002.4.26. 선고 2001다8097,8103 판결에서 위 기간은 제척기간으로 재판 외에서 권리행사하는 것으로 족한 기간이 아니라 반드시 그 기간 내에 소를 제기하여야 하는 이른바 출소기간이라고 보고 있으므로 이 기간 내에 소를 제기하지 않으면 그 권리를 잃게 된다.

자신의 물건임에도 불구하고 소송을 통해서만 반환을 받아야 한다고 하면 번거로울 것이고 직접 자기가 빼앗아오는 것(이를 자력구제라고 한다)이 소유자인 A의 입장에서는 권리구제의 측면에서 간이한 해결방법일 것이다. 한편 B의 입장에서 보면 만일 A에게 발각당한 것이 절도 중이었거나 막 절도행위가 완료된 경우에는 사회관념상 아직 점유가 완전히 B에게 이전된 것이 아니어서 A가 소유자 겸 점유권자로서 자력으로 그 물건을 빼앗아올 수 있다고 보아야 할 것이다(민법 제209조는 이런 취지이다). 그러나 앞의 예처럼 절도행위가 끝나고 상당한 기간이 지난 후에는 이제는 B에게 점유가 완전히 이전되어 B가 사실상 지배하고 있다고 보아야 할 것이므로 B에게 점유권이 있다고 보아야 할 것이다.

이런 상태에서 A가 이것을 빼앗는 행위는 B의 점유권을 침해하는 행위라고 할 수 있어 B는 A를 상대로 점유권에 기한 반환청구를 행사할 수 있을 것이다.[25] 그리하여 B가 점유물반환청구를 하게 되면 A는 B에게 물건을 돌려주었다가 다시 소유권에 기한 반환청구권을 행사하여 그 물건을 다시 돌려받을 수밖에 없을 것이다. 이는 소유권과 점유권의 긴장관계를 보여주는 예라 할 것이다.

그런데 위의 예에서 A가 물건을 돌려주었다가 다시 본권인 소유권에 기한 소송을 하여 다시 찾아와야 한다는 것은 소송상의 낭비를 초래한다는 이유로 B의 반환청구소송을 부정하는 것이 통설적인 입장[26]이고, B의 청구를 부정하는 것은 본조의 명문에 반하고 B의 청구시에는 A는 반소로 소유권에 기한 반환청구권을 행사하면 소송상의 낭비를 막을 수 있다고 하여 긍정하는 것은 소수설[27]이다. 만일 긍정설을 취하여 A의 자력구제를 넓게 인정하게 되면 사법제도를 이용하기보다는 자력구제를 선호하게 될 것이고 이 경우 A가 착오로 B의 점유물을 자신의 물건으로 착각하여 가져오는 경우에는 다시 분쟁이 확대될 수도 있고, 점유권 제도가 사실상태를 보호하여 사회의 평화를 유지하려는 것에 있다는 점을 고려하면 소수설에 찬성하고 싶다.

---

25) 대법원 1993.3.26. 선고 91다14116 판결.
26) 김형배, 김규완, 김명숙, 민법학강의 제10판, 신조사(2011). 554면.
27) 이영준, 위 책, 400면.

나. 점유물 방해제거청구권과 점유물 방해예방청구권

이에 대하여는 앞의 물권의 효력에서 본 물권적 청구권의 해당 부분을 참조하면 되고, 다만 점유권이라는 성질상 제척기간이 있는 점, 공사로 인한 방해의 경우에는 공사가 완공하게 되면 제거를 청구하지 못하는 점, 점유물 방해예방청구권에는 방해의 예방 또는 손해의 담보를 청구할 수 있는 점 등에 주의하여야 한다.

다. 본권의 소와의 관계

민법 제208조는 점유권에 기인한 소와 본권에 기인한 소는 서로 영향을 미치지 않고, 점유권에 기인한 소는 본권에 관한 이유로 재판하지 못한다고 규정하고 있다. 앞에서도 잠깐 보았듯이 본권의 소와 점유의 소는 협조관계와 긴장관계가 존재하는바, 본 조문은 긴장관계에 있는 경우에 적용된다.

즉 〈예 3-7〉에서 B가 점유물 반환청구의 소송을 제기하는 경우에 A가 소유권이 자기에게 있음을 이유로 B의 청구를 기각하여 달라는 항변을 하는 방법으로 B의 청구에 대해 방어할 수 없다는 것이 본조의 의미이다.

이런 취지를 살려서 어떤 견해에 의하면 B의 반환청구소송에서 A가 항변으로 소유권을 주장하는 것은 물론이고, 반소로도 소유권에 기한 반환청구소송을 제기하지 못한다고 한다. 그러나 A는 B가 제기한 반환소송에서 패소한 후 반환청구소송을 제기할 수도 있고 또 B의 소송 중에 소유권에 기한 반환청구소송을 반소가 아닌 독립된 별소로 제기할 수도 있다고 보아야 할 것이기 때문에 반소로 소유권에 기한 소송을 제기하지 못하게 하더라도 실익이 없다.

그렇다면 반소를 인정할 수밖에 없을 것인데 이런 반소를 제기하게 되면 결국 A와 B의 소송에서는 A도 승소하고, B도 승소하게 되고, 결국은 B의 승소판결은 A의 승소판결에 의하여 집행이 불가능하게 되는 결과가 되어, A의 자력구제를 인정하게 되는 셈이 될 것이다.

이는 불가피한 결과라 할 것이다.

V. 준 점 유

점유에 관한 규정은 물권이 아닌 재산권에도 준용되도록 규정하고 있는데(민법 제210조), 재산권이 물건의 현실적 지배를 내용으로 하거나 수반하는 것인 경우(소유권, 지상권, 임차권 등)에는 물건의 점유 그 자체를 고려하여 점유권을 인정하면 되고 특히 권리의 준점유를 생각할 필요는 없을 것이다.

국내의 대부분의 교과서에는 이에 해당하는 것으로 채권의 준점유자의 변제(민법 제470조)를 들고 있으나, 준점유자의 변제는 외관보호의 문제이지 점유자의 보호에 관한 문제가 아니다. 다시 말하면 여기서의 점유제도는 점유자를 보호하는 것인데, 채권의 준점유자의 변제에서는 채권의 준점유자를 보호하는 것이 아니라 그 자에 대해 변제를 한, 채권의 준점유자가 아닌 다른 사람인 변제자를 보호하는 제도이다. 즉 외관법리에 따라 그 외관을 믿고서 변제를 한 변제자를 보호하는 제도인 것이다.

따라서 준점유자에게 점유자와 동일한 이익을 줄 것인가 하는 문제, 예를 들면 채권을 시효취득한다든가, 과실을 수취한다는 등의 문제는 아니고, 권리외관보호의 문제의 하나로 보아야 할 것이므로 준점유 일반의 문제와는 구별해야 할 것이다.

준점유의 문제가 실제로 문제되는 권리는 저작권, 특허권 등의 지적재산권 정도이다.

> <예 3-8> A는 자신의 저작권을 B에게 양도하였으나, 그 양도가 무효였다. 그러나 B는 이것을 알지 못하고 그 저작권을 이용하여 저작물을 출판한 경우, A가 B에 대해 저작권의 양도의 무효를 주장하여 출판의 금지를 구할 수 있는가.

A가 B에 대해 출판의 금지를 구할 수 있는 것은 당연할 것이다.

문제는 저작권을 가지고 있다고 믿고 있는 B가 가지는 권리이다. B는 만일 제3자가 동일한 저작물을 출판하려 하거나 했을 때에는 점유권에 기한 방해예방청구권 내지는 방해제거청구권을 행사하여 출판의 저지 내지는 그 출판물의 회수 및 파기를 청구할 수 있을 것이고, 10년을 경과하면 저작권을 시효취득할 수 있다고 할 것이다. 이것이 재산권에 대해 점유규정을 준용한 결과이다.[28]

---

28) 鈴木禄弥, 위 책, 109면.

제4장 소 유 권

I. 의 의

소유권은 예전에는 절대적 권리로서 소유자가 아무런 제한없이 마음대로 행사할 수 있다고 보았으나 현대에 와서는 소유권에 일정한 제한을 가하고 있고, 우리나라도 헌법 제23조 제2항에서 재산권의 행사는 공공복리에 적합하도록 하여야 한다고 하여 제한을 가하고 있다.

소유권은 포괄적인 권리로서 항구성을 가지고 전면적으로 물건을 사용, 수익, 처분할 수 있는 권리이기 때문에 혼동의 문제가 생기고, 제한물권에 의하여 제한이 풀리면 포괄적인 권리로 복귀하게 된다.

그리고 토지 소유권의 범위는 지상, 지하로 무한히 확장되는 것이 아니라, 정당한 이익이 있는 범위 내로 제한되므로 자기 소유의 토지 위로 상당한 높이로 비행기가 다니거나 깊은 지하에 지하철이 다닌다고 하여 자기 소유권의 침해로 비행기나 지하철의 운행을 금지하도록 청구할 수는 없을 것이다.

II. 상린관계

소유권의 행사에 제한이 있게 되는 것은 위에서 본 바와 같고 특히 인접하는 토지의 이용을 조절하기 위하여 상린관계라고 하여 민법 제216조에서 제244조에 걸쳐 그 권리관계를 조절하는 규정을 두고 있다. 이는 제한을 당하는 토지의 입장에서는 토지소유권의 제한이라고 할 수 있지만, 상대편 토지의 입장에서는 그 토지 소유권의 확장이라고 볼 수도 있다.

상린관계는 다른 토지의 이용에 편익을 준다는 점에서 지역권과 그 기능에서 유사하나, 상린관계는 법정요건에 해당하면 인정되는 데 반하여 지역권은 당사자 사이의 합의에 의하여야 하고, 또 상린관계의 내용은 등기를 하지 않아도 소유권의 제한 내지 확장으로서 당연히 인정되는 데 반하여 지역권은 등기하여야 하며 그 내용도 합의로 정할 수 있고, 상린관계는 소유권에 내재된 제약으로 보아 소유권 이전에 따라 등기없이 이전된다고 보는 것에 반하여 지역권은 독립된 물권으로 취급되어 이전에 등기가 필요한 것으로 본다.

상린관계에 관한 구체적인 내용에 대해서는 해당 조문을 각자가 읽어보도록 하고 문제가 되는 것만 몇 가지 보기로 한다.

1. 생활방해(민법 제217조)

토지 소유자는 매연, 열기체, 액체, 음향, 진동 기타 이에 유사한 것으로 이웃 토지 거주자의 생활에 고통을 주지 아니하도록 주의하여야 한다. 이 규정을 생활방해라고 하는데 현대사회에 있어 특히 공해나 일조권, 조망권 등의 문제로 등장한다.

이런 문제로 피해를 당한 피해자는 그 정지를 구하기 위한 법적 구성으로서 소유권에 기한 물권적 청구권(방해제거청구권 내지 방해예방청구권)을 이용하는 경우가 많을 것이다. 그러나 피해자가 물권자가 아닌 경우, 즉 대항력 없는 토지 임차인인 경우에는 위와 같은 물권적 청구권을 이용할 수는 없다. 이런 사람들도 가해자에 대하여 가해행위의 금지를 구할 수 있는가, 있다면 그 근거는 무엇인가가 문제된다.

생각해 보면 물건에 대한 침해에 대하여 물권적 청구권을 부여하여 방해행위의 제거나 예방을 구할 수 있다고 한다면 그보다 중한 이익인 생명, 신체에 대한 침해에 대하여 더욱이 그 제거나 예방을 구할 수 있다고 보아야 할 것이다. 그리하여 나오는 논의가 인격권이라는 개념이고, 생명, 신체에 대한 침해는 이런 인격권의 침해로 보아 금지를 청구할 수 있다고 보는 것이다. 이런 문제는 인격권 내지 불법행위 자체를 이유로 한 금지청구권이 일반적으로 인정되는가 하는 문제와도 연관이 되고, 환경권을 인정할 것인가라는 문제와도 연관되는 것으로서 불법행위법에서 다루어지는 문제이므로 여기서는 생략한다.

2. 주위토지통행권(민법 제219조)

주위토지통행권은 어느 토지(포위된 토지라고 한다)와 공로 사이에 통로가 없거나 통로에 이르는 데 과다한 비용을 요하는 경우(이런 토지를 맹지(盲地)라고 한다)에 주위의 토지(포위한 토지라고 한다)를 통행 또는 통로로 사용할 수 있는 권리를 말하는바, 이렇게 되면 포위된 토지는 이익을 얻지만 포위한 토지는 불이익을 얻게 되므로 포위한 토지에 가장 손해가 적게 되는 위치와 방법으로 이용해야 할 것이고, 포위된 토지가 이로 인하여 입은 손해에 대하여는 보상하여야 하는 것은 당연할 것이다.

그리고 이런 주위토지통행권은 토지의 소유권에 내재되어 있는 제한이므로 토지의 소유권이 이전되면 등기가 없더라도 주위토지통행권은 포위된 토지의 양수인에게, 그 부담은 포위한 토지의 양수인에게 그대로 이전된다고 보아야 할 것이다.

그런데 공유의 토지를 분할하거나 토지의 일부를 양도하여 맹지가 생긴 경우에는 그 당사자들은 이로 인하여 맹지가 생길 것을 예상하고 이를 고려하여 분할 또는 양도하고 그 대가를 정하는 등 그 사람들 사이에서 내부적으로 해결할 수 있고, 그들 사이의 행위로 인하여 주위토지를 소유한 다른 사람에게 손해를 주어서는 아니 된다는 취지에서, 위와 같은 경우에는 공유자 중의 다른 분할자 소유의 토지를 통행하도록 하고, 보상의무도 없는 것으로 규정하고 있다(민법 제220조). 이런 취지에서라면 1필지를 분할하거나 양도할 때뿐 아니라 여러 필지를 동시에 또는 순차적으로 매도하여 맹지가 생기는 경우에도 위 규정을 적용하여야 할 것이다.[1]

---

1) 대법원 1993.12.14. 선고 93다22906 판결 참조. 또 대법원 2009.6.11. 선고 2009다8802 판결은 토지소유자가 일단의 택지를 조성·분양하면서 개설한 도로는 다른 특단의 사정이 없는 한 그 토지의 매수인을 비롯하여 그 택지를 내왕하는 모든 사람에 대하여 그 도로를 통행할 수 있는 권한을 부여한 것이라고 볼 것이라고 하고 있다.

　문제는 이렇게 무상의 주위토지통행권이 생긴 토지와 관련하여 포위된 토지와 포위한 토지의 소유권이 각각 전전양도된 경우에 포위된 토지의 양수인이 포위한 토지의 양수인에 대하여 무상의 주위토지통행권을 주장할 수 있는지가 문제로 된다.

　판례[2]는 '민법 제220조의 규정은 직접 분할자 또는 일부 양도의 당사자 사이에만 적용되고, 포위된 토지 또는 피통행지(포위한 토지)의 특정승계인에게는 적용되지 않으며 특정승계인의 경우에는 주위토지통행권에 관한 민법 제219조의 일반원칙에 돌아가 통행권의 유무를 가려야 한다'고 판시하여 무상의 주위토지통행권은 양수인에게 승계되지 않는다는 입장을 취하고 있다.

　그러나 주위토지통행권은 토지 소유권에 내재된 것으로서 토지의 소유권이 이전되면 그에 따라 자동적으로 이전되는 것이고, 포위된 토지 소유자의 무상 주위토지통행권이 포위한 토지의 소유자가 토지를 양도하였다는 우연한 사정에 의하여 유상으로 바뀌는 것은 포위된 토지 소유자에게 가혹한 반면, 포위한 토지의 양수인은 매수하기 전에 매매목적물을 현지조사하는 예가 많고 현지조사를 하게 되면 매매목적물이 포위된 토지의 통행권의 부담이 있는 것이라는 것을 쉽게 알 수 있어서 그에게 예상 외의 손해를 준다고 보기 어려운 점을 감안하면 승계된다고 보는 것이 타당하다고 생각한다.[3]

3. 건물의 구분소유자의 상린관계

　건물의 구분소유자들 사이에서의 상린관계는 집합건물의 소유 및 관리에 관한 법률에서 자세히 다루고 있으므로 위 법을 참고하기 바란다.

---

2) 대법원 1985.2.8. 선고 84다카921,922 판결.
3) 일본의 경우 最高裁 平成2.11.20. 판결(民集 44卷 8號 1037頁)은, '본조(우리 민법 제220조 해당하는 조문)의 통행권은 포위된 토지에 부착된 물권적 권리로서, 잔여지 자체에 부과된 물권적 부담으로 해석해야 할 것'이라고 하여 포위한 토지의 특정승계인에게도 적용된다고 판시했다.

Ⅲ. 소유권의 취득

소유권의 취득에는 법률행위에 의한 경우와 법률의 규정에 의한 경우가 있는데, 민법 제2절에서 규정하는 것은 법률에 의한 경우 중 원시취득에 관한 경우를 규정하고 있다.

1. 취득시효

취득시효에 관한 규정은 부동산의 경우는 제245조, 동산의 경우는 제246조에 규정되어 있다. 취득시효와 관련하여서는 부동산의 경우가 복잡하므로 부동산의 경우는 따로 항을 나누어 설명하기로 하고, 동산의 경우는 대부분 부동산에서 논의되는 문제와 겹치므로 따로 설명하지는 않는다.

2. 선점·습득·발견

각자가 해당조문을 읽어보면 이해할 수 있고 별달리 설명할 것은 없다. 매장물의 경우 무주물에 관한 규정을 적용하지 않는 것은 누군가가 상속하여 소유권을 취득하고 있을 수도 있기 때문이다.

3. 첨부(添附)

소유자가 다른 수개의 물건이 결합하거나 어떤 물건에 타인의 노력이 가해져 거래상 1개로서 취급될 수 있는 새로운 물건으로 된 경우에 소유자 중 1인의 반대에도 불구하고 그 물건을 분해하여 복구하는 것은 사회경제적으로 불합리하고, 그렇다고 하여 하나의 물건의 각 부분이 각기의 구 소유자에게 귀속한다는 것은 일물일권주의에 반할 뿐 아니라 원활한 거래를 방해하기 때문에 새로운 물건을 하나의 소유권의 객체, 즉 하나의 물건으로 취급하고 또 그 소유권의 객체를 결정하려는 것이 첨부이다.

우리나라의 첨부에 관한 규정은 새로운 물건에 대하여 복구를 부정하고(일물일권주의에 비추어 이와 관련한 규정은 강행규정이다), 그 물건의 소유권의 귀속을 정하며(임의규정으로 관계자들의 합의로 소유권의 귀속을 민법의 규정과 달리 정할 수 있다), 첨부로 소멸하게 되는 물건에 존재하던 제3자의 권리를 보호(이와 관련한 규정은 강행규정이다)하고 있다.

가. 부 합

소유자를 달리하는 수 개의 물건이 1개의 물건으로 되는 것으로서 부동산에 부합되는 경우와 동산간의 부합이 있다.

(1) 부동산에의 부합(민법 제256조)

부동산에 부합한 물건은 부동산의 소유자가 취득하게 되고, 동산의 가액이 설사 부동산의 가액보다 높다고 하더라도 부동산의 소유자가 취득한다.

부합의 정도는 분리할 수 없거나 분리에 과다한 비용을 요하거나, 분리하면 경제적 가치를 심히 해하는 경우여야 한다.

다만 타인이 권원에 의하여 부속한 것일 때는 부동산에 부합하지 않는 것으로서 임차권자가 부동산에 동산을 부합시키는 경우 등이 해당한다.

문제되는 경우를 본다.

(가) 농작물의 경우

농작물은 종자를 파종한 상태에서는 논이나 밭에 부합되어 있다고 할 수 있겠으나, 발아하고 난 후 어느 정도 자라서 외부에서 인식할 수 있을 정도에 이르면 독립성을 갖춘다고 보아야 할 것이다. 이때 권원에 의하여 타인의 논이나 밭에 농작물을 재배한 경우에는 본조 단서에 의하여 경작자의 소유라고 보아야 할 것이나,[4] 권원 없이 농작물을 재배한 경우에는 어떤가.

위 단서의 반대해석에 의하면 토지에 부합하는 것으로 보아야 할 것이나 판례는 경작자의 소유에 속한다고 한다.[5] 판례는 경작자를 보호하기 위해서 이렇게 해석한 것으로 보이나 학설의 비판이 많다.[6]

---

4) 대법원 1969.2.18. 선고 68도906 판결: 4.5cm에 불과한 모자리도 부합되지 않고 논과 독립된 거래 물건에 해당된다고 한다.

5) 대법원 1963.2.21. 선고 62다913 판결.

6) 일본의 경우에는 통설, 판례(最高裁 昭31.6.19. 民集 20輯 6卷 678면). 모두 위와 같은 경우에 부동산에 부합되고, 경작자의 보호는 민법 제261조에 의한 보상청구권을 인정하고 있다.

이 경우에는 부합을 인정하고 경작자가 입는 불이익은 부당이득반환의 법리에 의하여 구제하는 것이 타당할 것으로 생각한다.

(나) 건물의 경우

건물에 벽, 창틀과 같이 건물의 구성 부분을 이루는 동산을 부합시킨 때에는 건물의 한 요소에 불과하여 건물과 독립된 물건이라고 하기 힘들다. 따라서 이와 같이 부속시킨 동산이 건물의 구성 부분으로 되는 경우에는 비록 권원에 기하여 부속시키더라도 그 동산의 소유권은 건물의 소유자에게 속하게 된다(이 경우 임차인은 민법 제616조 제2항의 유익비상환청구권을 행사하게 될 것이다). 이렇게 보면 본조 단서는 건물의 경우 건물을 훼손하지 않고도 비교적 용이하게 수거할 수 있는 동산에 한하여 인정될 것이다.

그리고 본조의 부합의 대상은 동산에 한하는가, 부동산이라도 상관없는가와 관련하여 우리 판례[7]는 부동산이라도 부합된다고 하는 입장이다. 판례[8]에 의하면 증축 부분이 기존건물의 면적에 비하여 2배 이상이고 그 평당 가격도 훨씬 높다고 하더라도 그 구조상이나 용도, 기능의 점에서 기존건물에 부합하여 그 일부를 이루고 거래상의 독립성이 인정되지 아니하는 이상 기존건물에 대한 부합을 인정하고 있다.

그리하여 임차인이 건물에 증·개축을 하는 경우에도 그 증·개축 부분이 구조상·이용상 독립성이 없으면 임대 부동산의 소유자에게 귀속하게 되고,[9] 독립성이 있어야 본조 단서에 의하여 임차인의 소유로 된다(이 경우 임차인은 민법 제646조의 부속물 매수청구권을 행사할 수 있을 것이다).

<예 4-1> 1동의 구분건물 중 인접한 A 소유의 201호(저당권이 설정되어 있음)와 B 소유의 202호의 아파트를 A와 B의 합의로 201호와 202호의 중간 벽을 제거하여 하나의 아파트로 만들었다면(이를 합동이라고 한다) 201호에 설정된 저당

---

7) 대법원 1981.7.7. 선고 80다2643,2644 판결.
8) 대법원 1981.12.8. 선고 80다2821 판결.
9) 대법원 1983.2.22. 선고 80다589 판결은 이 경우 임차인은 유익비상환청구권을 행사할 수 있다고 한다.

권은 어떻게 되는가.[10]

　　이런 경우에는 통상 A와 B 사이에 새롭게 탄생한 아파트의 소유권에 관하여 사전에 합의가 되어 있을 것이므로 그 합의에 따라 소유권의 귀속을 정하면 될 것이다.

　　문제는 이런 합의가 없거나 201호와 202호가 동일한 소유자에 속하는 때이다. 이를 부동산 사이의 부합으로 보아 민법 제256조의 규정에 의하여서 해결하려고 하여도 소유자가 다를 경우에는 둘 다 부동산 소유자이므로 A의 소유로 보아야 할 것인지, B의 소유로 보아야 할 것인지를 결정할 수 없다. 이에 판례는 A와 B가 구 건물의 가격비율에 따른 비율로 공유로 보고 있다.[11] 이 경우 201호에 설정된 저당권은 어떻게 되는가. 이론적으로 보면 저당권은 옛날의 구분건물인 201호에 있던 것으로서 현재는 201호는 없어지고 그것과는 전혀 다른 새로운 구분건물이 탄생한 것이므로 201호의 소멸과 함께 그 201호에 존재하였던 저당권도 소멸한다고 보아야 할 것이다(건물이 붕괴되거나 화재로 멸실되면 그 건물을 대상으로 한 저당권 등의 제한물권도 소멸하는 것과 같은 이치이다). 그런데 이런 결론은 저당권자를 해치게 되고 특히 201호와 202호가 동일한 소유자인 경우에는 201호에 설정된 저당권을 소멸시키기 위하여 위와 같은 합동의 방법을 동원하는 것을 허용하게 되는 결과가 된다. 그리하여 위 판례는 201호의 지분 위에 저당권이 존속하는 것으로 해석하였고, 이는 201호와 202호가 동일인이 소유하고 있는 경우에도 마찬가지라고 보았다.[12]

　　(다) 토지의 경우

　　교량, 도로의 포장 등은 토지의 구성부분으로 되어 토지에 부합된다고 할 것이다.

---

　　10) 대법원 1993.11.10.자 93마929 결정의 사안을 변형한 것이다.

　　11) 대법원 2010.1.14. 선고 2009다66150 판결. 이는 혼동시 예외를 인정하는 취지와 같은 것일 것이다.

　　12) 이런 결론에 대해서는 이의가 없으나, 다만 이론적인 면에서는 앞서 본 바와 같이 문제가 있다. 입법으로 우리 판례와 같은 내용의 규정을 두어야 하지 않을까 생각한다. 참고로 일본의 경우에는 위와 같은 경우를 대비하여 우리 판례와 같은 내용으로 조문을 두고 있다.

건물이 토지에 부합하는가. 우리는 건물을 토지와 독립된 부동산으로 보므로 건물의 경우에는 토지에 부합되지 않는 것으로 본다.

문제는 건축중인 건물이 아직 독립된 건물이 되기 전의 상태에 있는 경우 위와 같은 상태에 있는 구조물은 토지의 구성 부분인가 아니면 토지와는 별개의 독립된 동산인가이다.

<예 4-2> A는 B 소유의 토지 L상에 건물 H를 건축하는 것에 대한 동의를 받고 건축중 독립된 부동산으로서의 건물 요건을 갖추지 못한 상태에서 부도가 나 공사를 중단했다. 그 후 C는 B로부터 L만을 매수한 후 기존의 중단된 H구조물(당시 시가는 5천만원 상당이었다)에 공사를 재개하여 완공했다. A가 C를 상대로 5천만원의 배상을 구할 수 있는가.[13]

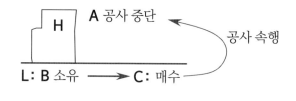

공사가 중단된 당시의 H가 독립된 부동산으로서의 건물 구조를 갖추고 있었다면 그 건물의 소유권은 A가 원시적으로 취득하게 되어 등기가 없어도 A의 소유로 될 것이고, 그 후에 C가 한 공사 부분은 민법 제256조에 의하여 부동산에 부합되어 완공된 H건물 전부가 A의 소유로 될 것이고, C는 제261조에 따라 부당이득반환을 청구할 수 있을 뿐이다.

그런데 이 사안에서는 그 당시 H는 독립된 부동산으로서의 요건을 갖추지 못한 상태인 건물이었다. 그러면 토지에 부합되는 것으로 보아야 할 것인가.

제256조를 문언 그대로 해석하면 H는 토지에 부합된다고 보아야 하고 위 구조물 H는 토지소유자인 B의 소유로 보아야 할 것이

---

13) 대법원 2010.2.25. 선고 2009다83933 판결의 사안을 변형한 것이다.

다. 대법원 2008.5.30.자 2007마98 결정은 '건물의 신축공사를 도급받은 수급인이 사회통념상 독립한 건물이라고 볼 수 없는 정착물을 토지에 설치한 상태에서 공사가 중단된 경우에 위 정착물은 토지의 부합물에 불과하여 이러한 정착물에 대하여 유치권을 행사할 수 없는 것이고, 또한 공사중단시까지 발생한 공사금 채권은 토지에 관하여 생긴 것이 아니므로 위 공사금 채권에 기하여 토지에 대하여 유치권을 행사할 수도 없는 것이다'라고 판시하여 독립한 건물이 되지 않은 상태의 정착물은 토지의 부합물에 불과하다는 입장을 취한 바 있다. 따라서 이에 의하면 위 사안에서는 A가 건축한 H는 B의 토지에 부속하게 되어 B 소유로 되고, C는 B로부터 토지를 매수한 것이므로 H의 소유권도 같이 매수한 결과가 될 것이다. 이렇게 보면 A는 B를 상대로 부당이득반환청구 소송을 제기해야 할 것이다.

그런데 이런 입장에 대해서는 H구조물의 소유자를 B로 보게 되면 만일 H구조물이 중단된 채로 L지상에 방치되어 있는 경우 토지 소유자인 B는 H의 철거를 A를 상대로 청구할 수 없게 되는 불합리가 생기고,[14] 또 A가 계속 건축공사를 하여 완공하게 되면 이제는 H가 A의 소유물로 되는데 그 전에는 B의 소유였던 구조물이 독립된 부동산으로 되는 순간 갑자기 A의 소유로 된다는 것도 이상하다는[15] 이유와 건물을 토지와 별도의 부동산으로 취급하는 우리나라의 법제도에 비추어 건축 중인 건물은 토지에 부합되지 않는 것으로 보는 입장이 있다.

---

14) 이상태, '건축 중 공작물의 소유권 귀속에 관한 이론과 실무', 부동산법학 6집, 한국부동산법학회(2000.). 20면 이하. 이런 견해에 대해서는 허부열, '건축 중인 건물의 소유권귀속에 관한 제문제'. 재판과 판례 19집, 대구판례연구회(2010.12), 328면은 '철거를 구하는 권원이 반드시 위 건축 중인 건물의 소유권이 피고(건축주)에게 있다는 것을 전제로 하여야만 성립하는 것이 아니라, 위 건축 중인 건물이 대지의 부합물로서 원고(대지 소유자)의 소유로 귀속된다고 하더라도 그 의미는 피고가 원고의 의사에 반하여 그 부분을 임의로 분리하거나 철거할 수는 없다는 의미일 뿐, 대지 소유자인 원고가 그 대지소유권에 기하여 자신 소유 대지의 형상을 변경시킨 행위자를 상대로 원상회복을 구하는 의미에서 대지 소유권에 기한 방해배제청구로서 그 철거를 구하는 것도 가능하다고 보아야 할 것이다'라고 하여 반대견해를 제시하고 있다.

15) 이와 관련한 학설에 대해서는 박재영, '건축 중인 건물의 소유권귀속', 사법논집 제40집, 법원도서관(2008), 540면 이하.

이 입장에 따르면 위 사안은 A가 독립된 부동산으로서의 요건을 갖추지 못한 건물(동산이라고 볼 수밖에 없을 것이다)을 소유하고 있었는데 C가 A 소유의 그 동산에 가공(제259조)하고 다른 동산을 부합시켜(제257조) 새로운 부동산을 만들어 내어 그 부동산에 대하여 소유권을 취득하였다고 해석해야 할 것이다. 따라서 A는 C를 상대로 부당이득반환청구를 할 수 있다고 할 것이다.

대법원은 위 사안에서 A가 C를 상대로 한 부당이득반환청구를 인용하였는바, 이는 후자의 입장[16]을 취한 것이라고 생각되고.[17] 그렇다고 하면 앞의 2007마98 결정과는 모순되는 것이 아닌가 하는 의심이 든다.[18] 차후 대법원의 명확한 입장표명을 기대하며, 개인적 의견으로는 제1장의 물건항에서 보았듯이 부동산이 되기 전 상태의 건물은 동산으로 보아서 건축주가 소유하는 것으로 보는 것이 타당하지 않을까 생각한다.

---

16) 위 판결이 선고되기 전의 것이긴 하지만 건축중인 건물로서 독립된 부동산이 되기 전의 상태인 경우 그것이 토지에 부합하는가와 관련하여 현재 대법원의 입장에 대하여 상반된 견해가 있는바, 예를 들면 박재영, 앞 논문, 550면에서는 판례의 입장이 토지에 부합한다는 입장이라고 파악하고 있는 반면, 김동윤, '구분소유의 대상이 될 수 있는 구조의 건물에 있어서 원시취득자의 확정'. 사법 7호, 사법연구지원재단(2009), 148면에서는 판례의 입장은 토지에 부합되지 않는다는 입장이라고 하고 있다.

17) 이 판결 사안에서 C가 B로부터 매수할 때 L지상의 건물 H를 제외하고 매수하였으므로 H가 L에 부합하였더라도 H는 A에게 그 소유권이 유보되었다고 볼 수 있지 않는가 하는 의문이 있지만, H가 L에 부합이 되었는지 여부에 대한 판단은 강행규정이므로 H가 L에 부합되어 하나의 물건으로 되었는지에 대한 판단은 당사자 사이의 의사로 결정할 수는 없다고 할 것이다. 따라서 H가 L에 부합되었다고 판단되면 당사자의 의사에 불구하고 하나의 물건으로 보아야 하고, 하나로 된 물건의 소유권자를 누구로 할 것인가에 대해서는 당사자간의 합의에 의하여 정할 수 있을 뿐이라고 보아야 할 것이다. 따라서 위 사안에서는 H가 L에 부합되었다고 보면 L과 H는 하나의 물건이 되는 것이고, 일물일권주의의 원칙에 따라 하나의 물건에 대하여 하나의 소유권만이 성립하게 될 것이다. 이렇게 보면 당사자 사이의 합의로 L과 다른 H의 소유권자를 정할 수는 없을 것이다.

18) 위 두 판결이 서로 모순되지 않는다고 보려면, 2009다83933 판결의 사안은 대지의 소유자인 B가 C에게 양도할 때 건축중인 건물에 대해서는 양도하지 않고 남겨두었으므로 건축중인 건물이 B 소유로 남아 있었다고 보는 입장이 있을 수 있는데, 독립된 부동산이 되지 못한 건축중인 건물이 독립된 물건인가 아니면 토지에 부합된 것에 불과한 것인가에 대한 것은 물권법정주의 원칙에 비추어 당사자의 합의에 기속될 수는 없다고 생각되므로 위와 같은 입장을 취할 수는 없다고 생각된다.

(2) 동산간의 부합(민법 제257조)

주된 동산의 소유자에 속하고, 주종을 구별할 수 없으면 가액의 비율로 공유한다.

나. 혼화, 가공(민법 제258조, 제259조)

혼화의 경우는 서로 쉽게 섞여 주종을 식별할 수 없게 된다는 특성이 있을 뿐, 일종의 동산간의 부합에 해당한다. 곡물, 금전과 같은 고형(固形) 종류물과 술, 기름과 같은 유동(流動) 종류물이 있다. 이 경우에는 주종을 구별할 수 없으므로 부합 당시의 가액의 비율로 공유하게 된다.

가공의 경우는 원재료의 소유자에 속하나, 가액의 증가가 현저한 경우에는 가공자의 소유로 된다.

다. 첨부의 효과(민법 제261조)

첨부로 인하여 소멸되는 권리를 가지는 자가 손해를 입은 때는 부당이득에 관한 규정에 의하여 보상을 청구할 수 있으므로(제261조), 선의의 수익자는 현존 이익을(제748조 제1항), 악의의 수익자는 받은 이익에 이자를 붙여 반환하고, 손해가 있으면 배상해야(제748조 제2항) 한다.

Ⅳ. 부동산에 관한 취득시효

1. 의 의

취득시효란 권리행사의 외관이 일정기간 동안 계속되는 경우에 그 사실상태에 기하여 권리취득의 효과를 생기게 하는 제도로서, 오랜 기간 동안의 사실상태에 기하여 법률관계가 상당기간 지속되는 경우에 이를 번복하게 되면 법률관계가 불안정해지고, 권리자도 자신의 권리에 관한 문서를 언제까지나 보관할 수 없고 또 분실할 수도 있으므로 이런 오랜 기간 동안의 사실상태를 증명함으로써 자신의 권리를 증명하기 쉬우며, 진정한 권리자가 진실한 권리관계와 배치되는 상태를 오랜 기간 방치해 둔 것에 대한 제재로서 위와 같은 제도를 둔 것이다. 그러나 진실한 권리관계의 증명이 가능한 경우에도 진정한 권리자의 권리를 박탈해야 하는지는 의문으로 이 제도는 항상 진정한 권리자의 권리와 긴장관계를 형성한다.

2. 요 건

가. 점유취득시효

(1) 시효취득이 가능한 권리

소유권, 어업권, 광업권, 무체재산권 등 점유나 준점유가 가능한 재산적 지배권인 경우는 시효취득이 가능하다.

문제가 되는 경우는 자기의 부동산에 대해서도 시효취득이 가능한가라는 문제가 있는데, 증명의 곤란을 구제한다는 취지에서 보면 가능하다고 보아야 할 것이다.[19]

토지의 일부에 대하여도 다른 부분과 구분특정이 가능한 상태에서 계속 점유하고 있었다면 취득이 가능하고, 단지 등기하기 위해서는 분필절차를 거쳐야 하며, 공유지분[20]에 관해서도 가능하다.

국유재산 중 잡종재산의 경우에 취득이 가능하다.[21]

해방 이전부터 일본인 명의로 등기되어 있던 귀속재산에 대하여 어떤 사람이 자주점유의 의사로 점유하고 있었던 경우에는 어떤가. 이에 대해서는 대법원 1997.3.28. 선고 96다51875 판결은 귀속재산에 관한 점유는 그 권원의 성질상 타주점유에 해당한다고 보아야 하지만, 구 귀속재산처리에관한특별조치법(1963.5.29. 법률 제1346호, 실효) 제2조 제1호 및 부칙 제5조에 의하면 1964. 12. 말일까지 매매계약이 체결되지 아니한 귀속재산은 무상으로 국유로 한다고 규정되어 있으므로 그 날까지 매각되지 아니한 귀속재산은 1965. 1. 1.부터 국유재산이 되었다 할 것이고, 따라서 그 이전부터 귀속재산인 토지를 매수하여 점유하여 온 경우에 그 토지가 국유재산으로 된 1965. 1. 1.부터 그 토지에

---

19) 대법원 2001.7.13. 선고 2001다17572 판결.
20) 대법원 1979.6.26. 선고 79다639 판결.
21) 대법원 2010.11.25. 선고 2010다58957 판결.

대한 점유는 자주점유로 환원되었다 할 것이어서 그때로부터는 취득시효의 진행이 가능하다고 판시하고 있다.

(2) 자주점유

소유의 의사로 점유하고 있어야 하고, 타주점유라면, 즉 임차인으로서 점유하면 아무리 오랜 기간 점유하더라도 시효로 취득하지 못한다.

자주점유인지 타주점유인지의 구분은 점유자의 내심의 의사로 결정되는 것이 아니라 객관적으로 점유취득의 원인이 된 점유권원의 성질에 의하여 결정되고, 점유권원의 성질이 분명하지 아니한 때에는 민법 제197조 제1항에 의하여 소유의 의사로 점유한 것으로 추정되므로 점유자가 자주점유임을 증명할 책임이 없다. 따라서 점유자가 스스로 매매 또는 증여와 같은 자주점유의 권원을 주장하였으나 그것이 인정되지 않았다고 하여 자주점유의 추정이 번복되거나 타주점유로 되지 않는다.[22]

그러면 이 경우는 자주점유인가.

> **<예 4-3>** L토지는 1960.부터 지금까지 A의 명의로 등기된 것이다. 그런데 B가 1970. 1.경부터 L토지를 밭으로 경작하였고 1972. 6.경에는 그곳에 자기의 집을 짓고 살았다. 1973. 1.경 C가 B로부터 밭과 집을 매수하여 살았다. 2000.경 A가 C를 상대로 밭의 인도와 집의 철거를 구하자, C는 B의 점유시로부터 20년이 경과하여 시효로 취득하였다고 주장한다. C의 점유는 자주점유인가.

우리나라는 물권변동에 있어 성립요건주의를 취하고 있어 소유권자는 등기부에 등기가 되어 있어야 하므로, C가 매매시에 L토지에 대하여 등기부를 확인하였다면 B가 소유자가 아니라 A가 소유자였다는 것을 알았을 것이다. 이처럼 부동산의 매매거래시 사전에 등기부로 소유자를 확인하는 것이 통상인 점을 감안하면 C는 B가 소유권자가 아님을 알고 거래를 하였다고 보아야 하고 이런 경우는 소유권을 가질 수 없다는 점을 알고서 점유를 개시한 것이니 타주점유라고 보아야 하는 것

---

22) 대법원 1983.7.12. 선고 82다708,709, 82다카1792,1793 전원합의체판결.

이 아닌가라고 생각할 수 있다. 그러나 한편으로는 C는 권원상 자주점유로 보는 매매로 점유를 취득한 것이고 B가 소유권자인 A로부터 매수하여 등기없이 C에게 팔 수도 있으므로 매도인에게 처분권한이 없다는 것을 잘 알면서 이를 매수하였다는 등의 다른 특별한 사정이 입증되지 않는 한, 그 사실만으로 바로 그 매수인의 점유가 소유의 의사가 있는 점유라는 추정이 깨어지는 것이라고 할 수 없다고도 볼 수 있다.

대법원의 다수의견은 후자의 입장을 취하여 자주점유의 추정이 깨어지지 않는다고 하였다.[23]

그러면 이런 경우는 어떤가.

> <예 4-4> A 소유의 L토지와 인접하여 사는 B가 자기 토지 위에 집을 지으면서 L토지와 자기 토지와 경계를 이루는 철망을 치우고 L토지의 경계를 침범하여 집을 지었고 그 후 20년이 경과한 경우 B의 점유는 자주점유라고 하여 점유취득시효를 주장할 수 있는가.

B가 L토지 위에 철거하기 어려운 견고한 집을 지었다면 그 건물 부지를 소유하려는 의사였다고 보아야 하고, B가 비록 점유 당시 그 부지가 다른 사람의 소유라는 사실을 알고 있었다고 해도 그것은 악의 점유에 해당하지 자주점유가 아니라고 할 수 없다고 볼 수 있다.

그러나 한편으로는 자주점유인지 여부는 점유자의 내심의 의사를 기준으로 판단하는 것이 아니라 점유권원의 성질에 비추어 판단해야 하는데 위와 같은 경우 다른 사람의 토지를 자기 소유인 것처럼 점유한다는 것은 정상적인 사람의 의사라고 볼 수 없고, 타인 소유의 땅임을 알고서 그 위에 집을 지은 사람의 의사는 정상적인 사람이라면 임시적으로 사용하다가 소유자의 반환요구가 있으면 그에 응할 생각으로 그 부지를 점유 사용한다고 보아야 하므로 자주점유의 추정은 깨어진다고 볼 수도 있다.

대법원의 다수견해는 후자의 입장을 취하여 자주점유의 추정이

---

23) 대법원 2000.3.16. 선고 97다37661 전원합의체판결.

깨어졌다고 보았다.[24)]

(3) 평온, 공연하게 20년간 점유

평온, 공연하게 20년간 점유를 해야 하는데, 20년의 점유는 취득시효를 주장하는 자만의 점유기간이 20년이 되어야 하는 것은 아니고 자기의 앞 사람의 점유기간까지도 포함하여 20년이 되면 되지만 이 경우 민법 제199조에 의하여 앞 사람의 하자도 승계하게 된다.

> **<예 4-5>** A, B, C로 점유가 이어지고 그 점유기간이 각각 5년, 17년, 5년이면 C가 주장할 수 있는 점유기간은 어떻게 되는가.

C는 A·B·C의 점유를 합하여 27년의 점유기간을 주장할 수도 있고, B·C의 점유기간을 합하여 21년의 기간을 주장할 수도 있지만, B가 타주점유자이면 자주점유기간이 20년이 되지 않아 시효로 취득할 수 없고, A가 타주점유자이면 B·C의 점유를 주장하여야 시효취득이 인정될 수 있을 것이다.

그러면 점유취득시효의 시기(始期)는 점유취득자가 선택할 수 있는 것인가.

이 문제에 들어가기 전에 살펴보아야 할 문제가 있다(아래 예에서는 자주점유임을 전제로 한다).

> **<예 4-6>** A 소유의 L토지에 B가 1960. 1. 1.경부터 건물을 짓고 살고 있었는데, C가 1984. 1. 1.경 A로부터 L토지를 매수하여 이전등기를 경료받고, 1985. B를 상대로 건물철거와 부지인도를 요구하자, B는 오히려 1960. 1.부터 20년간 점유를 해왔으므로 점유취득시효가 완성되었다고 하여 이전등기를 해 달라고 소송을 제기했다. 어떻게 되는가.

---

24) 대법원 1997.8.21. 선고 95다28625 전원합의체판결. 이 판결은 꼭 읽어보길 권한다.

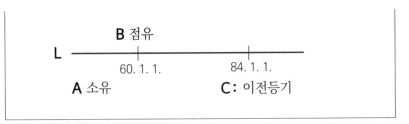

B는 20년을 점유하여 왔으므로 C를 상대로 이전등기를 청구할 수 있는 것처럼 보인다. 그러나 취득시효를 규정하고 있는 민법 제245조는 '…점유한 자는… 등기함으로써 소유권을 취득한다'고 규정하고 있는바, 이를 역으로 생각하면 점유자가 소유자에 대하여 가지는 점유취득시효의 완성을 이유로 한 이전등기 청구권은 채권적 청구권이고 등기함으로써 비로소 물권자인 소유권자가 되어[25] 대세적 효력을 가진다고 하여야 할 것이다.

그렇게 보면 취득시효가 완성되는 1980. 1. 2.경에 취득시효가 완성되어 B는 A에 대하여 이전등기를 청구할 수 있었는데, 이를 하지 않고 있던 중 C가 A와 매매를 하여 이전등기를 해 간 셈이 된다.

이는 마치 이중매매와 같다. 즉 1980. 1. 2.이후 C가 이전등기를 경료한 1984. 1. 1. 사이에서는 B가 A에 대하여 점유취득시효완성을 이유로 한 채권적 청구권(먼저 체결된 매매계약에 기초한 채권적 청구권인 이전등기청구권)과 C의 A에 대한 매매계약에 기한 이전등기청구권(후에 체결된 매매계약에 기초한 이전등기청구권)이 경합하는 상태이고, 이런 상태에서는 먼저 등기를 하여 물권인 소유권을 취득하는 자가 우선하고, 이렇게 소유권을 취득한 자는 채권적 청구권인 이전등기청구권의 상대방이 아니므로 그 청구에 응할 의무가 없다(채권의 상대적 효력). 따라서 위 예에서는 먼저 등기를 한 C가 우선하게 된다. 이는 달리 말하면 점유취득시효완성을 이유로 한 이전등기청구권의 상대방은 시효완성 당시의 소유권자에 한한다는 것이다.[26]

---

25) 이는 매매계약에 의하여 매도인이 이전등기를 해 달라는 채권적 청구권을 매수인이 가지고, 이전등기를 함으로써 비로소 물권자인 소유권자가 되어 모든 사람들에게 소유권자임을 주장할 수 있는 것과 같은 이치이다.

26) 대법원 1977.6.28. 선고 77다47 판결; 대법원 2005.5.26. 선고 2002다43417

그러면 이 경우에 B는 점유를 시작한 날을 5년 뒤로 미루어, 즉 1965. 1. 1.부터 점유를 개시한 것으로 계산하여 1985. 1. 1.에 점유취득시효가 완성되었다고 주장할 수는 없는가. 이렇게 되면 C는 점유취득시효완성 당시의 소유권자가 되어 B에게 이전등기를 해 줄 의무가 생긴다. 그러나 이런 결과는 동일한 사실관계에서 어느 때를 점유취득시효의 시점으로 잡느냐에 따라 결론이 달라지게 되어 C의 권리가 불안정해져 바람직스럽지 못하다. 그리하여 판례[27]는 위와 같은 경우 제3자의 지위의 안정을 위하여 시기를 점유취득자가 선택하지 못하고 법원이 증거를 통하여 그 시기를 확정하여야 한다고 판시했다.[28]

그러나 〈예 4-5〉에서 본 것처럼 자기의 앞 사람의 점유를 주장

판결은 '점유취득시효완성을 원인으로 한 소유권이전등기청구는 시효완성 당시의 소유자를 상대로 하여야 하므로 시효완성 당시의 소유권보존등기 또는 이전등기가 무효라면 원칙적으로 그 등기명의인은 시효취득을 원인으로 한 소유권이전등기청구의 상대방이 될 수 없고, 이 경우 시효취득자는 소유자를 대위하여 위 무효등기의 말소를 구하고 다시 위 소유자를 상대로 취득시효완성을 이유로 한 소유권이전등기를 구하여야 한다'고 했다.

27) 대법원 1988.12.6. 선고 87다카2733 판결; 대법원 2009.7.16. 선고 2007다15172, 15189 전원합의체판결. 후자의 판결은 반드시 읽어보길 권한다.

28) 이렇게 되면 B의 점유취득완성을 이유로 한 소유권이전등기청구권은 이행불능이 되는데, 이때 B는 A에 대하여 이행불능으로 인한 손해배상(채무불이행책임) 또는 불법행위로 인한 손해배상청구를 할 수 있을까. 대법원 1995.7.11. 선고 94다4509 판결은 '부동산 점유자에게 시효취득으로 인한 소유권이전등기청구권이 있다고 하더라도 이로 인하여 부동산 소유자와 시효취득자 사이에 계약상의 채권·채무관계가 성립하는 것은 아니므로 그 부동산을 처분한 소유자에게 채무불이행책임을 물을 수 없다'고 하여 채무불이행책임은 부정했고, 대법원 1989.4.11. 선고 88다카8217 판결은 A가 B의 취득시효사실을 알고서 처분했다면 불법행위책임이 성립한다고 판시했다. 채무불이행책임을 부정한 판결에 대해서는 법정채권이라도 통상의 채권과 다르게 해석할 이유는 없다고 반대하는 견해도 있다. 또 대법원 1991.6.25. 선고 90다14225 판결은 위의 예에서 그 후 다시 C에게서 A로 소유권이 이전되면 이제는 B가 A를 상대로 점유취득시효완성을 이유로 한 이전등기청구를 할 수 있다고 한다. 이에 대해서는 한 번 이행불능으로 된 A의 이전등기청구권은 그 이후부터서는 손해배상청구권의 형태로만 존재하는 것이므로 본래의 이행을 청구할 수 없다고 하여 반대하는 견해도 있다. 그리고 대법원 1996.12.10. 선고 94다43825 판결에 의하면, 점유로 인한 부동산 소유권 취득기간 만료를 원인으로 한 등기청구권이 이행불능으로 되었고, 그 이행불능 전에 등기명의자에 대하여 점유로 인한 부동산 소유권 취득기간이 만료되었음을 이유로 그 권리를 주장하였거나 그 취득기간 만료를 원인으로 한 등기청구권을 행사하였으면 대상청구권을 행사할 수 있다고 한다(사안은 시효취득이 완성된 토지에 대한 수용으로 인한 보상금을 대상으로 시효취득완성자가 대상청구를 한 것이다).

할 때는 A의 점유나 B의 점유를 선택할 수 있다. 하지만 여기서도 A의 점유를 승계하면 A의 점유시기는 A가 점유를 시작한 날짜로 고정되는 것이지 A 점유중의 임의의 시점을 선택할 수는 없다.

이처럼 시기를 고정하는 것은 시효취득완성 후에 이전등기를 받은 제3자를 보호하기 위한 것이라면 제3자가 나타나지 않는 경우에는 굳이 번거롭게 증거로 점유취득시효의 시기를 정할 필요가 없지 않을까.

> 〈예 4-7〉 A소유의 L토지를 1960. 1. 1.부터 B가 점유하여 오던 중 1990. 1. 1.에 B가 A를 상대로 이전등기를 해 달라고 소송을 한다면 법원은 B의 점유시기를 정확하게 밝혀야 하는가.

이 경우 법원으로서는 B가 정확히 언제부터 점유를 시작하였는지를 증거로 조사하여 그 시기를 정하지 않더라도 이해관계가 있는 제3자가 없으므로 현재의 시점에서 역산하여 20년 동안 점유하고 있는 것만 인정하여 이전등기를 명하여도 결론에 아무런 지장이 없고, 이렇게 되면 심리의 진행도 빨라질 수 있다. 대법원도 이를 인정하고 있다.[29]

> 〈예 4-8〉 위의 〈예 4-6〉에서 B의 점유는 C의 이전등기 후에도 계속되었고 2004. 1. 2.에 B가 C를 상대로, C가 이전등기를 하여 소유권을 취득했던 1984. 1. 1.부터 20년이 경과하였다고 하여 점유취득시효완성을 이유로 이전등기를 청구하면 어떻게 되는가.

B는 1960. 1. 1.부터 20년 동안 점유를 계속하여 1980. 1. 1.이 경과함으로써 점유취득시효를 원인으로 한 이전등기청구권을 취득하였지만, B가 이전등기를 하기 전에 C가 이전등기를 경료함으로써 B는 이제는 C에 대하여 이전등기를 청구할 수 없다. 그런데 C 앞으로 이전등기가 경료된 후부터 기산하여 B가 다시 20년간 점유를 계속하여 온 경우에도 점유취득시효를 인정하지 않으면 L은 점유취득시효가 인정되지 않는 부동산이 되는 셈이 된다. 이런 결과는 부당하다고 하지 않을

---

29) 대법원 1988.12.6. 선고 87다카2733 판결.

수 없으므로 이 경우에는 B에게 C에 대한 점유취득시효를 원인으로 한 이전등기청구권을 인정해야 할 것이다. 대법원도 위와 같은 이유로 B의 청구를 인용했고, C의 이전등기후 2004. 1. 2. 이전에 C가 다른 제3자에게 이전등기를 하였더라도 B는 그 자를 상대로 취득시효완성을 주장할 수 있다고 한다.[30]

이상의 예들은 소유권자가 변동되는 경우인데, 점유자가 변동되는 경우는 어떤가.

<예 4-9> L토지에 A가 소유권자로서 변동이 없는 상태에서, 1960. 1. 1.경부터 B가 그 토지상에 건물을 짓고 점유하고 있다가 1984. 1. 1.경 C가 B로부터 그 건물을 매수하여 점유하고 있다. 1985. 1. 1. C가 A를 상대로 점유취득시효완성을 이유로 이전등기를 청구할 수 있는가.

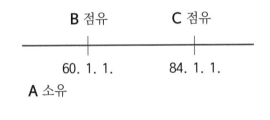

1960. 1. 1.부터 기산하면 점유취득시효의 완성으로 이전등기청구권을 가지는 자는 B이고, C는 B로부터 매수하였으므로 A는 B에게, B는 C에게로 이전등기를 청구하면 아무런 문제가 없다.

문제는 C가 A를 상대로 직접 자기 자신에게로 이전등기를 해 달라고 청구할 수 있는가이다. 이의 문제를 해결하기 전에 먼저 검토해야 할 사항은 B가 A에 대하여 가지는 점유취득시효를 원인으로 하는 이전등기청구권은 B가 C에게 점유를 이전하여 점유자의 지위에서 벗어남으로써 이전등기청구권은 상실하는 것은 아닌가 하는 것이다. 판례[31]에 의하면 점유취득시효완성을 원인으로 한 이전등기청구권은 점유가 계속

---

30) 대법원 2009.7.16. 선고 2007다15172,15189 전원합의체판결.
31) 대법원 1996.3.8. 선고 95다34866,34873 판결.

되는 한 시효로 소멸하지 아니하고, 그 후 점유를 상실하였다고 하더라도 이를 시효이익의 포기로 볼 수 있는 경우가 아닌 한 이미 취득한 소유권이전등기청구권은 바로 소멸되는 것은 아니나, 취득시효가 완성된 점유자가 점유를 상실한 경우 취득시효 완성으로 인한 소유권이전등기청구권의 소멸시효는 이와 별개의 문제로서, 그 점유자가 점유를 상실한 때로부터 10년간 등기청구권을 행사하지 아니하면 소멸시효가 완성한다고 한다.[32] 따라서 위 판례에 의하면 B는 C에게 점유를 이전하여 주었더라도 10년의 소멸시효가 완성되기 전까지는 여전히 이전등기청구권을 행사할 수 있다고 할 것이다.

위 문제에 대하여 판례[33]의 다수의견은 전 점유자인 B의 점유를 승계한 C는 그 점유 자체와 하자만을 승계하는 것이지 그 점유로 인한 법률효과까지 승계하는 것은 아니므로 B의 점유를 승계한 C는 자신의 B에 대한 소유권이전등기청구권을 보전하기 위하여 B의 소유자 A에 대한 소유권이전등기청구권을 대위행사할 수 있을 뿐이고 B의 취득시효 완성의 효과를 주장하여 직접 C에게 소유권이전등기를 청구할 권원은 없다고 한다.

그런데 이렇게 해석하게 되면 B가 C에게 매도한 후 10년이 경과하게 되면 B의 A에 대한 점유취득시효완성을 이유로 한 이전등기청구권은 시효로 소멸하게 되므로 10년이 경과하게 되면 B와 C의 점유가 계속되고 있어도 B와 C 어느 쪽도 점유취득시효완성을 이유로 이전등기를 청구할 수 없는 난점이 생긴다.

따라서 대법원 1988.12.6. 선고 87다카2733 판결의 취지에 따라 소유명의자의 변동이 없으면 C는 A에 대하여 시효의 완성을 주장할 수 있는 시점에서 보아 소요기간이 경과된 사실만 확정되면 족하다고 보아 C는 A에 대하여 직접 점유취득시효완성을 이유로 한 이전등기

---

32) 부동산을 매수하여 인도받아 사용·수익하고 있지만 미등기인 상태에 있는 매수인이 제3자에게 매도하고 부동산을 인도하여 점유를 상실한 경우에 그 매수인이 등기명의자에 대하여 가지는 이전등기청구권은 시효소멸하지 않는다고 하는 대법원 1999.3.18. 선고 98다32175 판결과 차이가 나는 결과이다.

33) 대법원 1995.3.28. 선고 93다47745 전원합의체판결.

청구가 가능하다고 보아야 하지 않을까.

(4) 소유자측의 대응

지금까지는 점유자측에서 점유취득시효를 주장하기 위한 요건을 검토했으나, 그러면 소유자측에서 점유자의 점유취득시효의 요건을 방해하는 수단은 어떤 것이 있는가를 살펴보자.

가장 중요한 것은 점유자로 하여금 더 이상 점유를 하지 못하게 하는 방법일 것이다. 그러기 위해서는 소유자가 점유자를 상대로 퇴거소송을 제기하지 않을 수 없을 것이다. 그런데 만일 소유자가 점유자를 상대로 퇴거소송을 제기한 때가 점유자의 점유기간이 19년 10개월이고, 변론종결하여 판결을 선고하는 시점은 20년이 경과한 시점으로서 그 소송에서 피고로 된 점유자가 점유취득시효를 주장하였다면, 점유취득시효가 인정될 것인가.

민법 제247조는 소멸시효의 중단에 관한 규정은 점유취득시효에도 준용하도록 규정하고 있으므로 소멸시효의 청구에 대한 설명이 그대로 타당할 것이다. 그리하여 퇴거소송의 소장이 법원에 접수된 때에 취득시효의 중단의 효과가 생겨 그 이후 점유기간을 합산하여 20년이 경과하더라도 점유취득시효가 완성되지 않는다고 생각해야 할 것이다.

그러나 소멸시효의 중단사유 중 가처분(예를 들면 점유이전금지가처분 등)은 취득시효에도 준용될 수 있지만, 압류나 가압류는 금전에 대한 강제집행방법이므로 취득시효에는 준용될 수 없다고 할 것이다.

승인의 경우도 취득시효에 준용될 수 있다. 다만, 대법원은 '점유자가 취득시효완성기간 경과 후에 매수의사를 표시하였다고 하더라도 달리 적극적인 의사표시가 있었다고 볼 수 없다면 이로써 승인에 의한 취득시효의 중단 또는 시효취득의 이익을 포기하였다고 볼 수 없다'고 판시하고 있다.[34]

나. 등기부 취득시효

10년간 소유의 의사로 평온, 공연하게 선의이며 과실없이 점유한 때에는 소유권을 취득하게 되는데, 점유취득시효와 다른 점은 선의로

---

34) 대법원 1980.8.26. 선고 79다1 판결.

과실이 없어야 한다는 점과 이미 이전등기가 되어 있는 상태이므로 위 요건이 충족되면 그 즉시 소유권을 취득하게 된다는 점이다.

문제는 10년간 등기부 취득자의 명의로 되어 있어야 하는가, 아니면 앞사람의 등기명의까지도 포함하여 10년이면 족한가이다.

판례[35]는 민법 제245조 제2항의 규정에 의하여 소유권을 취득하는 자는 10년간 반드시 그의 명의로 등기되어 있어야 하는 것은 아니고 앞사람의 등기까지 아울러 그 기간 동안 부동산의 소유자로 등기되어 있으면 된다고 했다. 이는 점유의 승계를 인정하고 있는 민법 제199조의 취지를 등기에도 인정하는 것이라고 할 수 있을 것이다.

그리고 중복등기로서 무효인 등기부에 등기된 경우에는 등기부취득시효가 인정되지 않는다는 것이 판례[36]의 태도이다.

3. 효 과

효과를 생각할 때에는 취득시효완성 후 등기 전의 효력과, 등기 후의 효력을 구분해서 생각해야 할 것이다.

취득시효가 완성되었더라도 등기를 하지 않고 있는 사이에는 채권자적 지위밖에 없으므로 제3자에 대해서는 자신의 권리에 기하여 어떠한 청구를 할 수 없고, 소유자의 권리를 대위행사하여 청구하거나, 점유권에 기하여 청구를 할 수밖에 없을 것이다. 다만 소유자와의 관계에서는 소유권자에 대하여 이전등기청구권을 가지기 때문에 소유권자는 점유자에 대하여 토지인도청구를 하지 못하고,[37] 또 점유자의 그 동안의 점유에 대하여 손해배상청구를 하지 못하며,[38] 점유자를 상대로 자신에게 소유권이 있음을 구하는 소유권 확인청구[39]도 하지 못한다.

점유취득자가 이전등기를 완료하게 되면 이제는 완전한 소유권자가 된다. 이 경우 기존의 교과서에서는 시효취득의 효과에 대해서 원시취

---

35) 대법원 1989.12.26. 선고 87다카2176 전원합의체판결.
36) 대법원 1996.10.17. 선고 96다12511 전원합의체판결.
37) 대법원 1967.7.18. 선고 67다954 판결.
38) 대법원 1966.2.15. 선고 65다2189 판결.
39) 대법원 1995.6.9. 선고 94다13480 판결.

득이라고 하면서 기존의 소유권에 존재하였던 제한은 소멸하고 점유취득자는 점유취득시로 소급하여 소유권을 취득하게 된다[40]고 설명하나 그 구체적인 의미는 명확하지 않다.

> 〈예 4-10〉 점유취득시효가 완성되었으나 점유취득자인 B의 명의로 이전되기 전의 L토지의 소유자 A가 제3자 C에게 저당권을 설정하여 준 경우, B는 취득시효를 원인으로 하여 이전등기를 한 후에 C를 상대로 저당권의 말소를 구할 수 있는가.

점유취득시효의 효과가 원시취득으로서 최초 점유취득시로 소급한다는 점을 강조하면 B가 자기 명의로 이전등기를 함으로써 20년 전의 점유취득시로부터 소유권자가 되므로, C는 소유권자가 아닌 A로부터 저당권을 설정받은 결과가 되어 무효의 등기라고 보아야 할 것이다. 그러나 등기 전의 시효취득자의 지위는 이전등기를 청구할 수 있는 채권자적 지위에 있을 뿐으로 B가 이전등기를 하기 전까지는 A는 여전히 소유권자로서 자기의 소유물을 자유로이 처분할 수 있고, 따라서 만일 C가 저당권자가 아니고 소유권자였다면 C가 A보다 우선하는 소유권자가 될 수 있는 것처럼 저당권도 유효하게 설정할 수 있다고 해야 할 것이다. 판례[41]도 A가 점유취득시효 완성 후 이전등기 전에 설정한 저당권은 유효하다고 보고 있다.

그러면 점유취득시효 완성 전에 설정한 저당권은 어떨까.

이에 대한 판례는 아직 보이지 않는다. 이런 경우는 점유취득시효가 완성된 날로부터 10년 이내에 저당권을 설정한 것일 것이다. 왜냐하면 시효중단 사유가 없다면 10년이 경과하면 피담보채권의 소멸시효가

---

40) 대법원 2004.9.24. 선고 2004다31463 판결: 점유취득시효는 원시취득에 해당하므로 특별한 사정이 없는 한 원소유자의 소유권에 가하여진 각종 제한에 의하여 영향을 받지 아니하는 완전한 내용의 소유권을 취득하게 되고, 이와 같은 소유권취득의 반사적 효과로서 그 부동산에 관하여 취득시효의 기간이 진행중에 체결되어 소유권이전등기청구권가등기에 의하여 보전된 매매예약상의 매수인의 지위는 소멸된다고 할 것이지만, 시효기간이 완성되었다고 하더라도 점유자 앞으로 등기를 마치지 아니한 이상 전 소유권에 붙어 있는 위와 같은 부담은 소멸되지 아니한다.

41) 대법원 2006.5.12. 선고 2005다75910 판결.

완성되어 소멸하게 되고 그러면 저당권도 부종성의 원리에 의하여 소멸하게 될 것이기 때문이다.

점유취득시효의 존재 이유가 사실상태의 존중과 권리의 행사를 태만히 한 것에 대한 제재에 있다고 보면 점유취득자에게 저당권의 부담을 가한다고 하여 점유하고 있는 사실상태에 어떤 변화를 가져오는 것은 아니고 또 저당권자로서는 피담보채권의 소멸시효가 완성되지 않고 있는 상태에서 제3자인 소유권자의 권리불행사의 제재로 인하여 저당권자가 불이익을 받을 수는 없다고 생각되므로 저당권은 소멸하지 않는다고 보아야 하지 않을까. 다만 소유권이 취득시효기간 진행중에 이전된 경우에는 앞서 본 바와 같이 점유취득시효 완성자의 권리와는 서로 양립할 수 없는 권리를 가지는 자이기 때문에 소멸한다고 보아야 할 것이다.[42]

이렇게 보는 경우, 원시취득을 해당 물건에 있었던 부담이 모두 제거된 완전히 새로운 소유권을 취득한다는 의미로 이해한다면 시효취득을 원시취득이라고 보기는 어렵고, 다만 원시취득을, 해당 물건에 있는 부담의 소멸 여부는 차치하고, 소유자가 가지고 있던 소유권을 그 소유자로부터 승계하지 않고 법률의 규정에 의하여 새로운 소유권을 취득하게 된다는 의미로 이해한다면 시효취득을 원시취득이라고 볼 수는 있을 것이다. 그러나 이는 용법상의 문제에 불과하고 실제 문제의 해결에는 도움이 되지 않는 논의일 것이다.

---

42) 위 2005다75910 판결은 '시효취득자로서는 원소유자의 적법한 권리행사로 인한 현상의 변경이나 제한물권의 설정 등이 이루어진 그 토지의 사실상 혹은 법률상 현상 그대로의 상태에서 등기에 의하여 그 소유권을 취득하게 된다'고 판시하고 있고, 실제로 대법원 1999.7.9. 선고 97다53632 판결에서는 '인접 대지의 경계를 침범하여 건물을 소유하고 있던 점유자가 그 대지 부분에 대한 취득시효가 완성되었으나 이를 자신의 소유로 알고 원소유자에 대하여 취득시효완성을 이유로 그 권리를 주장하거나 이전등기청구권을 행사하지 아니하다가 취득시효완성 사실을 모르고 있던 원소유자가 그 대지 부분에 건물을 신축한 후에 취득시효완성을 원인으로 소유권이전등기를 경료한 경우, 원소유자가 건물을 신축함으로써 점유자의 그 대지 부분에 대한 점유의 상태가 변경된 뒤에야 점유자가 그 대지 부분에 관한 소유권이전등기를 경료하였으므로, 점유자로서는 그 지상에 위 건물이 존재한 상태로 대지의 소유권을 취득하였다고 할 것이어서 원소유자에 대하여 위 건물의 철거를 구할 수 없다'고 판시하여 물리적인 점유상태를 용인한 상태에서 소유권을 취득했다고 보고 있다.

<예 4-11> 점유취득시효가 완성되기 전에 설정된 가등기의 경우는 어떨까. 즉 A 소유의 L에 B가 점유하고 있던 중 C가 가등기를 하고 B의 점유취득시효가 완성된 후에 C가 본등기를 하게 되면 C는 B에 대항할 수 있는가. 또는 B가 점유취득시효완성을 이유로 등기를 하게 되면 C의 가등기상의 권리는 소멸하는가.

본래 가등기에 기하여 본등기를 한 경우 물권변동의 효력은 본등기에 발생한다고 보게 되는데 이를 그대로 적용하면 C는 시효완성 후에 소유권을 취득한 사람이 되므로 B가 시효취득을 원인으로 이전등기를 하기 전에 C가 이전등기를 하게 되면 더 이상 B는 시효취득을 하지 못하게 된다.

그러나 판례[43]는 점유취득시효로 인한 소유권취득은 이전등기를 함으로써 소유권을 취득하고 이는 원시취득에 해당하므로 그 반사적 효과로서 그 부동산에 관하여 취득시효의 기간이 진행중에 체결되어 소유권이전등기청구권가등기에 의하여 보전된 매매예약상의 매수인의 지위는 소멸된다고 할 것이라고 하고 있다.

그러나 단순히 원시취득이라는 이유만으로 C의 권리가 소멸한다고 하는 설명은, 앞서 본 저당권의 경우를 생각하면 설득력이 부족하다는 느낌이 든다.

오히려 다음과 같이 생각해야 하는 것은 아닐까.

원 소유자의 취득시효 전의 모든 처분이 원시취득이라는 이유만으로 전부 소멸된다고 할 수는 없다. 이는 앞의 저당권의 경우를 생각하면 알 수 있을 것이다. 그러면 왜 가등기와 저당권의 경우는 다르게 보아야 하는 것일까.

그것은 가등기는 후에 본등기를 하게 되면 시효취득자가 취득하는 소유권과 서로 상충되는 권리이기 때문에 효력이 없다고 보아야 하기 때문이지 않을까. 즉 시효취득의 완성을 이유로 소유권이전등기를 하게 되면 시효취득자의 소유로 되므로, 이와 같이 시효취득자의 소유권 취

---

43) 대법원 2004.9.24. 선고 2004다31463 판결.

득을 방해하는 원 소유자의 처분은 효력이 없다고 보아야 한다는 것이다. 이는 시효취득완성 전에 이루어진 소유권이전등기명의자에 대하여는 시효취득자가 시효취득을 주장하여 이전등기를 청구할 수 있다는 것에서도 알 수 있다. 이렇게 보면 저당권의 경우는 소유권과 상충되는 권리가 아니고 소유권과 함께 병존할 수 있는 권리이므로 저당권설정행위는 유효하지만, 소유권 이전은 취득시효의 완성으로 인한 소유권의 취득과는 상충되는 것이므로 취득시효완성자에게 대항할 수 없다고 보아야 할 것이다. 이에 반하여 소유권이전등기를 보전하기 위한 가등기는 시효취득자의 소유권취득과 상충되는 권리이므로 취득시효완성자에 대항할 수 없어 말소되어야 할 것이다. 뿐만 아니라 취득시효완성 전의 본등기를 경료하고 있는 자도 취득시효완성자에 대항할 수 없는데, 그보다 약한 권리를 가진 가등기권자에 대하여는 취득시효완성으로 대항할 수 없고, 또 C가 본등기를 시효취득완성 전에 한다면 그 후 취득시효기간이 완성된 B에게 대항할 수 없는데 우연히 본등기를 취득시효기간 후에 이루어졌다고 하여 대항할 수 있다고 하는 것은 동일한 지위에 있는 가등기권자를 본등기가 이루어졌느냐에 따라 다르게 취급하는 것으로서 부당하다고 생각되기 때문이다.

그러나 가등기가 B의 취득시효완성 후에 이루어졌다면, 이는 소유권이전등기가 취득시효완성 후에 이루어진 것과 같이 보아 그 후 C는 B에 대항할 수 있게 되어 가등기에 기하여 본등기를 할 수 있다고 보아야 할 것이다.

결국 사견에 따르면 가등기의 경우는 가등기한 때를 기준으로 하여 시효취득완성자와의 우열을 가려야 하는 결과로 될 것이다.

Ⅴ. 공동소유

하나의 물건을 여러 사람이 소유하는 경우가 있고, 여러 사람이 소유함으로 인하여 각자가 가지는 물건에 대한 권리가 일정한 제한을 받을 수 있다. 이런 경우에 우리 민법은 공유, 합유, 총유로 구분하여 그 권리에 대한 제한의 정도를 달리 규율한다.

공유의 경우에는 각자가 가지는 권리의 독립성이 강하고 단체성의 규율은 희박하나, 총유는 비법인 단체의 소유형태로 단체성에 의한 제한이 강하고, 합유는 조합의 소유형태로 단체성에 의한 제한은 총유와 공유의 중간에 위치하고 있다.

1. 공 유

가. 의 의

물건이 여러 사람에 의하여 소유되는 것으로 독립성이 강하다. 통설이나 판례는 1개의 소유권이 분할되어 수인에게 속하는 것으로 이해하여 일물일권주의에 반하지 않도록 이해하고 있으나, 각자가 소유권을 가지는 것으로 보는 것이 이해하기에는 쉽다.

그리고 공유라고는 하나 특이한 것이 있는데, 그것은 판례에서 인정하는 구분소유적 공유의 관계이다. 이에 대하여는 나중에 따로 보기로 한다.

나. 공유의 특징

(1) 특 징

공동소유자 각자 가지는 목적물에 대한 권리 또는 그 권리의 비율을 지분이라 하는데, 이는 일반의 소유권과 같이 지분권자는 다른 지분권자의 동의 없이 마음대로 처분할 수 있고, 언제든지 공유물의 분할을 청구하여 공유관계를 청산할 수 있다.

이것은 합유나 총유처럼 어떤 단체를 염두에 두는 경우에 가해지는 제한, 즉 그 단체의 유지를 위하여 단체의 인적구성인 구성원의 변경에 제한을 가하거나(지분의 처분에 대한 다른 지분권자의 동의나, 탈퇴의 제한 등), 단체의 물적 기초가 되는 재산을 유지하기 위하여 제한을 가하는 등(재산의 분할의 금지 등)의 구속이 전혀 없다는 것을 의미한다고 볼 수 있다.

지분권자는 소유권자와 마찬가지로 지분권에 기하여 물권적 청구권을 행사할 수 있다.

특이한 것으로는 일부 공유권자가 지분을 포기하거나 상속인이 없이 사망한 때에는 그 지분은 다른 공유자에게 각 지분의 비율로 귀속된다는 점이다.[44]

(2) 공유물분할

공유자는 언제든지 공유물분할청구를 하여 공유관계에서 벗어날 수 있으나, 다만 합의로 5년간 분할을 제한할 수 있으며, 부동산의 경우 이런 분할제한을 승계인에게도 주장할 수 있기 위해서는 등기해야 한다.[45]

그러면 등기로 공시할 수 없는 동산의 경우는 어떤가.

동산의 경우 분할제한은 동산에 대한 공유지분의 처분 및 변경에 대한 제한에 해당한다고 할 것이다. 이와 같은 공유물에 대한 처분, 변경에 대하여는 다른 공유자의 동의를 받아야 하도록 규정하고 있는데(민법 제264조), 이 규정에서 말하는 '다른 공유자'는 '처분, 변경 당시의 공유자'로 보아야 할 것이므로 '처분, 변경' 이전에 승계가 이루어졌다면 그 승계인에게는 대항할 수 없다고 보아야 할 것으로 생각한다.

그리고 공유물분할청구권은 형성권으로 언제든지 청구할 수 있으므로, 1인의 공유자가 일방적으로 분할의 의사표시를 하게 되면 다른 공유자는 그 분할에 관하여 협의를 할 의무가 생기고(이를 협의분할이라고 한다), 공유자들 사이에 협의가 이루어지지 않으면 법원에 분할을 청구(재판분할이라고 한다)하게 된다.

위와 같이 재판분할을 할 경우는 법원은 당사자의 청구에 구애되지 않고 지분의 실질적 가치에 따라 가장 합리적이라고 판단되는 방법으로 분할하여야 하고, 이 경우 법원은 분할판결을 할 때 현물을 분할하는 것을 원칙으로 하여 분할을 명하여야 한다(위 현물분할판결이 확정되면 민법 제187조의 규정에 의하여 위 판결 확정시에 등기가 없이도 각 공유자는 현

---

44) 상속인이 없이 사망한 경우 본조의 공유자와 민법 제1057조의 특별연고자와의 사이에 누가 우선하여 사망한 공유자의 지분을 취득하는가가 문제로 되는데, 제1057조의2의 규정취지에 비추어 공유재산이라고 하여 다른 상속재산과 달리 특별취급을 할 필요는 없고 물권편에 있는 규정보다는 상속편에 규정되어 있는 특별연고자에 관한 규정이 상속에 관한 특별한 규정이라고 보아야 할 것이므로 특별연고자가 우선한다고 보아야 할 것이다.

45) 대법원 1975.11.11. 선고 75다82 판결.

물분할판결에 따라 소유권을 취득하게 된다). 다만 현물분할이 어려울 경우에는 1인이나 일부 공유자에게 공유물을 소유하게 하고 다른 공유자의 지분에 해당하는 비율에 따른 금액을 지급하게 하거나 공유물 전체를 경매하여 환가한 돈으로 지분비율에 따라 나누도록 하는 방법을 명할 수 있다.[46]

분할이 이루어진 경우에는 그 효력은 소급하지 않고, 그 실질은 지분의 교환 내지 매매라 할 수 있으므로 다른 공유자가 분할로 취득한 물건에 대해서는 지분의 비율에 따라 매도인과 같은 담보책임을 지게 된다.

그리고 경매를 통한 가격분할판결에 기하여 경매를 하는 경우, 그 공유물 전부에 설정된 저당권이나 일부 공유자의 공유지분에 설정된 저당권이 위 경매로 소멸하는가와 관련하여 판례[47]는 원칙적으로 소멸하는 것으로 보고 매각조건을 정해야 한다고 한다.

다. 공유자 상호간의 관계

공유자는 지분의 비율로 목적물을 사용·수익할 수 있고(제263조), 목적물의 관리에 관한 사항[48]은 공유자의 지분의 과반수로 결정하지만, 보존행위는 각자가 할 수 있다.[49]

그리고 공유물의 관리비용 기타 의무는 공유자들이 공유지분의 비율로 부담한다.

<예 4-12> A, B, C 3인이 공동으로 자동차를 구입하여 일주일씩

---

46) 대법원 2004.7.22. 선고 2004다10183,10190 판결.

47) 대법원 2009.10.29. 선고 2006다37908 판결.

48) 대법원 2010.9.9. 선고 2010다37905 판결은 공유물을 임대하거나 임대차계약을 해지하는 행위는 관리행위에 해당한다고 한다. 이렇게 본다면, 공유물의 과반수지분권자는 관리권에 기하여 임대차계약의 해지통지도 혼자서 할 수 있다고 할 것이고, 민법 제265조는 민법 제547조(해제권의 불가분성)의 특칙으로 보아 제547조가 적용되지 않는다고 보아야 할 것이다.

49) 대법원 1995.4.7. 선고 93다54736 판결에 의하면 보존행위는 긴급을 요하는 경우가 많고 다른 공유자에게도 이익이 되는 것이 보통이기 때문에 각 공유자가 단독으로 할 수 있다고 한다. 그러나 어느 공유자가 보존권한을 행사하는 때에 그 행사의 결과가 다른 공유자의 이해와 충돌될 때에는 그 권한행사는 보존행위로 될 수 없다고 보아야 한다고 판시했다.

> 돌아가면서 사용하기로 했는데, A가 위 약속을 어기고 혼자서만 계
> 속 사용하는 경우 B나 C는 A를 상대로 지분권에 기하여 자동차의
> 인도를 청구할 수 있는가.

자동차의 사용방법에 관한 합의는 관리행위에 해당하는 것으로서 공
유자 3인이 합의하였으면 이를 따라야 할 것이므로 이를 위반한 A에 대
하여 B나 C는 자동차의 이용을 위하여 인도를 청구할 수 있을 것이다.

만일 A의 지분이 6/10으로 과반수인 경우에도 B나 C는 자신들이
자동차를 이용하기 위하여 인도를 청구할 수 있을까.

자동차의 이용방법에 관한 합의는 공유물의 관리에 관한 사항에 해
당하여 지분의 과반수로 결정할 수 있으므로, B나 C는 A에 대하여 인
도를 청구할 수 없고,[50] 단지 A에 대하여 B나 C의 지분비율에 따른 자
동차의 사용에 따른 부당이득반환청구나 자신들이 사용하지 못한 것에
대한 손해배상청구만이 가능할 것이다.

또 A의 지분이 6/10, B 지분이 3/10, C 지분이 1/10인 경우, B가
자동차를 독점으로 사용하는 경우 과반수 지분권자인 A는 관리행위로서
그 자동차의 이전을 구할 수 있는 것은 당연할 것이다.

그러면 소수지분권자인 C가 소수지분권자인 B에 대하여 이전을 청
구할 수 있는가. 판례는 소수지분권자의 독점적 점유상태에 대해 비록
지분범위 내에서 사용·수익권이 있다고 해도 전체적으로 법의 보호를
받을 수 없는 부적법한 것이라고 하여 이전을 명했다.[51]

라. 공유자와 제3자와의 관계

이에 대해서는 공유자와 다른 공유자의 특정승계인과의 관계와, 공
유자와 그 외의 제3자와를 나누어서 생각하는 것이 좋다.

(1) 다른 공유자의 특정승계인과의 관계

공유자는 자신의 지분을 마음대로 처분할 수 있는 것은 앞서 본
바와 같은데, 이 경우 공유자들 사이에 체결한 공유물에 관한 협약의 효

---

50) 대법원 2002.5.14. 선고 2002다9738 판결.
51) 대법원 1994.3.22. 선고 93다9392,9408 전원합의체판결은 꼭 읽어보길 권한다.

력이 승계인에게도 미치는가가 문제로 된다.

공유자들 사이에 체결된 협약의 효력은 채권적 효력에 불과하여 체결한 당사자 사이에만 미치고 승계인에게는 미치지 않는다고 하면 공유자가 바뀔 때마다 다시 협약을 체결해야 하는 등 불편함이 많다. 그렇다고 해서 일부 공유자에게 불리한 약정이 있었는데 이를 모르고 승계한 승계인에게도 미친다고 하게 되면 선의의 승계인은 예상외의 불이익을 입게 될 것이다.

이에 대해 대법원 2005.5.12. 선고 2005다1827 판결은 '공유자간의 공유물에 대한 사용·수익·관리에 관한 특약은 공유자의 특정승계인에 대하여도 당연히 승계된다고 할 것이다'고 판시하고 있는데, 이에 비추어 공유물의 관리에 관한 사항은 승계인에게 승계되지만, 공유물의 처분·변경에 관한 사항은 승계되지 않는다[52]는 입장이라고 할 것이다. 그러나 공유물의 관리에 관한 사항은 과반수 지분에 의하여 결정되므로 특정승계인이 과반수지분권자라면 기존의 관리방법에 관한 합의를 자기의 의사에 따라 변경할 수 있으므로 이런 경우에는 큰 의미는 없을 것이다. 그러나 기존의 관리방법에 대한 합의에 따라 이미 발생한 채무에 대하여는 승계인이 책임을 져야 한다.

(2) 그 외의 제3자와의 관계

먼저 공유자가 제3자에 대하여 청구를 하는 경우를 본다.

만일 제3자가 공유관계를 부정하는 경우 공유권자 각자는 자기의 지분권에 기초하여 제3자에 대하여 지분권 확인의 소를 제기할 수도 있고, 공유관계에 기초하여 공유관계의 확인청구를 할 수도 있다. 다만 공유관계에 기초하여 주장할 때(제3자를 상대로 하는 공유관계의 확인을 구하는 소)는 모든 공유자가 참가하여야 하는 필수적 공동소송의 형태[53]로 되

---

52) 대법원 2009.12.10. 선고 2009다54294 판결이 다른 공유자에게 무상사용권을 줌으로써 지분권자로서의 사용수익권을 사실상 포기한 것과 같은 특약은 승계되지 않는다고 판시한 것이나, 대법원 2007.11.29. 선고 2007다64167 판결이 공유자 중 1인이 자신의 지분 중 일부를 다른 공유자에게 양도하기로 하는 공유자간의 약정이 특정승계인에게 당연히 승계되지 않는다고 한 것이나, 분할금지의 특약에 관한 앞 75다82 판결도 그와 같은 취지라고 볼 수 있을 것이다.

53) 만일 공유관계확인의 소를 공유자 1인이 제기할 수 있다고 하면, 그 소송에서 승소

어야 한다.[54]

그리하여 공유자의 1인은 자신의 지분권에 기하여 보존행위로서는 전 공유물에 대한 권리를 제3자에 대하여 주장할 수 있지만, 그 외 행위는 자기의 지분권에 한하여 주장할 수 있게 될 것이다.

> <예 4-13> A, B, C 3인의 공유로 등기되어 있던 부동산을 C가 임의로 단독명의로 이전등기해 가면 공유자들은 어떤 청구가 가능한가.

공유자 1인인 A는 혼자서 보존행위를 이유로 하여 C지분을 제외한 A, B의 지분에 대하여 말소를 구할 수 있다(등기의 기재는 C도 지분권자이기 때문에 C의 이전등기를 전부 말소할 수는 없고 A와 B의 지분의 범위 내에서만 말소하는 경정등기가 이루어진다).[55] 공유자가 아닌 제3자 D가 이전등기를 해 간 경우는 A, B, C 각자는 보존행위로서 D의 이전등기의 전부 말소 내지는 각 지분별로의 진정명의회복을 원인으로 하는 이전등기청구가 가능할 것이다.[56]

만일 D가 A의 지분 1/3만을 불법하게 이전등기해 가면, B나 C는 그 지분이 무효라고 주장할 수 있는가.

판례[57]에 의하면 위의 경우에는 B나 C의 지분이 침해된 것이 아니므로, B나 C가 A 지분의 말소를 구하는 것은 자기의 지분(B나 C의 지분)의 범위를 초과하는 부분에 대한 것으로서 A 지분의 말소등기를 청구할 수 없고, 또 이와 같이 공유자(B나 C)가 다른 공유자(A)의 지분권을 대외적으로 주장하는 것은 공유물의 멸실·훼손을 방지하고 공유물의 현상을 유지하는 사실적·법률적 행위인 공유물의 보존행위에 속한다고 할

했을 때는 다른 공유자에게도 이익이 될 수 있지만, 패소하게 되면 그 소송에 전혀 관여하지 않았던 다른 공유자에게까지 기판력이 미쳐 다시 소송을 하지 못하게 되는 결과가 되어 부당하므로 필수적 공동소송으로 본다.

54) 대법원 1994.11.11. 선고 94다35008 판결.

55) 대법원 1965.4.22. 선고 65다268 전원합의체판결; 대법원 1988.2.23. 선고 87 다카961 판결 참조.

56) 대법원 2005.9.29. 선고 2003다40651 판결.

57) 대법원 2010.1.14. 선고 2009다67429 판결.

수 없다고 한다.

또 제3자인 E가 공유물을 불법적으로 점유하고 있는 경우에는 A, B, C는 각자 지분권에 기하여 공유물의 전체의 반환이나 방해배제를 청구할 수 있으나,[58] 공유물 자체의 반환이나 방해배제청구가 아니라 부당이득반환청구[59]나 손해배상청구[60]와 같이 금전적인 청구를 할 때는 지분비율에 따른 금액만의 반환을 청구할 수 있다.

다음으로 공유자가 제3자로부터 청구를 받게 되는 경우를 본다.

공유의 건물이 철거의 대상으로 되면 제3자는 공유자 전부를 상대로 철거를 구할 수도 있고, 공유자 중 1인을 상대로 그 지분의 한도 내에서 철거를 구할 수도 있다.[61] 다만 공유자 중 1인이나 일부의 공유자에 대하여 철거 판결을 받은 경우 그 판결만으로는 철거집행을 할 수 없으므로 나머지 공유자를 상대로 철거를 구하는 판결을 받아야만 철거집행이 가능하다. 그럼에도 불구하고 일부 공유자에 대한 철거 판결을 인정하는 이유는 만일 이를 인정하지 않으면 공유물로부터 손해를 입은 자는 가해자가 공유자라는 우연한 사정으로 인하여 공유자 전원을 피고로 해야 하는 불편을 당해야 하고 따라서 피해구제에 어려움을 겪게 된다는 점에서 불가피한 결론이라고 한다..

마. 구분건물과 공유

구분건물에 관하여는 집합건물의 소유 및 관리에 관한 법률(이하 집합건물법이라 한다)에서 공유관계에 대해 민법의 규정과는 다른 내용의 규정들이 많다. 즉 구분건물에서의 공유에 속하는 공용부분은 자유롭게 처분할 수 있는 것이 아니라 구분소유자의 전유 부분의 처분에 따르고, 분할청구가 인정되지 않는 등의 특칙이 많다. 특히 대법원 1995.3.14. 선고 93다60144 판결은 집합건물법이 적용되는 경우에는 건물의 구분

---

58) 대법원 1968.9.17. 선고 68다1142,68다1143 판결. 근거로서 판결은 보존행위라고 하는 데 반하여 학설은 지분은 공유물 전체에 미쳐 일부분의 침해도 지분의 침해로 되고, 공유물 인도청구권은 이론상 하나의 불가분채권이므로 제409조가 준용되어야 한다는 점을 든다.

59) 대법원 1979.1.30. 선고 78다2088 판결.

60) 대법원 1970.4.14. 선고 70다171 판결.

61) 대법원 1968.7.31. 선고 68다1102 판결.

소유자들은 건물 대지에 대한 공유지분의 비율에 관계없이 그 건물의 대지 전부를 용도에 따라 사용할 수 있다고 보고 있으므로, 구분소유자의 1인이 대지를 용도에 따라 사용하는 경우에는 다른 공유자는 그 사용에 따른 이득에 대하여 부당이득이라고 하여 반환청구를 할 수 없다고 하여 일반 공유와는 달리 보고 있다. 자세한 것은 위 법 규정을 참조할 것.

　　참고로 아파트의 관리비와 관련하여 아파트 관리규약에 아파트의 전(前) 입주자가 체납한 관리비를 그 아파트의 양수인이 그 관리비를 납부할 의무를 승계한다는 조항이 있는 경우에 그 관리규약은 집합건물법 제28조 제3항(관리규약이 구분소유자 이외의 자의 권리를 침해하지 못한다)에 위반되어 무효인가가 다투어진 사안에서, 대법원 2001.9.20. 선고 2001다8677 전원합의체판결의 다수의견은 '아파트의 관리규약에서 체납관리비 채권 전체에 대하여 입주자의 지위를 승계한 자에 대하여도 행사할 수 있도록 규정하고 있다 하더라도, 집합건물법 제28조 제3항에 비추어 볼 때, 관리규약으로 전 입주자의 체납관리비를 양수인에게 승계시키도록 하는 것은 입주자 이외의 자들과 사이의 권리·의무에 관련된 사항으로서 입주자들의 자치규범인 관리규약 제정의 한계를 벗어나는 것이고, 개인의 기본권을 침해하는 사항은 법률로 특별히 정하지 않는 한 사적 자치의 원칙에 반한다는 점 등을 고려하면, 특별승계인이 그 관리규약을 명시적, 묵시적으로 승인하지 않는 이상 그 효력이 없다고 할 것이며, 집합건물법 제42조 제1항 및 공동주택관리령 제9조 제4항의 각 규정은 공동주택의 입주자들이 공동주택의 관리·사용 등의 사항에 관하여 관리규약으로 정한 내용은 그것이 승계 이전에 제정된 것이라고 하더라도 승계인에 대하여 효력이 있다는 뜻으로서, 관리비와 관련하여서는 승계인도 입주자로서 관리규약에 따른 관리비를 납부하여야 한다는 의미일 뿐, 그 규정으로 인하여 승계인이 전 입주자의 체납관리비까지 승계하게 되는 것으로 해석할 수는 없다. 다만, 집합건물의 공용부분은 전체 공유자의 이익에 공여하는 것이어서 공동으로 유지·관리해야 하고 그에 대한 적정한 유지·관리를 도모하기 위하여는 소요되는 경비에 대한 공유자간의 채권은 이를 특히 보장할 필요가 있어 공유자의 특별승계인에게 그 승계의사의 유무에 관계없이 청구할 수 있도록 집합건물법 제18조에서 특별규정을 두고 있는바, 위 관리규약 중 공용부분 관리비에 관한 부분은 위 규정에 터잡은 것으로서 유효하다고 할 것이므로, 아파트의 특별승계인은 전 입주자의 체납관리비 중 공용부분에 관하여는 이를 승계하여야 한다고 봄이 타당하다'고 판시하여 공용부분에 관한 체납관리비에 대하여는 양수인도 책임을 진다고 보고 있다.

그리고 어떤 것이 공용부분에 관한 체납관리비인가에 대하여는 대법원 2006.6.29. 선고 2004다3598,3604 판결은 '집합건물의 전 구분소유자의 특정승계인에게 승계되는 공용부분 관리비에는 집합건물의 공용부분 그 자체의 직접적인 유지·관리를 위하여 지출되는 비용뿐만 아니라, 전유부분을 포함한 집합건물 전체의 유지·관리를 위해 지출되는 비용 가운데에서도 입주자 전체의 공동의 이익을 위하여 집합건물을 통일적으로 유지·관리해야 할 필요가 있어 이를 일률적으로 지출하지 않으면 안 되는 성격의 비용은 그것이 입주자 각자의 개별적인 이익을 위하여 현실적·구체적으로 귀속되는 부분에 사용되는 비용으로 명확히 구분될 수 있는 것이 아니라면, 모두 이에 포함되는 것으로 봄이 상당하다. 한편, 관리비 납부를 연체할 경우 부과되는 연체료는 위약벌의 일종이고, 전 구분소유자의 특별승계인이 체납된 공용부분 관리비를 승계한다고 하여 전 구분소유자가 관리비 납부를 연체함으로 인해 이미 발생하게 된 법률효과까지 그대로 승계하는 것은 아니라 할 것이어서, 공용부분 관리비에 대한 연체료는 특별승계인에게 승계되는 공용부분 관리비에 포함되지 않는다. 상가건물의 관리규약상 관리비 중 일반관리비, 장부기장료, 위탁수수료, 화재보험료, 청소비, 수선유지비 등은, 모두 입주자 전체의 공동의 이익을 위하여 집합건물을 통일적으로 유지·관리해야 할 필요에 의해 일률적으로 지출되지 않으면 안 되는 성격의 비용에 해당하는 것으로 인정되고, 그것이 입주자 각자의 개별적인 이익을 위하여 현실적·구체적으로 귀속되는 부분에 사용되는 비용으로 명확히 구분될 수 있는 것이라고 볼 만한 사정을 찾아볼 수 없는 이상, 전 구분소유자의 특별승계인에게 승계되는 공용부분 관리비로 보아야 한다'고 판시했다.

바. 구분소유적 공유

2인 이상이 부동산의 위치와 면적을 특정하여 각자의 소유로 하면서 등기만은 전체 면적 중 자기가 소유하는 부분의 면적 비율로 공유등기를 하는 경우를 말한다.

<예 4-14> 100㎡의 L토지 중 동쪽 부분의 60㎡(L1이라 한다)를 A의 소유로, 서쪽 부분 40㎡(L2라 한다)를 B의 소유로 위치를 특정하여 그곳에 집을 짓고 담으로 경계를 지으면서도 등기는 전체 L토지의 등기부에 A명의로 60/100, B명의로 40/100으로 등기해 둔 경우 단독명의로 하려면 어떤 절차를 거쳐야 하는가.

이 경우 통상의 공유물의 분할과 다른 점은 A와 B 사이에는 L1은 A 소유로, L2는 B 소유로 하기로 사전에 약정되어 있어 분할협의가 불필요하다는 점이다. 본래는 L등기부를 L1과 L2로 분할하여 L1의 소유자로 A, L2의 소유자로 B로 등기해야 하는데, 분할비용을 아낄 목적 등으로 분할하지 않고 등기하기 때문에 이런 경우가 생긴다.

문제는 실제 L1, L2는 각기 A, B의 단독소유인데, 등기부상으로는 L1과 L2에 대해서도 각기 A와 B가 60/100과 40/100으로 소유하고 있는 것으로 공시되어 있기 때문에 A가 분할을 원하나 B가 거부할 경우 법원에 어떻게 분할청구를 하여야 할 것인지, 또 제3자가 A로부터 매수할 때 위와 같이 구분소유적 공유라는 사정을 몰랐던 경우 제3자는 구분소유의 사실을 부정하여 통상의 공유라고 주장할 수 있는지 등의 문제가 생긴다.

먼저 분할의 경우를 보면, 일반 공유에서는 지분의 비율에 따라 현물을 어떤 식으로 나누는 것이 실질적 가치에 따른 지분의 비율에 맞는가 하는 문제가 등장하고, 이에 따라 현물을 분할하는 것이 어려우면 경매분할 등의 방법이 취해지지만, 구분소유적 공유의 경우에는 공유자간에는 이미 그 위치와 면적이 특정이 된 상태로 소유하고 있으므로 위와 같은 절차를 취하는 것이 아니라 사전에 합의된 대로 분할하되 등기부의 공유지분만을 수정하면 된다. 즉 <예 4-14>에서 A의 경우를 예를 들면 L1부분에 A : 60/100, B : 40/100으로 되어 있는 지분비율에 대하여, B의 40/100지분을 A에게 이전하여 A의 지분을 100/ 100으로 하여 단독소유로 만들어주면 된다.

그 방법으로서 판례는 다음과 같은 해결책을 제시한다.

즉 L1부분은 A와 B 사이에서는 A의 소유인데 40/100 지분만큼을 A가 B에게 명의신탁을 해 주었다고 보고 그 명의신탁을 해지하고서 위 지분을 되찾아오는 것이다(L2에 대해서도 마찬가지이므로 이런 관계를 상호명의신탁이라고 한다). 따라서 B가 거부하는 경우에는 A는 B를 상대로 공유물분할청구(형성의 소)가 아니라 명의신탁해지를 원인으로 한 B의 지분의 소유권이전등기절차의 이행을 구하는 소(이행의 소)를 제기하는 것이다.[62]

A가 이런 판결을 받으면 A는 이 판결로 L토지를 2개로 분할하여 2개의 등기부를 만든 후[63] L1을 표상하는 등기부에 B로부터 40/100 지분을 A가 이전받았다고 기재하여 A를 단독소유자로 만든다. 그런데 이렇게 분할되면 기존의 L등기부는 L1의 분할로 인하여 이제는 L2토지를 표상하는 등기부로 되는데 그 등기부에는 여전히 소유권자의 명의가 A 명의로 60/100, B명의로 40/100으로 기재되어 있으므로 B가 L2토지를 자기의 단독소유로 등기하기 위해서는 B가 A를 상대로 다시 L2토지에 관하여 명의신탁해지를 원인으로 하는 소유권 이전등기절차이행을 구하는 소송을 제기하여 확정된 승소판결을 받아 등기신청을 해야만 L2 토지가 B의 단독소유로 등기되게 된다.

> <예 4-15> 분할되기 전의 상태에서 A가 제3자 C에게 L1을 양도하는 경우에는 C는 L 전체 부동산의 60/100이라는 공유지분을 취득하게 되는가(이 경우에는 C는 L2 부분에 대해서도 60/100의 공유지분을 취득하게 되고 결국 상호명의신탁관계는 종료되고 일반 공유와 같은 관계가 된다), 아니면 위치가 특정된 부분인 L1만을 취득하게 되는가.

---

62) 대법원 1989.9.12. 선고 88다카10517 판결.

63) 2개의 등기부로 만드는 방법은 L등기부에서 L1부분에 해당하는 면적 60㎡를 분할하여 등기부를 새로 만들게 되고, 기존의 등기부는 이제 40㎡만 남게 되므로 L2를 표상하는 등기부로 되게 된다.

판례는 '위 특정 부분이 전전 양도되고 공유지분등기도 전전 양도되면 상호 명의신탁한 지위도 전전 승계되어 최초의 양도인과 위 특정 부분의 최후의 양수인과의 사이에 명의신탁 관계가 성립한다 할 것이다'고 하여 구분소유적 공유관계가 지속된다고 보고 있다.

통상의 경우는 앞의 예처럼 A와 B 사이에 서로의 위치를 특정할 수 있는 담과 같은 경계가 있는 경우가 많으므로 위 토지를 취득하려는 제3자로서는 매매목적물의 현황을 조사하기 위하여 현장에 와 보면 구분소유적 공유라는 것을 쉽게 알 수 있어서 판례와 같이 보아도 제3자가 예상 외의 불이익을 입지는 않을 것이다.

그런데 그런 경계가 없는 상태에서 제3자가 구분소유적 공유가 아닌 일반적인 공유지분으로 알고 매수한 경우는 어떻게 되는가.

판례[64]는 이런 경우에는 일반적인 공유지분을 취득한다고 한다.

2. 합 유

합유는 조합이 소유하는 형태로서, 조합은 2인 이상이 공동사업을 위하여 계약으로 각자가 출자하여 조직된 단체이다. 따라서 그 구성원이 조합 소유의 물건에 대하여 행하는 소유권의 행사는 그 목적인 공동사업의 영위를 위하여 제한받는 것은 당연하다고 할 것이다.

합유물 전체의 처분이나 변경(이는 공동사업의 변경 내지 조합의 해산에 해당할 것이다)은 전원의 동의가 있어야 하고, 보존행위는 각자가 할 수 있는 것은 공유와 같다.

그러나 합유지분의 경우 공동사업을 위해서는 구성원 개개인의 개성과 능력이 중요하므로 합유 지분의 처분(이는 구성원의 변경을 가져온다)은 전원의 동의가 없으면 할 수 없고(제272조), 합유물에 대한 분할청구(이는 조합의 해산에 해당할 것이다)는 원칙적으로 불가능하나(제273조), 조합체의 해산이나 합유물의 양도로 종료하는 경우에만 가능하도록(제274조) 규정하고 있다.

합유물 처분의 경우, 민법 제272조에 의하면 합유자 전원의 동의가

---

64) 대법원 1993.6.8. 선고 92다18634 판결.

있어야 하는 데 반하여 민법 제706조 제2항에 의하면 합유물의 처분은 조합의 업무집행에 속하므로 합유자 전원의 동의가 아니라 업무집행자가 단독으로 할 수 있는 것이 아닌가 하는 문제가 발생한다. 즉 위 각 규정이 서로 배치되는 것으로 보이는데, 이를 어떻게 조화롭게 해석하느냐가 문제이다.

판례[65]는 조합재산의 처분·변경도 조합의 업무집행의 범위에 포함된다고 보고 업무집행자가 있는 경우에는 업무집행자의 과반수로서 결정하고, 업무집행자가 없는 경우에는 조합의 통상사무의 범위에 속하지 아니하는 특별사무로 보아 조합원의 과반수로써 결정한다고 판시했다. 이는 합유물에 관한 물권법의 규정보다는 채권편의 조합규정을 우선시하는 태도라고 할 수 있을 것이다. 이에 대한 자세한 학설의 내용은 채권편에 넘긴다.

3. 총 유

법인이 아닌 사단이 물건을 소유하는 형태로서, 이러한 비법인 사단으로는 친목회, 종중, 교회, 사찰 등을 들 수 있다.

법인의 경우에는 구성원인 개인을 초월하여 법인 자체에 귀속된다.

법인 중 비법인 사단은 법인이 되기 직전의 단계로서 조합보다 단체의 구속력이 강하다. 따라서 총유물의 관리 및 처분은 사원총회의 결의에 의하며, 비법인 사단의 구성원인 사원은 정관 기타의 규약에 좇아 총유물을 사용·수익할 수 있을 뿐이다.

사원은 합유나 공유와 달리 지분을 가지지 않고 오로지 사원총회의 결의에 참여하는 방법으로 권리를 행사할 수 있을 뿐이다.

그리하여 비법인 사단의 구성원인 사원은 비법인 사단 소유의 재산이 침해당하더라도 보호해야 할 자신의 재산인 지분권이 없어 보존행위라고 하여 소송을 제기할 수도 없다.

이런 경우 침해자를 상대로 비법인 사단의 재산을 지키기 위하여 소송을 제기하기 위해서는 구성원 전원이 당사자가 되거나, 비법인 사

---

65) 대법원 1998.3.13. 선고 95다30345 판결.

단이 자신의 명의로 사원총회를 거쳐서 소송을 하는 수밖에 없고, 비법인 사단의 대표자나 구성원은 사원총회의 결의를 거쳤더라도 대표자 명의나 개인 명의로 소송의 당사자가 될 수 없다.[66]

그러면 비법인 사단이 타인간의 금전채무를 보증하는 행위는 총유물의 관리·처분에 관한 행위로서 사원총회의 결의가 필요한가?

총유물의 관리·처분은 사원총회의 결의가 필요하므로 타인의 금전채무를 보증하는 행위를 비법인 사단의 대표자가 하려면 그 전에 사원총회의 결의가 필요하고, 만일 사원총회의 결의 없이 보증을 했다면 그 보증행위는 무효로 된다. 그러나 보증행위가 총유물의 관리·처분행위에 해당하지 않는다면, 비법인 사단의 대표자는 정관에서 위임한 권한 범위 내에서 통상 비법인 사단을 대표하여 비법인 사단 소유의 재산에 관하여 법률행위를 할 수 있으므로 그 보증행위는 유효하다고 할 것이다.

이와 같이 사원총회의 결의 없이 이루어진 대표자의 보증행위가 총유물의 관리·처분행위인지 여부에 의하여 그 보증행위의 효력의 유무가 결정된다.

이에 대하여는, 보증행위자체로만으로는 아직 총유물이 처분된 것이 아니고 그 보증책임이 현실화되어야 비로소 재산의 처분의 효과가 발생한다고 보게 되면 보증행위를 총유물의 관리·처분행위는 아니라고 할 것이고, 따라서 사원총회의 결의 없이 한 대표자의 보증행위는 유효하다고 보게 될 것이다.

그러나 대표자가 비법인 사단을 대표하여 보증을 하게 되면 나중에 비법인 사단은 보증책임을 질 수 있고 그렇게 되면 비법인 사단의 재산으로 보증에 대한 책임을 질 수밖에 없어 총유물의 관리·처분에 해당한다고 볼 수도 있다. 이렇게 보면 대표자의 보증행위는 총유물의 관리·처분행위에 해당하므로 사원총회의 결의를 얻지 않고 한 보증행위는 무효하다고 할 것이고, 따라서 비법인 사단은 보증책임을 지지 않게 될 것이다.

판례의 다수의견은 전자의 입장을 취하여 대표자가 사원총회의 결의 없이 한 보증행위를 유효하다고 판시했다.

---

66) 대법원 2005.9.15. 선고 2004다44971 전원합의체판결.

개인적으로 다수의견은 보증행위를 너무 형식적으로 판단한 것이 아닌가 생각되고, 따라서 보증행위는 총유물의 관리·처분행위로 보는 것이 옳은 것이 아닌가 생각한다.

가. 교 회

비법인 사단 중의 하나로 교회를 들 수 있고, 교회명의의 재산은 총유로 본다.

그런데, 교회가 교리 등의 문제 등으로 2개의 교회로 분열되는 경우 그 교회 명의의 재산은 어느 교회에 속하는가 하는 문제가 제기되고 이에 대하여 판례는 다소 혼란이 있었으나 최근 전원합의체판결이 나와 그 혼란을 종식시켰다.

종전의 판례[67]에 의하면 교회가 분열되는 경우에는 분열 당시의 세례 교인들의 총유로 보아 그 교인들의 결정에 의하여 교회의 재산을 처분할 수 있다고 하였다.

대법원이 이렇게 본 것은 당해 교회는 분열 당시의 교회의 신도들의 헌금 등 그들의 출연으로 구성된 재산이므로 그 신도들의 교회 이용권을 보장하기 위한 것이었다. 그러나 분열되어 서로 반목하고 있는 교인들이 한 자리에 모여서 그 교회재산의 관리나 처분에 대하여 논의하는 것 자체가 사실상 어려운 일이어서 법원이 교회의 분쟁에 실질적인 해결책을 제시해 주지 못하고 있다는 비난을 받아왔다. 또 법리적으로도 분열된 교회의 재산이 분열 당시의 교회 신도들의 총유라면 분열 후에 그 교회의 구성원으로 가입한 신도들은 교회 재산에 대한 이용권한이 없다고 보아야 할 것인데 대법원은 그런 신도들에 대하여도 이용권한을 인정하여 총유의 법리에 위반된다는 이론적 비판도 있었다.

그 후 대법원은 이런 비판을 의식하여 종전의 판례를 변경하여 '법인 아닌 사단의 구성원들의 집단적 탈퇴로써 사단이 2개로 분열되고 분열되기 전 사단의 재산이 분열된 각 사단들의 구성원들에게 각각 총유적으로 귀속되는 결과를 초래하는 형태의 법인 아닌 사단의 분열은 허용되지 않는다. 교인들은 교회 재산을 총유의 형태로 소유하면서 사용·

---

67) 대법원 1993.1.19. 선고 91다1226 전원합의체판결.

수익할 것인데, 일부 교인들이 교회를 탈퇴하여 그 교회 교인으로서의 지위를 상실하게 되면 탈퇴가 개별적인 것이든 집단적인 것이든 이와 더불어 종전 교회의 총유 재산의 관리처분에 관한 의결에 참가할 수 있는 지위나 그 재산에 대한 사용·수익권을 상실하고, 종전 교회는 잔존 교인들을 구성원으로 하여 실체의 동일성을 유지하면서 존속하며 종전 교회의 재산은 그 교회에 소속된 잔존 교인들의 총유로 귀속됨이 원칙이다. 그리고 교단에 소속되어 있던 지교회의 교인들의 일부가 소속 교단을 탈퇴하기로 결의한 다음 종전 교회를 그들이 별도의 교회를 설립하여 별도의 대표자를 선정하고 나아가 다른 교단에 가입한 경우, 그 교회는 종전 교회에서 집단적으로 이탈한 교인들에 의하여 새로이 법인 아닌 사단의 요건을 갖추어 설립된 신설 교회라 할 것이어서, 그 교회 소속 교인들은 더 이상 종전 교회의 재산에 대한 권리를 보유할 수 없게 된다'고 하고,[68] 그러나 '그 탈퇴가 사단법인의 정관변경에 준하는 의결권을 가진 2/3 이상의 찬성에 의한 결의를 통하여 이루어진 것이라면, 종전 교회의 실체가 이와 같이 교단을 탈퇴한 교회로서 존속하고 종전 교회의 재산은 이와 같이 탈퇴한 교회 소속 교인들의 총유로 귀속하게 된다'고 판시했다.[69]

나. 종 중

종중과 관련하여 종종 문제가 되는 것은 종중 재산에 대한 보상금을 종원들간에 어떻게 배분할 것인가와 관련한 것이다.

이에 대해 판례[70]는 그 매각대금의 분배는 총유물의 처분에 해당하므로 정관 기타 규약에 달리 정함이 없는 한 종중총회의 결의에 의하여 분배할 수 있고, 그 분배 비율, 방법, 내용 역시 결의에 의하여 자율적으로 결정할 수 있으나, 그 결의내용이 현저하게 불공정하거나 선량한 풍속 기타 사회질서에 반하는 경우 또는 종중원의 고유하고 기본적인 권리의 본질적인 내용을 침해하는 경우에는 그 결의는 무효이고, 종중원은 위와 같은 적법한 분배결의가 없으면 종중에 대하여 직접 분배청구

---

68) 대법원 2006.4.20. 선고 2004다37775 전원합의체판결. 꼭 읽어볼 것을 권한다.
69) 대법원 2006.6.30. 선고 2000다15944 판결.
70) 대법원 2010.9.9. 선고 2007다42310,42327 판결.

를 할 수 없다고 한다.

따라서 종중 재산이 수용되어 지급된 수용보상금에 대한 분배결의의 내용이 근거 없이 차등을 두어 지급한 것으로서 부적법한 경우, 그 결의에 의하여 피해를 본 종중원은 종중을 상대로 적정한 비율에 따른 분배금의 지급을 청구할 수는 없고, 종중을 상대로 위와 같은 부적법 결의의 무효확인을 구할 수 있을 뿐이다. 이와 같이 무효확인판결을 받게 되면 종중으로서는 무효로 된 결의에 따라 분배된 금원을 분배받아간 종중원들로부터 반환받아 다시 적법한 분배결의를 하여 그 결의내용에 따라 재분배하여야 한다. 총유의 구성원인 종중원은 지분이 없으므로 종원의 종중에 대하여 청구할 수 있는 구체적인 금전지급청구권은 사원총회결의가 있어야만 발생하기 때문이다.

이 판결은 다른 비법인 사단, 예를 들면 어촌계의 어업권의 보상[71]에 관하여도 타당하다.

4. 준공동소유(민법 제278조)

소유권 이외의 재산권을 수인이 공동으로 소유하는 법률관계이다.

채권의 경우에도 성립할 수 있으나, 채권편의 불가분채권에 관한 규정은 민법 제278조의 다른 법률에 해당하여 그 규정이 우선 적용되므로 위 규정이 적용될 여지는 적다.

> <예 4-16> 3인의 채권자가 채권 담보를 위해 채무자와 채무자 소유 부동산에 관하여 자신들을 공동매수인으로 하는 1개의 매매예약을 체결하고 공동명의로 가등기를 마친 경우, 본계약이 체결되게 된 것으로 만드는 매매예약완결권이라는 형성권은 위 2인의 준공유로서 준 공유자 전원이 함께 행사하여야 하는가.

이와 관련하여 종전 판례[72]에 의하면 매매예약완결권의 준공유를 인정하고 그 권리는 준공유자 전원이 함께 행사하여야 하는 필수적 공

---

71) 대법원 1992.7.14. 선고 92다534 판결.
72) 대법원 1985.5.28. 선고 84다카2188 판결.

동소송이라고 하여, 1인이나 2인이 매매예약완결권을 행사하고 본등기를 청구한 소를 당사자 적격이 없다는 이유로 각하하였다. 이는 매매예약완결권의 행사는 공유하고 있는 재산권인 매매예약완결권 전체의 처분에 해당한다고 본 것이라고 할 수 있을 것이다.

그런데 최근 대법원 2012.2.16. 선고 2010다82530 전원합의체판결에서는 A, B, C, D가 E에게 돈을 대여하면서 담보 목적으로 E 소유의 부동산 지분에 관하여 A, B, C, D의 공동명의로 매매예약을 체결하고 A, B, C, D의 각자의 채권액의 비율대로 특정하여 가등기를 마친 사안에서 '수인의 채권자가 공동으로 매매예약완결권을 가지는 관계인지 아니면 채권자 각자의 지분별로 별개의 독립적인 매매예약완결권을 가지는 관계인지는 매매예약의 내용에 따라야 하고, 매매예약에서 그러한 내용을 명시적으로 정하지 않은 경우에는 수인의 채권자가 공동으로 매매예약을 체결하게 된 동기 및 경위, 매매예약에 의하여 달성하려는 담보의 목적, 담보 관련 권리를 공동 행사하려는 의사의 유무, 채권자별 구체적인 지분권의 표시 여부 및 지분권 비율과 피담보채권 비율의 일치 여부, 가등기담보권 설정의 관행 등을 종합적으로 고려하여 판단하여야 한다'고 하면서 위 사안에서 채권자가 각자의 지분별로 별개의 독립적인 매매예약완결권을 갖는 것으로 보아 A가 단독으로 담보목적물 중 자신의 지분에 관하여 매매예약완결권을 행사하여 자신의 지분에 관하여 가등기에 기한 본등기절차의 이행을 구할 수 있다고 종전 판례를 변경하였다.

Ⅵ. 명의신탁

어떤 사람(신탁자)이 소유권을 유보하여 이를 관리·수익하지만 공부상의 소유명의는 다른 사람(수탁자)으로 해 두는 경우가 있는데, 이는 탈세와 투기를 목적으로 행해지는 경우가 많아 부동산실권자명의등기에 관한 법률이 제정되어 이를 금지하고 있다.

1. 부동산실권자명의등기에 관한 법률

가. 의 의

양도담보, 담보가등기, 상호명의신탁(구분소유적 공유), 신탁법에 의한 신탁등기 등의 경우를 제외하고는 모든 명의신탁에는 다 적용된다. 그러나 종중이 종원에게, 또는 배우자가 다른 배우자에게 명의신탁하는 경우에는 적용을 배제하고 있다.

이에 의하면 명의신탁약정과 그에 기한 물권변동의 효력을 무효로 하고, 위 법 시행 전에 이루어진 명의신탁은 일정한 유예기간 후에까지 진정한 권리자의 명의로 등기하지 않으면 위 법을 적용하도록 하고 있다. 그리고 위 유예기간이 경과한 후에 진정한 권리자의 명의로 등기하게 되면 과태료를 부과하고 있다.

나. 유형과 효력

분류의 방법은 여러가지가 있겠으나, 양자간의 등기명의신탁과 3자간의 등기명의신탁, 계약명의신탁으로 나누기로 한다.[73]

(1) 양자간의 등기명의신탁

A가 소유명의를 가지고 있다가 B와 명의신탁약정을 맺고 B의 소유명의로 넘기는 것을 말하고, A와 B 사이에는 소유권은 A에게 있다는 것을 약정하는 문서를 만들어 두는 예가 많다. A가 부동산이 많아 부동산 보유세가 많이 나오는 경우에 B에게 명의를 신탁하여 세금을 포탈할 목적으로 하는 경우가 그 예이다.

이때에는 A와 B의 명의신탁약정은 무효이고(위 법 제4조 제1항), 그에 따라 이루어진 부동산에 관한 물권변동도 무효이므로(위 법 제4조 제2항) 등기명의가 B에게 있음에도 불구하고 A가 소유권자이다. 따라서 A는 B에 대하여 소유권에 기하여 등기말소청구를 할 수 있다.

(2) 3자간 등기명의신탁

A가 B의 부동산을 매수함에 있어 자기가 계약자로 나서서 매매

---

73) 대법원 2010.10.28. 선고 2010다52799 판결에 의하면 판례가 위와 같이 분류하고 있는 것으로 보인다.

계약을 하지만, 사전에 A와 C와의 명의신탁약정에 기하여 등기명의만
은 B의 협조를 얻어 C 명의로 등기를 하는 것을 말한다.

이 경우 위 법에 의하여 A와 C의 명의신탁약정이 무효이고, C
에게로의 물권변동 역시 무효이므로 소유권은 여전히 B에게 남아 있다.
따라서 A로서는 자기 명의로 등기하기 위해서는, A와 B의 매매계약을
근거로 B에 대하여 위 매매계약에 기하여 이전등기청구를 하고, 아울러
C를 상대로, B가 가지는 C에 대한 소유권에 기한 말소등기청구권(C명의
의 등기는 위 법 제4조 제2항에 의하여 무효이므로)을 대위행사하여야 한다.[74]

등기명의를 가지고 있는 명의수탁자가 마음대로 당해 부동산을
제3자에게 매각하는 경우에는 그 제3자는 유효하게 소유권을 취득한다
(위 법 제4조 제3항).[75]

(3) 계약명의신탁

A와 C 사이에 명의신탁약정을 하고, 그에 기하여 L부동산 소유
자인 B와 계약을 하면서 계약자의 명의를 C로 하고, C에게로 이전등기
를 한 경우를 말한다.

이때는 B가 진실한 계약자가 A임을 알지 못하고 있었던 때(선
의)와 알고 있었던 때(악의)로 나누어 고찰해야 한다.

선의의 경우에는 위 법 제4조 제2항 단서에 의하여 물권변동이
유효하게 되고, 따라서 소유권은 C가 취득하게 된다. 따라서 C가 제3자
에게 L을 처분하여도 횡령죄가 되지 않는다.[76]

이렇게 되면 A의 입장에서는 C가 스스로 L의 소유명의를 A에
게 넘겨주지 않는 한 A가 C를 상대로 자신에게 이전등기해 달라고 청
구할 수 없다. 왜냐하면 C는 L의 적법한 소유권이기 때문에 C가 A에게
넘겨준다고 한 합의가 포함되어 있는 명의신탁약정은 위 법에 의하여

---

74) 대법원 2002.3.15. 선고 2001다61654 판결.
75) 위 법에 의하면 악의의 제3자도 소유권을 취득할 수 있는데 이에 대하여는 악의의
제3자까지 소유권을 취득한다고 규정한 것은 잘못이라는 비판이 있고, 또 B는 소유권이 없이
등기만을 가지고 있는 자인데 이런 무권리자로부터 매수한 제3자가 소유권을 취득한다는 것
은 부동산의 경우 등기에 공신력을 인정하지 않는 우리 법제와는 맞지 않는다는 비판도 있다.
76) 대법원 2000.3.24. 선고 98도4347 판결. B가 악의인 경우에도 횡령죄가 성립하지
않는다(대법원 2012.11.29. 선고 2011도7361 판결).

무효이므로 그 합의에 구속력이 없기 때문이다.

그러면 A로서는 L의 소유권을 취득할 수는 없지만, A가 C에게 지급한 L의 매수자금에 대해서는 무효인 명의신탁약정에 기하여 C에게 지급한 것이므로 C를 상대로 부당이득으로 반환을 청구할 수 있다고 보아야 할 것이다.

이 경우 C에 대하여 L 자체를 부당이득한 것으로 보아 L에 대하여 이전등기를 청구할 수는 없는가.

만일 부동산 자체를 부당이득으로 반환받는 것을 허용하면 위 법의 입법취지를 무시하는 결과가 될 것이므로 부정해야 할 것이다.

> <예 4-17> 위 법 시행 전에 A와 C 사이에 계약명의신탁에 기하여 C가 B와 매매계약을 체결하였고 당시 B는 선의였으며 위 법 제11조에서 정한 유예기한 경과시까지 A가 자기 명의로 등기하지 않음으로써 위 법 제4조 제2항 단서에 의하여 C명의의 등기가 유효하게 된 경우에도 A는 C에 대하여 부당이득반환으로 매수대금의 반환밖에 청구할 수 없는가.

이와 관련하여 우리 판례,[77] 위 법이 시행되기 전 A는 자기 명의로 이전등기를 하는 데 아무런 법률상의 제한이 없는 상태였다면 언제든지 명의신탁을 해지하고 당해 부동산에 관해 소유권을 취득할 수 있었으므로,[78] 이 경우 C는 위 법 시행에 따라 당해 부동산의 소유권을 취득함으로써 당해 부동산 자체를 부당이득하였다고 보아야 할 것이라고 하여 A의 C에 대한 소유권이전등기청구를 인용하였다.

악의인 경우에는 C에게로의 물권변동이 무효로 되고 소유권자는 여전히 B라고 보아야 한다. 그리고 B와 C 사이의 매매계약은 형식적

---

77) 대법원 2002.12.26. 선고 2000다21123 판결, 그리고 대법원 2008.5.15. 선고 2007다74690 판결은 위 법 시행 후 유예기간이 경과하기까지 A가 그 명의로 이전등기에 필요한 농지취득자격증명의 발급요건을 갖추지 못하여 법률상 장애가 있었던 경우에는 부동산 자체가 아니라 매수자금을 부당이득한 것으로 보아야 한다고 판시했다.

78) 대법원 1980.12.9. 선고 79다634 전원합의체판결에 의하면, 위 법 시행 전 명의신탁자는 언제든지 명의신탁을 해지하면 소유권은 등기를 하지 않더라도 명의신탁자에게로 복귀한다고 보고 있었다.

으로는 유효이지만 이전등기를 하게 되더라도 무효라고 보기 때문에 계약에 따른 이행을 할 수가 없으므로 원시적 불능에 해당하여 무효라고 보아야 할 것이다.[79)]

　　다만 이 경우 계약명의자가 C임에도 불구하고 실질적인 계약 당사자가 A라고 인정될 때[80)]에는 'B와 C의 매매계약'이 아니라 'B와 A의 매매계약'이라고 보아 A는 B를 상대로 A명의로의 이전등기를 청구할 수 있을 것으로 생각한다.[81)] 이렇게 되면 이것은 등기명의신탁에 해당하고 계약명의신탁에 해당되는 것은 아닐 것이다.

　　이처럼 B가 악의인 경우에는 그 계약이 계약명의신탁인지 등기명의신탁인지의 판단은 상당히 어렵다. 통상의 경우는 계약서에 당사자로 기재된 자가 계약 당사자라고 인정될 수 있지만, 계약의 상대방이 계약서에 명기된 자 이외의 자가 계약 당사자임을 알고서 계약에 임했다면 계약서에 명기된 자가 아닌 자를 계약 당사자로 인정해야 할 것이다.[82)]

79) 대법원 2003.9.5. 선고 2001다32120 판결은 B와 C의 매매계약이 무효로서 효력이 없는 것을 전제로 A와 B 사이에 별도의 약정이 있었다고 볼 수 있는지를 심리해야 한다고 판시했다.

80) 대법원 1995.9.29. 선고 94다4912 판결은 '타인의 이름을 임의로 사용하여 계약을 체결한 경우에는 누가 그 계약의 당사자인가를 먼저 확정하여야 할 것으로서, 행위자 또는 명의인 가운데 누구를 당사자로 할 것인지에 관하여 행위자와 상대방의 의사가 일치한 경우에는 그 일치하는 의사대로 행위자의 행위 또는 명의자의 행위로서 확정하여야 할 것이지만, 그러한 일치하는 의사를 확정할 수 없을 경우에는 계약의 성질, 내용, 체결 경위 및 계약체결을 전후한 구체적인 제반 사정을 토대로 상대방이 합리적인 인간이라면 행위자와 명의자 중 누구를 계약 당사자로 이해할 것인가에 의하여 당사자를 결정하고, 이에 터잡아 계약의 성립 여부와 효력을 판단함이 상당하다'고 판시하고 있다.

81) 대법원 2010.10.28. 선고 2010다52799 판결.

82) 대법원 2010.10.28. 선고 2010다52799 판결은 계약서에 A와 C 사이에 명의신탁약정이 있고, B와 계약할 때 계약자의 명의가 A, C 명의로 되어 있었던 사안에서 원심은 매매계약은 A, C와 B 사이에 이루어졌다고 인정하여 계약명의신탁이라고 했는데, 대법원은 제반 사정에 비추어 매매계약은 A와 B 사이에 이루어진 것으로 보아야 한다고 하여 중간생략형 등기명의신탁으로 인정했다.

2. 부동산실권자명의등기에 관한 법률의 적용을 받지 않는 경우

양도담보, 담보가등기, 상호명의신탁(구분소유적 공유), 신탁법에 의한 신탁등기, 명의신탁이 종중과 종중원, 배우자 사이에 이루어진 경우 등에는 그 명의신탁은 유효하다. 이 경우의 법률관계에 대해서는 대외적으로는 등기명의자가 소유권자이지만, 대내적으로는 신탁자에게 있다고 본다(신탁적 양도설).[83]

따라서 대외적으로는 수탁자가 소유권자이므로 수탁자가 소유권자로서 모든 권한을 행사할 수 있으므로 설사 악의의 제3자에게 처분하여도 제3자는 유효하게 소유권을 취득하게 된다.

이에 반하여 신탁자는 대외적으로는 제3자에 대하여 자기가 소유권자임을 주장할 수 없으므로 수탁자가 가지는 권리를 대위행사하여야만 권리를 행사할 수 있다.

한편 내부관계에 있어서 신탁자는 언제든지 명의신탁을 해지할 수 있고, 해지하면 등기를 하지 않더라도 소유권은 신탁자에게 이전하며, 수탁자에 대하여 명의신탁해지를 원인으로 하는 이전등기청구는 물론 소유권에 기한 등기말소청구도 가능하다.[84]

이러한 판례의 입장에 대해 학설은 명의신탁은 허위표시에 해당하여 무효라고 하여 판례의 입장에 반대하는 견해도 있고, 판례를 지지하는 견해도 있다.

각각의 판례에 대해서는 구분소유적 공유에서 본 판례, 양도담보에서 거론하는 판례와 그곳에서의 논의를 참조하기 바란다.

---

83) 대법원 1979.9.25. 선고 77다1079 전원합의체판결.
84) 위 79다634 전원합의체판결.

제5장 지상권·지역권

용익물권은 타인의 물건을 일정 범위에서 사용, 수익할 수 있는 물권을 말하는 것으로 민법상으로는 지상권, 지역권, 전세권이 있는데, 전세권은 용익물권적 성격과 담보물권적 성격을 같이 가지고 있다.

I. 지 상 권

1. 의 의

타인 소유의 토지에서 건물 기타 공작물이나 수목을 소유하기 위해 그 토지를 사용할 수 있는 물권을 말한다.

지상권은 지상권 설정자와 지상권자 사이의 물권적 합의와 등기로서 성립하고, 이렇게 성립된 지상권은 물권으로서 임의로 양도할 수 있으며 대세적 효력으로서 대항력을 가진다.[1]

2. 존속기간

존속기간에 대해 최장기간의 제한은 없으나 최단기간의 제한이 있다.

존속기간에 대한 약정이 없으면 민법 제280조에 따라 기간이 정해진다.

최장기간과 관련하여 영구적인 지상권을 설정할 수 있는가에 대하여 판례[2]는 영구로 약정하는 것도 가능하다고 한다.

---

1) 채권인 임차권의 경우에는 양도에 임대인의 동의를 요하고, 토지 임대차는 등기해야 대항력이 생기는 점에서는 지상권과 비슷하다.
2) 대법원 2001.5 29. 선고 99다66410 판결은 약정소멸사유나 지상권의 포기 등으로

지상권자는 제283조 제1항에서 갱신청구권을 행사할 수 있도록 하고 있으나, 위 권리는 존속기간의 만료로 소멸한 경우 인정되므로 지상권자의 계약위반으로 인한 계약의 해지나 지료의 연체로 인하여 지상권설정자의 지상권소멸청구의 행사로 지상권이 소멸된 때에는 인정되지 않는다.

이런 지상권갱신청구에 대하여 지상권설정자(토지 소유자)는 응할 수도 있고 거부할 수 있는 자유가 있는데,[3] 응할 경우에는 다시 계약을 체결해야 갱신의 효과가 생기고, 거부할 경우에는 지상권자는 토지상의 건물 기타 공작물이나 수목을 수거하여 토지를 원상회복하여야 하거나 또는 그 공작물이나 수목의 매수를 청구할 수 있다.

한편 지상권설정자측에서도 지상물의 매수를 청구할 수 있고, 이에 대하여 지상권자는 정당한 이유(타에 이미 매각하였다는 등)가 없이는 거절하지 못하도록 하고 있다.

매수청구권 행사의 경우 지상물이 여러 사람의 소유지상에 걸쳐서 존재하는 경우에는 문제가 생긴다.

> **<예 5-1>** ① B가 A 소유의 L1토지에 지상권을 취득하고 그 토지와 자기 소유의 L2토지에 걸쳐서 건물 H를 소유하고 있는데 L1토지의 지상권이 소멸한 경우, ② B가 A소유의 L1 토지와 C 소유의 L2 토지에 각각 지상권을 취득하여 건물 H를 소유하고 있는데 L1토지의 지상권이 소멸한 경우, 위 각 경우 B가 지상물매수청구권을 행사하면 어떻게 되는가.

지상권의 제한을 없애어 소유권을 회복시킬 방법이 있고 또 지상권이 대지의 소유권을 전면적으로 제한하는 것은 아니라는 것을 이유로 한다.

3) 이런 의미에서 위 권리를 청구권이라고 보기는 어렵고 단지 본 조 제2항의 지상물매수청구권의 성립요건 중의 하나의 요건에 해당한다는 점에서 의미가 있다.

```
①        B 소유 건물          ②        B 소유 건물

        지                            지     지
        상                            상     상
        권                            권     권
                                     (소멸)

    A 소유 │ B 소유              A 소유 │ C 소유
    L1토지 │ L2토지              L1토지 │ L2토지
```

이때에는 ①과 ②의 경우 공통적으로 문제가 되는 것은 만일 건물 매수청구권을 인정된다면 L1토지 일부에 건립된 건물 부분만이 매수대상이 되는가. 아니면 건물 전부가 매수대상이 되는가. 매수대상이 H의 일부만이라고 한다면 그 부분이 구조상·이용상 독립성이 있어야 할 것이다. 그런데 만일 그 부분이 구조상·이용상 독립성이 없다면 지상물 매수청구권을 행사할 수 없다고 할 것인가, 국민경제적 손실의 방지와 지상권자의 이익을 위해 매수를 인정하여 공유로 할 것인가, 아니면 건물 전부의 매수를 인정할 것인가, 부분의 매수를 인정한다면 A와 B의 공유로 될 것인데 면적비율로 공유하는 것으로 볼 것인가, 가액비율로 공유하는 것으로 볼 것인가라는 문제가 속출한다.

또 ①의 경우에는 A가 B와 공유하는 경우 B 소유 L2토지상에는 A가 관습상의 법정지상권을 가진다고 보아야 할 것인가라는 문제, ②의 경우에는 A가 H 전부나 일부를 매수하게 된다고 하면 B가 가지는 C 소유 토지 L2에 대하여 지상권을 양수하게 되는 것으로 볼 것인가 등의 문제가 생긴다.

이런 사안에서 대법원 1996.3.21. 선고 93다42634 전원합의체판결[4]의 다수의견은. H건물 중 L1 지상에 있는 건물 부분이 구분소유의 객체가 될 수 있는 때에 한하여 그 부분에 대한 매수청구를 인정하고, 구분소유의 객체가 될 수 없으면 매수청구를 인정할 수 없다고 했다.

그러나 소수의견은 L1 지상에 있는 건물 부분이 구분소유의 객체가 될 수 없다면 그 부분과 불가분의 일체를 이루는 A 또는 B의 토지 위의

---

4) 사안은 임차인의 매수청구권에 관한 것이었지만 지상권자의 매수청구에도 동일하게 적용될 수 있을 것이다.

나머지 일부분을 포함하여 구분소유권의 객체가 될 수 있는 1개의 전유 부분 전부에 대한 매수청구를 하거나 그 1개의 전유 부분의 공유지분에 대한 매수청구를 하여야 하고, 그 매수청구로 구분소유권의 객체가 될 수 있는 위 1개의 전유 부분은 A와 B의 공유로 되고 그 지분은 A와 B, 또는 A와 C의 토지 위에 존재하는 건물 부분의 가격비율로 결정되며, 위 ②의 경우에 있어서는 나중에 C와 B의 지상권관계가 소멸하게 되면 B는 C에게 자기의 지분에 대한 매수청구권을 행사하게 될 것이므로, 그 때에는 공유자가 A와 B에서 A와 C로 바뀌게 된다고 했다.

다수의견은 A의 토지소유권자의 이익을 중시한 것임에 반하여 소수의견은 A의 이익보다는 국민경제적 측면에서 가급적이면 건물을 잔존시키려는 입장에 서 있는 것으로 보인다.

어느 견해가 옳은가를 판단하는 것은 가치관의 문제일 것이지만, 구분소유권의 객체가 될 수 없는 경우에도 A는 자기의 의도와 달리 건물의 소유자가 되고 게다가 어떤 경우에는 B나 C와 공유관계에 돌입하게 되며, 또 A에게 만일 위 건물을 살 정도의 자력이 없으면 계속 지상권(임차권)을 설정해 주지 않을 수 없어 토지소유권을 제대로 행사하지 못하게 되는 불이익을 입게 된다. 그 반면 B로서는 자기의 건물을 다른 사람 토지에 건립함으로써 잘못하면 철거될 수 있다는 위험을 감수하여야 하는 것이고 이런 위험을 피하고 싶으면 이를 피할 수 있는 조치를 취할 수도 있는 입장에 있다는 점을 생각하면 다수의견에 찬성하고 싶다.

3. 지 료

토지의 사용대가인 지료는 지상권의 요소가 아니고 약정이 있는 때에만 발생하고, 2년 이상의 지료를 지급하지 않으면 지상권의 소멸을 청구할 수 있다. 위 취지는 2년분에 해당하는 지료를 지체한 경우를 말하므로 연속해서 2년 동안의 지료를 지체해야 하는 것은 아니다.

지료가 상당하지 않은 때에는 지료증감청구권을 행사하게 된다.

지료의 증액청구를 하는 경우에 지료에 대한 지연손해금과 지상권 소멸청구와 관련하여 이해할 필요가 있다.

> <예 5-2> A가 B에게 지상권을 설정해 주었는데 존속기간중 땅값이 급등하여 지료가 상승하게 되자 A는 2010. 12. 31. 기준으로 지료를 기존의 연 50만원(매년 말에 지급)에서 100만원으로 인상한다고 B에게 말했다. 그러나 B는 갑자기 2배씩 올리는 것은 너무하고, 조금만 올리는 것이 맞다고 다투면서, 연 50만원씩만 내자 2013. 1. 1. A가 B를 상대로 인상된 지료 100만원을 기준으로 미납된 지료의 청구와 그에 대한 이자의 지급을 구하는 소송을 제기했다. 법원에서는 감정을 해 보고 연 70만원이 상당하다고 판단하는 경우 지연손해금을 2011. 1. 1.부터 붙일 수 있는가.

지상권자의 입장에서 보면 타당한 지료가 연 50만원인지, 연 100만원인지 알 수 없고, 이는 지상권 설정자의 입장에서도 마찬가지이므로, 얼마의 지료가 타당한지는 법원의 판단에 따르는 수밖에 없을 것이다. 그런데 정당한 지료에 대한 법원의 판단은 감정을 통한 후에 나오기 때문에 2011. 1. 1.보다 훨씬 지난 후에 연 70만원이 타당하다고 나올 것이다. 이렇게 되면 지상권자는 적정한 지료보다 20만원이 적은 50만원을 지급해 왔지만 그처럼 적은 금액을 지급한 것에 대한 귀책사유가 없다고 할 것이므로 지연손해금을 물리는 것은 부당하다고 볼 수 있다. 그러나 한편 지료증감청구권은 형성권[5]이고 민법 제397조 제2항에서 금전채무에 대하여는 무과실책임이므로 2011. 1. 1.부터 인상된 70만원에서 기지급분을 제외한 금액에 대해 지연손해금을 가산할 수 있다고 보아야 할 것이다.

나아가 B가 지급하지 아니한 차액 20만원의 합산액이 2년분의 지료를 초과하는 경우, A가 이를 이유로 지상권소멸청구를 하면 지상권은 소멸한다고 보아야 할 것인가.

B의 미지급 지료에 대하여 지연손해금을 가산하여야 하는 것은 B에게 귀책사유가 없음에도 불구하고 민법 제397조 제2항의 특칙에 의한 책임이고, 지상권소멸청구는 지료의 미지급이 B의 귀책사유로 인한

---

5) 대법원 2003.12.26. 선고 2002다61934 판결.

경우에 발생하는 것이라고 할 것이므로 위와 같은 경우에는 B에게 지료 미지급에 대한 귀책사유가 없다고 할 것이므로 A로서는 지상권소멸청구를 할 수 없다고 할 것이다.[6] 그러나 만일 B가 A의 지료인상요구를 부당하다고 생각하여 기존의 지료까지 지급하지 않았고, 그 미지급 지료가 2년분의 지료액을 초과하는 경우에는 기존 지료의 미지급을 이유로 A는 지상권소멸청구를 할 수 있다고 할 것이다.

4. 특수한 지상권

가. 구분지상권

토지의 입체적 이용을 위하여 지하 또는 지상의 공간을 상하의 범위를 정하여 설정하는 지상권으로 민법 제289조의2에 규정되어 있다. 지하철을 생각하면 좋다.

나. 분묘기지권

타인의 토지를 분묘를 소유하기 위해 사용할 수 있는 지상권 유사의 물권으로 일종의 관습상의 지상권이다.

그 효력의 범위는 분묘를 수호하고 제사에 필요한 범위 내에서 인정된다.

분묘 자체가 공시의 기능을 하므로 등기가 필요없고, 판례[7]는 평장 또는 암장된 경우에는 분묘기지권을 취득할 수 없다고 한다.

분묘들로 인하여 임야의 이용이 제한되자 장사 등에 관한 법률이 제정되어 15년간 3회에 걸쳐 연장할 수 있도록 하고, 2001. 1. 31. 이후 최초로 설치되는 분묘부터 적용한다고 규정하고 있다.

다. 관습상의 법정지상권

동일인에게 속해 있던 토지와 건물이 매매 기타 원인(공매, 강제경매, 불하 등)으로 인하여 소유자가 달라진 때에 건물소유자가 당연히 취득하는 지상권으로, 판례가 발전시킨 개념이다.

토지와 건물이 독립된 부동산으로 취급되는 우리나라에서는 토지와

---

6) 대법원 2001.3.13. 선고 99다17142 판결.
7) 대법원 1996.6.14 선고 96다14036 판결.

건물이 동일인 소유이면 건물을 위하여 토지 위에 지상권을 설정할 방법이 없는데, 강제경매 등의 사유로 토지와 건물의 소유권이 달라지면 그 건물은 철거당할 수밖에 없게 된다. 이는 국민경제적으로 큰 손실이다. 따라서 이런 경우에는 건물의 보호를 위하여 관습상의 법정지상권을 인정하고 있다.

그런데 건물이나 토지에 저당권이 설정되어 있다가 저당권의 실행으로 토지와 건물의 소유자가 달라지는 경우에는 민법 제366조에서 법정 지상권을 인정하고 있으므로 이를 인정할 필요는 없고, 토지의 점유·사용에 관하여 당사자 사이에 약정이 있는 것으로 볼 수 있거나 토지 소유자가 건물의 처분권까지 함께 취득한 경우에는 관습상의 법정지상권을 인정할 필요가 없으므로[8] 위 경우도 제외하게 된다.

이런 관습상의 법정지상권은 법률(관습법)의 규정에 의하여 성립되는 것이므로 등기 없이도 취득하나, 처분시에는 등기가 되어야 한다. 이런 효력에 대하여는 민법 제366조의 법정지상권과 동일하므로[9] 그곳에서 다룬다.

Ⅱ. 지 역 권

1. 의 의

일정한 목적을 위하여 타인의 토지를 자기의 토지의 편익에 이용하

---

8) 대법원 2002.6.20. 선고 2002다9660 전원합의체판결은, 미등기건물을 그 대지와 함께 매도하였다면 비록 매수인에게 그 대지에 관하여만 소유권이전등기가 경료되고 건물에 관하여는 등기가 경료되지 아니하여 형식적으로 대지와 건물이 그 소유 명의자를 달리하게 되었다 하더라도 매도인에게 관습상의 법정지상권을 인정할 이유가 없다고 판시하였다.

9) 다만 관습상의 법정지상권은 당사자 사이의 합의로 포기 가능하지만(대법원 1968.1.31. 선고 67다2007 판결), 민법 제366조의 법정지상권을 포기할 수 없다고 하나, 관습상의 법정지상권이 위 2002다9660호 판결로 당사자 사이에 합의 가능할 경우에는 관습상의 법정지상권이 성립할 여지가 없으므로 당사자가 포기한다는 합의가 이루어질 가능성은 없어졌으므로 위 67다2007 판결은 더 이상의 선례로서의 의미는 없어졌다고 보아야 할 것으로 생각된다.

는 권리를 말한다(민법 제291조).

2. 종류와 법적 성질

지역권은 편익의 종류에 따라 용수지역권(물을 이용할 권리), 인수지역권(다른 곳으로부터 승역지[10]를 통하여 물을 끌어올 권리), 통행지역권, 조망지역권(요역지의 조망을 보존하기 위하여 승역지의 현상을 변경하지 않을 권리), 일조지역권(요역지의 일조를 유지하기 위하여 승역지의 현상의 변경을 금하는 권리) 등이 있다.

이런 권리는 상린관계와 기능적인 면에서는 유사하지만, 요역지와 승역지의 소유자의 합의에 의하여 설정되고 등기가 되어야 한다는 점(요역지와 승역지의 등기부에 각기 기재된다) 등에서 상린관계와 구별된다. 자세한 것은 상린관계에서 언급했다.

승역지의 소유자는 요역지의 권리자의 권리를 침해하지 않는 한도 내에서는 승역지를 이용할 수 있고(지역권은 배타적인 권리가 아니다), 지역권은 요역지와 분리하여 양도하거나 다른 권리의 목적으로 하지 못하며 (민법 제292조),[11] 승역지나 요역지가 공유인 경우에는 그 공유자의 1인은 지분에 관하여 지역권 또는 그 토지가 부담하는 지역권을 소멸하게 하지 못하고, 토지의 분할이나 토지의 일부 양도의 경우에는 지역권은 요역지의 각 부분을 위하여 또는 그 승역지의 각 부분에 존속하나 지역권이 토지의 일부분에만 관한 것인 때에는 다른 부분에 대하여는 그렇지 않다(민법 제293조).

3. 취득 및 그 효력

지역권의 설정은 법률행위에 의한 물권변동으로서 설정계약과 등기가 되어야 함은 앞서 본 바와 같고, 시효에 의하여도 취득할 수 있는데

---

10) A토지에 물을 대기 위하여 저수지로부터 물을 끌어오는데 B토지를 거쳐서 와야 하기 때문에 B토지를 이용할 수밖에 없는 경우, A토지를 요역지, B토지를 승역지라고 한다.

11) 이런 이유로 지역권은 저당권의 대상이 되지 않는다. 왜냐하면 저당권을 실행하기 위해서는 경매를 통하여 다른 사람에게 양도가 되어야 하는데, 요역지와 독립하여 지역권만을 양도할 수는 없기 때문이다.

시효기간 동안 계속되고 표현된 것에 한하여 인정된다.

공유자의 1인이 지역권을 취득한 때에는 다른 공유자도 이를 취득하고(통행지역권을 생각하면 좋다), 점유로 인한 지역권 취득기간의 중단은 지역권을 행사하는 모든 공유자에 대한 사유가 아니면 그 효력이 없으며, 요역지가 수인의 공유인 경우에는 그 1인에 의한 지역권 소멸시효의 중단 또는 정지는 다른 공유자를 위하여 효력이 있다.

당사자간의 계약에 의하여 승역지 소유자가 의무를 부담한 때에는 승역지 소유자의 특별승계인도 의무를 부담하고, 이 부담을 면하려면 위기(委棄)하면 된다. 위기란 토지의소유권을 지역권자에게 이전시키는 일방적 의사표시로서 지역권자에게 하여야 하고, 이때 등기하여야 효력이 생긴다는 견해와 의사표시를 한 때 효력이 생긴다는 견해로 나뉘어 있는바, 이를 상대방 있는 의사표시라고 보아야 할 것이므로 법률행위에 의한 의사표시로서 등기를 해야 하지 않을까 생각한다. 포기라고 하지 않고 위기라고 한 것은, 포기할 경우 토지는 무주물로 되어 국유로 되기 때문에 위기라는 단어를 사용한 것이다.

4. 특수지역권

민법 제302조를 참조할 것.

제6장 전 세 권

I. 의 의

전세권은 전세금을 지급하고 타인의 부동산을 점유하여 그 용도에 좇아 사용·수익하고, 전세권 소멸시에 목적 부동산에 대하여 경매를 청구하여 그 환가금에서 전세금의 우선변제를 받을 수 있는 권리가 인정되는 것으로, 용익물권적 성격과 담보물권적 성격을 겸유한 물권이다(민법 제303조).

일반인들은 민법상의 임차권도 전세라고 불러 물권인 전세권과의 구별을 잘 하지 못하고 있는데, 전세권과 임차권과는 물권과 채권이라는 점에서 효과상에 있어서 뚜렷한 차이가 있으므로 반드시 구별해야 한다.

물론 주택임대차보호법이나 상가건물임대차보호법에 의하여 일정한 경우 채권인 임차권에도 물권과 같이 대항력과 우선변제권을 부여하여 물권과 같이 보호하고 있지만, 전세권에 부여된 경매청구권(제318조)과 같은 권능은 부여하지는 않고 있는 점 등에서 차이가 있으므로 이 둘을 구별하여야 한다.

그 효과상의 구별을 위하여 하나의 예를 보도록 한다.

<예 6-1> A가 그 소유의 건물 H를 B에게 임대보증금 1억원, 월임료 1천만원. 임차기간 2년으로 정하여 임대하였고, B는 위 임대보증금의 담보를 위해 전세권(전세금 1억, 기간 2년)을 설정하였다. 한편 C는 B에게 금 7천만원을 대여해 주고 위 대여금의 담보조로 B의 전세권에 대하여 저당권을 설정했다(C는 임대차를 전세권으로 등기한

사실에 대해서는 모르고 있었다). 그런데 B가 6개월 지난 후부터 임료와 관리비를 납부하지 않자 1년 6월이 지난 후에 A는 위 임대차계약을 해지하고 임대보증금에서 위 임료와 관리비를 공제하였다. 그런데 C는 위 전세권의 저당권자로서 전세금반환채권에 대해 압류및 추심명령[1]을 받아 A에 대해 전세금 중 7천만원의 반환을 청구했다. A는 반환하여야 하는가.[2]

이 사건에서의 쟁점은, 첫째 A와 B가 체결한 계약은 채권계약인 임대차계약인데 이를 물권인 전세권으로 설정등기한 것은 실체관계에 부합하지 않거나 허위표시로서 무효가 아닌가. 따라서 무효인 전세권을 대상으로 한 저당권도 무효로 보아야 할 것이 아닌가 하는 것이다.

두 번째로 임대차보증금은 임대차가 소멸되어 목적물을 명도할 때까지 임차인이 위 임대차계약과 관련하여 부담하는 차임 기타의 채무를 담보하기 위한 것으로서 위의 예에서 차임이나 관리비는 임대차보증금에서 당연 공제되는 것이고,[3] 따라서 A가 B에게 반환해야 하는 임대차보증금은 위 차임 및 관리비를 공제한 금액인데 이 사건의 경우에는 모두 공제되어 반환할 금액이 없으므로 A는 C에게 반환할 임대차보증금은 없는 것이 아닌가 하는 것이다.

첫 번째 쟁점에 대해서 대법원 1988.1.19. 선고 87다카1315 판결은 위의 예에서의 전세권 등기가 실체관계에 부합하지 않아 무효로 되는지 또는 허위표시에 해당하여 무효로 되는지에 대하여 명확하게 판단하지 않으면서 가사 허위표시로서 무효라고 하더라도 C는 선의의 제3자이므로 그 무효로 C에 대해 대항할 수 없다고 했다.

그러나 일부 판례에서는 임차보증금반환채권을 담보할 목적으로 경료된 전세권설정등기는 유효하다고 판시한 것도 있고,[4] 나아가 공사대

---

1) C는 전세권의 저당권자이므로 전세권의 기간이 만료되어 용익권능이 소멸한 후에는 전세금반환청구권에 우선변제권이 생기고, 이 우선변제권의 행사를 위하여 B의 A에 대한 전세금반환청구권을 C가 행사할 수 있도록 법원으로부터 받게 되는 명령이 압류 및 추심명령이다.
2) 대법원 2008.3.13. 선고 2006다29372,29389 판결의 사안을 변형한 것이다.
3) 대법원 1988.1.19. 선고 87다카1315 판결.
4) 대법원 1998.9.4. 선고 98다20981 판결.

금 채권자가 목적물을 인도받음이 없이 공사대금 채권을 담보하기 위하여 설정한 전세권설정등기에 관하여도 '전세권이 용익물권적 성격과 담보물권적 성격을 겸비하고 있다는 점 및 목적물의 인도는 전세권의 성립요건이 아닌 점 등에 비추어 볼 때, 당사자가 주로 채권담보의 목적으로 전세권을 설정하였고, 그 설정과 동시에 목적물을 인도하지 아니한 경우라 하더라도, 장차 전세권자가 목적물을 사용·수익하는 것을 완전히 배제하는 것이 아니라면, 그 전세권의 효력을 부인할 수는 없고, 또 전세금의 지급은 전세권 성립의 요소가 되는 것이지만 그렇다고 하여 전세금의 지급이 반드시 현실적으로 수수되어야만 하는 것은 아니고 기존의 채권으로 전세금의 지급에 갈음할 수도 있다'고 하여 위와 같은 전세권등기도 유효하다고 보고 있다.[5] 이런 대법원의 태도에 비추어 보면 위와 같은 경우 전세권 등기는 B가 A에 대하여 가지는 임대보증금 반환 채권을 담보하기 위하여 설정한 것이므로 무효라고 할 것은 아니라고 할 것이다. 이처럼 전세권등기를 유효라고 보게 되면 아래에서 보는 바와 같이 전세권 저당권자가 그 전세권이 사실은 임대차보증금이라는 사실을 알고 있었던 경우에 등기된 전세금에서 월차임을 공제할 수 있는가하는 문제가 제기될 수 있을 것이나, 이는 두 번째 쟁점과 관련되어 있으므로 다음에서 보도록 한다.

두 번째 쟁점에 대하여 본다.

본래 전세권의 경우 목적물의 사용료는 전세금에 대한 이자로 충당하는 것이고 전세금 외에 전세권자가 지급해야 하는 임료와 같은 사용료는 없으므로 전세금에 대하여는 월임료를 공제한다는 것은 상정할 수 없다. 단지 민법 제315조에 의하여 목적물의 전부 또는 일부가 전세권자의 귀책사유로 인하여 멸실된 때 그 손해액에 대해서만 전세금에서 공제할 수 있도록 하고 있다.

그런데 이 사건의 경우 임대차보증금을 전세금으로 등기하였지만 이런 사실을 잘 알고 있는 A와 B 사이에는 월임료를 공제할 수 있다는 것에는 이론이 없을 것이다. 문제는 C에 대해서도 공제할 수 있다고 주

---

5) 대법원 1995.2.10. 선고 94다18508 판결.

장할 수 있는가이다.

　이에 대해 대법원은, 전세금은 그 성격에 비추어 제315조에 정한 A의 B에 대한 손해배상채권 외 다른 채권까지 담보한다고 볼 수 없으므로, A가 B에 대하여 위 손해배상채권 외 다른 채권을 가지고 있더라도 다른 특별한 사정이 없는 한 이를 가지고 선의자인 C에게 상계 등으로 대항할 수 없다고 판시했다. 이런 판례의 태도는 임대차보증금을 전세금으로 등기한 것은 허위표시이고, C가 선의인 한 이런 허위표시의 무효로 C에게 대항할 수 없게 되며, C에 대하여는 위 임대차관계를 물권적 전세관계로 보아 처리해야 한다는 것으로 보인다. 그리하여 임대차관계에서 생기는 월차임을 선의인 C에 대하여 주장할 수 없다고 한 것이라고 추측된다.

　그런데 이와 같이 허위표시의 법리로 이 문제를 처리하는 것이 대법원의 태도라면, C가 악의인 경우(임대차보증금을 담보하기 위하여 전세권설정등기를 한 것이라는 것을 알았던 경우)[6] A는 전세권이 무효임을 주장할 수 있고, 따라서 전세권을 대상으로 한 전세권 저당권도 무효가 되어 C는 전세권에 저당권을 설정하였음에도 불구하고 아무런 권리도 얻지 못하게 된다고 보아야 할 것이다.[7] 그러나 이렇게 보는 것은 전세권자인 B와 전세권 저당권자인 C가 전세권 또는 전세보증금반환채무를 담보로 제공하려고 한 계약의 취지에 어긋나는 해석이라고 하지 않을 수 없다.

　즉 위와 같이 보게 되면 연체 차임을 공제하고도 임대차보증금의 일부가 잔존하는 경우에도 악의인 C는 저당권을 상실하게 되고, 따라서 C는 B의 다른 일반채권자와 동일한 지위에서 임대보증금에 대하여 안

---

　6) 악의인지 여부는 전세권 저당권 설정시를 기준으로 한다(대법원 2006.2.9. 선고 2005다59864 판결).

　7) 논리상 위와 같이 보아야 할 것인데 악의의 경우 대법원 2001.11.9. 선고 2001다51336 판결 및 대법원 2004.6.25. 선고 2003다46260,53879 판결에서는 전세권의 존속기간이 만료된 후 전세금반환채권을 압류한 전세권저당권자와 전제권설정자의 관계는 일반적인 채권집행의 법리에 따라 규율하여야 한다고 하면서 전세권설정자는 압류 및 추심명령 또는 전부명령 송달시까지 발생한 모든 항변사유로 물상대위권을 행사하는 전세권저당권자에게 대항할 수 있다고 판시하고 있다. 이렇게 C에게 물상대위권을 인정하게 되면 C가 물상대위권을 행사할 경우 행사하게 되면 C는 B의 다른 채권자보다 우선하게 되는데 이것은 저당권 전세권의 효력을 인정하는 셈이 되어, 허위표시의 법리와 맞지 않는 결과가 된다.

분 배당을 받게 되는 위치로 전락하게 된다. 본래 B와 C는 임대차보증금에 대하여 B의 다른 일반 채권자보다 C에게 우선하는 권리를 부여하기 위하여 저당권을 설정한 것이고, 또 임대차보증금에 대하여는 전세권 저당권 등기까지 되어 있어 B의 다른 일반 채권자들에게 공시가 이루어져 그들의 신뢰를 저버릴 우려가 없음에도 저당권의 효력을 무시하는 것은 지나친 해석이라고 하지 않을 수 없다.

그리고 이를 허위표시라고 본다고 하더라도 이 경우 허위표시의 효과로서는 A가 C에 대하여, A와 B와의 사이에 계약한 전세권설정계약이 무효라고 하는 주장을 할 수 없다는 데에 있는 것이지, 이것을 넘어서서 A와 B의 진정한 법률관계인 임대차계약관계를 물권적인 전세계약으로 변화시키는 효력까지도 부여하고 있는 것은 아니지 않을까. 그렇게 본다면 C가 선의인 경우에도 허위표시의 효과는 위 사안의 경우 1억원의 전세금반환청구권을 담보하는 의미에서의 전세권이 무효임을 주장할 수 없는 데 그치고, 진정한 법률관계인 임대차계약관계에 기초하여 A가 가지는 B에 대한 연체차임 등의 반대채권은 C에 대하여 주장할 수 있고, 이로써 위 전세금반환청구권과 상계할 수 있다고 보아야 할 것은 아닐까.

그리고 이런 상계를 가지고 C에게 대항할 수 있는가 하는 문제는 민법 제349조, 제451조 제2항을 준용하여 A가 C의 저당권을 설정받았다는 통지를 받은 때까지의 연체 차임 등에 한정된다고 보아야 할 것은 아닌가.

따라서 사견으로는 C가 선의이든 악의이든 임대차보증금의 반환채권을 담보하기 위하여 설정된 전세권 등기는 유효하다고 보아야 할 것이고, A는 C의 선의 악의 여부와 관계없이 C에게로의 전세권에 대한 저당권 설정사실을 적법하게 통지받을 때까지의 연체차임에 대하여는 상계로써 C에게 대항할 수 있다고 생각한다.

이에 관해서는 전세권 저당권에서 다시 보도록 한다.

Ⅱ. 성 립

전세권설정계약과 등기를 함으로써 성립하는 것은 당연할 것이다.

그 외에 전세금의 지급까지 있어야 한다고 하는 것이 다수설의 입장이고, 전세금의 지급은 성립요건이 아니라는 것이 소수설의 입장이다. 법조문상으로 다수설의 입장이 타당하다고 생각된다.

이렇게 지급되는 전세금은 전세권설정자의 입장에서는 신용을 제공받는 것으로서 그 전세금에 대한 이자는 목적물의 사용대가에 충당되는 구조이다. 전세금은 보증금으로서의 성격을 가지는바, 그 담보되는 채무는 앞서 본 제315조의 채무 외에도 제308조, 제309조, 제311조 제2항의 채무도 포함된다고 보아야 할 것이고, 전세기간이 만료되면 전세금의 반환의무는 목적물의 인도 및 전세권설정등기의 말소와 동시이행관계에 있게 된다(민법 제317조).[8]

전세금에 대하여는 지상권의 지료에서 본 바와 같이 증감청구권이 있고(제312조의2), 증액하는 경우에는 등기를 하여야 하는데 그 경우 전세권등기 후에 저당권을 취득한 자와 같이 이해관계자가 있는 경우에는 그 자의 동의를 얻어야만 부기등기를 하여 주등기와 같은 순위의 효력을 유지할 수 있으나, 그 자의 동의를 얻지 못하면 증액된 부분만큼은 독립된 등기를 하는 수밖에 없으며, 그 증액된 부분은 저당권자보다 후순위가 된다.

Ⅲ. 존속기간

존속기간은 당사자의 합의에 의하여 정해지지만 단기로는 1년 미만으로 정할 수 없고, 장기로는 10년을 넘지 못하며 갱신할 수 있다(제312조 제1항·제2항·제3항). 또 합의에 의하지 않더라도 전세권 설정자가 전세권의 존속기간 만료 전 6월부터 1월까지 사이에 전세권자에 대하여 갱

---

8) 전세권의 담보물권적 성격을 고려하면 전세금의 반환이 선이행의무라고 보아야 할 것이나 민법은 동시이행으로 규정하고 있다.

신거절의 통지 또는 조건을 변경하지 아니하면 갱신하지 아니한다는 뜻의 통지를 하지 아니한 경우에는 그 기간이 만료된 때에 종전의 전세권과 동일한 조건으로 다시 전세권을 설정한 것으로 보게 되는데, 전세권의 존속기간만은 정함이 없는 것으로 본다(제312조 제4항). 이를 법정갱신이라 하고 판례[9]는 이런 법정갱신은 법률의 규정에 의한 물권변동이라고 보아 등기하지 않더라도 효력이 발생한다고 보고 있다.

그리고 위와 같이 기간의 약정이 없는 전세권은 언제든지 상대방에 대하여 전세권의 소멸을 통고할 수 있고 상대방이 이 통고를 받은 날로부터 6월이 경과하면 전세권은 소멸한다(제313조). 이 경우 전세권은 소멸통고가 도달한 날로부터 6개월이 지나면 등기 없이도 전세권이 소멸한다는 견해와 등기하여야 전세권이 소멸한다고 하는 견해로 나뉘어 있는데, 본조의 규정에 의하여 소멸되는 전세권은 용익물권적 성격을 가진 전세권이고 전세금을 담보하는 의미에서의 담보물권적인 전세권은 여전히 존속하므로 전세금이 지급되기 전까지는 전세권은 소멸하지 않고 민법 제317조에 의하여 전세금의 지급과 동시에 전세권이 소멸하여 전세권말소등기청구권이 생긴다고 보아야 할 것이다. 판례[10]도 같은 입장으로 보인다.

Ⅳ. 전세권의 효력

1. 전세권의 처분

전세권은 물권이므로 전세권자는 임의로 처분이 가능한 것이 원칙이다. 따라서 설정행위로 금지한 때가 아닌 한 전세권을 양도하거나 담

---

9) 대법원 1989.7.11. 선고 88다카21029 판결.

10) 대법원 2005.3.25. 선고 2003다35659 판결 참조, 그런데 대법원 1999.9.17. 선고 98다31301 판결은 전세권이 기간만료로 당연히 소멸한다고 판시하고 있는바, 이는 대법원이 전세권 저당권자의 전세금에 대한 실행방법으로 물상대위의 방법을 취하기 위한 고육지책으로 기간 만료로 전세권이 소멸한 것으로 보고 있는 것이 아닌가 생각된다. 아래 전세권 저당권 부분 참조.

보로 제공할 수 있고, 전전세 또는 임대할 수도 있다(제306조). 또 전세권은 지배권으로서 필요비는 자신이 부담해야 하지만, 유익비에 대해서는 소유자에 대하여 상환청구를 할 수 있다(제309조, 제310조).

그러나 전세권은 전세금반환청구권이라는 채권을 담보하기 위한 담보물권의 성격도 가지고 있다는 점에서 통상의 용익물권과 차이를 가져온다. 즉 통상의 용익물권의 양도에 있어서는 양도인과 양수인의 양도에 관한 물권적 합의와 양수인 명의로의 등기가 있으면 되지만, 전세권의 경우에는 담보물권의 부수성에 의하여 위와 같은 양도에 관한 물권적 합의와 등기 외에도 전세금반환청구권의 양도절차가 필요하다고 할 것이다.[11]

> <예 6-2> 전세권 존속기간중에 전세권자는 전세금반환청구권만을 전세권과 독립하여 양도할 수 있는가.

판례[12]는 '전세권은 전세금을 지급하고 타인의 부동산을 그 용도에 따라 사용·수익하는 권리로서 전세금의 지급이 없으면 전세권은 성립하지 아니하는 등으로 전세금은 전세권과 분리될 수 없는 요소일 뿐 아니라, 전세권에 있어서는 그 설정행위에서 금지하지 아니하는 한 전세권자는 전세권 자체를 처분하여 전세금으로 지출한 자본을 회수할 수 있도록 되어 있으므로 전세권이 존속하는 동안은 전세권을 존속시키기로 하면서 전세금반환채권만을 전세권과 분리하여 확정적으로 양도하는 것은 허용되지 않는 것이며, 다만 전세권 존속중에는 장래에 그 전세권이 소멸하는 경우에 전세금 반환채권이 발생하는 것을 조건으로 그 장래의 조건부 채권을 양도할 수 있을 뿐이라 할 것이다'라고 하여 원칙적으로

---

11) 이에 대하여는 물권적 합의와 등기만이 있으면 된다는 반대견해(박순성, '전세권에 관한 판례의 동향과 전망: 전세권의 담보물권성을 중심으로', 21세기 한국민사법학의 과제와 전망: 심당 송상현교수화갑기념논문집, 박영사(2002))도 있다. 대법원 2005.3.25. 선고 2003다35659 판결은 '존속기간이 만료된 전세권에 대하여 전세권양도계약 및 전세권이전 부기등기 외에 전세금반환채권에 관한 확정일자 있는 통지나 승낙이 있어야 제3자에 대항할 수 있다'고 판시하고 있는데 존속기간의 만료 후의 양도에 관한 판례이다. 대법원이 존속중의 양도에 사견과 같이 보고 있는지는 의문이다.

12) 대법원 2002.8.23. 선고 2001다69122 판결.

부정적인 입장을 취하고 있다.

　대법원이 이런 입장을 취한 이유는 전세금이 민법 제308조, 제309조, 제315조의 손해배상의 보증금적인 성격을 갖는 것인데 이를 허용하면 전세권설정자는 위 손해배상을 담보할 보증금을 잃게 되는 결과가 되어 부당하다고 보기 때문이라고 하는 견해가 있다. 이 견해는, 임대차계약의 보증금은 언제든지 보증금에서 임료 등을 공제할 수 있지만, 전세금의 경우는 전세권이 소멸한 경우에 비로소 반환의무가 생겨 손해배상에 충당할 수 있는데(민법 제315조 제2항), 전세권존속기간중에 전세금의 양도를 허용하게 되면 위 손해배상금을 충당할 수 없게 되어 전세권설정자에게 불리하다고 보는 입장에 있기 때문으로 추측된다.

　그렇다고 보면 전세권이 소멸한 이후에는 양도를 허용하여도 상관 없을 것이고,[13] 이 경우는 일반의 담보물권과 같이 전세권도 부종성의 원칙상 전세금반환청구권과 함께 양도된다고 보아야 할 것이다. 만약 특약으로 전세금반환청구권의 양도에도 불구하고 전세권이 양도되지 않기로 하였으면 양수인은 전세권이 없는 무담보의 전세금반환청구권을 양수받은 것으로 보아야 할 것이고, 그에 따라 전세권은 소멸한다고 보아야 할 것이다(민법 제361조).[14]

> **<예 6-3>** 반대로 전세권 설정자 A가 부동산 L을 B에게 전세권을 설정하여 준 후 C에게 양도하는 등 처분하는 경우, A와 B의 전세권에 관한 법률관계는 C에게 승계되는가. 즉 전세계약에서 A가 부담하는 B에 대한 전세금반환채무를 C가 부담하게 되어, B는 C에 대하여 전세금을 반환하여 달라고 할 수 있는가.

　본래 A의 전세금 반환채무는 전세권 설정계약에 의하여 발생한 채권적 청구권이므로 양수인 C가 양도인 A의 위 채무를 인수하지 않는

---

13) 대법원 2005.3.25. 선고 2003다35659 판결은 '전세기간 만료 이후 전세권양도계약 및 전세권이전의 부기등기가 이루어진 것만으로는 전세금반환채권의 양도에 관하여 확정일자 있는 통지나 승낙이 있었다고 볼 수 없어 이로써 제3자인 전세금반환채권의 압류·전부채권자에게 대항할 수 없다'고 하여 통지를 요한다고 본다. 이는 담보물권의 수반성에 비추어 당연한 것이라고 할 것이다.

14) 대법원 1999.2.5. 선고 97다33997 판결.

한, A만이 부담한다고 보아야 할 것이다. 그러나 전세금반환채무 이외에 전세권 관계로부터 생기는 제반 법률관계 즉 전세권 소멸청구, 갱신청구, 원상회복청구, 매수청구 등에 있어서는 현재의 소유자인 C가 직접적인 이해관계자이고 B는 더 이상 위 목적물과 관련하여 이해관계를 가지지 않을 것이다. B의 입장에서도 현재의 소유자인 C를 상대로 하는 것이 편리할 것이다.[15]

이에 대법원 2000.6.9. 선고 99다15122 판결은 '전세권이 성립한 후 목적물의 소유권이 이전되는 경우에 있어서 전세권 관계가 전세권자 B와 전세권설정자인 종전 소유자 A와의 사이에 계속 존속되는 것인지 아니면 전세권자 B와 목적물의 소유권을 취득한 신 소유자 C와의 사이에 동일한 내용으로 존속되는지에 관하여 민법에 명시적인 규정은 없으나, 전세목적물의 소유권이 이전된 경우 민법이 전세권 관계로부터 생기는 상환청구, 소멸청구, 갱신청구, 전세금증감청구, 원상회복, 매수청구 등의 법률관계의 당사자로 규정하고 있는 전세권 설정자 또는 소유자는 모두 목적물의 소유권을 취득한 신 소유자로 새길 수밖에 없다고 할 것이므로, 전세권은 전세권자 B와 목적물의 소유권을 취득한 신 소유자 C 사이에서 계속 동일한 내용으로 존속하게 된다고 보아야 할 것이고, 따라서 목적물의 신 소유자 C는 구 소유자 A와 전세권자 B 사이에 성립한 전세권의 내용에 따른 권리의무의 직접적인 당사자가 되어 전세권이 소멸하는 때에 전세권자 B에 대하여 전세권설정자의 지위에서 전세금반환의무를 부담하게 되고, 구 소유자 A는 전세권설정자의 지위를 상실하여 전세금반환의무를 면하게 된다고 보아야 하고, 전세권이 전세금 채권을 담보하는 담보물권적 성질을 가지고 있다고 하여도 전세권은 전세금이 존재하지 않으면 독립하여 존재할 수 없는 용익물권으로서 전세금은 전세권과 분리될 수 없는 요소이므로 전세권 관계로 생기는 위와 같은 법률관계가 신 소유자에게 이전되었다고 보는 이상, 전세금 채권 관계만이 따로 분리되어 전 소유자와의 사이에 남아 있다고 할 수는

---

15) 예를 들면 양도인은 매도한 후에 이사를 가게 되면 전세권자로서는 양도인의 주소를 알기 힘들다. 이에 반하여 양수인의 주소는 등기부를 보면 알 수 있으므로 연락하기 쉬울 것이다.

없을 것이고, 당연히 신 소유자에게 이전되었다고 보는 것이 옳다'고 하여 양수인 C가 면책적으로 전세금반환채무를 인수한다고 보고 있다.

2. 경매청구권

전세권자에게 경매청구권이 있음은 법문상 명백하다.

그런데, 전세권자가 경매를 신청하려면, 전세금 반환이 전세목적물의 반환 및 전세권 설정등기의 말소와 동시이행관계에 있기 때문에 우선 전세권 설정자에 대하여 전세목적물의 인도의무 및 전세권설정등기말소의무의 이행제공을 하여 전세권 설정자를 이행지체에 빠뜨려야 한다.[16]

1동 건물의 일부분에 관하여 전세권을 가지고 있는 전세권자는 일부분이 이용상·구조상 독립성을 가지는 경우에는 그 부분을 분할등기를 한 후 그 부분에 대하여 경매를 청구할 수 있다.[17]

> <예 6-4> 전세권의 목적물인 1동 건물의 일부가 구조상·이용상 독립성이 없는 경우, 전세권자는 건물 전체에 대하여 경매청구를 할 수 있는가 아니면 경매청구를 할 수 없는가.

이에 대하여 판례[18]는 '건물의 일부에 대하여 전세권이 설정되어 있는 경우 그 전세권자는 민법 제303조 제1항, 제318조의 규정에 의하여 그 건물 전부에 대하여 후순위권리자 기타 채권자보다 전세금의 우선변제를 받을 권리가 있고, 전세권설정자가 전세금의 반환을 지체한 때에는 전세권의 목적물의 경매를 청구할 수 있다 할 것이나, 전세권의 목적물이 아닌 나머지 건물 부분에 대하여는 우선변제권은 별론으로 하고 경매신청권은 없다'고 판시하여 건물 전체에 대하여 경매청구권을 인정하지 않고 있다.

그러면 독립성이 없는 일부분에 대하여 건물 일부에 대하여 경매청

---

16) 대법원 1977.4.13.자 77마90 결정.
17) 대법원 1973.5.31.자 73마283 결정.
18) 대법원 1992.3.10.자 91마256,91마257 결정.

구권을 인정할 수 있는가.

경매는 제3자가 그 부분에 대하여 소유권을 취득할 수 있는 대상이어야 하는데, 이렇게 독립성이 없는 건물의 일부에 대하여는 소유권을 취득할 수 없으므로 경매의 대상으로 될 수는 없을 것이다. 결국 전세권자는 판례에 의하면 경매청구를 할 수 없는 결과가 될 것이다.

그러나 이는 전세권에 경매청구권을 인정하고 있는 제318조의 취지에 반하고 또 제303조 제1항 후단의 '부동산 전부에 대하여 후순위 권리자 기타 채권자보다 우선변제를 받을 권리가 있다'는 규정취지에도 반하는 것이라고 생각되므로 건물 전체에 대하여 경매청구를 할 수 있다고 보아야 할 것으로 생각한다.

V. 소 멸

1. 소멸사유

가. 일반적인 사유

전세권은 다른 물권과 마찬가지로 혼동, 소멸시효 등에 의하여 소멸한다.

전세권은 존속기간의 만료로 소멸하는가와 관련하여 존속기간이 만료되면 전세권은 당연히 소멸한다는 견해가 있으나, 존속기간이 만료되면 전세권의 용익물권적 권능만이 소멸하는 것이고 전세금반환채무를 담보하는 의미에서의 담보물권적 권능은 여전히 존속한다고 보아야 할 것이므로 전세금이 반환되어야 비로소 소멸된다고 보아야 할 것이고(민법 제317조 참조), 전세금이 반환되면 그때는 담보물권의 부종성에 의하여 말소등기가 되지 않더라도 전세권은 소멸한다고 보아야 할 것이다.

목적물이 전부 멸실될 때에는 전세권이 소멸하는 것은 당연할 것이고, 그 멸실이 전세권 설정자나 전세권자 또는 제3자에게 책임이 있는 사유로 인한 것이면 전세권 설정자나 전세권자는 상대방에 대하여 채무불이행책임 또는 불법행위책임을, 제3자에 대해서는 불법행위책임을 물으면 될 것이다.

그런데 불가항력으로 전세목적물의 전부나 일부가 멸실될 때에는 어떻게 되는가.

이때에는 그 멸실된 부분의 전세권은 소멸하고, 일부 멸실시 잔존 부분으로 전세권의 목적을 달성할 수 없는 때에는 일부 무효의 법리(민법 제137조)에 따라 전세권 설정자에 대하여 전세권 전부의 소멸을 통고하고 전세금의 반환을 청구할 수 있고(민법 제314조), 목적을 달성할 수 있는 때에는 전세권은 존속하고 전세금은 그만큼 감액된다고 보아야 할 것이다.

나. 소멸청구와 소멸통고

그 외 전세권에 특유한 소멸사유로서는 소멸청구(민법 제311조)와 소멸통고(민법 제313조)가 있다.

각 그 구체적인 내용은 조문을 참조하면 되고 이와 관련하여서 문제가 되는 점은 이 경우 전세권은 위와 같은 의사표시의 송달만으로 소멸하는가 하는 데에 있다.

이와 관련하여 소멸청구나 소멸통고의 의사표시가 상대방에 도달하게 되면 소멸청구의 경우는 즉시, 소멸통고의 경우는 그로부터 6개월 후에 말소등기 없이도 전세권이 소멸한다는 견해와 말소등기까지 하여야만 소멸한다는 견해가 있다. 전자의 견해는 소멸청구나 소멸통고는 물권적 단독행위인 점에 주안을 두어 민법 제186조의 물권변동에 해당한다고 보는 것이고, 후자의 견해는 소멸청구나 소멸통고는 위 각 민법 규정에 의하여 소멸되는 것으로 민법 제187조의 물권변동에 해당한다고 보는 것이다.

그러나 앞서 본 바와 같이 위와 같은 소멸청구나 소멸통고로 인하여 소멸하게 되는 것은 전세권의 용익물권적 권능이고, 전세금을 담보한다는 의미에서의 전세권의 담보물권적 권능은 여전히 잔존한다고 할 것이므로 전세금을 반환받아야 담보물권의 부종성의 원칙에 의하여 등기 없이도 소멸한다고 할 것이다.

2. 소멸시 효과

가. 동시이행

전세권이 소멸되면 전세금 반환과 전세목적물의 반환 및 전세권 설정등기의 말소는 동시이행관계로 된다(민법 제317조). 따라서 전세권 설정자의 전세금반환채무의 경우 상대방의 이행제공이 없는 한 지체책임을 지지 않고, 전세권자의 경우 전세금의 반환시까지의 점유는 불법점유가 아니어서 손해배상의 대상으로 되지 않는다. 이와 관련하여 전세금의 반환시까지 전세권자가 점유하여 사용하여 취한 이익은 불법행위로서 손해배상의 대상으로 되지는 않지만 부당이득으로 되어 반환되어야 하는 것이 아닌가 하는 의문이 있을 수 있으나, 전세금의 이자는 그 사용이익에 대한 대가에 해당하므로 그 사용이익에 대한 대가는 지불되었다고 보아야 할 것이다.[19]

나. 전세금의 우선변제권

전세금에 대해서는 우선변제권이 있으므로(민법 제303조), 전세권 설정자가 전세금을 지급하지 않는 경우 전세목적물에 대해 경매를 신청하여 그 매각대금에서 우선변제를 받을 수 있다. 이 경우 전세 목적물의 일부에 대하여 경매를 신청할 수 있는지에 대해서는 앞서 설명했고, 일부에 대한 경매라고 하더라도 우선변제권은 목적물 전부에 대하여 미친다는 점에 유의해야 한다.

다. 그 외

전세권 소멸시 전세권자는 원상회복의무가 있고, 아울러 부속물 수거권과 부속물 매수청구권이 있고, 전세권 설정자도 부속물 매수청구권이 있다(민법 제316조).

또 전세권자는 원칙적으로 유익비 상환청구권만 있고, 필요비상환청구권은 없는데(민법 제310조), 이는 전세권이란 목적물을 직접 지배하여 이익을 얻는 물권이므로 전세권자가 목적물의 현상유지 및 수선의무를 부담하여야 하기 때문이다.

---

19) 대법원 1976.10.26. 선고 76다1184 판결은 채권적 전세에서 상당한 보증금이 지급된 경우에 이와 같이 보고 있다.

Ⅵ. 전세권 저당권

1. 성 립

전세권 저당권은 전세권자와 전세권 저당권자 사이에 그 설정에 대한 계약과 전세권에 대한 저당권 등기를 하면 성립하고 전세권 설정자는 그 성립에 어떠한 관여도 하지 않는다고 하는 것이 통설, 판례[20]이다.

그러나 개인적으로는 위 요건은 전세권 저당권의 성립요건이지만 그 성립사실을 가지고 전세권 설정자에게 대항하기 위해서는 전세권 설정자에 대한 전세금반환채권의 통지가 있어야 한다고 해석해야 하지 않을까 한다. 즉 전세권은 용익물권과 담보물권이 겸비한 것이므로 전세권자와 전세권 저당권자 사이의 합의와 등기만으로는 전세권의 용익물권적 권능에 대해서만 저당권이 설정된 것으로 보아야 하고, 그것만으로는 아직 전세권의 담보물권적 권능에 대해서까지는 저당권이 설정되었다고 보기는 어렵다고 생각하기 때문이다. 전세권의 담보물권적 권능에 대해서까지 저당권의 효력이 미친다고 하기 위해서는 민법 제349조를 준용하여 전세권 설정자에게 통지를 해야 한다고 보아야 할 것으로 생각한다.[21]

물론 전세금이 전세권과 분리될 수 없는 요소이므로 전세권의 용익물권에 저당권이 설정되면 전세금에도 저당권이 설정되어야 한다고 볼 수도 있을 것이다.

그러나 실제적인 관점에서 보면 전세권 설정자로서는 전세권 저당권설정에 아무런 관여를 하지 않기 때문에 저당권 등기가 되어 있더라도 전세권에 저당권이 설정되어 있다는 사실을 모르기 쉽고, 더구나 아래에서 보는 바와 같이 판례는 전세권 설정자와 전세권자 사이의 전세

---

20) 대법원 1999.9.17. 선고 98다31301 판결 중 '전세권을 목적물로 하는 저당권의 설정은 전세권의 목적물 소유자의 의사와는 상관없이 전세권자의 동의만 있으면 가능한 것이고'라고 판시하고 있다.

21) 민법 제348조는 저당권부 채권에 대하여는 권리질권의 설정요건 외에 저당권의 등기에 부기등기를 요한다고 규정하고 있는 것도 참조할 수 있을 것이다.

권에 관한 변경 합의는 전세권 저당권자에게 그 효력이 미치지 않는다
고까지 보고 있는데. 이는 전세권에 저당권이 설정된 사실을 모르고 있
을 가능성이 높은 전세권 설정자에게 너무 큰 불이익을 주는 것이라고
생각하기 때문이다.

2. 실행방법

가. 문 제 점

본래 저당권은 부동산이나 용익물권을 대상으로 하는 담보물권으로
서, 피담보채권이 변제되지 않는 경우, 저당 목적물을 부동산 경매절차
를 통하여 환가한 후 그 환가한 금액으로 우선변제를 받는 것이다. 그리
하여 민사집행법에서는 저당권의 실행방법으로 이런 부동산 경매를 통
한 환가방법만을 상정하여 규정하고 있다.

따라서 전세권 저당권의 경우 그 실행의 방법으로서는, 위와 동일
하게 전세권을 부동산 경매절차를 통하여 환가하고,[22] 경매를 통하여 전
세권을 매수한 매수인은 나머지 기간 동안 전세권자로서 전세 목적물을
이용하여 수익을 얻고 기간이 만료되면 전세금반환을 청구하는 것이다.

그런데 전세권의 존속기간이 만료하게 되면, 전세권은 앞서 본 바
와 같이 목적물을 사용 수익할 수 있는 용익적 권능은 소멸하고, 전세금
반환채권을 담보하는 권능만을 가지게 되는바, 저당권은 부동산이나 용
익물권만을 대상으로 하는 것이지 이와 같이 전세금반환채권이나 담보
물권을 대상으로 하는 것이 아니므로 통상의 저당권과 같이 부동산 경
매절차와 같이 매각할 수 없다는 데 문제가 있다.

예를 들어서 보도록 하자.

<예 6-5> A가 2000. 1. 1. B에게 자신의 소유의 건물을 보증금
1억원, 월 차임 100만원, 기간은 2년으로 정하여 임대하면서, B명
의로 전세금 1억원의 전세권(기간은 2000. 1. 1.부터 2년)을 설정해 주
었다. B는 2001. 1. 1. C에게 금 8천만원을 차용하면서 위 전세권

---

22) 대법원 1995.9.18.자 95마684 결정. 이 결정에서 언급한 민사소송법 제724조는
그 후 민사소송법이 개정되어 민사집행법 제264조에서 그와 같은 내용을 규정하게 되었다.

에 저당권을 설정하여 주었고, 저당권 등기까지 경료하였다. B가 C
에게 위 차용금 8천만원을 이행기에도 변제하지 않는 경우 전세권
저당권자가 저당권을 실행하려면 어떻게 해야 하는가.

나. 판례의 입장과 검토

위 사안에서 만일 저당권을 실행하는 시기가 전세기간중이라면 전
세권 자체를 부동산 경매절차, 즉 전세권을 경매하는 방법으로 실행할
수 있을 것이고, 경매절차에서 전세권을 매수한 매수인은 마치 전세권
을 양도받은 사람과 같이 잔존 기간 동안 위 부동산을 전세권자로서 사
용할 수 있고, 기간이 만료하면 전세금의 반환을 청구할 수 있을 것이
다.[23]

그러면 전세기간이 만료한 경우에도 위와 같은 방법으로 실행할 수
있을까.

대법원은 전세권이 만료되어 버리면 부동산 집행방법으로서의 경매
는 더 이상 할 수 없고, 물상대위에 의한 채권 집행방법을 취하여야 한
다고 한다.[24] 즉 '전세권에 저당권이 설정된 경우 그 저당권의 목적물은
물권인 전세권 자체이지 전세금 반환채권은 그 목적물이 아니고, 전세
권의 존속기간이 만료되면 전세권은 소멸하므로 더 이상 전세권 자체에
대하여 저당권을 실행할 수 없게 되고 이런 경우에는 민법 제370조, 제
342조 및 구 민사소송법 제733조(현 민사집행법 제273조)에 의하여 저당
권의 목적물인 전세권에 갈음하여 존속하는 것으로 볼 수 있는 전세금

---

23) 만일 전세권에 대하여 설정행위로 양도를 금지한 경우에도 전세권에 대하여 경매가
가능할까. 경매가 가능하기 위해서는 전세권이 매수인에게 양도될 수 있는 것이어야 하는데,
전세권에 양도를 금지한다는 특약이 있으면 양도가 되지 않는 것으로 보아야 하는 것이 아닌
가 하는 의문이 있기 때문이다. 만일 전세권 설정자와 전세권자 사이의 위 양도금지 특약을
인정하면 당사자의 특약으로 집행이 금지되는 재산을 만들어 내는 결과가 되어 부당하므로
양도금지 특약이 있는 전세권에 대하여도 매수인의 선의, 악의를 불문하고 민사집행법에 의
한 집행은 가능하다고 보아야 할 것으로 생각한다(양도금지특약이 있는 채권에 대하여 집행
을 인정한 대법원 1976.10.29. 선고 76다1623 판결 참조).

24) 대법원 1995.9.18.자 95마684 결정은, 전세권저당권자는 전세기간이 만료된 전
세권에 대하여 부동산경매절차에 준하여 전세권 자체에 대하여 경매신청을 할 수 없다고 판
단한 원심 결정이 정당하다고 판시하였다.

반환채권에 대하여 압류 및 추심명령 또는 전부명령을 받거나 제3자가 전세금반환채권에 대하여 실시한 강제집행절차에서 배당요구를 하는 등의 방법으로 자신의 권리를 행사할 수 있다'고 한다.[25]

따라서 판례의 입장에 따르면 C는 전세기간만료시 전세권 저당권자라는 이유로 A를 상대로 자신에게 직접 전세금을 반환해 달라고 청구할 수는 없고(물론 채권자 대위권을 행사할 수 있는 요건을 갖춘 경우에는 C는 A의 권리를 대위행사하여 반환을 청구할 수는 있을 것이나 이는 전세권 저당권자로서의 권리행사와는 무관하다), A가 B에게 전세금을 현실적으로 반환하기 전에 압류를 하고 그에 기하여 추심명령이나 전부명령을 받아야만 A에게 반환을 청구할 수 있다.

그런데 대법원 2005.3.25. 선고 2003다35659 판결은 '전세권설정등기를 마친 민법상의 전세권은 그 성질상 용익물권적 성격과 담보물권적 성격을 겸비한 것으로서, 전세권의 존속기간이 만료되면 전세권의 용익물권적 권능은 전세권설정등기의 말소 없이도 당연히 소멸하고 단지 전세금반환채권을 담보하는 담보물권적 권능의 범위 내에서 전세금의 반환시까지 그 전세권설정등기의 효력이 존속하고 있다 할 것이다'고 판시하여 전세권은 기간이 만료해도 소멸하지 않는 것으로 보고 있어서 앞의 판결과 배치되는 듯한 입장을 밝히고 있다. 이 판결의 사안은 전세권 저당권과 관련한 사안은 아니고 전세권이 만료한 후에 전세금반환채권을 양도받은 사람과 전세금 반환채권을 압류 및 전부명령을 받은 B의 일반채권자와 사이에서 누가 우선하는가에 대한 것이었다.

이런 판결들에서 엿보이는 대법원의 입장은, 전세권이 만료된 경우 전세권 저당권의 실행방법과 관련하여서는 전세기간이 만료되면 전세권이 소멸된 것으로 취급하여 물상대위의 방법으로 실행하도록 하면서, 전세권 저당권과 관련되지 않은 사건에서는 전세기간이 만료되더라도 전세권은 소멸되지 않는다는 태도를 취하고 있는 것이 아닌가 여겨진다.

아마도 대법원의 이런 입장은 우리나라의 민사집행법이 저당권의 실행방법과 관련하여 부동산이나 용익물권만을 대상으로 하는 것을 상

---

25) 대법원 1999.9.17. 선고 98다31301 판결.

정하여 집행절차를 규정하고, 전세권 저당권과 같이 용익물권적 성격과 담보물권적 성격을 가진 전세권에 저당권을 설정한 경우의 실행방법에 관하여는 집행절차에 관한 규정을 두고 있지 아니하여 위와 같은 혼선을 야기하고 있는 것 아닌가 생각한다.[26]

이처럼 대법원이 취하고 있는 견해는 논리가 일관하지 않고, 또 물상대위란 담보권의 목적물이 소멸한 때 그 목적물의 대체물 내지 변형물에 대하여 인정되는 것인데 전세금은 성립 당시부터 존재하고 있었던 것으로 전세권 목적물의 소멸로 인하여 생기는 그것의 대체물 내지 변형물이라고 볼 수 없으며, 대법원의 견해는 다음 다.항에서 보는 바와 같이 전세권 저당권자의 지위를 지나치게 약화시키는 문제가 생기기 때문에 취하기 어렵다고 생각된다.

사견으로는 전세기간이 만료되더라도 전세권은 전세금반환채권을 담보하는 의미에서의 담보물권적 권능은 잔존하고 있어 전세권은 잔존하고 있다고 보아야 할 것이고, 이 경우 집행할 경우에는 저당권은 채권에 대한 담보권인 채권질권과 같은 효력을 가지게 되어, 채권질권에 관한 규정을 유추적용해야 할 것이다.

이 경우 사견에 의하면 전세권 저당권 설정을 하기 위해서는 전세권자와 전세권 저당권자의 합의와 등기 외에 전세권 설정자에 대한 통지도 요한다고 보므로 채권질권의 규정을 준용하는 데 무리가 없을 것이다. 즉 전세권 저당권자는 민법 제349조, 제353조를 준용하여, 전세금반환채권에 대한 압류 및 전부명령 또는 추심명령이 없어도 전세권 설정자에 대하여 저당권을 주장하여 직접 전세금반환을 청구할 수 있고, 이 경우 전세권 저당권자는 자기 채권의 한도에서 전세권 설정자에게 직접 전세금의 반환을 청구할 수 있으며, 전세금채권의 변제기가 전세권 저당권자의 채권의 변제기보다 먼저 도래할 때에는 전세권 설정자에 대하여 전세금의 공탁을 청구할 수 있다고 해석해야 할 것이다.[27]

---

26) 이런 혼란은 아마도 민법에서 전세권을 단순한 용익물권에서 용익물권과 담보물권을 겸유하는 것으로 개정하였지만, 민사집행법을 제정함에 있어 이와 같이 개정된 것을 미처 생각하지 못한 것에 이유가 있는 것이 아닐까 생각한다.

27) 동지: 김창섭, "전세권에 대한 저당권의 우선변제적 효력의 인정여부", 법조 제50권

그러나 만일 전세권 설정자에 대한 저당권 설정의 통지는 저당권 설정등기시 동시에 하여야 하는 것은 아니므로 전세권 저당권자가 저당권의 실행시에 통지하여도 무방하다고 할 것이다. 다만 이렇게 늦게 통지하면 그 전에 전세권 설정자가 전세권자에 대하여 가지는 채권으로 상계한다는 주장에 대항할 수 없게 되거나, 전세권자의 다른 채권자의 압류 등에 우선할 수 없게 되는 불이익을 입게 될 것이다.

이렇게 보는 것이 판례의 문제점을 피하고, 전세권을 용익물권적 성격과 담보물권적 성격을 겸유하도록 하면서 이런 전세권에 저당권의 설정을 인정한 민법 제371조의 규정을 두어 담보물권에도 예외적으로 저당권이 설정될 수 있다는 것을 인정한 입법취지를 살리는 것이라고 생각한다.

다. 전세금반환 의무자의 공탁금액

위의 예에서 A가 전세권 등기의 말소를 구하려고 하면 전세금을 지급해야 할 것인데, A는 B와 C 사이에 누구에게 지급해야 하는가.

판례[28]는 제3자의 압류 등이 없는 한 A는 B에 대해서만 전세금 지급의무를 부담하고 있다고 보고 있는데, 그 이유로는 전세권 저당권은 전세권 설정자인 A의 동의없이 설정되는 것이므로 전세권 설정자로서는 전세권(따라서 전세금)에 저당권이 설정되어 있다는 것을 모를 수 있다는 것을 들고 있다.

따라서 판례의 입장에서 보면 압류가 없으면 A는 B에 대해서만 반환의무를 부담하고(이를 반대로 생각하면 B만이 A에 대하여 전세금을 청구할 수 있다는 것이다), C의 전세권 저당권에 기한 물상대위권자로서 압류가 있으면 A는 C에 대해서만 반환의무를 부담하게 되고(C만이 전세금 청구권자이다), 이와 같은 권리자가 수령을 거부하면 공탁을 하고 전세권 등기의 말소를 청구할 수 있다고 보아야 할 것이다.

그런데 만일 B가 차임을 10개월간 지급하지 아니하여 연체차임이 1천만원이 생겼다고 하면 공탁을 하여야 할 금액은 얼마일까.

제4호(통권 제535호), 법조협회(2001.4.) 참조. 이 논문은 나아가 전세권 저당권자에게 전세권자가 가지는 경매청구권까지도 행사할 수 있다고 한다.

28) 앞서 나온 98다31301 판결.

판례에 따르면 C의 압류가 없으면 B를 피공탁자로 하여 변제공탁금액은 전세금 2억에서 1천만원을 공제한 1억 9천만원이 될 것이고, C의 압류가 있으면 C를 피공탁자로 하여 2억원을 공탁해야 할 것이다.[29]

그런데 C가 압류를 하고 있지 않은 경우 전세권 저당권의 실행과 관련한 앞의 판례에 따르면 전세권은 전세기간의 만료로 소멸하게 되고 따라서 그 전세권을 목적물로 한 전세권 저당권도 소멸한다고 보지 않을 수 없으므로, A로서는 B에게 전세금을 지급하였는지 여부와 무관하게 C를 상대로 말소를 청구할 수 있다고 보아야 할 것이다.[30]

그런데 이는 지나치게 C의 지위를 약화시키는 것이라고 하지 않을 수 없다.

따라서 사견과 같이 전세기간이 만료되더라도 전세권은 소멸하지 않는다고 보아야 할 것이다. 그러면 사견에 의하면 A는 얼마를 공탁해야 할까.

A가 공탁할 때까지 C의 저당권설정 사실에 대한 통지가 없었다면 A는 B와 C에 대하여 연체차임 1천만원의 상계를 주장할 수 있으므로 B를 상대방으로 하여 1억 9천만원을 공탁하고 B에 대하여는 전세권의 말소를, C에 대하여는 전세권 말소에 대한 승낙을 청구할 수 있다고 보아야 할 것이다.

C의 저당권 설정사실에 대한 통지를 받았고 연체차임 1천만원이 그 전에 생긴 것이라면 A는 C를 상대방으로 하여 공탁하고, B에 대하여는 전세권의 말소를, C에 대하여는 전세권 말소에 대한 승낙을 청구할 수 있을 것이다.

---

29) 앞서 나온 87다카1315 판결에 의하면 C가 선의이면 연체차임의 공제로 대항할 수 없으므로 전세금 2억원 전부를 공탁해야 할 것이다.

30) A가 전세금을 집행공탁한 후 C를 상대로 전세권 저당권등기의 말소를 구한 사안에서 서울고등법원은 서울고법 1998.5.26. 선고 97나50857 판결에서 그 집행공탁의 적부를 따지지 아니한 채 C가 전세금채권에 대한 압류명령 및 추심명령을 받지 아니한 이상 A가 C에게 전세금을 반환할 의무 자체가 없다는 이유로 원고 승소의 판결을 하였다. 논자에 따라서는 이 경우 C는 B가 A에 대하여 가지는 전세금반환청구권과의 동시이행항변권을 원용할 수 있다는 견해도 있지만 판례의 이론을 철저히 따른다면 동시이행항변권도 원용할 수 없다고 보아야 할 것으로 생각한다.

그런데 만일 연체차임이 그 후에 발생한 것이라면 B에 대하여는 1천만원의 상계를 주장할 수 있으나 C에 대하여는 상계로 대항할 수 없을 것이므로 2억원을 C를 상대방으로 하여 공탁하고 B에 대하여는 전세권의 말소를, C에 대하여는 전세권 말소에 대한 승낙을 청구할 수 있다고 할 것이다.[31]

라. 전세권 설정자와 전세권자와의 합의의 효력

앞의 예에서 전세권 저당권을 설정한 후 전세기간중에 A와 B가 임대차계약을 합의해지하거나 보증금을 2억원에서 1억원으로 변경하는 경우 C는 여전히 전세금이 2억원이라고 주장할 수 있는가.

민법 제371조 제2항은 '지상권 또는 전세권을 목적으로 저당권을 설정한 자는 저당권자의 동의없이 지상권 또는 전세권을 소멸하게 하는 행위를 하지 못한다'고 규정하고 있는바, 이에 의하면 전세권자인 B는 C의 동의없이 전세권을 소멸하게 하거나 보증금을 감액하는 데 합의하는 등으로 C에게 불이익하게 하는 처분을 할 수 없는 것은 문맥상 당연하다. 이는 B가 저당권 설정에 관여한 당사자이므로 저당권자를 해치는 행위를 용인할 수 없는 것은 당연할 것이기 때문이다.

그러면 전세권의 저당권 설정에 전혀 관여하지 않은 A에게도 위 조항은 적용될 것인가.

판례[32]는 적용된다고 하면서 A와 B 사이에서는 위 전세권이 위 계약 내용대로 변경되어 전세금이 2억원에서 1억원으로 일부 소멸한다고 할 것이지만, 전세권저당권자인 C에 대한 관계에서는 A는 물론 위 전세권설정자인 B도 C의 동의가 있지 않는 한 위와 같은 전세권의 일부 소멸을 주장할 수 없다고 할 것이라고 하였다.

그러나 이런 판례의 태도는 전세권 저당권 설정에 전혀 관여한 바가 없어 그 설정사실을 모르고 있는 A가 C에 대하여 변경된 계약의 효력을 주장할 수 없다고 하는 것은 A에게 너무나 큰 불이익을 주는 것일

---

31) 이 경우 B의 전세권의 말소만을 청구한다면 1억 9천만원만을 상대방을 C로 하여 공탁하고 B의 말소를 청구하면 될 것이다. 그러나 B의 전세권 등기의 말소에 이해관계가 있는 C의 승낙이 없는 한 위 판결만으로는 B의 전세권등기 말소도 집행할 수 없게 될 것이다.

32) 대법원 2006.2.9. 선고 2005다59864 판결.

뿐만 아니라 위 조문의 문언에도 반하는 해석이라고 할 것이다.

사견과 같이 저당권 설정사실을 A에 통지한 경우에 한하여, A가 변경된 계약의 효력을 주장할 수 없도록 하는 것이 타당한 것이 아닐까 생각한다.

제7장 유치권

I. 담보제도의 의의

1. 인적 담보와 물적 담보

담보제도는 채권자가 자기의 채권의 변제를 확실하게 하기 위한 제도이다. 이를 위해서는 이용할 수 있는 방법으로는 채무자 이외의 다른 사람도 채무자와 함께 채무를 변제하도록 함께 채무를 지게 하는 것과, 채무자의 일반 재산 중 특정한 재산에 대하여는 다른 채권자보다 먼저 변제를 받을 수 있는 권한을 취득하는 것이 있을 수 있다.

전자의 것을 인적 담보라고 하고 대표적인 것으로는 다른 사람을 보증인으로 세워 보증채무를 지게 하는 것이고, 그 외 불가분 채무, 연대채무 등이 있다.

후자의 것을 물적 담보라 하고 민법에서는 유치권, 저당권을 규정하고 있으며, 그 외에도 양도담보, 가등기담보, 소유권유보부 매매 등이 있다. 민법에 규정되어 있는 담보를 전형담보하고 하고, 민법에 규정하고 있지 않은 담보를 비전형담보라고 부른다.

인적 담보는 채권자가 채권의 변제를 위하여 집행할 수 있는 재산이 채무자 외에 보증인의 일반재산에도 미쳐서 그 재산의 범위가 확대되어 있다는 장점이 있지만, 그 개별재산에 대하여는 물적 담보와 같이 다른 채권자들보다 우선권을 가지지는 않는다. 이에 반하여 물적 담보에서는 인적 담보와 달리 그 집행재산의 범위가 확대되어 있지는 않지만 담보가 설정된 특정 재산에 대하여는 다른 일반 채권자보다는 우선하여 변제를 받을 수 있는 장점이 있다.

인적 담보에 대해서는 채권총론에 규정되어 있으므로 그에 관하여는 채권총론의 설명에 넘기고, 여기서는 물적 담보에 대하여 보도록 한다.

2. 물적 담보

물적 담보에는 전형담보와 비전형담보가 있다는 것은 앞에서 보았다. 여기서는 물적 담보가 가지는 공통적 성격에 대하여 보도록 한다.

물적 담보가 가지는 공통적으로 가지는 성격으로 부종성, 수반성, 물상대위성, 불가분성을 든다.

부종성이란 담보되는 채권이 성립하지 않거나 부존재하게 되면 담보물권도 성립하지 않게 되는 것을 말한다. 이는 담보제도가 채권을 만족시키기 위해 존재하므로 그 채권이 존재하지 않게 되면 그 채권을 위한 담보도 불필요하게 된다는 것을 의미한다. 예를 들어 A나 B에게 도박자금으로 대여해 주고 그 돈을 담보하기 위하여 저당권을 설정해 두었다면 도박자금으로 대여한 것은 민법 제103조에 위반되어 대여계약은 무효이고 또 A는 B에 대하여 제746조에 의하여 반환을 청구할 수 없기 때문에 결국 B는 A에 대하여 아무런 채무가 없게 되어 저당권의 피담보채무의 부존재로 저당권은 무효가 되는 것이다. 그러나 부종성의 요구하는 정도는 질권이나 저당권의 경우에는 완화되어 있으나, 유치권의 경우에는 엄격하게 요구한다.

수반성이란 피담보채권이 이전하면 담보권도 그에 따라 이전된다는 것을 의미한다.

물상대위성이란 담보제도는 교환가치의 파악을 본질로 하므로 담보대상의 목적물이 멸실·훼손·공용징수 되는 경우 이로 인하여 목적물에 갈음하여 그 목적물의 소유자가 받게 되는 금전 기타 물건과 같은 교환가치의 대표물에 대해서도 담보의 효력이 미치는 것을 말한다. 이런 성격은 유치권에는 없으나 질권, 저당권에는 있다.

불가분성이란 피담보채권이 조금이라도 존재하면 그 담보물 전체에 담보권의 효력이 미치는 것을 말한다. 즉 피담보채무가 일부 변제되었다고 하여 그에 해당하는 담보물의 일부에 대하여 담보권을 잃게 된다는 것이 아니라는 뜻이다.

　　각각의 구제적인 의미는 아래 담보물권의 설명에서 보도록 하고, 먼저 유치권부터 보도록 한다.

Ⅱ. 의　　의

> <예 7-1> 시계수리업자인 B가 A로부터 고장난 시계의 수리를 의뢰받아 수리를 하였는데, A로부터 시계 수리비용을 받지 못한 경우, B는 어떠한 권리가 있는가.

　　이 경우 민법은 B로서는 수리비용을 받을 때까지 시계를 돌려주지 않고 계속 가지고 있을 권리를 인정하는데, B의 이런 권리를 유치권이라고 한다.

　　이런 유치권의 대상이 되는 물건은 시계와 같은 동산뿐만 아니라 부동산의 경우도 대상이 되고 유가증권도 대상이 된다.

　　위의 예에서 A가 B에 대해 시계의 인도를 구하는 경우, 통상 B는 유치권을 행사할 수 있다고 하지만, B에게 유치권을 인정하지 않더라도 B는 A와의 시계수리계약에 기하여 A의 인도청구에 대하여 수리비의 지급과 동시이행이 되어야 한다고 하는 동시이행 항변권을 행사하여 동일한 결과를 얻을 수 있으므로 위와 같은 경우에 굳이 유치권의 성립을 인정할 실익은 없다.

　　그런데 만일 A가 소유권자가 아니고 다른 소유권자 A'로부터 빌린 사람이라거나 A가 수리를 맡긴 후에 C에게 시계를 양도한 경우 A'나 C가 소유권에 기하여 시계를 달라고 하면 이제는 B로서는 동시이행항변권을 주장할 수가 없다. 왜냐하면 동시이행 항변권은 수리계약에 기하여 생긴 것이므로 B와 수리계약을 체결하지 아니한 A'나 C에게는 항변권으로 대항할 수가 없기 때문이다.

　　유치권은 이런 경우에 그 효용을 발휘한다. 즉 이와 같이 수리비채권을 피담보채권으로 하여 유치권이 성립하면, 유치권은 물권으로서 대세적 효력을 가지므로 유치권자인 B는 수리계약의 상대방인 A 외에도 A'와 C에게까지 유치권을 주장하여 수리비용을 받을 때까지 시계를 반환하지 않을 권한을 갖는 것이다.

여기서 유의해야 할 점은 유치권은 단지 자신이 그 물건을 점유하고서 수리대금을 주지 않으면 A'나 C에게 그 물건을 반환하지 않을 수 있는 권리(유치할 수 있는 권리)만을 부여한 것이지, B가 A'나 C에 대하여 수리비를 달라고 청구할 수 있는 권리를 부여하는 것은 아니라는 것이다.

수리비 청구는 오로지 수리비계약의 상대방인 A에 대해서만 할 수 있는 것이다. 단지 A'나 C로서는 수리비를 지급하지 않으면 그 시계를 찾아올 수 없기 때문에 시계를 찾기 위하여 어쩔 수 없이 B를 대신하여 수리비를 지급하여야 하는 것이고, 이렇게 채무없이 수리비를 지급한 A'나 C는 후에 B를 상대로 수리비 상당액의 구상권을 행사하여야 한다(물론 C의 입장에서는 소유자인 B로부터 시계를 매수할 때 수리비를 공제하고 대금을 지급했으면 구상을 할 수 없는 것은 당연할 것이다).

여기서 알 수 있는 것처럼 B가 물권인 유치권을 가지게 되는 것은 A와의 유치권설정계약이라는 계약을 통해서가 아니라 민법 제320조의 요건에 맞느냐 맞지 않느냐에 의하여 결정된다(이런 의미에서 법정 담보물권이라고 부르는 것이다).

따라서 제320조의 해석을 통하여 그 요건을 구비하고 있는지를 판단하는 것이 중요하다.

2013. 7. 9. 국무회의에서 심의·의결한 민법의 법률안에 따르면 유치권의 인정대상이 현행 동산, 부동산, 유가증권에서 앞으로는 동산, 유가증권, 미등기 부동산으로 축소된다. 이에 따라 건물을 준공, 등기를 마친 이후에는 시공사가 유치권을 주장할 수 없게 되며, 대신 등기 부동산의 유치권 폐지로 인해 약화될 시공사의 권리 보호를 위해 부동산 등기 후 6개월 내에 근저당을 설정할 수 있도록 했다. 이렇게 개정된 것은 최근 부동산 경기 침체로 미분양이 잇따르면서 건물 완공 후 조합과 시공사간 대금 지급을 둘러싼 갈등으로 시공사가 유치권을 행사, 일반 분양자와 상가 분양자들이 입주나 영업을 못하는 사례가 빈발한 데 따른 것이라 한다. 아래에서의 유치권의 논의는 위 법률안 이전의 규정에 의

한 것인바, 위 법률안 시행 전의 분쟁은 어차피 위 법률안 시행 전의 민법 규정에 의하여 해결해야 할 것이므로 개정이 되더라도 당분간은 기존의 법리를 알아둘 필요는 있을 것이다.

Ⅲ. 요 건

1. 채권과 목적물의 견련관계

본조는 '물건이나 유가증권에 관하여' 생긴 채권이 있는 경우에 유치권이 성립한다고 한다.

즉 피담보채권이 되기 위해서는 채권과 목적물 사이에 어떠한 밀접한 관계가 있어야 한다는 것이다.

이는 위의 예에서 B가 A에 대한 대여금채권이 있다고 하더라도 그 채권으로 시계를 유치할 권한은 없다는 것을 의미한다. 왜냐하면 대여금 채권은, 인도를 구하는 대상인 물건 즉 시계에 관하여 생긴 채권이 아니기 때문이다.

그러면 '물건이나 유가증권에 관하여' 생긴 채권이란 어떤 채권을 의미하는가.

이에 관한 학설[1]로는 그 의미를 하나의 기준으로 결정하려고 하는 일원설과 두 개의 기준에 의해 결정하려고 하는 이원설이 있다. 일원설 중에도 채권과 물건의 관계를 목적론적으로 고찰하여 채무자가 그 스스로 그 채무의 이행을 하지 않고 물건의 반환을 구하는 것이 사회관념상 부당하다고 생각되는 경우에 견련성을 인정하자는 입장과, 채권의 성립과 물건의 존재 사이에 상당인과관계가 있으면 견련성을 인정하자는 입장으로 나뉘어 있다.

이원설은 채권이 목적물 자체로부터 발생한 경우나 채권이 목적물의 반환청구권과 동일한 법률관계나 사실관계로부터 발생한 때에 해당하는

---

1) 유치권에 관한 학설 및 그에 대한 비판으로 양창수, '유치권의 발생요건으로서의 채권과 물건간의 견련관계', 민법연구, 제1권, 박영사(1991). 227면 이하 참조.

경우에는 견련성을 인정하자는 입장으로, 통설 및 판례의 입장이다.

그러나 어느 견해를 취하더라도 유치권이 언제 성립하는지를 결정하는 기준으로서는 명확하다고 할 수 없는 것으로 생각된다. 문제가 되는 경우 하나하나를 보면서 어떻게 생각해야 할 것인가를 본다.

제3자가 타인의 물건에 필요비나 유익비를 지출하여 그 필요비나 유익비에 대한 상환청구권이 있는 경우(민법 제203조, 제310조, 제626조 등)에는 그 물건과의 견련관계가 있다는 것에는 이론이 없다. 이는 제3자의 지출이 당해 물건에 대한 것으로 그 지출한 금액 상당의 가치가 물건 속에 스며들어가 있어, 그 물건을 반환받게 되는 사람이 그 이익을 취득하는 것이기 때문에 이를 인정하는 것이 타당하기 때문이다.[2]

A가 공놀이를 하다 B의 집 유리창을 깬 경우, B의 A에 대한 유리창 수리비에 대한 손해배상청구권과 A의 B에 대한 공의 반환청구권 사이에도 견련관계가 인정된다(가해자인 A가 소유권자가 아니라 C로부터 빌린 공이라고 한다면 소유권자 C의 반환청구권에 대해서도 유치권을 행사할 수 있을 것이다). 그 손해가 당해 물건에 의하여 발생한 것이기 때문이다.

<예 7-2> A가 자기 소유의 H부동산을 B에게 매매하여 대금을 받고 점유를 이전해 주었으나 등기는 이전해 주지 않은 상태에서 위 매매계약을 취소 내지 해제하고(취소나 해제가 적법한 것이라고 한다) C에게 매도하여 이전등기까지 경료해 주었다. 이에 C가 B에 대하여 소유권에 기한 반환청구권을 행사하자 B는 A에 대한 매매대금반환채권을 이유로 유치권을 주장하여 반환을 거부할 수 있는가.

통설인 이원설에 의하면 이 경우 A와 B의 매매계약에 기한 반환청구권과 B의 A에 대한 매매대금반환청구권은 동일한 사실관계 내지 법률관계에 기초하여 발생한 것이므로 견련관계가 있다고 보아야 하고, 소유권이 C에게 넘어간 경우에도 마찬가지라고 생각하여 유치권이 성립한다고 보아야 하는 것이 논리적일 것이다. 그러나 이런 결과를 인정

---

2) 대법원 1976.9.28. 선고 76다582 판결에서 건축공사 수급인의 도급인에 대한 공사잔대금과의 건축물과의 견련성을 인정했는데, 이는 건축공사가 완료된 부분만큼은 건축물의 소유자에게 이익(일종의 유익비상환청구)이 된다고 보았기 때문이 아닐까.

하게 되면 C가 이전등기를 하여 물권을 취득했음에도 불구하고, A에 대한 채권을 가지고 있을 뿐인 B에게 대항할 수 없는 결과가 되어 물권변동에 있어 성립요건주의와 물권을 채권에 우선시키는 우리 민법의 전체 법제도의 취지에 맞지 않는다.

따라서 이런 경우에는 B에게 유치권을 인정할 수는 없을 것이다. 이렇게 보면 위와 같은 경우 유치권이 성립되지 않는 것은 목적물과 채권과의 견련관계가 없기 때문이라기보다는 민법의 물권변동에 관한 성립요건주의 제도취지, 물권이 채권보다 우선한다는 법원칙이라는 다른 요소에 의하여 부정된다고 보아야 할 것이다.[3]

> <예 7-3> 임차인의 임대보증금에 관하여 보면, A로부터 B가 임대보증금을 지급하여 임차하여 사용중 A가 C에게 임대 목적물을 양도하고, C가 B에 대하여 임대 목적물의 반환을 구한 경우, B는 임대보증금의 반환채권과 임대목적물과의 견련관계가 있다고 하여 유치권을 주장할 수 있는가(대항력이 없는 임대차를 전제로 한 논의이다).

본래 매매는 임대차를 깨뜨리는 것으로 물권인 소유권이 채권인 임차권보다 우선한다. 따라서 B의 임차권이 대항력을 갖추지 못한 것이라면 그 임차권을 가지고 새로운 소유자인 C에게 대항할 수 없게 된다. 그런데 임차권의 한 요소로 볼 수 있는 임대보증금에 대하여 유치권을 인정하여 소유권에 대항할 수 있다고 한다면 동일한 채권계약인 임대차계약에서 발생한 임차권은 대항력이 없음에도 임대보증금반환채권에 대하여는 대항력을 인정하는 셈이 되어 타당하지 않다. 따라서 위의 경우에는 유치권이 인정되지 않는다고 보아야 할 것이고,[4] 이것 역시 목적물과 채권 사이에 견련관계가 있느냐의 차원에서 유치권의 성부를 결정짓는 것이 아니라 견련관계와는 다른 요소를 고려하여 결정되어야 하는

---

3) 대법원 2012.1.12.자 2011마2380 결정 참조. 이 판결의 사안은 매도인이 매매대금을 모두 지급받지 않은 상태에서 매수인에게 이전등기를 해 주고 계속 점유하고 있는 경우, 매수인이나 매수인으로부터 소유권을 취득한 제3자로부터 목적물 인도청구에 대하여 매매대금을 피담보채권으로 하여 유치권을 주장할 수 없다고 판시하고 있다.

4) 대법원 1976.5.11. 선고 75다1305 판결.

문제인 것으로 생각된다.

임차인의 부속물매수청구권을 행사하여 그 건물 또는 부지(민법 제646조, 제647조 등)의 반환의무를 거부할 수 있는가와 관련하여 부속물은 임차한 건물이나 부지와 독립된 물건이고 또 부속물은 타인의 물건이 아니라 임차인의 자신의 소유이므로 유치권이 성립하지 않는다고 보아야 할 것이다(반대하는 견해도 있다).

이처럼 목적물과 채권과의 견련관계는 다양한 요소를 고려하여 결정되어야 할 것이다.

2. 채권과 목적물의 점유와의 견련관계가 필요한가

판례[5]는 채권과 점유와의 견련관계를 요구하지 않고, 채권발생 후 우연한 사정으로 점유를 취득한 경우에도 유치권의 성립을 인정한다.

그러나 이에 대하여는 A가 시계수리업자 B에게 자신의 시계의 수리를 맡기고 수리비를 주지 않아 B가 유치권을 행사할 수 있는 상태에서, B가 A에게 시계를 반환하고 A가 그 시계를 C에게 양도하여 C가 소유권을 취득한 후 고장이 나서 다시 B에게 그 시계를 맡긴 경우에 유치권이 성립한다고 하면 C에게 불리하여 부당하다는 이유로 반대하는 견해가 있으나, 앞의 경우에는 B가 A에게 시계를 반환함으로써 유치권을 포기하였다고 보아 해결하면 부당한 결과는 회피할 수 있을 것으로 생각되어 판례이론에 찬성하고 싶다.

3. 채권의 변제기 도래

피담보채권의 변제기가 도래하고 있어야 한다.[6] 그런 의미에서 법

---

5) 대법원 1965.3.30. 선고 64다1977 판결.

6) 대법원 2011.10.13. 선고 2011다55214 판결: 채무자 소유의 부동산에 경매개시결정의 기입등기가 마쳐져 압류의 효력이 발생한 후에 유치권을 취득한 경우에는 그로써 부동산에 관한 경매절차의 매수인에게 대항할 수 없는데, 채무자 소유의 건물에 관하여 증·개축 등 공사를 도급받은 수급인이 경매개시결정의 기입등기가 마쳐지기 전에 채무자에게서 건물의 점유를 이전받았다 하더라도 경매개시결정의 기입등기가 마쳐져 압류의 효력이 발생한 후에 공사를 완공하여 공사대금채권을 취득함으로써 그때 비로소 유치권이 성립한 경우에는, 수급인은 유치권을 내세워 경매절차의 매수인에게 대항할 수 없다.

원으로부터 상환기간을 허여받을 수 있도록 하고 있는 여러 조항(제203조 제3항, 제626조 제2항)은 유치권의 발생을 저지할 수 있다는 데에 의의가 있다고 할 것이다.

4. 타인 소유의 물건이나 유가증권의 점유

유치권은 채무자 소유뿐 아니라 제3자 소유의 물건에도 성립한다. 가등기가 경료되어 있는 부동산을 취득한 자가 그 부동산에 필요비나 유익비를 지출한 후 본등기가 되어 소유권을 박탈당한 경우에도 타인의 물건으로 평가하여 유치권이 성립한다는 것이 판례[7]의 태도이다.

유치권은 점유를 상실하게 되면 당연히 소멸하게 된다. 그리고 점유는 불법적으로 취득한 것이어서는 안 되지만 후에 적법하게 되면 부정할 이유는 없을 것이다(무권대리인으로부터 이전받았다가 그 후 본인이 추인한 경우).

또 처음에는 적법하였으나 후에 위법하게 된 경우에는 부적법하게 된 후에 취득한 채권을 피담보채권으로 하여 유치권을 주장하기 위해서는 비용지출시에 점유권원이 있다고 믿음에 대해 과실이 없어야 할 것이다.[8]

판례에 의하면, 점유가 불법행위로 인하여 개시되었거나 유익비 지출 당시 이를 점유할 권원이 없음을 알았거나 이를 알지 못함이 중대한 과실에 기인하였다고 인정할 만한 사유에 대하여 상대방의 주장·입증이 있어야 유치권이 성립되지 않는다고 하여, 점유권원이 없음을 과실로 알지 못한 경우에는 유치권이 성립한다고 보고 있는 듯하고,[9] 또 경매개시결정의 기입등기 후에 점유를 이전받으면 압류의 처분금지효 때문에 유치권 주장으로 매수인에게 대항하지 못한다[10]고 한다.

---

7) 점유권에서의 76다2079 판결.
8) 일본 最高裁 昭和 51.6.17. 民集 30卷 6號 616頁.
9) 대법원 1966.6.7. 선고 66다600, 601 판결.
10) 위 대법원 2009.1.15. 선고 2008다70763 판결; 대법원 2005.8.19. 선고 2005다22688 판결.

Ⅳ. 효 력

유치권의 효력으로서는 일반 담보물권과 다른 특색이 있다.

우선 우선변제권이 인정되지 않는다.

그리고 점유를 잃게 되면 유치권을 상실하게 되므로 점유를 상실하여 제3자의 수중에 들어가면, 점유권에 기한 반환청구권을 행사할 수 있는 요건에 해당되지 않는 이상(민법 제204조 참조. 예를 들면 침탈이 아닌 사취의 경우) 점유를 회수할 방법이 없어 유치권을 회복할 방법이 없다(이를 두고 추급권이 없다고 한다).

목적물 소유자의 반환청구에 대하여 통상의 담보물권의 경우에는 피담보채권의 변제가 선이행 의무이므로 피담보채권의 변제가 선이행되지 않는 한 소유자의 반환청구는 배척되지만, 유치권이 인정되는 경우에는 피담보채권의 변제와 상환으로 목적물을 반환하라고 하는 동시이행판결을 하게 된다. 구체적으로 보도록 한다.

1. 유치권자의 권리

가. 목적물의 유치

유치권자는 목적물을 계속 점유할 권리가 있고 이를 근거로 권리자의 반환청구를 거절할 수 있지만, 나아가 그 목적물을 사용·수익할 권리는 없다. 따라서 점유를 계속하는 것을 넘어서 사용·수익한 경우에는 그 이득을 부당이득으로 반환해야 할 뿐 아니라 경우에 따라서는 민법 제324조에 기하여 유치권의 소멸청구를 당하여 유치권이 소멸될 수 있다.

그리고 권리자의 목적물 반환청구에 대하여 유치권자가 유치권을 행사하는 경우 유치권이 담보물권인 성격을 고려하면 피담보채권의 변제가 선이행의무이므로 청구기각 판결을 해야 하지만, 판례[11]에 의하면 형평의 원칙상 동시이행판결을 하도록 하고 있다.

피담보채권의 범위와 관련하여 판례[12]는 '다세대주택의 창호 등의

---

11) 대법원 1969.11.25. 선고 69다1592 판결.
12) 대법원 2007.9.7. 선고 2005다16942 판결.

공사를 완성한 하수급인이 공사대금채권 잔액을 변제받기 위하여 위 다세대주택 중 한 세대를 점유하여 유치권을 행사하는 경우, 그 유치권은 위 한 세대에 대하여 시행한 공사대금만이 아니라 다세대주택 전체에 대하여 시행한 공사대금채권의 잔액 전부를 피담보채권으로 하여 성립한다'고 판시하였다(담보물권의 불가분성을 이유로 들고 있다).[13]

유치권을 주장할 수 있는 목적물의 범위와 관련하여서 판례[14]는 유치권의 대상이 되는 토지 부분이 다른 물건과 분할이 용이한 경우에는 1필 토지 전부가 아니라 그 부분만이 유치권의 객체가 된다고 판시하고 있는데, 위 판례의 취지는 아마도 개간한 부분만을 점유하고 있으므로 토지 전부가 아니라 토지 중 개간한 부분만이 그가 점유하고 있다고 할 수 있으므로 그 점유 부분에 한하여 유치권이 성립한다는 의미가 아닐까.

나. 경매권과 우선변제권

유치권자에게는 경매권이 인정되어 있는데, 이는 유치권자가 장기에 걸쳐 유치하지 않으면 안 되는 불편에서 해방되기 위하여 인정된 환가를 위한 권리에 불과하고 그 환가금에서 우선변제를 받을 수 있는 것은 아니다. 이렇게 환가한 금액은 소유자에게 반환해야 하는데 이때 소유자가 채무자인 경우에는 유치권자는 자신의 채권과 상계하여 우선변제를 받을 수 있으나, 소유자가 채무자가 아닌 경우에는 소유자에게 환가금을 반환하여야 하고 결국 담보를 상실하게 되는 결과가 될 것이다.

그리고 유치권자가 유치하는 목적물에 대하여 그 목적물 소유자의 채권자가 압류신청을 하여 집행관이 압류 집행을 하는 경우가 있을 수 있다. 이런 경우 유치권자는 유치권을 주장하여 집행관에게 인도를 거부할 수 있고, 그렇게 되면 압류집행을 할 수 없어 강제집행의 절차가 진행되지 못하게 된다. 그런데 만일 유치권자가 인도를 해 주게 되면 그 환가금에 대하여는 우선변제권이 없으므로 일반의 채권자와 같이 평등

---

13) 이렇게 보는 경우 대담보로서 제공하는 경우 상당하다고 인정하는 기준을 피담보채권의 금액을 기준으로 할 것인가, 유치권의 객체를 기준으로 할 것인가가 문제로 될 것인바, 유치권자가 실제로 이득을 취할 수 있는 금액은 유치권의 객체가 되는 목적물의 가액에 한한다고 보아야 하므로 목적물의 가액을 기준으로 해야 할 것으로 생각한다.

14) 대법원 1968.3.5. 선고 67다2786 판결.

하게 안분배당을 받게 될 것이다.[15]

다만 민법 제322조 제2항은 유치물의 가치가 적어 경매의 절차비용을 감당할 정도가 되지 않을 경우에는 유치권자로 하여금 일정한 요건하에 유치물로써 직접 채권의 변제에 충당할 수 있도록 하고 있고, 또 제323조는 유치권자에게 과실수취권을 인정하고 있어 이 범위 내에서는 유치권자가 우선변제를 받게 된다.

이처럼 원칙적으로 유치권에는 우선변제권이 인정되지 않지만, 물건 자체를 계속 유치할 권한은 있기 때문에 설사 경매절차에서 매수인이 소유권을 취득하였다고 하더라도 매수인이 유치권자에게 유치권의 피담보채권에 해당하는 금액을 지급하지 않으면, 유치권자는 그 물건을 교부하지 않을 것이므로 매수인이 그 물건의 점유를 취득하기 위해서는 어쩔 수 없이 피담보채권에 해당하는 금액을 지급하지 않을 수 없다. 이런 의미에서 유치권자는 사실상 우선변제를 받을 수 있게 된다.

* 유치권 자체에 대하여 유치권의 적용범위를 제한하여야 한다는 비판이 있다. A 소유의 토지에 B가 저당권을 설정한 상태에서 A가 C에게 그 토지상에 건물 신축공사를 도급주었고, C는 D에게 하도급을 주었는데, 건축 도중 C가 부도가 나 D에게 하도급대금을 주지 못하게 되면 D는 하도급대금채권을 피담보채권으로 하여 유치권을 가지게 된다. 이렇게 되면 저당권자 B로서는 그 토지의 담보가치가 현저하게 떨어져 손해를 입게 된다(경매를 신청하면 최고가 매수인은 유치권자의 피담보채권을 변제하여야 그 토지를 인도받을 수 있으므로 그 금액만큼 토지의 담보가치는 떨어지게 된다). 저당권자에게 이렇게 일방적으로 손해를 입혀도 괜찮은 것인가는 의문이다. 이런 점을 감안하면 유치권의 범위를 가능한 한 축소하여 해석하는 것이 옳지 않을까 생각한다.[16]

---

15) 대법원 2011.6.15.자 2010마1059 결정.

16) 대법원 2009.1.15. 선고 2008다70763 판결은 부동산에 경매개시결정의 기입등기가 경료되어 압류의 효력이 발생한 후에 점유를 이전하여 유치권을 취득하게 한 경우에는 민사집행법 제92조 제1항, 제83조 제4항에 따른 압류의 처분금지효에 저촉되어 경매절차의 매수인에게 유치권으로 대항할 수 없다고 하고 있는바, 이것은 대법원이 유치권의 효력을 제한하려는 노력의 일환이라고 할 수 있지 않을까(가압류의 경우에는 위와 달리 가압류 후에 유치권을 취득할 수 있다는 것으로는 대법원 2011.11.24. 선고 2009다19246 판결 참조). 또 대법원 2011.12.22. 선고 2011다84298 판결(꼭 읽어보길 권한다)은 유치권의 주장을 신의칙에 위반된다고 하여 배척하였다.

다. 과실수취권

유치권자에게는 과실수취권이 인정되어 그 범위 내에서는 우선변제권이 인정되는 결과가 된다. 이를 인정하는 것은 과실은 소액이 많고 일일이 반환하는 노력을 피하기 위한 것이다.

라. 목적물 사용권

채무자의 승낙이 없으면 사용, 대여, 담보제공을 하지 못하나 다만 보존행위는 승낙없이도 할 수 있다. 이를 위반하면 제324조 제3항에 의하여 유치권이 소멸될 수 있다.

임차인이 유치권에 기하여 계속적으로 점유하는 경우 종전과 같은 방법으로 점유하여 사용, 수익하고 있다면 이는 보존행위에 해당되어 이를 가지고 채무자의 승낙이 없이 사용한 것이라고 할 수는 없을 것이다.[17]

채무자와 목적물 소유자가 다를 때에는 소유자만이 승낙할 수 있다. 다만 채무자에게 사용권한이 있으면 채무자만이 승낙할 수 있고, 목적물이 양도되면 양수한 제3자의 승낙을 받아야 하나 일단 양도인의 승낙을 받았으면 그 후 제3자에게 양도되더라고 제3자에게 대항할 수 있다고 할 것이다. 이렇게 해석하지 않으면 유치권자는 목적물의 사용권이 제3자에게 이전된 것을 알지 못하였는데 양도 후에도 사용을 계속하였다고 하여 갑자기 의무위반이 되게 되는 것은 부당하기 때문이다.[18]

이러한 사용이익에 대하여는 부당이득으로 반환해야 하는 것은 물론이다.

마. 비용상환청구권

유치권자는 민법 제325조에 의하여 필요비와 유익비의 상환을 청구할 수 있다. 필요비 상환청구권은 유치권의 존속중에 지출한 때에도 청구할 수 있다는 점에서 점유자가 점유물을 반환시 또는 반환청구를

---

17) 대법원 2009.9.24. 선고 2009다40684 판결: 공사대금채권에 기하여 유치권을 행사하는 자가 스스로 유치물인 주택에 거주하며 사용하는 것은 특별한 사정이 없는 한 유치물인 주택의 보존에 도움이 되는 행위로서 유치물의 보존에 필요한 사용에 해당한다.

18) 道垣內弘人 擔保物權法[第3版](現代民法 Ⅲ), 有斐閣(2008), 34면.

받은 때[19]에 상환청구권이 생기는 점유자의 상환청구권(민법 제203조)과 다르다.

2. 유치권자의 의무

유치권자는 목적물을 점유하는 자로서 선관주의의무를 부담하고, 채무자나 소유자의 승낙없이 사용, 대여 또는 담보제공을 하여서는 아니되며, 이를 위반하게 되면 유치권소멸청구를 당하게 되어 유치권을 상실하게 된다(민법 제324조).

이런 유치권의 효력을 잘 이해하기 위하여 다음의 예를 보도록 하자.

> **<예 7-4>** 2010. 1. 1. B는 A로부터 A의 소유 H주택을 보증금 1천만원, 월 임료 200만원, 기간은 2년으로 하여 임차하여 사용하다가(전입신고를 하지 아니하여 대항력이 없는 임대차라고 한다) 2010. 3.경 H의 수리비로 300만원을 지출하였으나 A로부터 변제받지 못하고 있었는데, 2011. 1. 1. C가 A로부터 H를 양수하여 이전등기를 한 후 2011. 4. 1. B를 상대로 건물의 명도를 구하였다. 이 경우 B는 A에 대하여 가지는 보증금반환청구권과 유익비 내지 필요비 상환청구권을 피담보채권으로 하여 C에 대해 유치권을 주장하여 H의 반환청구를 거부할 수 있는가.

위 예에서 B가 대항력을 갖추었다면 주택임대차보호법 제3조에 의하여 C는 A의 임대인의 지위를 승계한 것으로 보게 되므로 계약기간을 보장해 주어야 하고, 보증금의 반환 및 유익비 상환을 해 줄 의무가 있을 것이고, 이를 이유로 보증금에 대하여는 동시이행 항변권을, 유익비에 대하여는 유치권을 주장할 수 있을 것이다.

그런데 위 예에서는 B가 대항력을 갖추지 못하여 C는 A의 임대인으로서의 지위를 승계한 것이 아니고, B는 임차인이라는 채권자적 지위에 그치기 때문에 임대차계약의 당사자가 아닌 C에 대하여는 임대차계약상의 보증금의 반환을 청구할 수 없는 것은 명백하다.

---

19) 앞의 94다4592 판결.

　　그러면 B는 A에 대하여 임대차계약에 기한 임차보증금 반환채권과 유익비 상환채권을 가질 것인데, 이를 피담보채권으로 하여 유치권을 주장하여 C의 인도청구에 대항할 수 있을 것인가.

　　먼저 B의 A에 대한 임차보증금 반환청구권에 대하여 보면, 이 채권은 유치권의 피담보채권이 될 수 없음은 앞서 보았다.

　　다음으로 B의 A에 대한 유익비 상환채권은 앞서 본 바와 같이 유치권의 피담보채권이 될 수 있다.

　　결국 B로서는 유익비 상환채권인 300만원과 상환으로 H를 인도할 수 있으므로 300만원을 상환할 때까지 H의 인도를 거부할 수 있으나, 그 동안 사용수익한 것에 대하여는 C에게 부당이득으로 반환해야 할 것이다.

　　나아가 B가 C에 대하여 임차보증금과 유익비 상환을 청구하면 어떻게 되는가.

　　임차보증금채권은 B가 A에 대하여 가지는 것이므로 C에 대하여 반환을 청구할 수 없을 것이다.

　　유익비 역시 A와 B 사이에 계약에 기하여 A가 부담하게 된 채무이므로 C에 대하여 청구할 수 없을 것이다.

　　그러면 A가 유익비를 청구할 수 있는 다른 근거는 없는지를 살펴보면, A와의 계약 외에 민법 제626조와 민법 제203조 제2항을 들 수 있을 것이다.

　　먼저 민법 제626조에 기하여 C에 대하여 청구하면 어떻게 될까. 민법 제626조는 '임대인에 대하여' 상환을 청구할 수 있다고 하고 있으므로 임대인이 아닌 C에 대하여는 위 규정을 근거로 상환을 청구할 수 없을 것이다.

　　다음으로 B가 C에 대하여 민법 제203조 제2항에 기하여 유익비상환청구를 하는 경우에는 어떤가. 점유권에서 본 것처럼 점유자가 유익비를 지출할 당시 계약관계 등 적법한 점유권원을 가진 경우 계약관계 등의 상대방이 아닌 점유회복 당시의 상대방에 대하여 민법 제203조 제2항에 따른 지출비용의 상환을 구할 수 없다고 보는 것이 판례[20]의 태

---

20) 앞의 94다4592 판결.

도이므로 위 조항을 근거로 해서도 C에 대하여 유익비의 상환을 청구할 수는 없을 것이다.

　그럼 B는 C에게 유치권을 주장할 수는 있으므로 유치권에 기하여 유익비의 상환을 청구할 수는 없는가. 앞서 보았듯이 유치권은 단순히 물건의 인도를 거부할 수 있는 권리에 불과한 것이지[21] 피담보채권의 상환을 청구할 수 있는 권리는 아니기 때문에 상환을 청구할 수는 없을 것이다.

　결국 B는 C에 대하여 임차보증금이든 유익비든 그 금액의 지급을 청구할 권원은 없다.

V. 유치권의 소멸

　유치권은 물권에 공통하는 일반적 소멸사유(멸실, 혼동, 포기 등) 외에 담보물권에 공통하는 사유인 피담보채권의 소멸에 의해서도 소멸한다.

　소멸시효와 관련하여 민법 제326조는 채권자가 유치권을 행사하고 있더라도 피담보채권의 소멸시효는 진행한다고 하고 있으나, 물건에 관한 반환청구소송에 대하여 유치권자가 유치권을 주장하여 상환이행판결이 선고되어 확정되면 응소행위에 대하여 소멸시효의 중단을 인정한 대법원 1993.12.21. 선고 92다47861 판결의 취지에 비추어 피담보채권에 대한 시효의 중단 효력을 인정해야 할 것이다.

　유치권에 특유한 소멸사유로는 앞서 본 바와 같이 채무자의 소멸청구(제324조 제3항), 점유의 상실, 대담보제공(제327조) 등을 들 수 있다.

---

21) 대법원 1996.8.23. 선고 95다8713 판결. 이 판결의 구 민사소송법 규정 내용은 현재 민사집행법 제91조 제5항에 규정되어 있다.

제8장 질 권

Ⅰ. 의 의

질권은 채권자가 채권의 담보로 채무자 또는 제3자로부터 받은 물건이나 재산권을 유치함으로써 채무의 변제를 강요하는 것이다(민법 제329조).

저당권과 함께 약정담보물권에 속하는 것이나 저당권은 부동산을 대상으로 함에 대하여 질권은 동산과 재산권을 대상으로 하는 점에서 차이가 있다. 대표적인 것으로는 전당포를 들 수 있다.

질권의 종류를 그 대상을 기준으로 나누면 물건에 대하여 설정되는 질권인 동산질권과 권리에 대하여 설정되는 질권인 권리질권으로 나눌 수 있다.

질권은 채권자가 채무자나 제3자 소유의 물건이나 재산권을 점유하는 것이므로(이를 유치적 기능이라고 한다) 채무자나 제3자로서는 그 물건의 사용가치를 상실하게 된다. 따라서 생산에 필요한 기계, 기구 등에 질권을 설정하게 되면 더 이상 위 기계, 기구를 사용하여 생산을 할 수가 없게 되므로 이런 기계, 기구를 이용하여 계속하여 영업활동을 하여야 하는 사람들은 질권이라는 방법으로 담보제도를 이용하는 데 어려움이 많았다.

그리하여 이를 피하기 위하여 양도담보라는 변칙적인 담보를 이용하여 왔지만, 거기에는 담보목적을 초월하여 소유권을 넘긴다는 점에서 많은 문제점이 나타나게 된다. 이런 문제로 인하여 질권 중에서 동산질권은 현대에 들어서 중요성이 감소되고 있다.

그러나 질권 중 권리질권은 권리에 관한 증서의 유치가 권리의 행사에 큰 영향을 주지 않고, 또 권리에 대한 중요성이 높아지고 있는 현대에 있어서는 그 효용이 높아지고 있다.

Ⅱ. 동산질권

1. 성 립

동산에 대한 질권을 설정하기 위해서는 질권설정자와 질권자 사이에 질권설정계약을 체결하고, 그에 따라 질권설정의 물권적 합의와 아울러 질권설정자에 의한 질권자에게로의 목적물의 인도가 있어야 할 것이다.

이에 대하여 민법 제330조는 질권의 설정은 질권자에게 목적물을 인도함으로써 그 효력이 생긴다고 규정하고 있는데 이 규정의 의미와 관련하여 질권설정계약이 요물계약이라는 것을 표명한 규정이라는 설과, 물권변동에 있어서 성립요건주의를 취하는 우리 민법하에서는 인도는 질권설정의 요건이므로 무의미한 규정이라는 설이 대립되어 있다.

어느 설을 취하든 실제상의 큰 차이는 없는 것으로 보인다.

민법 제332조는 점유개정을 금지하고 있는데, 이처럼 점유개정을 금지하는 이유는 앞서 본 바와 같이 인도가 질권의 요물성이나 인도가 성립요건이기 때문이라고 보통 설명하고 있다. 그러나 질권보다 강력한 소유권의 이전의 경우에도 점유개정만으로도 소유권이라는 물권이 변동된다는 점을 감안하면 질권의 유치적 기능 때문이라고 해야 할 것이다.[1]

민법 제648조와 제650조는 일정한 경우 질권설정자와 질권자 사이에 합의가 없더라도 질권이 설정된 것으로 보는 경우가 있는데, 이를 당사자의 약정에 기하지 않고 법률에 의하여 질권이 설정되었다는 의미에서 법정질권이라고 하고, 그 효력에 대해서는 이하에서 설명하는 일반질권의 설명과 같으므로 따로 설명하지는 않는다.

---

1) 道垣內弘人, 위 책, 82면에 의하면 이것이 일본의 통설적 견해라 한다.

2. 대상 및 피담보채권

동산질권의 대상은 동산이어야 하며 질권 실행시에 제3자가 이를 취득할 수 있어야 하므로 양도성이 있어야 한다. 그러나 동산이지만 정책적인 이유로 등기·등록을 요하게 하는 동산, 즉 자동차나 중기, 선박 등은 질권의 대상에서 제외된다.

그리고 질권에 의하여 담보되는 채권의 범위는 민법 제334조에 규정되어 있는데, 저당권의 피담보채권의 범위에 관한 규정인 제360조와 비교해 보면 그 범위가 저당권보다 범위가 넓은 것을 알 수 있다. 저당권의 경우에는 후순위 저당권자와 같이 이해관계자가 생기기 쉬운데 반하여, 질권자는 동산을 점유하고 있어 후순위 질권자와 같이 이해관계자가 생기기 어려워서 피담보채권의 범위에 그다지 제한을 가할 필요가 없기 때문이다.

3. 효 력

가. 목적물의 범위

질권의 효력이 미치는 목적물의 범위는 질권자에게 인도된 주물과 종물에 미치고, 질권 설정자의 승낙을 얻어 수익할 수 있는 경우를 제외하고는 과실에는 미치지 않지만 우선변제를 얻는 방법의 하나로서 과실을 수취하여 변제에 충당할 수 있는데(민법 제343조, 제323조) 이때는 과실이 시시각각 산출되는 것이라는 성질상 피담보채권이 변제기에 도달하지 않아도 충당할 수 있다고 할 것이다.[2]

그리고 질물이 멸실, 훼손, 공용수용 등으로 질권이 소멸하게 되면 물상대위가 인정되고(제342조) 이 물상대위를 행사하기 위해서는 그 지급 또는 인도 전에 압류가 있어야 한다. 물상대위의 요건과 효과에 대하여는 저당권에서 자세히 보도록 한다.

나. 유치적 효력

질권자는 질물을 유치할 수 있는 권한이 있고, 이 점 때문에 질권의

---

2) 道垣內弘人, 위 책, 98면.

이용범위가 제한된다는 점은 앞서 본 바와 같다.

이와 관련하여 질권자가 점유를 상실하게 될 경우, 질권자는 점유권에 기하여 점유의 반환을 청구할 수 있는 것은 물론이나 나아가 질권이라는 물권에 기하여 반환청구권을 행사할 수 있는가가 문제이다.

이것이 문제되는 이유는 다음과 같은 이유 때문이다.

점유권에 기한 반환청구권은 점유의 침탈시에 행사할 수 있는 것다. 그런데 침탈이 아닌 사유로 점유를 상실하게 되는 경우, 예를 들면 곧바로 반환해 주겠다는 말에 속아서 인도를 해 준 경우는 침탈이 아니기 때문에 점유권에 기하여 반환청구권을 행사할 수 없다. 또 점유권에 기한 반환청구권은 침탈자의 특별승계인에 대하여는 행사할 수 없으며 침탈을 당한 날로부터 1년 안에 행사하여야 하는 등의 제한이 있으므로 그 적용 범위가 제한된다. 그런데 만일 질권에 기한 반환청구권이 인정된다면 위와 같이 점유권에 기한 반환청구권을 행사할 수 없는 경우에는 질권이라는 물권에 기한 물권적 반환청구권을 행사하여 보호를 받을 수 있다.

우리 민법에는 질권에 관하여는 물권적 청구권을 인정하는 규정이 없다. 이런 이유로 질권에 기한 반환청구권이 인정되느냐가 문제로 되는 것이다. 이에 대하여는 민법에 그와 같은 규정이 빠진 것은 입법자의 과실이라고 보아 질권도 물권인 점을 중시하여 질권에 기한 물권적 청구권을 인정하는 입장(다수설)과, 민법에 그와 같은 규정이 없는 것은 질권에는 점유권에 의한 보호만을 인정하겠다는 입법자의 결단의 표현이라고 보아 질권에 기한 물권적 청구권을 인정하지 않는 입장(소수설)이 있다.

동산질권에 있어서 효력의 중핵은 유치적 효력에 있음에도 우리 민법의 규정이 물권적 청구권에 관한 규정을 두지 않은 것은 입법자들이 후자의 입장에 있었던 것이 아닌가 생각하므로 소수설에 찬성하고 싶다.

다. 우선변제효력

질권자는 일반채권자보다는 우선하고, 같은 질권자 사이에는 먼저 질권을 취득한 사람이 우선하는 것은 당연할 것이다.

일반채권자와 관계에서 질권자가 질물에 대하여 질권행사를 하기 전에 채무자의 다른 재산에 대하여 집행을 하거나, 다른 채권자의 신청으로 개시된 집행절차에서 배당을 받게 되는 경우 질권자에 대한 배당을 어떻게 할 것인가가 문제로 된다.

> 〈예 8-1〉 질권자 A는 4백만원의 피담보채권으로 하여 X(시가 3백만원)동산에 질권을 가지고 있는데, Y(시가 1천만원)동산에 대하여 채권자 A(채권액 4백만원)가 강제집행을 하였다. 위 강제집행에서 배당요구를 한 채권자로는 B(6백만원), C(1천만원)가 있는 경우 어떻게 배당되는가.

이 경우 Y의 환가금 1천만원의 배당은 A에게 2백만원(1천만원×4백만원/2천만원), B에게 3백만원(1천만원×6백만원/2천만원), C에게 5백만원(1천만원×1천만원/2천만원)이 될 것이다. 그 후 X가 집행이 되어 배당될 경우 A는 X에 대하여 질권을 가지고 있으므로 우선변제권이 있어 먼저 환가금 300만원에서 A의 잔존 채권액 2백만원에 배당하고, 나머지 A00만원을 B, C, D에게 배당하게 된다. 그리하여 B에게 37만 5천원(1백만원×6백만원/1천6백만원), C에게 62만5천원(1백만원×1천만원/1천6백만원)이 될 것이고, 결국 A는 400만원, B는 337만 5천원, C는 562만 5천원이 배당되게 된다.

그런데 만일 위와 달리 A가 X에 대하여 먼저 질권행사를 하게 되면 A는 X에서 300만원을 먼저 배당받게 된다. 그 후 Y에 대해 강제집행이 이루어지고 환가되는 경우 A는 잔존 채권액이 100만원뿐이므로, Y의 환가금 1천만원을 A, B, C가 안분하여 받아가게 된다. 그리하여 A는 58만 8,235원(1천만원×1백만원/1천7백만원)을 받게 되어 총 358만 8,235원만을 받게 되고, B는 352만 9411원(1천만원×6백만원/1천7백만원), C는 588만 2,353원(1천만원×1천만원/1천7백만원)을 받게 된다.

이 결과는 A가 X에 대한 질권을 먼저 행사하느냐, 아니면 Y에 대한 환가 후에 X에 대하여 질권을 행사하느냐에 따라 A와 B, C의 배당금이 달라진다. 즉 A가 X에 대한 질권실행을 늦게 하면 A의 배당금은 많아지고, B와 C의 배당금은 적어져 B, C가 손해를 보는 결과가 된다.

이런 결과를 피하기 위하여 민법 제340조가 있다. 위 조문에 의하면 A는 X에 대한 질권을 실행하지 아니하는 등으로 X의 환가가 이루어지지 아니하여 X로부터 받을 수 있는 금액이 얼마인지 알 수 없는 상태에서 Y에 대한 배당이 이루어질 때에는 B나 C는 A에 대하여 B로부터 받는 배당금(위의 예에서는 2백만원)의 공탁을 청구할 수 있게 하고 있다.

그리하여 배당액이 공탁이 되면 그 후 나중에 X가 배당이 되면 그 때 X에서 받게 되는 금액을 참작하여 그 공탁금으로 다시 배당액을 정하여 지급하게 되는 것이다(그 결과는 X가 먼저 배당이 되고 후에 Y가 배당이 될 때의 금액과 같이 되도록 다시 배당이 이루어지게 될 것이다).

이와 관련하여 다른 채권자들이 공탁청구를 할 수 있는 것은 당연하지만, 채무자도 할 수 있는가와 관련하여 학설상의 다툼이 있다. 위와 같은 배당과 관련하여 채무자에게 이해관계가 있다고 보여지지 않고, 문언상으로도 채권자만을 규정하고 있으므로 채무자에게는 배당청구를 할 수 없다고 보아야 할 것이다.[3]

그리고 이중으로 질권자가 생기는 경우는 어떤 경우인가.

질권자가 질물을 유치하고 있는 때에는 이중으로 질권을 취득하는 경우가 발생하기 힘들지만 제3자가 보관하고 있는 경우 즉 A가 그 소유의 동산을 B에게 임치한 상태에서 그 동산에 대하여 C에게 질권을 설정하고 반환청구권의 양도에 의한 점유이전의 형태로 질물을 인도한 후, A가 D에게도 동일한 질권설정과 반환청구권양도에 의한 점유이전을 한 때에는 동일 동산상에 2개의 질권이 성립할 수 있다. 이 경우에는 물권의 일반원칙에 따라 먼저 질권을 설정한 자가 우선한다.

> **<예 8-2>** A가 그 소유의 동산 X를 B에게 보관시킨 상태에서 C에게 B에 대한 반환청구권의 양도 형식으로 질권을 설정해 주었다. 그 후 C가 D에게 B가 보관중인 X를 자신의 소유라고 속이고 반환청구권의 양도의 방식으로 소유권을 양도한 경우 D는 소유권을 취득할 수 있는가.

---

3) 다수설은 채무자에게도 공탁청구권이 있다고 보고 있다.

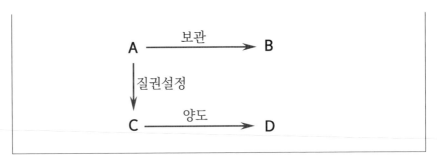

D가 선의이고 과실이 없는 등 선의취득의 요건을 갖추면 소유권을 취득할 수 있겠지만(B가 보관중이었으므로 D가 B에게 문의하지 않고 취득하였다면 통상 과실이 있다고 보아야 할 것이다) 악의나 과실이 있는 경우라면 소유권을 취득하지 못하는 것은 당연할 것이다. 그러면 나아가 소유권자가 아닌 C로부터 X를 양수한 D는 소유권을 취득할 수는 없지만, 그 당시 C는 질권자였으므로 D는 C의 질권을 취득한 것으로 볼 수는 없을까.

D는 질권도 취득하지 못한다고 보아야 할 것이다. 왜냐하면 담보권은 피담보채권과 분리하여 양도할 수 없고, 피담보채권과 분리되어 질권만이 양도되는 경우에는 그 질권은 피담보채권의 부존재로 부종성의 원칙에 의하여 무효로 된다고 보아야 할 것이기 때문이다. 위 예에서 C와 D는 X의 소유권을 취득한다는 의사로 거래를 하였기 때문에 통상 피담보채권의 양도절차를 취하지는 않았을 것이고, 그렇다면 설사 D가 X에 대한 반환청구권의 양도를 질권의 양도로 해석해 준다고 하더라도 피담보채권의 양도절차는 취하지 않았기 때문에 D가 가지고 있는 질권은 부종성의 원칙에 의하여 무효로 되었다고 할 것이다. 이렇게 되면 C는 질권을 상실하게 되어 무담보의 채권만을 A에 대하여 가지게 될 뿐이라고 보아야 할 것이다.

라. 경매권(질권실행)

질권자는 질권에 기하여 자기가 점유하는 물건을 집행관에게 제출하여 이를 경매하여 환가할 수 있다.

또 질권자는 다른 채권자의 집행에 응하여 질물을 임의로 집행관에게 제출하여 집행을 가능하게 한 후 질권에 기한 배당요구를 하여 우선변제를 받을 수도 있을 것이다. 그러나 질권자가 만일 다른 채권자의 집행에 대하여 그 집행을 담당한 집행관에게 집행을 거절하면 다른 채권자로서는 압류집행을 할 수가 없게 된다. 이 경우 다른 채권자가 압류를 하기 위해서는 질권의 피담보채무에 대하여 채무자를 대신하여 제3자로서 변제를 하여 질권을 소멸시킨 후 질물의 인도를 받아 압류할 수밖에 없을 것이다.

그 외 질권자는 경매비용이 목적물의 가격을 초과하거나, 경매해도 매수자가 없어 가격이 낮게 될 경우와 같이 정당한 이유가 있으면 민법 제338조의 간이변제충당제도를 이용하여 우선변제를 받을 수도 있다.

그러나 민법 제339조는 질권이 서민들이 많이 이용하는 제도로서 돈을 빌릴 때 약자의 지위에 있는 점을 고려하여 유질계약, 즉 변제기 전의 계약으로 질권자가 변제에 갈음하여 질물을 취득하거나 법률이 정한 이외의 방법으로 처분하는 것은 금지하고 있다. 그러나 변제기 후에 하는 유질계약은 허용된다.

마. 전 질 권

(1) 의의와 문제점

전질이란 질권자가 자신이 취득한 질권에 대하여 자신의 제3자에 대한 채무의 담보로 질권을 설정하는 것을 말하고, 이는 질물에 고정된 질권자의 자금을 회수할 수 있는 기능을 한다.

> <예 8-3> B가 2010. 1. 1. A에게 100만원을, 변제기를 2010. 12. 31.로 하여 대여해 주고 A의 목걸이에 질권을 설정하여 유치하고 있던 중, 2010. 3. 1. C로부터 금 60만원을 변제기를 2010. 8. 31.로 하여 차용하면서 C에게 위 60만원의 담보로 위 목걸이에 대하여 자신이 가지고 있는 질권에 대하여 다시 질권을 설정하는 경우, 피담보채권이나 기간에 어떤 제한이 있는가.

위 목걸이는 A 소유이므로 A의 목걸이를 소유권자가 아닌 B가 임의로 질권을 설정하는 것은 A의 소유물에 대한 횡령이 되는 것은 아닌가라는 시각이 있을 수도 있지만, B는 A의 목걸이에 질권이라는 재산권인 물권을 가지므로 그 범위 내에서는 물권의 성질상 임의로 처분하여도 상관없다고 볼 수도 있을 것이다. 그런 의미에서 우리 민법 제336조는 '질권자는 그 권리의 범위 내에서 자기의 책임으로 질물을 전질할 수 있다'고 규정하고 있다.

그런데 한편 민법 제343조에 의하여 준용되는 제324조 제2항에서는 '채무자의 승낙없이 질물의 사용, 대여 또는 담보제공을 하지 못한다'고 규정되어 있어 위 제336조와 모순되는 것이 아닌가 하는 의문이 생긴다. 그런데 질권자는 위에서 본 바와 같이 질물에 대하여 질권이라는 재산권을 가지고 있고, 물권은 본래 자유롭게 처분할 수 있는 권리인 것을 생각하면 질권자에게 자신이 가지는 재산권인 질권의 범위 내에서 처분권한을 인정하지 않을 수 없으므로 전질권을 인정하지 않을 수는 없을 것이다.

그리하여 통설은 제336조는 질권자의 책임하에 전질하는 책임전질을 할 수 있다는 규정으로, 제343조는 질권설정자의 승낙을 받고 하는 승낙전질을 할 수 있다는 의미라고 해석하고 있다.

(2) 책임전질

(가) 의의 및 법적 성질

질권설정자의 승낙을 받지 않고서 하는 전질로서, 그 성질과 관련하여 질물만을 다시 입질하는 질물재입질설(質物再入質說)과 질권과 피담보채권을 입질한다는 채권질권공동입질설(債權質權共同入質說)이 있다.

우리 민법상으로는 담보물권에 대하여 부종성을 강화하는 입장에 있다[4]는 것을 이유로 후자가 통설이다.

질권자는 질물에 대하여 질권만을 가지는 것이지 질물 자체에 대한 권리를 가지는 것은 아니라고 보아야 한다는 점에서도 통설의 입장이 타당하다고 생각한다.

(나) 성   립

통설의 입장에 따르면, 〈예 8-3〉에서 보면 전질을 할 때 B

---

4) 대표적인 규정이 민법 제361조이다.

는 C에 대한 자신의 채무 60만원의 담보를 위하여 자신이 가지는 A의 목걸이에 대한 (원)질권과 A에 대한 피담보채권 100만원에 대하여 공동으로 질권(전질권)을 설정하는 것이므로, 질권(원질권)에 대한 질권(전질권)설정단계로서 B와 C 사이에 질권(전질권)설정에 대한 합의와 질물인 목걸이의 인도가 필요하고, 나아가 피담보채권에 대한 질권(전질권)설정단계로서 아래에서 보는 권리(질권이라는 재산권)입질방법인 제349조에 따른 절차, 즉 채무자에 대하여 제450조에 의한 통지나 채무자에 의한 승낙이 있어야 하고, 제3자에 대항하기 위해서는 그 통지나 승낙에 확정일자가 있어야 하는 것이다.

그런데 이와 관련하여 전질권은 원질권의 범위 내에서 이루어져야 하느냐와 관련하여 견해의 대립이 있다. 〈예 8-3〉에서 보면 B는 C에게 전질을 할 때 원질권의 피담보채권액 100만원의 범위 내에서만 담보를 설정할 수 있고(즉 전질권의 피담보채권은 100만원 이내의 금액으로 하여야 한다) 또 질권의 설정기간(즉 전질권의 피담보채권의 변제기는 2010. 12. 31. 이내의 기간이어야 한다)의 제한을 받아야 하는가 하는 문제가 있다.

이에 대하여는 찬반 양론이 있는데, 제한을 받아야 한다는 견해는 민법 제336조의 규정이 '그 권리의 범위 내에서'라고 규정되어 있는 것을 중시한 입장(다수설)일 것이고, 제한을 받지 않는다는 입장(소수설)[5]은 B가 원 질권의 범위를 초월하여, 즉 원질권의 피담보채권의 범위를 초월하여 150만원을 피담보채권으로 하여 전질권을 설정하더라도 B와 C 사이에는 전질권은 유효하고 다만 A에 대해서는 원질권의 피담보채권의 범위 내에서만 주장할 수 있다고 보면 된다는 입장이다.

B와 C 사이의 물권계약이 아닌 질권설정계약의 입장에서는 원질권의 범위(기간과 피담보채권의 범위)를 초월하여 체결한 계약을 무효라고 볼 것이 아니고 유효한 것으로 보아 그 계약에 위반한 경우에 채무불이행으로 인한 손해배상책임을 B에게 부담시키면 될 것이나, 물권의 측면에서는 만일 그 범위를 초월한 경우에도 질권이 유효하게 성립한 것으로 보게 되면 질권은 물권으로서 대세적 효력을 가지므로 B와 C 사

---

5) 고상용, 물권법, 법문사(2001), 591면.

이에서는 유효하고 A와 C 사이에는 유효하지 않다고 볼 수는 없다고
할 것이므로 다수설의 입장이 타당한 것으로 생각된다.

(다) 효   력

전질권 설정자 B는 자신의 책임하에 전질한 것이므로 그에
대하여 일정한 책임을 부담하게 되는데, 전질하지 않았으면 면할 수 있
었던 불가항력으로 인한 손해에 대해 책임을 부담하게 되고(제336조), 또
전질권은 원질권의 피담보채권에 대해서도 입질을 한 것이므로 원질권
의 피담보채권을 소멸시키게 하는 행위를 하게 되면 원질권이 부종성에
의하여 소멸하게 되고 이에 따라 그 원질권에 질권을 설정한 전질권도
소멸한다고 보아야 할 것이다.

이는 부당하기 때문에 B로 하여금 원질권의 피담보채권을
소멸시키는 행위를 하여서는 아니 되도록 하고 있다. 예를 들면 B는 피
담보채권(100만원 채권)의 포기[6]나 채무면제 등의 행위를 할 수 없는 것
이다.

전질권자로서는 전질권의 피담보채권과 원질권의 피담보채
권이 모두 변제기에 있는 때에는 전질권의 실행으로서 원질권의 피담보
채권을 직접 청구할 수 있고(제353조 제1항), 전질권자의 동의없이 원질
권의 채무자가 원질권자에게 변제한 때에는 전질권자에게 대항하지 못
하며, 전질권자는 질물을 계속 유치할 수 있고(제337조), 전질권자에게도
경매권과 간이변제충당권한이 있으며, 원질과 전질권의 피담보채권이
모두 변제기에 도달하여 전질권 실행시에는 전질권자가 원질권자보다
우선하여 변제를 받게 된다.

(3) 승낙전질

(가) 의의 및 법적 성질

원질권자가 질물 소유자의 승낙을 얻어 그 질물 위에 다시

---

6) 전질권의 피담보채권이 60만원이므로 원질권자 B는 원질권의 피담보채권 100만원
중 60만원을 초과하는 부분에 대하여는 포기를 해도 전질권자를 해하지 않기 때문에 가능한
것이 아닌가 하는 의문이 있을 수 있으나, 담보물권의 불가분성의 원칙에 비추어 60만원을
초과하는 채권 부분에 대하여도 포기할 수 없다고 보아야 할 것이다.

질권을 설정하는 것으로 원질권과 전혀 별개로 독립적으로 설정되는 것이고, 그 성질에 대하여는 질물재입질설(質物再入質說)이라고 보는 것이 통설이다.

(나) 성 립

질물 소유자의 승낙이 있어야 하고, 책임전질과 달리 이 경우에는 원질권의 존속기간이나 피담보채권액에 어떠한 제한이 없으며, 질물을 다시 재입질하는 것이고 피담보채권을 입질하는 것이 아니므로 채권의 입질에 따른 제337조와 제349조의 적용도 없다.

(다) 효 과

원질권자에 대하여 제336조에서 보는 것과 같은 책임가중은 없고, 원질권이 소멸하더라도 전질권의 존속에 아무런 영향을 미치지 않는다. 따라서 원질권자도 전질권자도 각기 자신의 질권을 실행할 수 있는 시기가 오면 질권을 각기 실행할 수 있다. 다만 원질권자의 경우는 전질권자에게 질물이 인도되어 있으므로 전질권자가 집행관에게 질물을 인도하여야만 가능하게 될 것이다. 질물의 환가대금에서는 전질권자가 원질권자보다 우선권을 가져 먼저 변제를 받게 된다.

4. 동산질권의 침해에 대한 효력

점유가 침탈된 경우에는 점유권에 기하여 반환청구권을 행사할 수 있지만, 질권에 기한 반환청구권이 인정되는가에 대하여 논란이 있음은 앞에서 본 바와 같다.

질물이 훼손된 경우에는 채무자에 의한 경우와 채무자 이외의 제3자에 의한 경우를 나누어서 생각해야 한다.

먼저 채무자에 의한 경우에는 기한의 이익이 상실되어(제388조 제1항) 곧바로 피담보채권의 이행을 청구할 수 있으므로 그 외에 따로 손해배상청구권이 발생한다고 할 필요는 없다.

제3자에 의한 경우에는 일반적으로 질권자는 손해배상청구권을 가지고 그 손해액의 범위는 피담보채권액을 한도로 한다고 말한다. 그러나 이에 관하여는 물상대위와 관련하여 제3자에 대하여 손해배상청구권이 생기지 않고, 단지 질권설정자가 가지는 제3자에 대한 손해배상청구권을 물상대위할 수 있다는 견해도 있다. 이에 대한 자세한 논의는 저당권의 침해에서 보도록 한다.

5. 동산질권자의 의무

동산질권자에게는 유치권에 관한 보관의무 규정이 준용되고(제324조), 피담보채권이 변제되면 질물을 반환할 의무가 있다. 그러나 피담보채권의 변제는 질물반환의무에 앞서 이행해야 하는 선이행의무이므로 변제를 하지 않고 질물반환청구를 하게 되면 동시이행판결이 아니라 패소판결이 내려진다.

6. 동산질권의 소멸

유치권에서 설명한 것을 참조할 것.

Ⅲ. 권리질권

1. 의 의

동산 이외의 재산권을 목적으로 하는 질권을 말하나, 부동산의 사용·수익을 목적으로 하는 권리(지상권, 지역권,[7] 부동산임차권)는 제외하고 있으므로 통상 채권, 주식, 무체재산권이 주 대상이 된다. 장래채권 또는 조건부 채권도 가능하지만, 법률상 담보제공이 금지된 채권이나 양도성이 없는 채권은 제외된다. 다만 양도금지 특약이 있는 채권은 선의의 제3자에게 대항할 수 없으므로(제449조 제2항) 질권자가 선의라면 질권을 취득하게 된다.

> <예 8-4> A은행이 B에게 대출을 하면서, 그 담보로 B가 C은행에

---

7) 지역권은 민법 제292조에 의하여 요역지 소유권에 부종하여 이전하기 때문에도 담보권의 대상이 되지 않는다.

대하여 가지는 예금채권에 질권을 설정할 수 있는가.

이는 긍정하는 것이 통설이고, 이 경우 C가 A은행인 경우, 즉 질권자 자신(A)이 질권설정자(B)에 대한 채무자인 경우에도 질권은 유효하게 설정되며 이때에는 A는 질권자로서 우선변제권을 가져 질권이 설정된 예금반환채무와 대출금채권을 상계하는 방식으로 대출금을 회수하게 된다.

근래에 들어 채권과 같은 재산권에 대한 가치가 높아지고 있어 거래계에서 권리질권에 대한 수요가 많아지고 있다.

2. 설정방법

권리양도의 방법에 의하여 설정한다(제346조).

따라서 지명채권의 경우는 당사자의 합의만으로 질권설정의 효력이 생기고, 이를 대항하기 위해서는 민법 제450조에 의한 통지나 채무자의 승낙이 있어야 한다(제349조). 그 채권이 저당권부 채권이면 그 저당권등기에 질권의 부기등기를 하여야 저당권에 효력이 미친다(제348조).

민법 제347조는 채권증서의 교부가 있어야만 질권의 효력이 생긴다고 규정하고 있어 그 의미와 관련하여 견해가 나뉘어 있다.

위 규정의 문언을 그대로 해석하여 증서가 있는 경우에는 그 증서를 질권자에게 교부하여야만 질권의 효력이 생긴다는 견해와, 동산질권과 달리 채권질권의 경우에는 채권증서의 유치가 의미가 없으므로 교부하지 않더라도 질권의 효력에 영향이 없다는 견해가 있다.

동산질권의 경우에는 질물을 유치하여 질권설정자로부터 물건의 사용가치를 빼앗아 변제를 하도록 간접적으로 강제하는 유치적 효력이 중요한 의미를 가지지만, 지명채권의 경우에는 채권증서가 없어도 채권을 행사하는 데 아무런 지장이 없으므로[8] 채권증서가 질권자에게 교부되지 않았더라도 질권의 효력에는 영향이 없다는 견해가 타당한 것으로 생각

---

8) 예금통장을 질권자에게 유치해 둔다고 해도 예금자가 예금을 찾는 데에는 아무런 어려움이 없다. 즉 예금자로서는 은행에 가서 예금통장을 분실하였다고 하여 새 통장을 교부받아 예금을 찾으면 되는 것이므로 예금통장의 유치는 채권 행사를 저지한다는 의미를 전혀 가지지 않는다.

한다. 이렇게 보지 않으면 채권증서가 있었다가 후에 분실 내지 파기되었거나 하는 경우에는 그런 채권에 관하여는 질권을 설정할 수 없다고 해야 할 것인데 이는 너무 지나친 것이라고 할 것이어서 실제적인 측면에서도 후자의 견해가 타당하다고 할 것이다.

지시채권과 무기명채권의 질권 설정방법은 민법 제350조와 제351조에 규정되어 있고, 자세한 설명은 상법에서 설명하고 있으므로 거기로 넘긴다.

3. 효 력

가. 효력이 미치는 범위

입질된 채권 전체와 그 담보에 미친다. 즉 〈예 8-4〉에서 보면 A가 B에게 대출한 대출금이 1천만원, B가 C에 대하여 가지는 채권이 2천만원이라고 하고 그 2천만원 전부에 대하여 질권을 설정하였다면, B가 가지는 질권의 효력은 불가분성에 의하여 2천만원 전체에 미친다고 보아야 한다.

다만 뒤에서 보는 것처럼 B가 C에 대하여 직접 추심을 할 수 있는 금액은 1천만원에 한한다고 할 것이다(제353조 제2항).

나. 유치적 효력

앞서 본 바와 같이 지명채권에 대한 질권에 대해서는 유치적 효력이 그다지 의미가 없다. 따라서 질권자가 채권증서를 교부받지 않아도 또 교부된 증서를 질권설정자에게 반환하여도 질권은 효력을 상실하지 않는다.

다. 질권설정자의 권리처분에 대한 제한

질권설정자는 질권의 목적된 권리(질권의 피담보채권, 〈예 8-4〉에서 B의 C에 대한 채권)를 소멸하게 하거나 질권자인 A의 이익을 해하는 변경, 예를 들면 B가 C에 대해 가지는 채권을 면제하거나 포기하는 등의 행위를 할 수 없다. 이를 허용하면 질권의 목적이 되는 채권이 소멸함으로써 이를 대상으로 하는 질권자의 질권이 소멸하게 되어 질권자의 권리를 해치게 되기 때문이다.

그러면 질권설정자는 질권의 목적된 권리인 채권의 발생원인이 되는 계약에 대하여 해제를 할 수 있을 것인가. 즉 〈예 8-4〉에서 B가 C은행과의 예금계약을 해제할 수 있는가.

해제로 인하여 채권이 소멸하게 되므로 이는 채권의 면제나 포기와 같이 질권자 A의 이익을 해하는 변경에 해당하는 것으로 보아야 한다는 입장이 있을 수 있다. 그러나 질권의 목적은 그 계약에서 발생한 채권이지 발생원인인 계약 자체가 아니므로 그 구속력은 계약에 미치지 않고 또 계속적 계약에서 발생하는 채권을 질권의 목적으로 한 경우에는 그 계약이 쌍무계약인 때에는 질권설정자도 당해 계약의 상대방에게 채무를 계속 부담하게 되는데도 계약해제를 할 수 없다고 하면 질권설정자에게 가혹한 면도 있다. 예를 들어 위임계약에서 발생하는 보수채권에 대해서 수익자가 질권을 설정한 경우에 수임자에 의한 자유로운 해제가 제약되는 것은 민법 제689조 제1항의 취지에 반할 수 있다. 이런 점을 고려하면 질권설정 전에 체결된 자동해제 조항에 의한 해제나, 법정해제의 경우에는 일응 질권설정자는 해제를 할 수 있지만, 약정해제나 법정해제라도 실질적으로는 그 해제가 채권의 포기나 면제에 해당하는 때에 해당되는 경우에는 예외적으로 질권자에게 대항할 수 없다고 하여야 하지 않을까.[9] 그리고 해제가 유효한 경우 해제에 의하여 질권설정자가

---

9) 대법원 2012.5.17. 선고 2011다87235 전원합의체판결은 채무자의 채권자가 채권자 대위권을 행사하고 있다는 사실을 통지받은 채무자는 대위권의 대상이 되는 채권에 대하여 처분이 제한됨에도, 채무자는 원칙적으로 해제권을 행사할 수 있다고 판시하고 있는데 질권의 경우에도 마찬가지로 생각해야 하지 않을까(채무자가 피고로부터 부동산을 매수하는 계약을 체결하였다가 여러 번 잔금 지급약속을 지키지 못하여 마지막으로 잔금지급기일을 연기받으면서 그 기일을 지키지 못하면 매매계약은 실효된다는 특약을 체결하였는데, 잔금지급기일 이전에 채무자의 채권자인 원고가 채권자대위권을 행사하여 피고를 상대로 이전등기를 청구하였고 이를 채무자에게 통지하였으며 그 후 잔금기일에 잔금이 지급되지 아니하였던 사안이었다. 대법원은 "채무자가 자신의 채무불이행을 이유로 매매계약이 해제되도록 한 것을 두고 민법 제405조 제2항에서 말하는 '처분'에 해당한다고 할 수 없다. 따라서 채무자가 채권자대위권행사의 통지를 받은 후에 채무를 불이행함으로써 통지 전에 체결된 약정에 따라 매매계약이 자동적으로 해제되거나, 채권자대위권행사의 통지를 받은 후에 채무자의 채무불이행을 이유로 제3채무자가 매매계약을 해제한 경우 제3채무자는 계약해제로써 대위권을 행사하는 채권자에게 대항할 수 있다. 다만 형식적으로는 채무자의 채무불이행을 이유로 한 계약해제인 것처럼 보이지만 실질적으로는 채무자와 제3채무자 사이의 합의에 따라 계약을 해제

상대방에 대하여 원상회복청구권이 생기는 때에는 그 청구권에 대하여 질권자가 물상대위를 할 수 있다고 보아야 할 것이다.

라. 질권의 실행

채권 질권자는 채권의 추심권능과 환가권능을 가진다. 즉 B가 C에 대하여 가지는 채권이 변제기에 도래한 경우에는 질권자인 A는 자신의 B에 대한 채권이 변제기에 도래하고 있으면 자신의 채권액에 상당하는 부분(〈예 8-4〉에서 1천만원)에 한하여 직접 C에 대하여 청구할 수 있고, 아직 변제기가 도래하지 않고 있으면 C에 대하여 자신의 채권금액만큼을 공탁할 것을 청구할 수 있다(공탁을 하게 되면 B의 공탁금출급청구권에 질권이 설정된 것으로 보게 된다). 만일 B가 C에 대하여 가지는 채권이 동산의 인도청구권이라면 A는 C에 대하여 직접 그 동산의 인도를 청구할 수 있고 인도를 받게 되면 이제는 그 목적물에 대하여 동산질권이 설정된 것으로 보게 된다.

그리고 질권에는 다른 채권에 비하여 우선변제권이 있기 때문에 일반 채권자에 우선하여 그 환가금에서 우선변제를 받게 되고(즉 〈예 8-4〉에서 일반 채권자 D가 B의 C에 대한 예금채권을 압류하였더라도 그 압류의 효력은 질권자 A에게 우선하지 못하기 때문에 A는 D의 압류에도 불구하고 C에 대하여 직접 청구하여 변제를 받을 수 있다), 질권자끼리는 성립순서에 따라 배당받게 될 것이다.

참고로 질권 중에는 피담보채권이 특정된 금액이 아니라 장래의 불특정 금액을 담보로 하는 근질권이 있는바, 이러한 근질권의 피담보채권의 확정시기와 관련하여 대법원 2009.10.15. 선고 2009다43621 판결은 제3자의 압류로 강제집행절차가 개시된 사실을 알게 된 때에 근질권의 피담보채권이 확정된다고 판시하였다. 그 이유로는 근질권자가 제3자의 압류로 강제집행이 개시된 것을 알고서도 계속 거래를 하여 피담보채권의 금액을 확대하게 하면 그만큼 후순위 채권자가 불리하게 된다

한 것으로 볼 수 있거나, 채무자와 제3채무자가 단지 대위채권자에게 대항할 수 있도록 채무자의 채무불이행을 이유로 하는 계약해제인 것처럼 외관을 갖춘 것이라는 등의 특별한 사정이 있는 경우에는 채무자가 피대위채권을 처분한 것으로 보아 제3채무자는 계약해제로써 대위권을 행사하는 채권자에게 대항할 수 없다"고 판시했다.

는 것을 들고 있다. 제3자가 강제경매를 신청한 경우의 근저당권의 피담보채권의 확정시기와 관련하여 대법원 1999.9.21. 선고 99다26085 판결이 경락인이 경락대금을 완납한 때에 근저당권의 피담보채권액이 확정된다고 보는 것과 차이가 난다.

이는 아마도 근저당권의 경우에는 피담보채권의 최고액이 공시가 되어 있어 후순위 채권자가 선순위 근저당권의 배당가능금액을 알 수 있는 데 반하여 근질권의 경우에는 피담보채권의 최고액이 공시가 되지 않아 후순위 채권자가 그 금액을 알 수 없다고 하는 차이에서 유래한 것으로 보인다.

또 채권 질권자는 위와 같은 방법 외에도 민사집행법에 정한 집행방법에 의하여도 질권을 실행할 수 있다(민법 제354조). 즉 〈예 8-4〉에서 A가 B를 채무자, C를 제3채무자로 하여 법원에 추심명령, 전부명령신청을 하여 각 그 명령을 받는 방법으로도 실행할 수 있다는 것이다.

제9장 저 당 권

Ⅰ. 의　의

저당권이란 채무자 또는 제3자가 채무의 담보로 제공한 부동산에 대하여 채권자가 인도를 받지 않고서 채무불이행시에 그로부터 우선변제를 받을 수 있는 물권을 말한다.

이 저당권은 등기부에 의하여 공시되기 때문에 굳이 점유를 채권자가 할 필요가 없어 채무자가 계속 그 부동산을 사용, 수익할 수 있다. 이런 이점 때문에 거래계에서는 많이 사용된다.

그리고 동일한 부동산에 저당권이 여러 개 설정되어 있는 경우 선순위 저당권이 소멸하면 후순위 저당권은 순위가 상승하는 순위승진의 원칙이 적용된다.

Ⅱ. 성　립

저당권은 채권을 담보하기 위한 것이므로 저당권을 설정하기 위해서는 그 저당권을 담보하려는 채권이 존재하지 않으면 안 되고, 공시의 원칙상 그 채무자를 근저당권의 채무자로 하여 등기가 이루어져야만 근저당권에 의하여 공시되는 채권과 실제의 채권이 일치하게 되어 저당권이 유효하게 된다.

<예 9-1> A가 B에게 1천만원을 대여하고 B 소유의 H부동산에 저당권을 설정하려면, 어떻게 해야 하는가.

먼저 A와 B는 대여계약을 체결하고 나아가 H에 저당권을 설정하는 저당권설정계약을 체결한 후 그 이행으로서 저당설정에 관한 물권적 합의와 등기를 하게 되면 저당권이 성립하게 되는 것이다. 이때 H부동산의 소유자가 채무자인 B가 아닌 C이고, C가 B의 채무의 담보로 자기 소유의 H를 담보로 제공할 수도 있는데, 이때 C는 보증인적인 지위에 있으므로 C를 물상보증인이라고 한다.

그런데 만일 A와 B 사이에 대여금채권이 없는데도 저당권이 설정되어 있다면 그 저당권은 실체관계에 부합하지 않는 등기로서 무효의 등기라고 하지 않을 수 없다. A와 B 사이에 대여금 채권이 존재하지 않게 되는 경우는 대여금계약이 무효나 취소, 해제가 되거나, A가 그 채권을 다른 사람에게 양도하여 다른 사람이 채권자가 되거나, B가 대여금 채권을 변제하거나 하는 등의 경우에 발생한다.

이처럼 저당권은 피담보채권의 존부나 이전에 의하여 영향을 받게 되는데, 이를 부종성의 원칙이라고 한다. 이에 대하여는 성립상의 부종성, 이전상의 부종성, 소멸상의 부종성으로 나누어 고찰하도록 한다.

1. 성립상의 부종성

성립상의 부종성이란 피담보채권이 처음부터 부존재하거나 그 채권을 발생시키는 채권계약이 처음부터 무효이거나 취소되어 소급하여 피담보채권이 존재를 상실하게 되면 이를 담보하는 저당권도 처음부터 무효로 되는 것을 말한다.

이를 엄격하게 요구하면 저당권의 설정시에 피담보채권이 존재하고 있지 않으면 저당권이 무효로 된다고 해석해야 하지만 우리 판례의 입장은 장래의 채권도 피담보채권으로서 유효한 것으로 보고 있어 피담보채권은 저당권설정시에 반드시 존재하여야 할 필요는 없고 저당권의 실행시에 피담보채권이 존재하고 있으면 된다고 하여 조금 완화하고 있는 입장이다.

그리고 〈예 9-1〉에서 보면 피담보채권에 있어서 채권자는 A, 채무자는 B이므로, 저당권의 등기에 있어서도 저당권자는 A, 채무자는 B로 등기되어야만 A의 B에 대한 채권이 저당권에서 제대로 등기되었다고 볼 수 있다.

그런데 만일 저당권의 등기가 A'가 저당권자로 되어 있는 경우 그 저당권의 효력은 어떤가.

등기부상 공시된 채권은 A'의 B에 대한 채권이다. 그런데 실제 채권은 A의 B에 대한 채권이므로 이는 실제의 채권관계와 등기부상 공시된 채권관계가 다르기 때문에 무효라고 할 것이다. 또 저당권은 A'의 B에 대한 채권을 담보하는 것인데 실제는 A'의 B에 대한 채권은 존재하지 않으므로 부종성의 원칙에 위반되어 무효라고 할 것이다.[1]

그러나 채권자(앞의 예의 A)와 채무자(앞의 예의 B) 및 제3자(앞의 예의 A') 사이에 등기부상 채권자의 명의를 A'로 하는 합의가 있고 A로부터 A'에게로의 채권양도, 제3자를 위한 계약, 불가분적 채권관계의 형성 등의 방법으로 채권이 그 제3자(앞의 예에서 A')에게 실질적으로 귀속되었다고 볼 수 있는 경우에는 위와 같이 등기된 저당권도 유효하다는 것이 판례의 태도이다.[2]

마찬가지로 채무자가 B'로 등기된 경우에도 채권자와 채무자 및 제3자 B' 사이에 채무자를 B'로 하는 합의가 있고 B에서 B'에게로의 중첩적 또는 면책적 채무인수, 연대채무 등으로 실질적으로 그 채무가 제3자인 B'에게 귀속되었다고 볼 수 있는 경우에도 채무자가 B'로 된 저당권은 유효하다고 할 것이다.

나아가 채권자와 채무자가 위와 같이 변경되는 와중에 채권자가 일시 채무자로 되는 때가 생기더라도 그 저당권은 유효하다고 보는 것이 대법원 2001.3.15. 선고 99다48948 전원합의체판결의 다수의견의 입장이다.

채권자가 채무자로 되는 경우에까지 저당권의 효력을 인정한 다수의견의 입장은 부종성의 원칙을 지나치게 완화하는 감이 있어 찬성하기 어렵다고 생각한다.

또 위와 같이 피담보채권을 발생시키는 계약에 기하여 급부가 이루

---

1) 대법원 1981.9.8. 선고 80다1468 판결.
2) 대법원 2001.3.15. 선고 99다48948 전원합의체판결.

어지고 그 후 그 계약이 무효나 취소로 된 경우, 위 저당권을 그 급부의 반환청구권의 담보를 위하여 유효한 것으로 볼 수 있느냐가 문제로 될 수 있다.

예를 들면 A가 B와의 대여계약에 기하여 B에게 금 1천만원을 대여하고 그 대여금의 담보를 위하여 B 소유의 부동산에 저당권을 설정하였는데 위 대여계약이 취소되거나 무효로 된 경우 A의 저당권은 부종성에 의하여 위 대여금 1천만원의 담보로서는 효력이 없다고 해야 하지만 위 저당권을 1천만원의 부당이득반환채권의 담보로서는 유효하다고 주장할 수 있는가라는 문제이다.

이에 대하여는 부종성의 원칙을 엄격하게 해석하게 되면 위 저당권은 대여금 채권의 담보이지 부당이득반환채권의 담보가 아니므로 무효라고 볼 수도 있지만, 대여금 채권과 부당이득반환채권은 경제적 관련성이 높고 위 저당권을 유효하다고 해석하더라도 채무자나 다른 채권자의 이익을 해하지도 않으므로 신의칙상 유효하다고 볼 수 있다고 생각한다.[3]

2. 이전상의 부종성

저당권은 피담보채권과 분리하여서는 타인에게 양도하거나 다른 채권의 담보로 하지 못한다(민법 제361조). 따라서 저당권자는 피담보채권의 양도에 따른 방법, 즉 채무자에 대한 통지나 채무자의 승낙을 받아 양도함과 아울러 저당권의 이전절차(물권적 합의와 저당권이전의 부기등기)를

---

3) 最高裁 昭和 44.7.4. 民集 23卷 8號 1347頁; 大村敦志, 基本民法Ⅲ, 有斐閣(平成 17年), 233頁. 대법원 94.9.9. 선고 93다31191 판결은 대여금계약과 그 대여금을 담보하기 위하여 근저당권을 설정하는 계약을 체결하였는데 저당권설정계약을 기망을 이유로 취소한 경우 대여금계약도 취소가 된다고 보고, 그 대여금을 담보하기 위한 근저당권의 말소등기의무와 대여금상당의 부당이득반환의무와는 동시이행관계에 있다고 판시하고 있는바, 만일 부당이득반환의무도 근저당권의 피담보채무의 범위에 속한다면 부당이득반환의무는 선이행의무라고 보아야 할 것임에도 동시이행관계라고 보고 있는바, 이에 비추어 우리 대법원이 피담보채무의 범위에 부당이득반환채무는 포함되지 않는다고 보고 있는 것으로 생각된다(대법원 2009.1.15. 선고 2008다58367 판결도 같은 취지임). 그러나 부당이득반환채무도 위 근저당권의 피담보채무에 속한다고 보아 부당이득반환채무를 선이행의무로 보는 것이 타당하다고 생각한다.

취하여야 할 것이다. 다만 저당권이 설정된 목적물이 채무자 소유가 아니라 제3자의 소유일 경우(소위 물상보증)에는 물상보증인의 이익을 위하여 저당권의 이전시 물상보증인의 동의를 받지 않으면 저당권은 이전되지 않는 것으로 보아야 한다.

　문제는 저당권의 피담보채권이 변제로 소멸하였는데 저당권자가 피담보채권을 양도하자 채무자가 이를 이의없이 승낙한 경우에 저당권은 유효한가이다.

> **<예 9-2>** 저당권자 A에 대하여 채무자 B가 피담보채권을 변제하여 저당권이 무효로 된 상태에서 A가 C에게 마치 피담보채권이 존재하는 것처럼 속여 피담보채권을 양도하고 저당권에 대한 이전등기를 경료한 것에 대하여, B가 위 피담보채권의 양도에 대하여 이의없는 승낙을 한 경우에 B는 민법 제451조 제1항에 의하여 피담보채권이 변제로 소멸하였다는 주장을 C에 대하여 할 수 없기 때문에 C가 피담보채권을 유효하게 취득하게 되는 것은 이론이 없으나, 나아가 C가 위와 같이 무효로 되었던 저당권까지 유효하게 취득하는가.[4]

　이는 이의없는 승낙의 성질과도 관련되는 문제로서, 이의를 보류하지 않은 승낙에 공신력을 인정하여 피담보채권이 존속하는 이상 저당권도 부활한다고 하는 소수설과, 피담보 피담보채권이 소멸하면 저당권은 확정적으로 소멸하게 되고 이의를 보류하지 않은 승낙에 공신력을 인정한다고 하더라도 그것 때문에 등기의 공신력을 인정할 수는 없다고 하여 저당권은 부활하지 않는다는 다수설로 견해가 나뉜다.

　그러나 이 문제에 대해서는 저당권이 설정된 부동산의 소유자가 채무자 B인 경우와 물상보증인 B'인 경우로 나누어 보아야 할 것으로 생각한다. 왜냐하면 이의없는 승낙에 공신력을 인정하더라도 이는 채무자 B와 이의없는 승낙을 얻은 양수인 C 사이에서의 문제로 생각하여야 하

---

4) 이 문제는 A가 가지는 저당권이 최초에는 유효한 저당권이었다가 중간에 무효로 되는 경우에 해당되는 논의이고, A의 저당권이 성립할 당시부터 무효인 상태에서 저당권의 등기만이 되어 있었던 경우에는 B가 이의없는 승낙을 하였다고 하더라도 본래 그 채권은 무담보의 채권이므로 C는 저당권을 취득할 수 없다고 보아야 할 것으로 생각한다.

고 그 외의 제3자에게까지 그 효력을 인정할 수 있는 것은 아니라고 보아야 할 것이기 때문이다.

따라서 담보부동산이 채무자 B 소유인 경우에는 피담보채권이 이의 없는 승낙[5]으로 인하여 양수인이 유효하게 취득하게 되면 변제로 무효로 되었던 저당권도 유효하게 된다고 보아야 할 것이나, 이 경우에도 무효의 등기의 유용에서 보는 것처럼 채무자 B 소유의 부동산에 후순위 저당권자가 있고, 그 후순위저당권이 변제로 인하여 저당권이 무효로 되기 전에 설정되어 있었던 경우에는 후순위저당권자에 대하여는 양수인은 유효를 주장할 수 없다고 보아야 할 것이다. 그러나 양수인 C에 대한 B의 이의없는 승낙으로 피담보채권을 유효하게 취득하여 저당권이 유효로 된 후에 후순위저당권을 취득한 자에 대해서는, 그 후순위저당권자는 선순위의 저당권자의 부담을 고려하고 저당권을 취득한 자이므로 양수인 C는 저당권의 취득의 유효를 주장할 수 있다고 보아야 할 것이다.

이는 저당부동산을 저당권 설정 후에 취득하게 되는 제3취득자가 있는 경우에도 그 제3취득자를 후순위 저당권자와 동일한 지위에 있는 것으로 생각하면 된다. 즉 채무자 B로부터 제3취득자가 저당부동산을 취득한 시기와, 양수인 C가 채무자 B로부터 이의없는 승낙을 받아 저당권이 유효하게 된 시기를 비교하여, 제3취득자의 취득시기가 우선하면 C는 저당권의 유효를 제3취득자에게 주장할 수 없고, 제3취득자의 취득시기보다 C가 B로부터 이의없는 승낙을 받은 시기가 빠르면 C는 저당권의 유효를 제3취득자에게 주장할 수 있다고 보아야 할 것이다.[6]

다음으로 저당부동산이 채무자 소유가 아니라 물상보증인의 소유인 경우에는 채무자의 이의없는 승낙의 효력은 물상보증인에게는 미치지 않는다고 보아야 할 것이고 또 앞서 본 바와 같이 위와 같은 경우 저당권의 이전에는 물상보증인의 승낙이 필요하므로 물상보증인의 승낙이 없는 한

---

5) 이때 이의없는 승낙에는 확정일자 있는 승낙이어야 하는가가 문제로 될 수 있다. 이해관계자가 B만이 있을 경우, 즉 후순위 저당권자나 제3취득자가 없는 상태에서는 확정일자 없는 승낙이라도 문제가 없을 것이다. 그러나 후순위 저당권자나 제3취득자와의 관계에서 확정일자 있는 승낙이 있어야만 대항할 수 있다고 보아야 할 것이다.

6) 平井宜雄, 債權總論, 弘文堂(平成 19年), 142면.

양수인은 저당권의 효력을 주장할 수 없다고 해야 할 것으로 생각한다.

이 규정에 반하여 저당권자가 만일 피담보채권을 저당권과 분리하여 피담보채권만을 양도하여 버리면 어떻게 되는가. 이때는 피담보채권만이 양도되고 저당권은 양도되지 않는 것으로 되는 결과 저당권은 이제는 담보할 채권이 소멸하여 무효로 되며, 피담보채권의 양수인은 저당권이 없는 무담보의 채권만을 양수한 것으로 된다.[7]

피담보채권의 일부만을 양도하게 되는 경우에는 수인의 채권자들이 가지는 피담보 채권의 각 부분은 각각 저당목적물 전부에 의하여 담보되게 되고 저당권은 그들이 준공유하게 되는 것으로 될 것이다.

3. 소멸상의 부종성

피담보채권이 변제, 시효의 완성 등으로 소멸하게 되면 저당권도 소멸하게 된다(민법 제369조). 시효와 관련하여 피담보채권이 시효완성으로 소멸하게 되면 저당권이 당연히 소멸하게 되지만 저당권은 피담보채권과 독립하여 시효소멸의 대상이 되지 않는다고 보아야 할 것이다. 따라서 피담보채권이 시효소멸하지 않는 이상 저당권은 시효로 소멸하는 예는 없다고 해야 할 것이다.

이와 같이 피담보채권이 소멸하게 되면 저당권 말소등기를 하지 않더라도 부종성의 원칙에 의하여 당연히 저당권은 효력을 상실하게 된다. 이런 결과는 거래의 안전을 해치는 결과가 되나 부종성의 원칙에서 그리고 등기에 공신력을 인정하지 않는 우리 법제하에서는 불가피한 결과라 할 것이다.

Ⅲ. 저당권의 효력

1. 피담보채권의 범위

피담보채권의 범위와 관련하여서는 민법 제360조에서 규정하고 있

---

7) 대법원 1997.11.25. 선고 97다29790 판결.

는데, 여기서 지연배상에 대하여 제한을 둔 것은 이에 대한 제한을 두지 않으면 지연배상액이 커져서 후순위저당권자가 선순위 저당권자의 채권액이 얼마 될지를 알 수 없게 되고 또 지나치게 많아지면 후순위채권자의 배당액이 줄어드는 결과가 되기 때문에 1년분으로 한정해 두고 있다.

이런 피담보채권의 범위에 대한 제한은 채권자와 채무자 사이에는 의미가 없으나 후순위채권자나 제3취득자에게는 의미가 있다.

> **<예 9-3>** A가 B에게 1천만원을 대여하면서 지연손해금을 연 10%로 약정하고 H 부동산에 저당권을 설정하였는데 지연손해금이 5년간 지체되었다고 하는 경우, A는 원본과 지연손해금을 전부 배당받을 수 있는가.

H부동산이 채무자 소유로서 다른 채권자가 없는 때에는 원본 1천만원과 5년간의 지연손해금을 배당받게 될 것이다.[8] 그러나 다른 일반 후순위 저당권자가 있으면 1천만원과 1년분의 지연손해금 1백만원은 선순위 저당권자로서 우선 배당받고, 후순위 저당권자가 나머지를 배당받고 남은 게 있으면 일반채권자와 같이 안분배당을 받게 될 것이다.

채무자가 4백만원(4년분 지연손해금)을 변제하는 경우에도 A는 담보물권의 불가분성에 의하여 전체 채권액이 여전히 전체 담보물에 미치므로 원본 1천만원과 나머지 1년분의 지연손해금에 대하여 배당을 받을 수 있게 된다. 따라서 채무자가 위 저당권의 소멸을 청구하려면 불가분성에 의하여 1천만원과 5년분의 지연손해금을 변제하여야만 하지만, H가 물상보증인의 소유이거나 저당목적물을 저당권 설정 후에 취득한 제3취득자는 1천만원과 1년분의 지연손해금만을 변제하면 위 저당권의 소멸을 청구할 수 있다(민법 제364조).

2. 목적물의 범위

저당권이 미치는 목적물의 범위는 다음과 같다.

---

8) 대법원 2009.2.26. 선고 2008다4001 판결.

가. 부합물과 종물

저당권의 효력은 저당목적물 외에 그 부합물과 종물에도 미치나, 법률에 특별한 규정이나 설정행위에 다른 약정이 있으면 미치지 않는다 (민법 제358조).

이런 부합물과 종물은 채무자의 소유이어야 하므로 부합물인 증축 건물이 민법 제256조에 의하여 다른 사람의 소유로 되는 경우에는 그 층축 부분에 저당권의 효력이 미치지 않는 것은 당연할 것이다.

> **<예 9-4>** 부합물이나 종물이 저당권 설정 전이나 설정 당시에 존재하는 경우 저당권의 효력이 그에 미치는 것은 당연하나, 저당권 설정 후에 부합된 물건이나 종물에 대해서도 저당권의 효력이 미치는가.

저당권의 경우 그 설정에서부터 실행시까지 시간이 걸리므로 그 중간에 부합물이나 종물이 새로운 물건으로 교체되거나 하는 등으로 변화가 생기는 것은 충분히 당사자들이 예상하고 있다고 할 것이므로 이에 대해서도 저당권의 효력이 미친다고 보아야 할 것이다. 따라서 예를 들면 자신의 아파트에 저당권을 설정한 후 설정자가 아파트의 기존 바닥을 고급 목재의 마루바닥으로 변경하거나 붙박이장을 설치한 경우에도 그 마루바닥이나 붙박이장은 아파트와 일체를 이룬다고 보아야 할 것이므로 저당권의 효력이 미친다고 할 것이다.

그러나 아파트 바닥에 깔린 카페트나 일반 옷장 등은 아파트와는 별개의 독립된 동산이므로 저당권의 효력이 미치지 않는다고 보아야 할 것이다.

그리고 우리 판례[9]에 의하면 종된 권리에 대해서도 종물이론을 준용하고 있는데, 예를 들어 건물에 저당권이 설정되면 그 건물의 소유자가 가지는 대지이용권(지상권, 전세권, 임차권 등)에 대해서도 저당권의 효력이 미쳐 저당권이 실행되는 경우 그 경매에서의 매수인이 건물과 함께 그 대지이용권을 취득하게 된다.

---

9) 대법원 1993.4.13. 선고 92다24950 판결.

나. 과 실

과실과 관련하여 저당권의 경우 사용권은 설정자에게 남겨두는 것이므로 설정자가 그 과실을 취득하고 저당권의 효력이 미치지 않는 것이 원칙일 것이다. 그러나 설정자가 과실을 수취하기 위하여 고의로 경매절차를 지연시키는 폐단이 있을 수 있으므로 압류가 행해진 후에는 과실에도 저당권의 효력이 미치는 것으로 하고 있다.

과실에는 천연과실, 법정과실 모두 포함된다(민법 제359조). 다만 저당권자가 그 부동산에 대한 소유권, 지상권 또는 전세권을 취득한 제3자에 대하여는 압류를 통지한 후가 아니면 과실에 대한 압류의 효력을 주장하지 못한다.

다. 저당토지 상의 건물

우리 법제에서는 토지와 건물을 별개의 독립된 부동산으로 취급하므로, 토지에 대한 저당권은 그 지상의 건물에 효력이 미치지 않고, 건물에 대한 저당권은 토지에 미치지 않는 것은 당연하다(물론 건물의 경우에는 위에서 본 것처럼 그 토지사용권에는 미친다).

다만 건물이 없는 토지(나대지)에 저당권이 설정된 후에 설정자가 건물을 신축한 경우에는 민법 제365조에 의하여 그 건물에 대하여도 경매를 신청할 수 있는 권한을 주고 있다(이를 일괄경매청구권이라 한다). 다만 이 경우 우선변제권은 토지의 경매대가에 대해서만 주장할 수 있고 건물의 경매대가에는 주장할 수 없는 것에 유의해야 한다.

라. 저당부동산에서 분리·반출된 물건(부합물이나 종물)에 대한 효력

저당권자와 설정자 사이에 저당부동산에서 그 물건을 분리, 반출할 수 있는 권한을 주고 있었던 경우, 예를 들면 저당권자와 설정자 사이에 저당권이 설정된 임야에서 설정자가 그 임야 상의 나무를 벌채할 수 있는 권한이 주어져 있는 경우에는 설정자가 그 권한에 따라 벌채한 나무에 대해서는 저당권의 효력이 미치지 않는 것은 명백하다.

<예 9-5> 임야에 저당권이 설정된 상태에서 설정자가 그 임야상의 나무를 벌채할 수 있는 권한을 갖지 않거나 또는 정당한 권한을 초

> 월하여 나무를 벌채한 경우에 그 벌채된 나무에 대하여 저당권이 미
> 치는가.

이에 대해서는 일단 벌채된 나무에 대해서는 저당권의 효력이 미치지 않지만 그 벌채된 나무는 저당권 가치의 일부를 표상하므로 물상대위에 의하여 압류하여야만 저당권의 효력이 미친다고 보는 견해와, 벌채된 나무가 저당부동산과 결합하여 공시의 작용이 미치는 한도에서만 저당권 효력이 미친다고 보아 분리된 나무가 저당부동산 위에 존속하는 경우에는 저당권의 효력이 미치지만 반출된 경우이거나 분리된 나무가 저당부동산 위에 존속하고 있더라도 저당부동산과 동일성을 상실한 때 (예를 들면 붕괴된 가옥이 반출되지 않고 소유자의 수중에 남아 있어도 가옥은 목재로 변형되어 동일성을 상실하고 있다)에는 저당권의 효력이 미치지 않는다는 견해가 있다.

이 문제를 생각하기에 앞서 먼저 저당권의 효력에 관한 의미를 분명히 해야 할 것이다. 즉 부합물이나 종물에 저당권의 효력이 미친다는 의미는 저당권이 실행되는 때 경매의 대상으로 될 수 있다는 것을 의미하는 데 반하여, 분리·반출된 물건에 대하여 저당권의 효력이 미친다는 의미는 저당권의 침해에 대하여 저당권자가 일정한 청구를 할 수 있다는 것을 말하는 것이다. 따라서 분리·반출된 물건에 대하여 저당권의 효력이 미친다고 해도 그 물건에 대해 저당권에 기하여 동산경매를 독립적으로 신청할 수는 없고 단지 설정자에 대하여 원상회복의 청구만을 할 수 있다고 해야 할 것이다.[10]

이렇게 본다면 기본적으로는 후자의 견해에 서서 분리된 물건이 저당부동산상에 존속하여 아직 반출되기 전이라면 저당권자는 그 반출을 저지할 수 있고, 설사 반출되었다고 하더라도 설정자의 소유로 남아 있다면 저당권자는 설정자에 대하여 원상회복을 청구할 수 있다고 보아야 할 것이며 나아가 반출되어 제3자에게 매도되었다고 하더라도 그 제3자가 악의나 과실로 선의취득이 인정되지 않는다면 이런 제3자를 보호할 필요는 없으므로 저당권자는 이런 제3자에 대해서도 원상회복을 청구할

---

10) 道垣內弘人, 위 책, 136면.

수 있다고 보아야 할 것이다. 그러나 제3자가 선의취득을 하게 되면 그때는 저당권자는 저당권이라는 물권에 기한 방해제거 내지 예방청구권이라는 물권적 청구권으로서 원상회복을 청구할 수 없다고 보아야 할 것이다.

〈예 9-5〉에서 보는 것처럼 나무를 저당부동산에 반입할 수는 있지만 임야에 식재하는 등으로 원상회복이 불가능할 경우에는 반입된 나무에 대해서는 동산이기는 하지만 저당권이 공시하는 대상에 포함되는 것으로 보아 저당권의 경매대상이 된다고 보아야 할 것이다. 만일 이렇게 보지 않으면 임의로 분리한 물건은 저당권의 효력이 미치지 않는다고 보아야 하므로 그것은 설정자의 소유물로 볼 수밖에 없고, 이렇게 되면 위 물건에 대해서는 설정자의 처분을 허용할 수밖에 없는데, 이런 결과는 임의로 저당물의 대상을 훼손한 설정자에게 이익을 주는 셈이 되어 부당하기 때문이다.

마루바닥이나 붙박이장과 같은 경우에는 원상회복이 가능하므로 설정자로 하여금 원상회복하게 한 후 저당권을 실행하여야 하고, 만일 설정자가 원상회복을 거부한다면 위의 벌채된 목재에서의 경우와 같이 분리된 물건을 아파트 내에 둔 상태에서도 저당권의 경매대상이 된다고 보아 감정 대상에 포함시켜 감정가격을 산정한 뒤 매각해야 할 것으로 생각한다.[11]

이렇게 본다면 분리·반출된 물건에 대하여 저당권의 효력이 미치는가의 문제는 저당권의 효력에서 논할 문제는 아니고 저당권의 침해시에 저당권자가 행사할 수 있는 권리의 문제로서 논의되어야 할 것이다.

대법원 1996.3.22. 선고 95다55184 판결은 공장저당법(2013. 3. 23.부터 공장 및 광업재단 저당법으로 법명이 변경됨)에 의하여 저당물 중 일부를 채무자 겸 소유자가 제3자에게 임대하여 제3자의 주소지에 반출하여 버린 사안에 대하여, '저당권자는 물권에 기하여 그 침해가 있는 때에는 그 제거나 예방을 청구할 수 있다고 할 것인바, 공장저당권의 목적 동산

---

11) 이는 등기부와 달리 제시 외 건물이 있고, 그 제시 외 건물이 기존 건물에 부합되거나 종물인 경우에는 저당권의 효력이 미쳐서 경매의 대상이 되는 것처럼, 위 물건들도 경매대상이 된다고 보아야 할 것으로 생각한다.

이 저당권자의 동의를 얻지 아니하고 설치된 공장으로부터 반출된 경우에는 저당권자는 점유권이 없기 때문에 설정자로부터 일탈한 저당목적물을 저당권자 자신에게 반환할 것을 청구할 수는 없지만, 저당목적물이 제3자에게 선의취득되지 아니하는 한 원래의 설치 장소에 원상회복할 것을 청구함은 저당권의 성질에 반하지 아니함은 물론 저당권자가 가지는 방해배제권의 당연한 행사에 해당한다'고 하여 저당권자 자신에게 반환을 구할 수는 없지만, 원래 설치 장소에 원상회복할 것은 청구할 수 있다고 하고 있다.

타당한 판결이라고 할 것이고, 이와 같이 저당권이 침해된 경우의 구제책에 대해서는 아래 저당권의 침해에서 본다.

3. 물상대위

가. 의 의

민법 제342조는 '질권은 질물의 멸실, 훼손 또는 공용징수로 인하여 질권설정자가 받을 금전 기타 물건에 대하여도 이를 행사할 수 있다. 이 경우에는 그 지급 또는 인도 전에 압류하여야 한다'고 규정하고 있고, 이 규정은 저당권에도 준용된다(민법 제370조).

> <예 9-6> A는 B에게 금전을 대여하고 B 소유의 토지 L에 대하여 대여금 채권을 담보하기 위하여 저당권을 설정해 두었는데 C회사가 L을 공공사업을 위하여 수용하는 경우 그 수용보상금을 B에게 지급하여야 하는데, 이에 대하여 A는 어떠한 권리를 가지는가.

이 경우 A는 목적물의 멸실로 저당권이 소멸하여 담보권을 상실하는 손해를 입게 되는 반면, B는 L에 저당권이 없었던 것과 같이 그 목적물의 대체물인 수용보상금을 전부 취득하게 된다. 이런 경우에 소유자가 저당목적물에 관하여 취득하는 금전, 즉 C에 대한 수용보상금채권상에 저당권의 효력을 미치게 하는 것[12]이 물상대위라는 제도인 것이다.

---

12) 보험회사에 대한 화재보험금청구권에 관하여 물상대위가 인정되는가와 관련하여 찬반 양론이 있었는데 대법원 2004.12.24. 선고 2004다52798 판결로 물상대위를 인정했다.

즉 이런 물상대위는 저당물(또는 질물. 이하 저당물로만 표현한다)의 변형물 (대체물) 내지 대표물에 대하여 저당권의 효력이 미치는 것으로 보게 되는 결과가 된다.

나. 물상대위가 인정되는 권리

제3자가 저당물을 멸실, 훼손한 경우에 저당물 소유자가 제3자에 대하여 가지는 손해배상청구권, 저당물이 화재로 소실됨으로써 저당물의 소유자가 보험회사에 대하여 가지는 보험금청구권, 수용 등의 공용 징수로 인하여 저당물의 소유자가 가지게 되는 보상금청구권 등은 물상대위의 대상이 될 수 있다.[13)]

그러나 저당물 소유자가 제3자에게 매도한 경우의 매매대금채권의 경우에는 저당권자는 제3자에게 저당물이 양도되더라도 저당권을 행사하는 데 전혀 문제가 없으므로 매매대금채권에 대해서는 물상대위가 인정되지 않는다.

다. 압류의 의미와 시기

(1) 학 설

그런데 물상대위에 의하여 저당권자가 우선권을 행사하려면 '그 지급 또는 인도 전에 압류'를 해야 하는데, 물상대위의 법적 성격을 어떻게 보느냐에 따라 '압류'의 의미가 무엇인지, 누가 압류를 해야 하는지, 언제까지 압류를 할 수 있는지에 대한 답이 달라지는데 아래에서 자세히 보도록 한다.

그 법적 성격에 대하여는 특정성 유지설, 우선권 보전설, 제3채무자 보호설이 있다.

반대론자는, 보험청구권은 저당권설정자가 납입한 보험료의 대가로 생기는 것이고 모든 건물이 화재보험에 가입하지는 않으므로 건물의 변형물이라고 할 수 없고, 또 설정자가 보험료를 납입하지 않으면 보험계약이 해제되어 보험금청구권을 상실하게 되는 등의 이유를 들어 반대하였다. 그러나 법원은 저당권자의 보호라는 정책적인 견지에서 보험금청구권을 인정한 것으로 보인다.

13) 전세권에 저당권이 설정된 경우에 전세권의 기간이 만료된 때 전세금에 대하여 저당권을 실행할 경우에도 물상대위의 규정을 적용하는 것이 판례(대법원 1999.9.17. 선고 98다31301 판결)의 태도이다.

특정성 유지설에 의하면 물상대위권은 가치권인 담보물권의 성질상 당연히 인정되는 것으로서 저당권이 등기되어 공시되어 있는 이상 그 연장선상에 있는 물상대위권 자체에 대해서는 공시할 필요가 없다. 압류는 물상대위의 대상이 되는 채권의 특정성을 유지하게 하여 그 채권의 변제를 받아 채무자의 일반재산에 혼입되는 것을 방지하는 데에 있다고 본다. 담보권자가 아닌 다른 채권자가 압류를 하여 물상대위의 대상이 되는 채권이 특정성이 유지되고 있으면 담보권자가 스스로 압류를 하지 않아도 물상대위권을 행사할 수 있고, 또 설사 다른 채권자가 전부명령을 받거나 양도를 받았더라도 현실적으로 지급이 되지 않았다면 물상대위권을 행사할 수 있다고 한다(이 견해는 해당 채권에 대하여 양도받는 등 이해관계를 갖게 된 제3의 채권자보다는 담보권자의 이익을 우선하는 입장이다).

우선권 보전설에 의하면 물상대위권은 담보권자의 보호를 위하여 법률이 특별히 인정한 우선권으로 압류는 단순히 물상대위의 대상이 되는 채권의 특정성을 유지하기 위한 것만은 아니고 물상대위권을 제3자에 대하여 공시하는 작용을 영위하는 것이다. 따라서 담보권자 자신이 압류를 하여야만 물상대위권을 보전할 수 있다고 본다. 그러므로 다른 권리자에 의하여 그 채권이 압류되거나 전부 명령에 의하여 전부되거나 또는 양도가 되면 담보권자는 이제는 압류를 할 수도 없고 물상대위권을 행사할 수도 없다고 한다(이 견해는 담보권자보다는 해당 채권에 대하여 양도받는 등 이해관계를 갖게 된 제3의 채권자의 이익을 보호하는 입장이다).

제3채무자 보호설은 제3채무자(앞의 예에 의하면 C회사)의 이중지급의 위험을 방지하기 위하여 압류를 하는 것이라고 한다. 즉 〈예 9-6〉에서 A가 B에게 돈을 빌려주고 B 소유의 건물 H에 저당권을 설정하였는데, 그 H에 불이 나서 보험회사 C가 보험료를 지급하게 되는 경우를 보자. 이때 C로서는 H에 저당권이 설정되어 있다는 것을 언제나 알고 있었다고 할 수 없으므로 H의 소유자이자 보험계약자인 B에게 보험금을 지급해야 하는 것으로 알고 있을 것이다. 그런데 이 경우 본조에 의하여 A가 B의 C에 대한 보험금지급청구권에 대하여 물상대위가 가능하여 B보다 우선권을 가진다고 하게 되면 C의 B에 대한 보험금지급은 무효가 되므로, C는 다시 A에게 보험금을 지급해야 하게 된다. 이는 불합리하다고 하지 않을 수 없다. 따라서 제3채무자인 C의 보호를 위하여 저당권자 A는 제3채무자 C에게 물상대위권을 행사하겠다는 의사를 알리고 동시에 본래의 채권자인 B에게 변제를 금지하도록 하는 것에 의하여 자신의 우선권을 보전하기 위하여 압류를 해야 한다고 하고, 본조의 압류는 이와 같이 C의 이중지급의 위험을 방지하기 위한 것에 있다 한다.[14]

(2) 판 례

우리나라 판례의 태도는 특정성 유지설의 입장을 취하여, 담보권자 자신이 압류를 하지 않아도 다른 채권자가 압류를 하여 특정성이 유지되고 있다면 물상대위권을 행사할 수 있고,[15] 행사방법으로는 저당권자가 민사집행법 제273조에 의하여 담보권의 존재를 증명하는 서류를 집행법원에 제출하여 채권압류 및 전부명령을 신청하거나 민사집행법 제247조에 기하여 다른 채권자의 강제집행절차에 편승하여 배당요구를 하는 방법에 의하여 물상대위권을 행사할 수 있다고 하며, 또 다른 채권자가 양도받거나 전부명령을 받았더라도 현실로 지급되지 않고 있다면 담보권자는 물상대위권을 행사할 수 있다[16]고 한다.

(3) 사 견

입법연혁에 비추어 보아 물상대위를 둘러싼 관계자들의 이해관계, 즉 저당부동산은 본래 저당권자의 우선변제에 복종하여야 하는 관계이므로 그 목적물의 변형물에 대하여도 저당권자에게 우선권을 준다는 면에서 제3채무자 보호설이 타당한 것으로 생각한다.

따라서 이에 의하면 본조의 압류규정은 단순히 제3채무자와의 관계에서 제3채무자를 면책시킨다는 의미에 불과하고 그 압류를 하지

---

14) 학설에 대해서는 김형석, '저당권자의 물상대위와 부당이득', 서울대학교 법학 (2009.6.), 497면 이하를 참조할 것.

15) 대법원 1990.12.26. 선고 90다카24816 판결.

16) 대법원 1998.9.22. 선고 98다12812 판결. 이 판결에 대해서는 양도되거나 전부명령을 받게 되면 이제는 그 채권은 B의 재산이 아니라 C의 재산이 되었으므로 B의 채권자인 A는 그 채권에 대하여 더 이상은 집행할 수 없다고 하는 반대 견해가 있다. 그러나 다음의 사견에서 보는 것처럼 이렇게 볼 것은 아니고 판례의 견해가 옳다고 생각한다.

않았더라도 저당권자가 그 우선권을 잃게 되는 것은 아니라고 보아야 한다. 따라서 채권의 양도가 일어나거나 전부되더라도 그 양도나 전부 는 위 저당권자의 우선권이 부착된 상태 그대로 양도나 전부가 일어나 는 것이므로 제3채무자로부터 양수인이나 전부 채권자에게 현실로 지급 되지 않는 한 저당권자는 물상대위권을 행사할 수 있다고 할 것이다.

본래 채권의 양도에는 양도 당사자의 의사와 무관하게 그 항변 권 등이 부착이 되는 상태로 이전되는 것이 원칙이다. 이런 점을 감안하 면 물상대위권을 항변권으로 볼 수는 없지만 항변권의 법리를 유추하여 적용해도 채권양도의 성질에 반하지 않을 뿐 아니라 위에서 본 이해관 계의 상황에 비추어도 타당하다고 생각한다.

또 압류만이 아니라 배당요구의 방법에 의해서도 물상대위권을 행사할 수 있다는 대법원의 견해에 찬성한다. 이는 물상대위의 방법을 압 류에 한정하지 않고 배당요구의 방법에 의하는 것도 인정함으로써 저당 권자의 이익을 도모하고 있다는 점에서 타당하다고 생각하기 때문이다.

라. 부당이득과의 관계

<예 9-7> 위의 <예 9-6>에서 A로부터 수용보상금에 대한 압류가 없어서 C는 B에게 보상금을 지급하였다. 이렇게 C가 B에게 보상금 을 지급한 이상, A는 C를 상대로 더 이상 물상대위권을 행사할 수 는 없을 것이다. 그러면 A로서는 B에 대하여 아무런 청구도 할 수 없는가. L의 변형물인 B의 C에 대한 채권은 원래 A에게 우선권이 있었던 것인데 이를 A가 압류라는 절차를 취하지 않고 있는 사이에 B가 받아갔다고 해서 A의 우선권을 배제하고 B가 종국적으로 그 금 액을 자기에게 귀속시키는 것은 부당한 것은 아닌가.

이 문제에 대해서는 다음과 같이 경우를 나누어 생각해 보아야 한다.

(1) 채무자 또는 물상보증인(내지 제3취득자)이 수령한 경우

L의 소유자가 B라면, A가 압류절차를 취하지 아니하여 B가 보 상금을 받아갔다고 하더라도 A는 여전히 B에 대하여 저당권으로 담보 되어 있던 대여금 채권을 가지고 있으므로 그 채권을 행사하여 대여금

반환을 구하면 되므로 위의 경우에 A는 B에 대하여 부당이득반환청구가 가능한지에 대하여 검토할 실익은 없다.

그런데 L의 소유자가 아닌 다른 사람 B'의 것이거나 저당권 설정 후에 소유권을 이전받은 제3취득자 B'라면, 소멸된 저당권의 피담보채권인 대여금채권의 채무자는 B이지 B'가 아니므로 A는 B'에 대하여 대여금 반환청구를 할 수 없다.

이 경우에는 A가 B'에 대하여 부당이득반환청구를 할 수 있을 것인가.

제3채무자 보호설이나 특정성 보전설의 입장에서는, 압류는 제3채무자의 이중변제 위험을 구제해 주기 위한 것이나 채권의 특정성을 유지시키는 것이지 저당권자의 우선권의 확보를 위한 것이 아니므로 저당권자가 압류를 미처 하지 못하여 우선권의 확보를 하지 못하였다고 하여 수용보상금 채권이 물상보증인에게 귀속되어야 할 근거가 될 수 없다.

그리고 물상보증인은 본래 저당물에 대해서는 저당권의 부담을 받아야 할 처지에 있었는데 우연히 그 저당물이 멸실·수용됨으로써 그런 부담이 없어지게 된다는 것은 타당하지 않다고 할 것이다.

저당권 설정 후의 제3취득자의 경우에도 제3취득자는 저당권의 부담을 용인하고 저당물의 소유권을 취득한 것인데 우연히 그 저당물이 멸실·수용됨으로써 그런 부담에서 벗어난다는 것은 물상보증인의 경우와 마찬가지로 부당하다고 할 것이다.

따라서 이 경우에는 저당권자는 제3채무자로부터 지급받은 물상보증인 B' 또는 제3취득자에 대하여 부당이득반환청구를 할 수 있다고 할 것이고,[17] 대법원도 같은 입장에 있다.[18]

---

17) 동지: 조원경, 위 논문, 438면 이하; 이환승, 위 논문, 73면 이하; 김형석, 위 논문, 541면 이하. 김형석 교수는 특히 저당권자가 압류하지 않음으로 인하여 물상대위권이 소멸되는 것은 제3채무자의 법적 안정을 위한 것으로 설정자로 하여금 담보제공자로서의 책임을 면하게 하려는 취지라고 할 수 없다고 한다.

18) 대법원 1975.4.8. 선고 73다29 판결; 대법원 2009.5.14. 선고 2008다17656 판결.

(2) 양수인 또는 전부채권자가 지급받은 경우

<예 9-8> 위의 <예 9-7>에서 B의 일반 채권자 D가 B의 C에 대한 보상금 채권에 대하여 B로부터 채권양도를 받았거나 또는 D가 보상금 채권에 대하여 압류 및 전부명령을 받았고, 그 후 C가 D에게 보상금을 지급하였다면, A는 보상금을 받아간 D에 대하여 부당이득반환을 청구할 수 있는가.

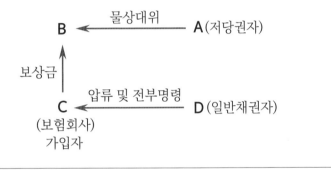

D가 보상금 채권이 양도가 되거나 압류 및 전부명령을 받아갔다고 하더라도 D가 현실적으로 C로부터 보상금을 지급받지 않고 있다면 A는 물상대위권의 행사가 가능하다고 보는 판례나 사견에 따라 위 (1)에서 본 것처럼 A는 D에 대하여 부당이득반환청구를 할 수 있다고 할 것이다. 이는 위에서 본 바와 같이 양도된 채권이나 전부된 채권에도 당연히 저당권자의 우선권이 미치는 것이므로 그런 채권에 기하여 C가 양수인이나 전부채권자에게 지급한 경우의 법률관계는, 채무자나 물상보증인에게 지급한 경우와 다를 바가 없기 때문이다.

더구나 양수인이나 전부채권자인 D와의 관계에서 보면 본래 저당물은 저당권에 우선권이 있고 D는 그에 후순위였는데, 그 저당물이 우연히 수용되었다고 하여 그 저당물의 가치변형물인 채권에 대하여 저당권자와 동일한 지위에서 변제를 받을 수 있다고 하는 것은 타당하다고 볼 수 없기 때문이다.[19]

---

19) 동지: 정준영, '토지수용으로 인한 손실보상청구채권에 대한 전부명령 및 물상대위

이 경우에는 저당권자는 부당이득반환청구권만을 가질 뿐 우선권은 없기 때문에 양수인이나 전부채권자인 D의 일반 채권자와 동일한 순위를 가지는 채권자로 취급될 것이다.

(3) 민사집행절차인 배당절차에서 배당을 받아간 채권자의 경우

수용보상금 채권에 관하여 B의 일반 채권자의 신청에 의하여 강제집행절차가 진행중에 저당권자인 A가 배당요구의 종기까지 배당요구를 하지 않아 배당절차에 기하여 배당을 받아간 채권자들을 상대로 A는 부당이득반환청구를 할 수 있는가.

이에 대하여 대법원은 2002.10.11. 선고 2002다33137 판결에서 '민법 제370조, 제342조 단서가 저당권자는 물상대위권을 행사하기 위하여 저당권설정자가 받을 금전 기타 물건의 지급 또는 인도 전에 압류하여야 한다고 규정한 것은 물상대위의 목적인 채권의 특정성을 유지하여 그 효력을 보전함과 동시에 제3자에게 불측의 손해를 입히지 않으려는 데 있는 것이므로, 저당목적물의 변형물인 금전 기타 물건에 대하여 이미 제3자가 압류하여 그 금전 또는 물건이 특정된 이상 저당권자가 스스로 이를 압류하지 않고서도 물상대위권을 행사하여 일반 채권자보다 우선변제를 받을 수 있으나, 그 행사방법으로는 민사집행법 제273조에 의하여 담보권의 존재를 증명하는 서류를 집행법원에 제출하여 채권압류 및 전부명령을 신청하는 것이거나 민사집행법 제247조 제1항에 의하여 배당요구를 하는 것이므로, 이러한 물상대위권의 행사에 나아가지 아니한 채 단지 수용대상토지에 대하여 담보물권의 등기가 된 것만으로는 그 보상금으로부터 우선변제를 받을 수 없고, 저당권자가 물상대위권의 행사에 나아가지 아니하여 우선변제권을 상실한 이상 다른 채권자가 그 보상금 또는 이에 관한 변제공탁금으로부터 이득을 얻었다고 하더라도 저당권자는 이를 부당이득으로서 반환청구 할 수 없다'고 판시하여 저당권자의 부당이득반환청구권을 부정하고 있다.

이와 같은 대법원의 판결에 대해서는 같은 집행절차인 전부명령과 다른 결론을 내리는 것은 부당하다는 이유로 반대하는 견해도 있

에 관한 연구, 법조(2001.9.) 128면; 김형석, 위 논문, 545면.

으나,[20] 물상대위권자가 강제집행절차에서 배당요구의 방법으로 물상대위권을 행사하는 경우에는 민사집행법의 규정에 따라야 할 것이고, 민사집행법 제247조 제1항은 '민법·상법, 그 밖의 법률에 의하여 우선변제청구권이 있는 채권자와 집행력 있는 정본을 가진 채권자는… 배당요구를 할 수 있다'고 규정하고 있으므로 우선변제청구권이 있는 채권자라도 배당요구를 하지 않으면 배당에서 제외될 수밖에 없다고 보아야 할 것이다.

이렇게 배당요구를 하여야만 배당을 받을 수 있는 우선변제권이 있는 채권자가 배당요구를 하지 아니하여 배당을 받지 못한 경우 배당을 받아간 후순위 채권자에 대하여 부당이득반환청구를 할 수 있는가와 관련하여 우리 대법원은 '우선변제권이 있는 채권자라도 배당요구를 하여야만 배당을 받을 수 있는 채권자는 그가 배당요구의 종기까지 배당요구를 하지 않으면 배당을 받을 수가 없으므로 배당요구를 하지 아니하여 배당에서 제외된 채권자는 배당을 받은 채권자를 상대로 부당이득반환청구를 할 수 없다'고 보고 있고 이는 이미 확립된 판례이다.[21]

그렇다면, 이 경우에는 물상대위권자는 배당채권자에 대하여 부당이득반환청구권을 행사할 수 없다고 보아야 할 것이다.

4. 저당권의 실행과 용익물권과의 관계

가. 저당권의 실행과 용익물권의 운명

저당권자는 채무자가 변제를 하지 않으면 저당권을 실행하게 된다. 즉 저당목적물을 법원에 경매신청을 하여 경매를 통하여 환가한 후 그

---

20) 김형석, 위 논문, 549면 이하 참조. 이동진, '물상대위권의 상실로 인한 부당이득반환청구 재고', 법조(2010. 7), 244면 이하에서는 제3취득자에 대한 부당이득반환청구를 긍정한 대법원 판결에서의 논리 근거와 배당을 받아간 채권자를 상대로 한 부당이득반환청구를 부정한 대법원 판결에서의 논리 근거가 확실히 구분되지 않는다고 하면서 위 둘의 차이는 물상대위에 의한 우선변제권 자체의 한계, 즉 집행절차규정상의 문제가 아닌 배후의 실체적 권리에 의하여 구분되어야 한다고 주장한다.

21) 대법원 1998.10.13. 선고 98다12379 판결 외 다수. 민일영, '청구금액의 확장과 배당후 부당이득반환청구의 허부:배당 후의 부당이득반환청구에 대한 의견서', 판례실무연구 I(1997), 587면,

환가한 금액으로 법원으로부터 배당을 받아 자기의 채권의 변제에 충당하게 되는 것이다. 경매절차에 대한 설명은 앞에서 하였으므로 참조하면 될 것이다.

　이렇게 경매를 실행하게 되면 경매목적물에 설정되어 있던 담보물권은 모두 소멸하게 되고, 매수인은 담보물권이 소멸한 부동산을 소유하게 되지만, 담보물권에 우선하는 용익물권은 인수하게 된다.

<예 9-9>　A 소유의 L토지에 B를 위한 1번 저당권(피담보채권액 1억), C를 위한 지상권, D를 위한 2번 저당권(피담보채권액 5천만원)이 설정되어 있는데, D가 L을 경매신청하여 1억 2천만원에 매각된 경우 매수인은 어떤 권리 상태의 소유권을 취득하게 되는가.

　민사집행법 제91조에 의하면 저당권에 대하여는 삭제주의 원칙을 채택하고 있다. 따라서 경매절차가 종결되는 경우 경매신청인 D의 저당권이 소멸하는 것은 당연하고, B의 저당권도 위 법규에 의하여 소멸하게 된다. 그리고 C의 지상권도 소멸하게 되는데 이는 소멸되는 B의 저당권보다 열위하기 때문이다. 결국 매수인은 아무런 부담이 없는 상태의 소유권을 취득하게 된다. 이때 매각대금 1억 2천만원의 배당은 1번 저당권자인 B에게 1억원, 2번 저당권자인 D에게 2천만원을 배당하게 되고, D의 잔존 채권액 3천만원은 저당권이 없는 일반 채권으로 남게 된다.

　만일 위의 예에서 C의 지상권이 B보다 선순위라면 어떻게 되는가. 이때는 C의 지상권은 소멸되는 최선순위 저당권보다 우선하므로 매수인은 C의 지상권을 인수하게 되고, C는 지상권의 존속기간 동안 적법하게 지상권을 행사할 수 있게 된다.

나. 법정지상권

(1) 입법 취지[22]

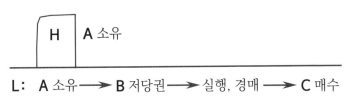

<예 9-10> A가 자신 소유의 L토지상에 H건물을 소유하고 있는 상태에서 L에 B를 위한 저당권을 설정하였는데, 그 후 B가 저당권을 실행하여 C가 경매를 통하여 L을 매수하였다. 그 후 C가 A를 상대로 토지사용권이 없다는 이유로 H의 철거를 구하면 어떻게 되는가.

토지의 소유자는 C이고, 건물은 A 소유이므로 A가 토지에 대한 어떤 사용권한이 없으면 건물은 철거되어질 수밖에 없다.

만일 L과 H가 동일인 소유가 아니었다면 H건물의 소유자는 위와 같은 사태를 방지하기 위하여 L토지의 소유자와 합의하여 지상권이나 임차권을 설정받아 등기를 할 수 있고, 그러면 그 후 L토지의 소유자가 B에게 저당권을 설정해 주고, B가 경매를 신청하여 C가 매수인이 되었다고 하더라도 H건물 소유자의 사용권은 저당권자인 B보다 우선하므로 C에 대해서도 그 사용권을 주장할 수 있다. 따라서 H건물 소유자는 지상권 또는 임차권의 존속기간 동안 계속 L을 사용할 수 있어 H건물의 철거를 막을 수 있다.

그러면 위 사안에서도 H의 철거를 방지하기 위하여, A는 L에 저당권을 설정하기 전에 L에 지상권 등의 토지사용권을 등기한 후 저당권을 설정하면 될 것이다. 그런데 문제는 우리 현행법 상 이런 등기는 불가

---

22) 이런 법정지상권은 민법 제366조 외에도 제305조, 가등기담보법 제10조 등에도 규정되어 있으나, 대부분 이론은 동일하므로 제366조만 설명하기로 한다.

능하다는데 있다. 즉 L과 H가 동일인인 A 소유이기 때문에 A로서는 H 건물을 위하여 L에 토지사용권한인 지상권이나 임차권을 등기할 수 없다. 설사 위와 같은 등기가 기입된다고 하더라도 지상권이나 임차권은 혼동으로 소멸하게 되기 때문이다(예를 들면 A가 L 토지의 소유자인 A'와 합의하여 H 건물을 위하여 지상권을 설정하여 등기하였는데 그 후 A가 A'로부터 L토지의 소유권까지 취득하게 되는 경우에는 A의 지상권은 혼동으로 소멸하게 된다).

이처럼 토지와 건물이 동일인의 소유인 경우에는 토지나 건물 중 어느 일방에 저당권이 설정되어 저당권이 실행되는 경우 결국 건물은 철거될 수밖에 없는 운명에 처하게 되고, 이는 토지 및 건물의 소유자를 위해서나 건물철거로 인한 경제적 손실의 방지라는 공익상의 관점에서도 불합리하다고 하지 않을 수 없다.

그리하여 우리 민법 제366조에서는 토지와 건물의 소유자 사이에 토지 사용에 관한 합의가 없더라도 위와 같은 요건에 해당하면 건물의 철거를 피하기 위하여 지상권을 설정한 것으로 간주하도록 규정하고 있다.

즉 법정지상권이란 토지와 건물이 동일인 소유였다가 토지나 건물 중 어느 하나에 설정된 저당권의 실행으로 인하여 토지와 건물의 소유자가 달라지는 경우에 건물을 위하여 토지를 이용할 수 있는 권한인 지상권을 건물 소유자에게 인정하는 것이다.

(2) 요 건

그러면 어떤 요건이 충족되어야 법정지상권이 성립하는가.

첫 번째로 저당권 설정 당시에 건물이 존재하여야 한다.

만일 저당권을 설정할 당시에 건물이 존재하지 않았다면 법정지상권이 성립하지 않는다. 그 이유는 통상 토지의 담보가치는 건물이 없는 상태의 토지(이를 나대지라고 한다)가 건물이 있는 상태의 토지보다 높은데,[23] 이 경우에도 법정지상권이 생긴다고 하면 저당권자의 담보가치에 대한 기대를 해하고 또 경매를 통하여 매수한 매수인을 보호하려는 것 때문이다.[24]

---

23) 건물이 있는 상태의 토지는 원매자가 토지를 구입한 후 건물을 철거하는 데 비용과 시간이 소요되기 때문이다.

24) 대법원 2003.9.5. 선고 2003다26051 판결은 '나대지에 저당권이 설정된 후 그 저

따라서 저당권 설정 당시에 건물이 완공되지는 않았더라도 건물의 규모·종류가 외형상 예상할 수 있는 정도까지 건축이 진전되어 장차 완공될 건물의 규모를 알 수 있었던 경우에는 법정지상권을 인정해도 상관없을 것이고 미등기 건물이라도 상관없을 것이다.[25]

그리고 저당권 설정 당시에 건물이 있었는데 그 건물을 철거하고 다시 짓거나, 개축한 경우에도 법정지상권을 인정해도 좋고, 다만 이경우 법정지상권의 내용, 즉 존속기간이나 범위와 관련하여서는 구 건물을 기준으로 하여야 한다는 것이 판례[26]이다.

두 번째로 저당권 설정 당시에 토지와 건물이 동일인의 소유여야 한다.

이는 앞서 본 바와 같이 토지와 건물이 동일인 소유가 아니라면 건물의 소유자는 토지 사용권에 관하여 토지 소유자와 합의를 하여 어떠한 조치를 취하였을 것이기 때문이고, 이런 조치를 취할 수 있었음에도 취하지 않고 있는 건물 소유자는 철거를 각오하고 있었다고 보아야 하므로 보호할 필요가 없기 때문이다.

설정 당시에 동일인이면 되므로 설정된 이후에는 건물이나 토지 한 쪽이 제3자에게 양도되더라도 상관없다.

그러면 토지나 건물이 공유인 경우에는 어떤가.

<예 9-11> A와 B가 공유인 토지에 A가 건물을 소유하고 있었

당권자의 동의를 받아 토지 소유자가 건물을 지은 경우, 저당권 설정 당시 저당권자의 건축에 대한 동의는 주관적 사항이고 공시할 수도 없는 것이어서 토지를 낙찰받는 제3자로서는 알 수 없는 것이므로 법정지상권은 성립하지 않는다'고 했고, 대법원 1988.10.25. 선고 87다카1564 판결은 '민법 제366조는 가치권과 이용권의 조절을 위한 공익상의 이유로 지상권의 설정을 강제하는 것이므로 저당권설정 당사자간의 특약으로 저당목적물인 토지에 대하여 법정지상권을 배제하는 약정을 하더라도 그 특약은 효력이 없다'고 판시했는데 이는 법정지상권이 단순히 저당권의 담보가치에 대한 기대만을 보호하는 것이 아니라 저당권에 기한 경매에서 저당목적물을 매수한 매수인의 보호라는 측면도 있음을 보여주는 것이라 하겠다.

25) 대법원 2004.6.11. 선고 2004다13533 판결은 건축중이었던 경우에도 법정지상권을 인정하지만 경매절차에서 매수인이 매각대금을 완납할 때까지는 독립된 부동산으로서 건물의 요건을 갖추어야 한다고 한다.

26) 대법원 1991.4.26. 선고 90다19985 판결. 이에 대하여는 신 건물을 기준으로 하여야 한다는 반대견해도 있다.

다. 그 후 A가 자신의 토지지분에 C에게 저당권을 설정하여 주었고, C가 저당권을 실행하여 D가 경매절차에서 그 지분을 매수하였다. D가 A를 상대로 건물의 철거를 구하자, A는 민법 제366조의 법정지상권이 성립하였다고 다투었다. 어떻게 될 것인가.

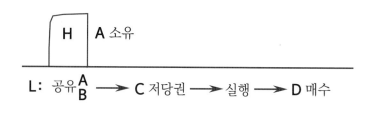

대법원 1987.6.23. 선고 86다카2188 판결[27]은 이와 같은 경우에 법정지상권이 성립된 것으로 보게 되면, 이는 마치 토지공유자의 1인으로 하여금 다른 공유자의 지분에 대하여서까지 지상권설정의 처분행위를 허용하는 셈이 되어 부당하다고 하여 법정지상권의 성립을 부정했다.

그러나 토지가 구분소유적 공유의 경우에는 공유자 중 1인이 소유하고 있는 건물과 그 대지는 다른 공유자와의 내부관계에 있어서는 그 공유자의 단독소유로 되었다 할 것이므로 건물을 소유하고 있는 공유자가 그 건물 또는 토지지분에 대하여 저당권을 설정하였다가 그 후 저당권의 실행으로 소유자가 달라지게 되면 건물 소유자는 그 건물의 소유를 위한 법정지상권을 취득하게 되며, 이는 구분소유적 공유관계에 있는 토지의 공유자들이 그 토지 위에 각자 독자적으로 별개의 건물을 소유하면서 그 토지 전체에 대하여 저당권을 설정하였다가 그 저당권의 실행으로 토지와 건물의 소유자가 달라지게 된 경우에도 마찬가지라 할 것이라고 하여 법정지상권의 성립을 인정했다.[28]

> <예 9-12> 반대로 토지는 A의 단독소유이고 건물은 A와 B가 공유하고 있는 경우에 A가 토지에 대해서만 저당권을 설정하고,

---

27) 이 판결은 관습상의 법정지상권에 관한 것이나, 민법 제366조의 법정지상권에도 적용될 수 있을 것이다.

28) 대법원 2004.6.11. 선고 2004다13533 판결.

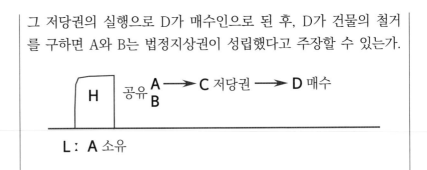

그 저당권의 실행으로 D가 매수인으로 된 후, D가 건물의 철거를 구하면 A와 B는 법정지상권이 성립했다고 주장할 수 있는가.

대법원 2011.1.13. 선고 2010다67159 판결[29]은 '위 경우 A는 자기뿐만 아니라 B를 위하여도 위 토지의 이용을 인정하고 있었다고 할 것인 점, 저당권자로서도 저당권 설정 당시 법정지상권의 부담을 예상할 수 있었으므로 불측의 손해를 입는 것이 아닌 점, 건물의 철거로 인한 사회경제적 손실을 방지할 공익상의 필요성도 인정되는 점 등에 비추어 A와 B는 민법 제366조에 의하여 토지 전부에 관하여 건물의 존속을 위한 법정지상권을 취득한다고 보아야 한다'고 판시했다.

세 번째로 토지와 건물의 일방 또는 쌍방에 저당권이 설정되고 경매가 실행됨으로써 토지와 건물의 소유자가 달라져야 한다.

토지와 건물에 공동저당권을 취득한 저당권자가 건물이나 토지만에 대한 저당권을 실행하거나 양쪽을 다 실행함으로써 각 그 소유자가 달라진 경우에도 마찬가지로 법정지상권은 성립한다.

<예 9-13> L토지와 H건물의 소유자인 A가 L과 H를 B를 위하여 공동으로 저당권을 설정해 준 후, A가 H를 철거하고 새로운 건물 H'를 신축한 상태에서 B가 L토지에 대한 저당권을 실행한 경우 H'를 위하여 법정지상권이 성립하는가.

---

29) 대법원 1977.7.26. 선고 76다388 판결은 관습법상의 법정지상권과 관련한 판결로서 토지를 단독소유자가 건물을 다른 사람과 공유하고 있는 상태에서 토지를 제3자에게 매도한 경우 관습법상의 법정지상권을 인정하였다.

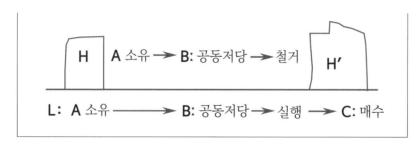

저당권 설정 당시에 토지와 건물이 존재하였고, 이런 경우 건물이 철거되어 새 건물이 축조되더라도 법정지상권이 성립된다는 판례에 따르면 H'를 위한 법정지상권이 성립한다고 볼 수 있을 것이다.

그러나 이를 인정하게 되면 B의 입장에서는 너무나 큰 피해를 보게 된다. 즉 본래 B는 토지와 건물 양쪽 모두를 평가하여 담보가치를 산정했는데 A의 건물 축조 행위로 인하여 토지의 담보가치 전부도 아닌 그 담보가치에서 법정지상권의 부담까지도 공제한 담보가치에서만 배당을 받게 되는 결과가 되기 때문이다. 그리하여 대법원의 다수의견은 H'건물에 대하여 법정지상권을 인정하게 되면 B의 토지에 대한 담보가치를 현저하게 해하게 되어 B의 담보가치에 대한 기대를 저버린다는 이유로 법정지상권이 생기지 않는다고 보았다. 그러나 H'건물에 관하여 B가 토지 저당권과 같은 순위의 저당권을 설정받은 때에는 그런 상태에서 B가 토지에만 저당권을 실행하는 경우 H' 건물에 법정지상권이 생긴다고 보더라도 B가 피해를 보지 않는다. 왜냐하면 그 후 B가 H'건물의 저당권 실행시 토지 저당권 실행시에 받지 못했던 법정지상권 상당의 가액을 H'건물에 대한 저당권 실행시에 보상받을 수 있게 되어 결국 B는 토지와 건물 전부의 담보가치로부터 변제를 받게 되어 피해가 없기 때문이다.[30]

(3) 효 력

법정지상권은 경매에서 경매대금을 지급하여 소유권이 변동되는 때에 건물 소유자에게 성립하는 것이다. 이 경우 그 존속기간은 민법 제280조의 정함에 따를 수밖에 없고, 그 범위는 건물의 사용을 위하여 필요한 범위까지이다. 다만 기존의 건물이 철거되어 신 건물이 신축되거나 재

30) 대법원 2003.12.18. 선고 98다43601 전원합의체판결.

축된 경우에는 판례에 의하면 구 건물을 기준으로 정해야 한다고 한다.

　　　건물 소유자의 위 법정지상권의 취득은 민법 제187조에 의한 물권변동이므로 등기를 하지 않더라도 법정지상권을 모든 사람들에게 주장할 수 있다. 그러나 이를 처분하기 위해서는 등기를 해야 하는데, 등기는 토지에다 법정지상권의 등기를 한 뒤 법정지상권이 양수인에게 이전되었다는 취지의 부기등기를 하여야 할 것이다.

　　　법정지상권의 성립시 지료는 당사자들이 협의하여 정하게 되나 협의가 이루어지지 않으면 법원이 정하게 되고(민법 제366조 단서), 이렇게 정해진 지료를 법정지상권을 승계한 자에 대하여 대항하려면 지료에 관하여 등기를 하여야 한다. 그러나 등기를 하지 않아 지료에 대한 주장을 할 수 없게 되더라도 토지 소유자는 그 양수인에 대하여 그가 토지를 사용함으로써 취득하게 되는 토지사용이익에 대하여는 부당이득반환청구를 할 수 있다.[31]

　　　법정지상권의 효력을 잘 이해하기 위하여 다음의 예를 보도록 한다.

<예 9-14>　A가 2000. 1.경 자기 소유의 L토지상에 H건물을 신축하여 완공하였으나 등기를 하지 않았다. 2001. 1.경 A는 L에 B로부터 돈을 차용하고 B를 위한 저당권을 설정하였다. 2002. 1.경 A는 위 L과 H를 C에게 매도하였고, 이에 C는 2002. 2.경 L에는 자기 명의로 소유권 이전등기를 경료하였으나, H에 대해서는 미등기 상태였으므로 점유만 이전받고 계속 미등기 상태로 두었다. 2003. 1.경 B가 L에 대하여 저당권을 실행하였고 그 경매절차에서 D가 매수인이 되어 2004. 1.경 매

---

　　31) 대법원 1995.9.15. 선고 94다61144 판결은 '법정지상권이 있는 건물의 양수인으로서 장차 법정지상권을 취득할 지위에 있어 대지소유자의 건물철거나 대지인도 청구를 거부할 수 있는 지위에 있는 자라고 할지라도, 그 대지의 점거사용으로 얻은 실질적 이득은 이로 인하여 대지소유자에게 손해를 끼치는 한에 있어서는 부당이득으로서 이를 대지소유자에게 반환할 의무가 있다'고 판시하고 있다. 이런 대법원의 태도에 비추어 보면 지료의 등기는 큰 의미가 없을 것이나, 지료등기가 있을 때에는 법정지상권의 양수인이 실제로 사용한 이익이 없는 경우에도 지료를 지급해야 하는 점에서 차이가 나게 된다.

각대금을 완납하였고, 2004. 3. 자기 명의로 이전등기까지 경료하였다. 한편 C는 2004. 6.경 H건물에 대하여 A명의로 보존등기를 한 후 자기 명의로 소유권이전등기를 경료하였다. 2005. 1.경 D는 C를 상대로 건물의 철거를 구하자, C는 법정지상권이 있다고 주장한다. 이 경우 어떻게 되는가.

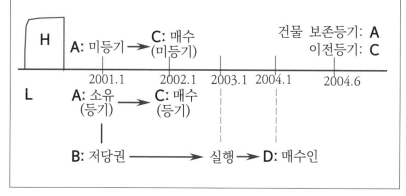

이 사안[32]에서는 과연 C에게 법정 지상권이 있는가, 없다면 철거를 막을 다른 방도는 없겠는가가 쟁점이다.

이 사안을 해결하기 위해서는 토지와 건물의 소유자가 변동이 될 때마다 건물 소유자는 토지에 대하여 어떠한 권리를 가지는지를 살펴보아야 할 것이다.

먼저 A가 C에게 L과 H를 매도한 때를 보자. 이때를 보면 토지의 소유자는 C로 변동되었으나 건물의 소유자는 A로 변동이 없다. A는 건물을 신축하였으므로 민법 제187조의 물권변동에 해당되어 자신의 명의로 등기를 하지 않더라도 소유권을 취득하지만, C는 A로부터 매매하였으므로 이는 민법 제186조의 물권변동으로 자신의 명의로 등기하지 않으면 소유권을 취득할 수 없다. 따라서 C는 H를 매수하여 대금을 모두 지급하였더라도 H의 소유권은 취득할 수 없다.

그러면 이 경우 건물 소유자인 A는 관습법상의 법정지상권을 취득할 수 있는가. 우리 판례는 이 경우에 토지의 점유·사용에 관하여

---

32) 이 사안은 대법원 1985.4.9. 선고 84다카1131,1132 전원합의체판결의 사안을 변형한 것이다. 이 판결을 반드시 읽어볼 것을 권한다.

당사자 사이에 약정이 있는 것으로 볼 수 있거나 토지 소유자가 건물의 처분권까지 함께 취득한 경우에 해당한다고 보아 관습법상의 법정지상권의 성립을 부정하고 있다.[33]

다음으로 D가 경매에서 매각대금을 완납한 때를 기준으로 L과 H의 소유관계를 보자. 이때를 보면 경매에서의 매수인 D로서 등기를 하지 않더라도 소유권을 취득하므로 토지의 소유권자는 D, 건물의 소유자는 A이므로 저당물의 경매로 인하여 토지와 건물의 소유자가 달라지게 된 때에 해당된다. 따라서 A는 민법 제366조에 의하여 H를 위한 법정지상권을 취득하게 된다. 그런데 이는 민법 제366조의 규정에 의한 물권변동이므로 민법 제187조에 따라 A가 법정지상권의 등기를 L 토지등기부에 하지 않더라도 법정지상권을 취득하고 물권의 대세효에 의하여 모든 사람들에게 법정지상권자임을 주장할 수 있다.[34]

그리고 건물의 양도계약에는 건물의 토지에 대한 사용권의 양도까지도 포함되어 있다고 보아야 할 것이므로[35] A로부터 건물을 양수한 C는 위 법정지상권을 취득할 수 있는 지위에 있을 뿐이고 법정지상권자는 아니어서[36] 다른 사람들에게 법정지상권을 주장할 수 없다.

결국 위 사안에서 H건물의 법정지상권자는 A이지 C가 아니므로, 토지 소유권자인 D의 철거주장에 대하여 C는 H건물을 위한 토지사용권한인 법정지상권을 주장할 수 없어 철거해야 할 것이다.[37]

그러나 대법원의 다수의견은 C는 A에 대하여 법정지상권 설정

---

33) 대법원 2002.6.20. 선고 2002다9660 전원합의체판결의 자세한 내용은 아래 관습법상의 법정지상권에서 보도록 한다.

34) 대법원 1984.9.11. 선고 83다카2245 판결.

35) 대법원 1981.9.8. 선고 80다2873 판결.

36) B는 A로부터 건물 외에 법정지상권을 매수하였다고 하더라도 법정지상권의 매매는 민법 제186조의 물권변동에 해당하므로 B가 법정지상권을 취득하려면 토지에 대한 A명의로의 법정지상권의 등기를 하고, 그 후 A명의에서 B명의로 법정지상권자의 명의이전 부기등기를 거쳐야만 법정지상권자로 될 것이다.

37) 본래 건물철거시의 상대방은 건물의 소유자이어야 하는 것이 원칙이나 건물을 매수하여 점유하고 있는 자에게는 등기명의가 없다 하더라도 법률상·사실상 처분을 할 수 있는 자의 지위에 있으므로 현 건물점유자에 대해 철거를 구할 수 있다는 것이 판례(앞의 88다카4017 판결)의 태도인 것은 물권적 청구권에서 보았다.

등기를 하여 줄 것을 청구할 수 있고, 이를 피보전권리로 하여 A를 대위하여 D에 대하여 A에게 법정지상권 설정등기를 하여 줄 것을 청구할 수 있는 지위에 있으므로, 이렇게 법정지상권을 취득할 지위에 있는 자 C에 대하여 D가 건물의 철거를 구하는 것은 의무자가 권리자를 상대로 한 청구로서 신의칙에 위반된다고 판시하였다.

다. 관습법상의 법정지상권

이런 법정지상권은 저당권의 실행으로만 생기는 것일까. 즉 A 소유의 토지와 건물이 있는 상태에서 토지에 대하여서만 A의 채권자인 B가 강제경매신청[38]을 하여 그 경매절차에서 C가 매수인이 된 경우에 건물에 대하여 법정지상권이 생기는가.

민법 제366조는 저당권이 실행되어 경매되는 경우에 해당되는 것이므로 이와 같이 저당권의 실행이 아닌 경우에는 적용되지 않는다. 그러나 위와 같은 경우에도 A는 건물에 대한 토지이용권한을 등기할 수 있는 방도가 없고, 건물을 보존하는 것이 국민경제적으로 도움이 된다는 것은 민법 제366조의 경우와 동일한 상황이다. 그리하여 우리 대법원은 이와 같은 경우에도 법정지상권이 생기는 것으로 보고 있고, 이런 법정지상권은 토지와 건물이 별개의 부동산으로 보는 우리나라에 있어서는 관습법에 의하여 생긴다고 보고 있다. 이런 의미에서 이와 같은 법정지상권을 관습법상의 법정지상권이라고 부른다.[39]

---

38) 부동산을 경매할 수 있는 권한이 있는 저당권이나 전세권에 기하여 경매가 이루어지는 것을 담보권 실행을 위한 경매(임의경매라고도 한다)라고 하고, 확정된 종국 판결이나 가집행선고가 있는 종국판결 등(민사집행법 제24조 및 제56조 참조)에 의한 집행권원에 기하여 이루어지는 경매를 강제경매라고 하는데, 임의경매에서는 담보권이 있다는 증명만 있으면 경매가 개시되지만, 후자의 경우에는 집행문을 받아야 하는 등 경매를 개시하는 데 있어 차이가 있다.

39) 대법원 2002.6.20. 선고 2002다9660 전원합의체판결은 '관습상의 법정지상권은 동일인의 소유이던 토지와 그 지상건물이 매매 기타 원인으로 인하여 각각 소유자를 달리하게 되었으나 그 건물을 철거한다는 등의 특약이 없으면 건물 소유자로 하여금 토지를 계속 사용하게 하려는 것이 당사자의 의사라고 보아 인정되는 것이므로 토지의 점유·사용에 관하여 당사자 사이에 약정이 있는 것으로 볼 수 있거나 토지 소유자가 건물의 처분권까지 함께 취득한 경우에는 관습상의 법정지상권을 인정할 까닭이 없다 할 것이어서, 미등기건물을 그 대지와 함께 매도하였다면 비록 매수인에게 그 대지에 관하여만 소유권이전등기가 경료되고 건물에 관하여는 등기가 경료되지 아니하여 형식적으로 대지와 건물이 그 소유 명의자를 달리하게 되었다 하더라도 매도인에게 관습상의 법정지상권을 인정할 이유가 없다고 할 것이

이런 관습법상의 법정지상권이 성립하기 위해서는 담보권의 실행에 의한 경매 이외의 매매, 강제경매, 공매, 불하 등의 처분으로 인하여 동일인에게 속해 있던 토지와 건물이 다른 사람의 소유로 되어야 한다.

따라서 관습법상의 법정지상권은 토지와 건물이 매매 등의 처분당시에는 동일인 소유였으나 처분으로 다른 사람의 소유로 되어야 하는 것이 원칙이다. 이렇게 보면 강제경매의 경우는 매각대금을 완납한 때에 소유권의 변동이 일어나므로 이때를 매매 등의 처분이 있는 때로 보아야 할 것이다.

대법원 2012.10.18. 선고 2010다52140 전원합의체판결이 나오기 전까지는 대법원은 강제경매의 경우 매각대금을 완납한 때를 기준으로 동일인 소유였는지를 따져 관습상의 법정지상권의 성립 여부를 판단하였으나 위 전원합의체판결로서 종전 판결을 다음과 같이 변경하였다.

경매의 경우는 강제경매개시결정의 기입등기가 이루어져 압류의 효력이 발생한 후에 경매목적물의 소유권을 취득한 이른바 제3취득자는 그의 권리를 경매절차상 매수인에게 대항하지 못하고, 나아가 그 명의로 경료된 소유권이전등기는 매수인이 인수하지 아니하는 부동산의 부담에 관한 기입에 해당하므로(민사집행법 제144조 제1항 제2호 참조) 매각대금이 완납되면 직권으로 그 말소가 촉탁되어야 하는 것이어서, 결국 매각대금 완납 당시 소유자가 누구인지는 이 문제 맥락에서 별다른 의미를 가질 수 없다는 점을 고려하여 압류의 효력이 발생한 때(경매개시결정이 채무자에게 송달되거나 등기된 때), 가압류의 경우는 가압류의 효력이 발생한 때(가압류가 등기된 때)를 기준으로 토지와 건물이 동일인에게 속해 있었는가를 따져야 한다.

타당한 판결이라고 할 것이다.

통상 민법 제366조의 법정지상권과 관습법상의 법정지상권은 경매

다'라고 판시하고 있다. 이처럼 관습상의 법정지상권은 당사자의 의사를 추정하여 인정하는 것이므로 관습상의 법정지상권이 매매로 성립하는 경우에는 당사자 사이에 합의로써 관습법상의 법정지상권을 포기할 수 있는 데(대법원 1999.12.10. 선고 98다58467 판결) 반하여 민법 제366조 소정의 법정지상권은 저당권설정자와 저당권자의 합의로 법정지상권을 포기할 수 없고, 설사 포기하는 합의를 하였더라도 경매에서의 매수인에 대하여 대항할 수 없다는 것은 앞에서 보았다.

가 임의경매인가 강제경매인가를 기준으로 나누고 있다.

<예 9-15> A가 토지와 건물을 소유하고 있고, 토지에 B를 위한 저당권이 설정되어 있는 상태에서 A의 채권자 C가 토지만에 대하여 강제경매를 신청하여 D가 매수인이 되면, 건물에 관습법상의 법정지상권이 성립할 것인가.

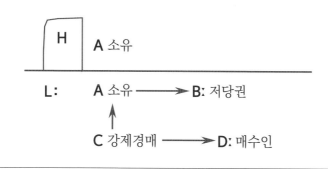

강제경매의 압류가 효력을 발생한 때에는 동일인에게 토지와 건물이 속해 있다가 경매로 소유자가 달라졌으므로 관습법상의 법정지상권이 성립하였다고 볼 수 있을 것이다. 그러나 C의 강제경매로 B의 저당권도 소멸하게 되고 D는 결국 B의 저당권에 기한 경매로 토지를 매수한 사람과 같은 지위에 있게 된다. 이렇게 보면 A가 건물을 위하여 가지는 관습상의 법정지상권은 D가 매각대금을 지급한 때에 발생하는 것이고 저당권은 이미 그 전에 설정되어 있었던 것이므로 A가 취득한 관습상의 법정지상권은 D에게 대항할 수 없다고 보아야 할 것이다. 그렇다면 건물은 철거되어야 할 것인가.

사견으로는 이때는 민법 제366조가 적용되어야 할 것으로 생각한다. 즉 위 사안의 경우 건물의 운명은 B가 저당권을 실행한 경우의 상황과 동일한 상황에 처해 있으므로 민법 제366조의 법정지상권이 성립한다고 보아야 할 것이다.

따라서 민법 제366조의 법정지상권과 관습법상의 법정지상권의 구별을 임의경매인가 강제경매인가에 두어서는 아니 되고 저당권이 설정된 부동산에 대한 강제경매의 경우에는 민법 제366조가 적용되는 것으

로 보아야 할 것이다.[40]

    * 가등기가 건물이나 토지의 한 쪽에 설정되어 있는 경우에는 관습상의 법정지상권과 관련하여 문제가 생길 수 있다.

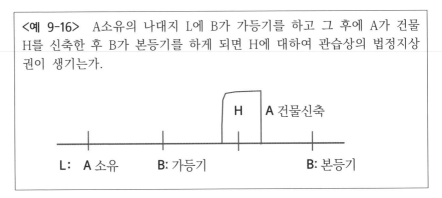

<예 9-16> A소유의 나대지 L에 B가 가등기를 하고 그 후에 A가 건물 H를 신축한 후 B가 본등기를 하게 되면 H에 대하여 관습상의 법정지상권이 생기는가.

B의 가등기가 담보가등기인 경우 대법원 1994.11.22. 선고 94다5458 판결은 관습상의 법정지상권이 성립하지 않는다고 했다. 이것은 나대지상에 저당권이 설정된 경우와 동일하게 나대지에 대한 담보가치를 높게 평가한 담보가등기권자의 이익을 해하기 때문이다.

B의 가등기가 일반적인 소유권이전등기 청구권을 보전하기 위한 가등기인 경우에는 어떤가. 대법원 1982.6.22. 선고 81다1298,1299 판결은, A 소유의 나대지상에 가등기가 경료되고 그 후 A가 건물을 축조하고 그 후에 본등기가 경료된 사안에 대한 것이었는데, 가등기에 기한 본등기시 소유권 변동은 본등기시에 일어나므로 본등기 이전에 토지와 건물이 A 소유로 동일하였다가 본등기에 의하여 소유권이 변동되었다고 하여 건물에 대한 관습상의 법정지상권이 발생한다고 판시했다. 그러나 가등기시로부터 본등기시까지의 권리변동은 가등기권자에게 대항하지 못하여 본등기시 말소되어야 하는 것이고 가등기권자는 나대지를 매매대상으로 하여 매매대금을 지급하였는데 후에 매도인이 건축한 건물에 대하여 법정지상권을 인정하게 되면 매수인은 그 대지를 제대로 활용하지 못하게 되는 불이익을 입게 되어 부당하다. 따라서 이 경우에는 관습상의 법정지상권이 성립하지 않는다고 보아야 할 것

---

    40) 대법원 2013.4.11. 선고 2009다62059 판결은 토지상에 건물이 건축중인 상태에서 토지에 근저당권이 설정되었고 건물이 완성된 후 강제경매가 된 사안에서, 건물을 위한 관습상의 법정지상권이 성립한다고 하여 해결하고 있는바, 아마도 사견과 달리 이 경우에도 관습상의 법정지상권이 성립하고, 제366조의 법정지상권은 성립하지 않는다는 입장을 취한 것으로 보인다.

으로 생각한다. 이런 결론은 앞서 본 2010다52140 판결의 판결취지에도 부합하는 것일 것이다. 이렇게 본다면 위 사안에서 A가 그 후 A'에게 매도하였다 하더라도 관습상의 법정지상권은 생기지 않을 것이다.

다음으로 A 소유의 대지 L과 건물 H가 있는 상태에서 L과 H 중 어느 한쪽에 가등기가 경료되고 그 후 본등기가 경료되는 경우는 어떤가.

이 경우에는 L과 H가 동일인인 A의 소유로 있다가 본등기에 의하여 어느 한쪽이 B의 본등기로 인해 소유자가 달라진 경우이므로 H에 대하여 관습상의 법정지상권이 생긴다고 보는데 문제가 없을 것이다.[41]

문제는 A가 L이나 H 중 어느 하나에 대하여 C에게 이전해 준 후에 B가 가등기에 기한 본등기를 한 경우일 것이다.

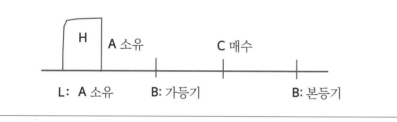

<예 9-17> L에 B가 가등기를 하였고, A가 H를 C에게 양도를 하여 이전등기가 경료된 후 B가 L에 대하여 본등기를 한 경우는 관습상의 법정지상권이 생기는가.

위 81다1298,1299 판결의 논리를 따른다면, B가 본등기시 L은 A 소유이고, H는 C 소유로서 L과 H가 동일한 소유자의 소유가 아니므로 H에는 관습상의 법정지상권이 생기지 않는다고 보아야 할 것이다. 그러나 B는 매매예약을 하여 가등기를 할 당시에 건물이 있음을 알고 매수하고 특약으로 건물철거의 약정을 하지 않았다면 H를 위한 토지 사용권을 용인한 상태에서 L의 매매가격을 결정했을 것이다.[42] 그럼에도 불구하고 위와 같은 경우에 법정지상권을 부정하고 건물의 철거를 용인하게 하는 것은 당사자들의 의사에도 맞지 않고 또 국민경제적으로도 손실이라고 할 것이다.

결국 사견에 의하면 가등기의 경우에는 가등기시를 기준으로 그 토지와 건

---

41) 대법원 1992.4.10. 선고 91다45356, 91다45363 판결은 가등기가 담보가등기인 경우에 대한 사안으로 관습상의 법정지상권을 인정했다.

42) A와 B 사이에 건물철거의 특약을 맺었다고 하더라도 그 특약은 당사자 사이에만 효력이 있는 것으로서 그 특약이 등기부에 공시되지 않는 이상 C에게까지 그 특약의 효력이 미친다고 볼 수 없을 것이다.

물이 동일인 소유에 있었는지를 기준으로 관습상의 법정지상권의 성부를 결정해야 할 것으로 생각한다.

라. 일괄경매청구

(1) 의 의

앞에서도 잠깐 보았듯이 나대지의 담보가치가 높으므로 저당권자는 높은 담보가치를 기대하고 나대지에 저당권을 설정하였는데 그 후 저당권 설정자가 그 대지에 건물을 짓게 되면 저당권자는 대지에 대해서만 경매를 할 수 있기 때문에 건물에 법정지상권은 성립하지 않아 그 건물의 철거에 시간과 비용이 들게 되고 매각대금이 낮아질 수도 있다.

이 경우 저당권자에게 건물을 대지와 같이 경매에 넘길 수 있는 권한을 부여하여 매수인이 건물과 대지를 함께 취득하게 하여 건물의 철거를 막을 수 있게 한다면 경매가 용이하게 이루어질 수 있고, 사회경제적으로도 건물의 철거를 방지할 수 있는 장점이 있다.[43]

그리하여 민법 제365조는 나대지만의 저당권자에게 건물에 대하여 저당권이 없음에도 불구하고 경매를 신청할 수 있는 권한을 주고 있다. 주의할 것은 저당권의 나대지만에 설정되어 있을 뿐이므로 건물에 대해 특별히 경매를 할 수 있는 권한만을 부여한 것이지 그 건물의 매각대금에서 우선적으로 변제받을 수 있는 권한까지도 부여한 것은 아니라는 점이다.

(2) 요 건

먼저 저당권 설정 당시에 건물이 존재하지 않은 나대지여야 한다. 그러나 법정지상권에서도 보았듯이 저당권설정 당시에 건물의 존재가 예측되고 또한 당시 사회경제적 관점에서 그 가치의 유지를 도모할 정도로 건물의 축조가 진행되어 있는 경우에는 법정지상권이 성립될 수 있으므로 일괄경매청구권은 없다고 할 것이다.[44]

그리고 나대지에 그 후 건물이 축조되어 완공이 되지 않아 보존

---

43) 대법원 1994.1.24.자 93마1736 결정.
44) 대법원 1987.4.28. 선고 86다카2856 판결.

등기가 되지 아니하였거나 사용승인이 되지 않았더라도 기성고가 70% 정도에 이른 건물에 대하여도 일괄경매를 인정한 판례가 있다.[45] 또 토지와 건물에 공동저당권이 설정되어 있다가 저당권 설정자가 건물을 철거하고 새로운 건물을 신축하였으나 공동저당권자에게 저당권을 설정하여 주지 않은 경우, 토지와 건물 모두에 대하여 저당권을 설정받은 공동저당권자는 저당권이 설정된 건물을 철거하고 신축했으나 공동저당권자에게 저당권을 설정하여 주지 않은 새로운 건물에 대하여도 일괄경매청구를 할 수 있다는 것이 판례의 태도이다.[46]

두 번째로 저당권 설정자가 축조하고 소유하는 건물이어야 한다.

따라서 제3자가 소유하고 있는 건물의 경우에는 본조가 적용되지 않는다. 법규정상으로는 저당권 설정자가 축조하여야 하는 것으로 되어 있으나, 판례는 저당권 설정자로부터 저당토지에 대한 용익권을 설정받은 자가 그 토지에 건물을 축조한 경우에도 그 후 저당권설정자가 그 건물의 소유권을 취득한 경우에는 일괄경매가 가능하나,[47] 저당권 설정자가 축조한 후 제3자에게 양도하여 이전등기가 된 경우에는 일괄경매가 불가능하다고 한다.[48] 건물철거의 사회경제적 손실을 방지하려는 취지에서 보면 일괄경매의 요건은 완화하는 것이 좋을 것이므로 건물을 축조한 주체가 누구인지, 소유권자가 누구인지와 상관없이 건물소유자가 저당권자에게 대항할 수 있는 대지사용권이 없는 경우에는 일괄경매를 신청할 수 있다고 보는 것이 타당할 것이다.

---

45) 대법원 2003.7.15.자 2003마353 결정. 법고을에서는 검색되지 않았으나 민유숙, '대지의 저당권자가 방해배제청구권의 행사로서 대지상의 건축행위의 중지를 구할 수 있는지 여부: 저당권에 기한 방해배제청구로서 저당목적 토지상의 건물건축행위를 중지시킬 수 있는지 여부', 판례실무연구 VIII (2006.7), 박영사, 345면 주11)에 거론되고 있다.

46) 대법원 1998.4.28.자 97마2935 결정. 이 판결은 법고을에서는 검색되지 않으나, 대법원 2003.12.18. 선고 98다43601 전원합의체판결의 소수의견에서 위 판결을 인용하고 있다. 또 대법원 2012.3.15. 선고 2011다54587 판결의 사안은, 집행법원의 위와 같은 경우에 한 일괄경매에서의 매각대금을 배당한 것과 관련한 배당이의사건에 관한 것이었는데, 대법원은 집행법원의 위 조치를 수긍한 상태에서 판단하고 있다.

47) 대법원 2003.4.11. 선고 2003다3850 판결.

48) 대법원 1999.4.20.자 99마146 결정.

(3) 행 사

일괄경매신청을 할 것인지 여부는 저당권자의 선택으로서 의무가 아니다.[49]

건물의 철거방지라는 본조의 입법취지를 고려한다면 대지만의 경매대금으로부터 피담보채권의 변제가 충분히 가능한 경우에도 일괄경매신청은 가능하다고 보아야 하고,[50] 대지에 대한 경매신청을 한 후에도 건물에 대하여 추가로 경매를 신청하여 일괄경매하여 달라고 하는 신청도 가능할 것이다(판례는 대지에 대한 매각기일공고시까지 추가신청을 할 수 있다고 보고 있다[51]).

저당권자의 일괄경매신청이 있으면 법원은 그 신청에 구속되어 반드시 일괄경매를 하여야 한다고 보아야 할 것이다.

(4) 효 력

일괄경매가 되면 대지와 건물은 동일인에게 귀속된다. 그리고 앞서 본 바와 같이 저당권자의 우선변제적 효력은 대지의 매각대금에만 미치고 건물의 매각대금에는 미치지 않는다. 대지와 건물의 매각대금의 안분은 감정가액의 비율에 따른다.

그리고 나대지 저당권자의 대지 매각대금에 대한 우선변제권은, 나대지에 저당권이 설정된 후 축조된 건물을 임대한 경우의 그 임차주택의 소액임차인이 가지는 우선변제권보다 우선한다는 것이 판례[52]의 태도인데, 판례는 그 이유로서 소액임차인의 우선변제권은 대지에 관한 저당권 설정 당시에 이미 그 지상 건물이 존재하는 경우에만 적용될 수 있는 것이고, 저당권 설정 후에 비로소 건물이 신축된 경우에까지 공시방법이 불완전한 소액임차인에게 우선변제권을 인정한다면 저당권자가 예측할 수 없는 손해를 입게 되는 범위가 지나치게 확대되어 부당하다는 것을 들고 있다.

---

49) 건물의 철거방지라는 측면에서는 이를 의무라고 할 수도 있으나, 대지를 효율적으로 이용할 수 없는 건물의 보존을 강제하여 저당권자에게 불이익을 강요할 근거는 없다고 생각한다.
50) 대법원 1968.9.30.자 68마890 결정.
51) 대법원 2001.6.13.자 2001마1632 결정.
52) 대법원 1999.7.23. 선고 99다25532 판결.

마. 저당부동산을 취득한 제3자의 지위

(1) 입법취지

저당권이 설정된 부동산에 대하여 소유권을 취득하거나 지상권 또는 전세권의 용익물권을 취득한 제3자(이하 제3취득자라고 한다)는 저당권이 실행이 되면 위와 같은 권리를 상실하게 된다. 저당권자는 자신의 채권의 변제를 위하여 담보권을 설정한 것이므로 어떤 사람으로부터든지 채권액에 상당하는 금액만을 받으면 상관이 없다. 이런 점을 감안하면 제3취득자가 저당권자에게 담보된 채권을 변제하고 자신들의 권리를 보호할 수 있다고 하면 서로에게 이익이 될 것이다. 그리하여 민법 제364조는 제3취득자는 저당부동산으로 담보된 채무를 변제하고 저당권의 소멸을 청구할 수 있다고 규정하고 있다.

그런데 제3취득자는 이해관계있는 제3자로서 민법 제469조에 의하여 변제를 하여 저당권의 소멸을 청구할 수 있음에도 불구하고 우리 민법은 왜 굳이 제364조를 두고 있는 것일까.

제3취득자가 민법 제469조에 의하여 변제를 하는 경우에는 채무자를 대위하여 변제하는 것이기 때문에 채무자가 저당권자에게 부담하는 모든 채무, 예를 들면 지연손해금에 대하여는 1년분을 초과하는 금액까지도 변제하여야만 저당권의 소멸을 청구할 수 있으나(담보물권의 불가분성의 원칙), 민법 제364조에 의하여 제3취득자가 변제를 하는 경우에는 채무자를 대위하여 변제를 하는 것이 아니라 제3취득자의 지위에서 인정된, 위 규정에 의한 그의 고유한 권리에 기하여 변제하는 것이므로 그 부동산이 담보하는 채무 즉, 민법 제360조에서 규정하는 채무의 범위, 예를 들면 지연손해금의 경우에는 1년분에 한하여 변제를 하면 저당권의 소멸을 청구할 수 있다.[53]

결국 제3취득자로서는 민법 제469조에 의하여 변제를 하는 것보다는 민법 제364조에 의하여 변제를 하는 것이 유리한 것이다.

---

53) 이와 같이 채무를 제한하는 것은, 제3취득자들이 위와 같은 권리를 취득할 당시 등기부를 보고 저당권에 의하여 담보되는 채무는 민법 제360조에서 규정한 채무에 한한다고 믿었기 때문이라고 할 수 있을 것이다.

(2) 제3취득자의 범위

본조는 저당권이 설정된 부동산을 취득한 자, 지상권자, 전세권자만을 들고 있는데, 판례는 후순위 저당권자에 대하여는 본조의 제3취득자에 해당하지 않는다고 하고[54] 물상보증인에 대하여는 본조의 제3취득자에 해당한다고 한다.[55] 이런 판례의 태도는 본조가 저당권자와 용익물권자와의 관계를 조절하기 위한 규정이므로 담보권자는 제3취득자에 해당하지 않지만 물상보증인의 경우는 처음부터 물적 유한책임만을 부담할 의사로 저당권을 설정한 것이므로 제3취득자와 동일한 지위에 있다고 보고 있기 때문으로 생각한다. 그리고 지역권자, 등기 또는 대항요건을 갖춘 임차권을 취득한 자는 위의 제3취득자에 해당하는가에 대하여는 찬반 양론이 있는데, 저당권과 용익물권의 조절을 도모한다는 본조의 취지에 비추어 제3취득자의 범위에 속한다고 보아야 하지 않을까 생각한다.

판례[56]는 경매개시결정 이후에 권리를 취득한 제3취득자도 본조의 제3취득자에 해당한다고 보고 있으나, 압류 후에는 제3자는 권리취득으로 압류에 대항하지 못한다는 민사집행법 제92조의 규정을 근거로 반대하는 학설도 있다. 제3취득자의 경우 저당권의 실행으로 자신의 권리를 상실하게 되는 것은 압류 전후를 불문하고 마찬가지이므로 판례에 찬성하고 싶다.

제3취득자는 변제기 전에도 민법 제364조의 권리를 행사할 수 있는가와 관련하여, 단순한 채무자도 민법 제468조에 따라 반대의 약정이 없으면 채권자의 손해를 배상하고 변제기 전(前)에 변제할 수 있는데 제3취득자는 채무자로서 변제하는 것이 아니라 변제의 권리가 부여된 권리자로서 변제하는 것이므로 제468조의 제한을 받지 않고(즉 채권자에 대한 손해배상 없이) 변제기 전에 변제할 수 있다는 점을 들어 긍정하는 견해와, 저당권자의 투자이익을 해한다고 보아 변제기 후에만 가능하다고 보는 견해가 있다. 판례[57]는 후자의 견해를 취한 것으로 보인다.

---

54) 대법원 2006.1.26. 선고 2005다17341 판결.
55) 대법원 1974.12.10. 선고 74다998 판결.
56) 대법원 1974.10.26.자 74마440 결정.
57) 대법원 1979.8.21. 선고 79다783 판결.

(3) 변제 후의 구상관계

그러면 이와 같이 제3취득자가 변제하게 되면 그 후의 구상관계는 어떻게 될까.

> **<예 9-18>** A가 B에게 1억원을 대여하면서 B 소유의 L토지에 저당권을 설정받았고, 그 후 L 토지의 소유권이 C에게 양도되어 이전등기까지 경료되었다. 그런데 B가 A에 대한 채무를 변제하지 않아 저당권을 실행하려고 하자 C가 B의 A에 대한 채무를 변제한 경우 A와 B 사이의 구상관계는 어떻게 될까.
>
>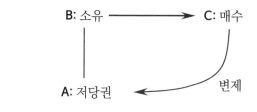

이에 대해서는 저당부동산 L이 채무자인 B의 소유인가, 아니면 채무자 아닌 자(물상보증인, 여기서는 B'라고 한다)의 소유인가로 나누어서 검토해야 한다.

먼저 L이 채무자 소유인 경우를 본다.

C가 B로부터 L을 매수할 때 통상 L에 설정된 저당권의 피담보채무를 매매대금 등으로 변제하여 말소시킨 후에 매수하거나, 또는 매매대금에서 저당권의 피담보채무를 공제한 나머지 금액만을 지급하고 매수하는 것으로 계약을 체결한 후 그 금액만을 지급하고 이전등기를 하게 될 것이다.

전자의 방식을 취할 경우에는 구상권의 문제는 생기지 않을 것이지만, B가 수령한 매매대금을 채무변제에 사용하지 않는 경우에는 C로서는 본조에 의하여 피담보채무에 해당하는 금액을 A에게 지급하여 저당권을 말소하고 이미 지급한 금액을 채무불이행이나 불법행위로 인한 손해배상으로 반환을 청구할 수 있을 것이다.

후자의 경우에는 위 문제를 해결하기 위해서는 피담보채무를 공제하고 매매대금을 지급한 것이 C가 B의 A에 대한 채무를 인수한 것인지, 아니면 이행을 인수한 것인지를 B와 C 사이의 합의 내용을 바탕으로 먼저 결정하여야 할 것이다.[58]

그러나 채무인수이든 이행인수이든 C가 A에게 피담보채무를 변제하여 저당권을 소멸시키더라도 이는 A와의 계약에 따라 이루어진 것이므로 A에 대하여 구상을 할 수 없는 것은 당연할 것이다. 다만 A가 채무인수를 한 경우에는 채무자의 지위로 되므로 본조에 의한 보호는 받을 수 없게 될 것이다.[59]

그리고 만일 C가 저당권이 설정된 사실을 모르고 매매대금 전액을 지급하고 이전등기를 한 경우에는 본조에 의하여 피담보채무액을 변제하고 저당권의 소멸청구를 할 수 있고, 민법 제481조, 제482조 제1항에 의하여 채권자의 권리를 대위행사할 수도 있다.[60]

---

58) 대법원 1995.8.11. 선고 94다58599 판결은 '부동산의 매수인이 매매목적물에 관한 채무를 인수하는 한편 그 채무액을 매매대금에서 공제하기로 약정한 경우, 그 인수는 특별한 사정이 없는 한 매도인을 면책시키는 채무인수가 아니라 이행인수로 보아야 하고, 면책적 채무인수로 보기 위하여는 이에 대한 채권자의 승낙이 있어야 한다'고 판시하고 있다. 채무인수에 대한 자세한 설명은 채권총론에 넘긴다.

59) 대법원 2002.5.24. 선고 2002다7176 판결은 '저당부동산의 제3취득자가 피담보채무를 인수한 경우에는 그때부터는 제3취득자는 채권자에 대한 관계에서 채무자의 지위로 변경되므로 민법 제364조의 규정은 적용될 여지가 없을 것이다. 다만, 민법 제364조를 둔 취지가, 저당권설정자가 제3취득자로부터 매매목적물의 대가 전액을 받고서도 저당권자에 대한 피담보채무를 변제하지 않는 경우에 저당권의 실행으로 말미암아 제3취득자의 권리가 상실될 위험이 있으므로, 제3취득자로 하여금 대가 전액을 저당권설정자에 대하여 지급하고 다시 저당권설정자가 그 피담보채무를 변제하게 할 것이 아니라 저당권자에게 직접 담보된 채권을 변제하도록 하게 함으로써 제3취득자의 보호를 도모하고자 한 것이라는 점을 감안해 볼 때, 저당부동산에 관한 매매계약을 체결하는 당사자 사이에 매매대금에서 피담보채무 또는 채권최고액을 공제한 잔액만을 현실로 수수하였다는 사정만을 가지고 언제나 매수인이 매도인의 저당채권자에 대한 피담보채무를 인수한 것으로 보아 제3취득자는 채권자에 대한 관계에서 제3취득자가 아니라 채무자와 동일한 지위에 놓이게 됨으로써 저당부동산의 제3취득자가 원래 행사할 수 있었던 저당권소멸청구권을 상실한다고 볼 수는 없고, 오히려 이러한 매매대금 지급방법상의 약정은 다른 특별한 사정이 없는 한 매매 당사자 사이에서는 매수인이 피담보채무 또는 채권최고액에 해당하는 매매대금 부분을 매도인에게 지급하는 것이 아니라 채권자에게 직접 지급하기로 하여 그 매매목적 부동산에 관한 저당권의 말소를 보다 확실하게 보장하겠다고 하는 취지로 그런 약정을 하게 된 것이라고 볼 것이다'라고 판시하고 있다.

60) 민법 제482조 제1항에는 대위변제자는 채권자의 담보에 관한 권리도 행사할 수 있

다음으로 L이 물상보증인 B'의 소유인 경우를 본다.

만일 L에 대한 매매가 이루어지기 전에 B'가 본조에 따라 피담보채권을 변제하고 소멸을 청구하면 민법 제370조, 제341조에 의하여 채무자 B에 대하여 구상권을 취득하게 될 것이다.

그런데 B'로부터 저당물을 양수한 C에 대해서는 민법 제370조와 같은 규정이 없다. 그렇다고 하여 C가 본조에 의하여 피담보채권을 변제하더라도 구상권을 취득할 수 없다고 하면 우연히 B'가 C에게 L을 양도하였다고 하여 채무자 B가 구상권의 부담에서 벗어난다는 것은 불합리하다. 판례[61]도 C는 채권자에 의하여 저당권이 실행되게 되면 저당부동산에 대한 소유권을 상실한다는 점에서 물상보증인과 유사한 지위에 있다고 할 것이므로, L의 제3취득자가 채무를 변제하거나 저당권의 실행으로 저당물의 소유권을 잃은 때에는 물상보증인의 구상권에 관한 민법 제370조, 제341조의 규정을 유추적용하여 보증채무에 관한 규정에 의하여 채무자에 대한 구상권이 있다고 보고 있다.[62]

(4) 경매실행시의 지위

제3취득자가 본조의 권리를 행사하지 아니하여 저당권자에 의하여 경매가 실행되면 어떠한 권리를 가지는가.

제3취득자는 경매에서 매수인이 될 수 있는데(민법 제363조 제2항). 이는 이미 소유권을 가지는 자가 다시 소유권을 취득할 수 있는가 하는 의문을 불식시키기 위한 규정이다.

경매가 되어 배당이 될 경우에는 민법 제367조에 의하여 제3취득자가 저당부동산의 보존·개량을 위하여 지출한 필요비·유익비에 대하여 우선적으로 상환을 받을 수 있고, 이 우선변제권은 저당권자의 민법

다고 규정되어 있으나, 제3취득자가 소유권을 취득한 양수인이라면 자신의 부동산에 자기 명의의 저당권을 가지는 셈이 되어 혼동으로 소멸하게 될 것이다. 다만 후순위 저당권자 등이 있다면 혼동의 예외로서 양수인을 위해 존속한다고 볼 것이다. 이렇게 본다면 제3취득자가 지상권자나 전세권자라면 저당권이 이들을 위하여 존속한다고 보아야 할 것이다.

61) 대법원 1997.7.25. 선고 97다8403 판결.

62) 그 외 A에 대해 2명 이상의 물상보증인이 있거나 물상보증인과 보증인이 있는 경우 등의 구상과 관련한 문제는 채권총론으로 넘긴다. 이상태, '저당부동산을 취득한 제3취득자의 지위에 관한 연구', 일람법학 1권(96.8), 건국대학교 법학연구소, 153면 이하 참조.

제356조에서 규정한 우선변제권보다 우선한다. 본래 이와 같은 필요비나 유익비에 대해서는 제3취득자가 유치권을 주장할 수 있음에도 불구하고 이와 같은 우선변제권을 둔 것은, 유치권에 관하여 법원이 유예기간을 줄 수 있는 규정의 적용을 피하고 경매대금에서 직접 배당받을 수 있도록 하여 신속한 상환을 보장하기 위한 것이다. 민법 제367조의 비용상환청구권을 행사할 수 있는 제3취득자의 범위와 관련하여 민법 제364조의 그것과 같다는 견해와, 저당 목적물의 소유권을 취득한 자는 위와 같은 비용은 자신의 소유물에 대하여 지출한 것이므로 저당권 설정자에 대하여 비용상환청구권을 갖지 못한다는 이유로 민법 제367조의 제3취득자에서 제외하여야 한다고 하는 견해가 있다.

　　　판례는 이에 대하여 정면으로 다룬 것은 없다. 그러나 대법원 1976.10.26. 선고 76다2079 판결은 '가등기가 되어 있는 부동산 소유권을 이전받은 A가 그 부동산에 대하여 필요비나 유익비를 지출한 것은 가등기에 의한 본등기가 경유됨으로써 가등기 이후의 저촉되는 등기라 하여 직권으로 말소를 당한 소유권이전등기의 명의자 A와 본등기 명의자인 B 내지 그 특별승계인인 C와의 법률관계는 결과적으로 타인의 물건에 대하여 A가 그 점유기간 내에 비용을 투입한 것이 된다고 보는 것이 상당하다'고 판시하고 있다. 이는 비용을 투입할 당시에는 자신의 소유물이더라도 그 소유권이 그보다 우선권이 있는 자에 의하여 부정당하게 되는 경우에는 비용투입의 이득을 다른 사람이 취득하게 되므로 그 물건을 타인의 부동산으로 보아 그 이익을 반환하게 하는 것이 공평에 맞다는 입장인 것으로 보이고, 저당 목적물에 소유권을 취득한 양수인도 선행하는 저당권의 실행에 의하여 그 소유권이 부정당하여 비용투입의 이득을 다른 사람이 취득하게 되는 것은, 위 가등기에 의하여 소유권이 부정당한 위 사례와 동일하다고 할 것이므로 위와 같은 태도에 비추어 대법원은 그 경우에도 비용상환청구권을 인정할 것으로 보인다. 이렇게 본다면 판례는 민법 제364조와 제367조의 제3취득자의 범위를 같이 보고 있다고 해도 좋을 것이다.

　　　하나의 법에서 사용되는 동일한 단어는 같은 의미를 지닌다고 보아야 하고, 대법원의 태도와 같이 비용상환청구권의 인정 여부를 판단함에 있어서는, 비용상환청구권이 부당이득반환청구의 실질을 가지는 것으로 비용투입의 이득이 비용투입자가 아닌 다른 사람이 취득하게 된다면 그 취득자는 비용투입자에게 상환하게 하는 것이 공평이나 정의의 관념에 맞다고 할 것이므로 단순히 비용투입시에 소유자로 등기되어 있었다고 하여 부정할 것은 아니라고 할 것이다. 대법원의 태도에 찬성한다.

경매가 완료되면 제3취득자는 앞서 본 바와 같이 채무자에 대하여 구상권을 행사할 수 있음은 물론이다. 또 제3취득자 중 용익물권자는 용익물권 설정자에 대하여 채무불이행 책임을 물을 수 있을 것이며, 양수인인 경우에는 채무불이행책임과 아울러 민법 제576조에 의한 담보책임을 물을 수 있을 것이다.

Ⅳ. 저당권의 침해와 구제

1. 문제 제기

저당권은 저당권 설정자에게 저당물을 점유하게 하면서 그 사용, 수익권한을 남겨두고 그 교환가치만을 파악하는 것이므로 저당권 설정자의 사용이나 수익행위에는 저당권자가 관여할 수 없는 것이 원칙이다.

이 원칙을 철저하게 관철시키면 저당권 설정자가 저당물에 대하여 하는 모든 행위에 대해서 저당권자는 어떤 이의도 할 수 없는가. 그렇지는 않고 저당권은 저당물의 가치를 담보로 하는 것이므로 그 행위가 저당물 자체의 가치를 저감시키는 것일 경우에는 저당권자에게 배당될 금액이 줄어들게 되므로 저당권을 해한다고 보아야 할 것이다.

이런 행위의 대표적인 예로서는 저당물을 멸실 또는 훼손시키거나 저당물에서 부합물이나 종물 등의 저당물의 일부를 분리, 반출시키는 행위가 이에 해당할 것이다.

그러나 좀더 생각해 보면 저당물 자체의 가치를 저감시키는 것은 아니지만 저당권설정자나 제3자의 행위(예를 들면, 소유자가 나대지에 건물을 지어 철거하는 데 비용과 시간이 들게 한다든가, 순순히 퇴거에 응하지 아니할 제3자에게 점유를 하게 한다든가 하는 행위)로 인하여 경매에서의 매수인이 매각 목적물의 점유를 취득하거나 매각 목적물을 이용하는 데 절차와 비용이 더 소요될 것이 예상되는 경우[63]에는, 매수를 원하는 사람이 나타나기 힘들어 매각가격이, 정상적인 경우와 비교하여 하락하는 경우에도 저당권을 침해한 것으로 보아야 하는 것이 아닌가. 만일 이것을 저당권의 침해라고 하여 저당권자의 개입을 허용한다면 저당권 설정자인 소유자의 사용, 수익권한을 침해할 수 없다는 저당권의 원칙에 위반되는 것은 아닌가. 그리고 단순히 배당이 적어지는 것만이 저당권의 침해가 아니고, 절차가 지연되어 저당권자의 투자대금 회수가 정상적인 경우의 경매절차로 이루어지는 것보다 현저하게 늦은 시기에 이루어지게 만드는 것도 저당권의 침해라고 해야 하는 것은 아닌가라는 등의 의문이 속출한다.

그동안 저당권의 침해와 관련하여 저당물 자체에 대한 멸실, 훼손 또는 저당물 일부의 분리, 반출에 대해서만 논의가 되었고, 그 외 문제에 대해서는 별다른 논의가 없었는데 최근에 이와 관련한 판례가 등장하여 이 문제에 대한 논의가 활발해 지고 있다.

아래에서는 침해행위의 태양과 그 구제수단을 보도록 한다.

2. 침해행위의 태양과 구제수단

침해행위의 태양에 대하여는 여러가지로 나눌 수 있겠지만, 논의의 편의상 저당물의 멸실·훼손의 경우, 저당물의 일부 분리·반출의 경우, 점유의 경우, 저당물인 나대지상에 건축행위를 하는 등 현상을 변경하는 경우 등으로 나누어서 고찰하도록 한다.

그리고 저당권자는 구제수단으로서 물권적 청구권, 손해배상청구권, 담보보충 청구권, 즉시변제 청구권 등이 있는바, 위 각각의 침해행위에 대하여 어떠한 구제수단을 사용할 수 있는가에 대해서도 같이 보도록 한다.

---

63) 무허가 건물의 철거시에 입주민들과의 분쟁이 심한 예를 생각하면 좋을 것이다.

가. 저당물의 멸실·훼손

저당물을 멸실·훼손한 사람은 저당물의 소유자에게는 물론, 저당권자에게도 손해배상을 해야 할 의무를 부담하게 되는 것이 원칙이나, 그 행위자가 누구냐에 따라 구제방법이 달라진다.

> 〈예 9-19〉 채권자 A가 채무자 B에게 L 부동산에 저당권을 설정받고 1억원을 대여한 경우, 채무자, 물상보증인 또는 그 외 제3자가 저당물을 멸실·훼손하게 되면 어떻게 되는가.

(1) 행위자가 채무자인 경우

채무자가 L을 멸실·훼손한 경우 B는 민법 제388조 제1호에 의하여 기한의 이익을 상실하게 되어 즉시 피담보채권을 변제하여야 할 의무가 생긴다(채무자의 고의, 과실을 불문하고[64] 저당권자는 즉시변제청구권이 생긴다).

만일 그 행위가 B의 귀책사유로 인한 경우에는 민법 제362조에 따라 저당권자는 담보물 보충청구권을 행사할 수도 있으나, 만일 A가 즉시변제청구권을 행사한다면 담보물 보충청구권을 행사하는 것은 의미가 없을 것이므로 위 두 청구권 중 어느 하나만을 선택하여 행사하여야 한다.

그리고 B에게 귀책사유가 있는 경우 A는 채무불이행 또는 불법행위로서 손해배상청구권을 행사할 수 있다고 하여야 할 것이나, A에게 즉시변제청구권이 생기는 이상 논의의 실익은 없다.

(2) 행위자가 물상보증인인 경우

L부동산이 B의 소유가 아니라 물상보증인 C의 소유로서 C가 L을 멸실·훼손한 경우, A는 B에 대하여 민법 제388조 제1호에 따라 즉시변제청구권을 행사할 수 있는가. 이에 대해서는 담보물의 손상에 귀

---

64) 귀책사유를 요하지 않는 이유는 위 규정은 채무자의 불법행위상의 제재가 아니며, 채무자가 그의 행위에 의하여 스스로의 신용의 기초를 저하시킨 경우의 문제이기 때문이라고 설명하는 것이 일본의 통설이라 한다(양창수 집필 부분, 민법주해[IX], 박영사(1995), 137면).

책사유가 없는 B가 즉시변제의무를 지는 것은 부당하다는 이유로 부정하는 견해와, 채무자의 신용상태가 악화된 점과 채무자의 귀책사유를 불문한다는 점을 중시하여 이를 긍정하는 견해가 있는데, 조문이 행위자를 '채무자'라고 규정하고 있으므로 부정해야 할 것으로 생각한다.

그리고 이 경우 A는 민법 제362조에 따라 담보물보충청구권을 가지고, 아울러 A는 C에게 귀책사유가 있으면 손해배상청구권도 생긴다고 할 것이다.

그런데 이 손해배상과 관련하여서는 손해발생시기와 손해액과 관련하여 논의가 있지만, 전부 멸실된 경우에는 그 손해액은 멸실 당시의 저당물의 가액과 피담보채권액을 비교하여 적은 금액을 손해액으로 보면 될 것이고,[65] 만일 저당물에 선순위자가 있으면 저당물의 가액에서 선순위자의 담보금액을 제외한 금액과 피담보채권액을 비교하여 적은 금액을 손해액으로 보면 될 것이다.

그리고 A는 변제기가 도래하지 않았더라도 손해배상청구를 할 수 있는가 하는 문제와 관련해서는 부정하는 견해도 있으나 변제기가 도래하지 않았다고 하더라도 멸실, 훼손된 때에 이미 저당권의 상실이라는 손해가 발생하였다고 보아야 할 것이므로 변제기가 도래하지 않았더라도 손해배상청구를 할 수 있다고 보아야 할 것이다.[66]

일부 손상의 경우에는 저당권자의 구체적 손해액은 나머지 저당물의 실행이 되어 현실적으로 배당을 받은 때에 확정이 될 수 있으므로(따라서 나머지 저당물의 실행으로 피담보채권의 변제를 하기에 충분할 때에는 손해배상청구권은 생기지 않는다고 보아야 할 것이다) 손상행위가 있은 때에는 손해액을 산정할 수 없으므로 손해배상청구가 불가능한 것은 아닌가, 가사 인정하더라도 저당물을 실제로 실행하기 전에 추정하여 산정한 저당물의 가액을 기준으로 손해액을 산정하여 손해배상액을 지급받았으나 그 후 저당권을 실행한 결과 실제로 실행한 담보물에서 그 전에 변제받을 수 있을 것으로 예상했던 환가액보다 적은 금액만을 변제받게 되면 결국 저당권자는 손해를 보게 되어 부당한 것이 아닌가 하는 의문이 생긴다.

---

65) 대법원 1998.11.10. 선고 98다34126 판결.
66) 앞에서 본 98다34126 판결.

그러나 앞서 본 바와 같이 손상행위시에 불법행위로 인한 손해가 발생하였다고 보아야 할 것이므로 저당권의 실행 전이라도 손해배상을 청구할 수 있다고 할 것이고,[67] 그 손해액은 감정에 의하여 산정할 수밖에 없을 것이다. 이런 저당물의 감정액이 후에 가서 실제 매각대금과 달라지게 되어 입는 저당권자의 불이익은, 손해배상청구를 즉시 청구할 것인지 아니면 저당권의 실행 후 현실적이고 구체적인 손해액을 확정한 후에 청구할 것인지의 선택 중에 전자를 선택한 것에 의하여 생긴 것으로, 저당권자가 그 위험을 감수해야 할 것이다.[68]

예를 들어 B가 A에게 1억원의 채무가 있고, 선순위 채권이 5천만원이 있는 상태에서 물상보증인 C 소유의 저당부동산 L이 2010.1.경 시가는 2억원, 2011. 1.경 물상보증인 C가 L을 손상시켜 시가가 1억원이 되었다고 하는 경우 A는 얼마의 손해를 입는 것일까.

A의 손해를 산정할 수 있기 위해서는 A가 저당권을 실행하여 배당을 받아야만 할 것이다. 만일 A가 2012. 1.경에 실행하였고, 당시 L이 1억원에 매각되어 선순위 5천만원을 공제한 5천만원만을 받았다면, 손해배상액은 C의 행위가 없어 일부 손상되지 않았더라면 받았을 A의 배당금액과 현실적으로 받은 위 5천만원의 차액일 것이다. 따라서 A의 손해액은 불법행위 당시(구체적으로는 2011. 1.경)의 손상되지 않은 L의 평가액을 산정하여야 하는바, 만일 손상되지 않은 L의 가액이 2억 2천만원이었다면, 당시 배당을 받았을 금액은 1억원(2억 2천만원 - 5천만원 = 1억 7천만원이 L의 잔존 가액이고, B의 피담보채권액은 1억원이므로 1억원이 된다)이 될 것이므로, 결국 A의 손해액은 5천만원이 될 것이다.[69]

그런데 만일 A가 저당권을 실행하지 아니하여 구체적인 배당액을 모르는 상태에서 C를 상대로 손해배상을 한다면 어떻게 산정할 것인가.

67) 통설적인 견해이다. 곽윤직, 물권법(민법강의 II) 7판, 박영사(2004), 356면; 남효순 집필 부분 민법주해[VIII], 박영사(2006), 84면; 권순일 집필 부분, 주석 민법[물권(4)], 한국사법행정학회(2000), 160면.

68) 저당권자가 후자를 선택할 경우에는 저당권을 실행하여 현실적으로 배당액이 산정될 때까지 시간이 많이 소요되어 손해배상청구권이 시효로 소멸할 수 있다는 반론이 있을 수 있으나, 저당권자가 가압류 등의 시효중단 조치를 취해 두면 그런 위험을 피할 수 있을 것이다.

69) 대법원 2010.7.29. 선고 2008다18284,18291 판결 참조.

이때는 손상 후 L부동산에서 저당권자가 만족을 받지 못하는 채권액과 손상 전 L부동산의 시가를 현재 상태와 가장 가까운 때로서 법원이 판단할 수 있는 때인 사실심 변론종결시를 기준으로 산정하여 위와 같이 계산할 수밖에 없을 것이다.[70]

(3) 행위자가 그 외 제3자인 경우

이 경우에도 A에게 즉시변제청구권이 생기는가 하는 문제가 있으나 물상보증인의 경우와 같이 생기지 않는다고 보아야 할 것이고, 담보물보충청구권은 발생한다고 해야 할 것이다.

나아가 A는 제3자에 대하여 손해배상청구권을 행사할 수 있는가가 문제로 된다.

예를 들어 채무자도 아니고 물상보증인도 아닌 D가 담보물을 멸실·훼손한 경우, 이때에는 D에게 귀책사유가 있으면 저당물의 소유자인 B(또는 물상보증인의 경우는 C)가 불법행위로서 손해배상청구권을 가지는 것은 당연하다. 이때 저당권자인 A도 저당물의 멸실 내지 훼손으로 인하여 저당권이 소멸되거나 또는 저당권의 범위가 축소되는 손해를 입게 되므로 손해배상청구권이 발생한다고 해야 할 것인가.

이 경우 A는 민법 제370조, 제342조의 물상대위 규정에 의하여 B가 D에 대하여 가지는 손해배상청구권을 물상대위할 수 있다.

이렇게 보면 의무자측인 D로서는 B(또는 C)에게 저당물 전체가액에 대하여 손해배상을 하여야 하고, 또 A에게 저당권의 피담보채권액의 범위 내에서 대여금 채권액에 대하여 손해배상을 하여야 하게 되어 이중으로 변제해야 할 위험에 빠지게 되며, 권리자 측인 A와 B(또는 C)로서는 B(또는 C)가 D에 대하여 가지는 손해배상청구권과 A가 D에 대하여 가지는 손해배상청구권 및 A가 가지는 B(또는 C)의 D에 대한 손해배상청구권에 대한 물상대위권의 관계가 어떻게 되는가하는 복잡한 문제[71]가 생긴다.

그리하여 이런 경우에는 위와 같은 복잡한 문제를 회피하기 위

---

70) 대법원 2009.5.28. 선고 2006다42818 판결.
71) 여기서 발생하는 각종 문제에 대해서는 지원림, '담보권침해와 손해배상', 민사법학 18호(2000). 357면 참조.

하여 B(또는 C)의 D에 대한 손해배상청구권만이 발생하고, A는 오로지 B(또는 C)의 손해배상청구권에 대하여 물상대위만이 가능하며 독자적인 D에 대한 손해배상청구권이 없다고 하는 견해[72]가 있다.

그러나 A의 저당권이 침해된 이상 손해배상청구권이 발생한다고 하지 않을 수 없고, 물상대위만을 인정한다면 A는 법원을 통한 압류라는 번잡한 절차를 거쳐야만 자신의 위 손해배상청구권을 행사할 수밖에 없다는 것은 지나치게 A의 권리를 약화시키는 것이라고 할 것이므로 이 경우 A와 B(또는 C)는 D에 대하여 각각 손해배상청구권을 가진다고 보아야 할 것으로 생각한다.[73]

다만 위 각 손해배상청구권의 관계에 대해서는 하나의 저당물에 대하여 생긴 것이므로 어느 한 쪽이 배상을 받게 되면 다른 쪽은 그만큼 공제되거나 없어지게 되는 관계에 있다고 할 것이다. 즉 A로서는 B(또는 C)의 D에 대한 손해배상청구권에 대해 물상대위를 하든지, 자신이 독자적으로 가지는 손해배상청구권을 행사하든지를 선택할 수 있다고 해야 할 것이고, A가 전자의 방식을 선택한다면 압류라는 번잡한 절차를 거쳐야 하는 단점은 있지만, B(또는 C)의 일반채권자보다는 위 손해배상채권에 대하여 우선권을 주장할 수 있는 장점이 있을 것이다.

반면 A가 후자의 방식을 선택하여 D에 대하여 손해배상을 청구한다면 물상대위권을 행사한 것이 아니므로 자신의 손해배상채권이 B(또는 C)보다 우선한다고 할 수 없고, D로서도 B(또는 C)에게 L부동산 전체의 가액을 배상하게 되면 A에 대한 손해배상채무는 소멸하고, A에게 손해를 배상하게 되면 그 부분에 대한 손해는 B(또는 C)의 손해액에서 공제되어야 할 것으로 생각한다.

그리고 어떤 경우에는 D의 행위가 저당권자 A에게 손해를 끼치

---

72) 위 논문, 358면.

73) 물상대위에서 본 위 73다29 판결은 제3자의 불법행위로 저당권의 목적물이 멸실되어 저당권이 소멸한 경우 소유자가 불법행위자로부터 보상을 받았으면 저당권자는 소유자에 대하여 부당이득반환을 청구할 수 있다고 하였는데 그 판결 이유에서 '저당권자가 불법행위를 한 제3자에 대한 손해배상청구권이 있다고 하여 소유자에 대하여 부당이득반환청구를 하지 못하는 것도 아니며…'라고 하고 있는데, 이런 설시로 보아 저당권자는 저당물을 멸실하게 한 불법행위자에 대하여 손해배상청구권을 가진다는 입장에 있는 것이 아닌가 생각한다.

지만 저당물의 소유자인 B(또는 C)가 D에 대하여 손해배상청구권을 가지지 않는 경우가 있다.

　　　예를 들면 D가 저당권의 등기를 불법적으로 말소시킨다든가 저당권의 실행절차를 부당하게 지연시키게 만드는 경우에는 B에게는 손해가 없고 A만이 손해를 입게 된다. 이런 경우에는 A만 손해배상청구권을 가지게 될 것이다.

나. 저당물의 일부 분리·반출

채무자가 정당한 권한 없이 분리·반출한 경우에는 저당권자는 즉시변제청구권을 행사하든지 아니면 물권적 반환청구권의 행사로서 제3자가 선의취득하지 않는 한 원래 장소로의 원상회복을 구할 수 있을 것이다.[74] 또 물권적 반환청구 외에도 담보보충청구권을 행사할 수 있다고 할 것이다.

이때 만일 분리·반출된 물건이 없더라도 나머지 저당물의 가액이 저당권자의 피담보채권액의 변제에 충분하다면 저당권자는 물권적 반환청구권을 행사할 수 없는 것일까.

이는 물권적 반환청구권의 행사요건으로서, 저당권자에게 손해가 있어야만 하는가라는 문제와도 관련이 되는데, 담보물권의 불가분성의 원칙상 저당권자에게 손해가 발생하였다는 것을 요건으로 할 필요는 없다고 생각한다.

따라서 나머지 저당물로서 피담보채권의 배당재원으로 충분하다고 하더라도 물권적 반환청구권을 행사할 수 있다고 할 것이다.

그리고 위 95다55184 판결은 저당권자 자신에게로의 반환은 구하지 못한다고 하고 있는데, 만일 저당권 설정자가 수령을 거부하는 경우에도 자신에게 반환을 구하지 못한다고 하면 저당권자에게 반환청구권을 인정하는 실익이 없어지게 될 것이므로 이 경우에는 저당권자가 반환을 받을 수도 있다고 보아야 하지 않을까 생각한다.[75]

---

74) 위 95다55184 판결(저당권의 효력 중 목적물의 범위란에 있음) 참조.
75) 일본 最高裁 平成 17.3.10. 판결(民集 59卷 2號 356頁)은 '저당부동산의 소유자에게 있어서, 저당권에 대한 침해가 생기지 않도록 저당부동산을 적절하게 유지 관리할 것이 기대되지 않는 경우 저당권자는 점유자에 대하여 직접 자기에게로 저당부동산의 명도를 구할 수 있다고'고 판시했다. 이런 저당권자의 점유권한을 관리점유(저당부동산의 소유자를 위하여

다. 점 유

저당권이 가지는 비점유 담보물권의 성격을 관철시킨다면, 채무자가 점유하고 있든 제3자가 점유하고 있든 그리고 제3자의 점유가 불법점유이든 아니든 이들에 대하여 저당권자는 어떠한 물권적 반환청구권을 행사할 수 없다고 보아야 할 것이다.

그런데 이는 채무자든 제3자든 통상적인 사용방법으로서의 점유를 하고 있는 경우를 말하는 것이지, 그 점유가 통상적인 사용방법으로 점유하는 것이 아니고 비정상인 사용방법으로 말미암아 정상적인 경매절차에서의 매각대금보다 낮은 가격으로 매각대금이 결정될 우려가 있는 경우에는 저당권의 침해로 보아야 하는 것이 아닐까.

대법원 2005.4.29. 선고 2005다3243 판결은 '저당권자는 원칙적으로, 저당부동산의 소유자가 행하는 저당부동산의 사용 또는 수익에 관하여 간섭할 수 없고, 다만 저당부동산에 대한 점유가 저당부동산의 본래의 용법에 따른 사용·수익의 범위를 초과하여 그 교환가치를 감소시키거나, 점유자에게 저당권의 실현을 방해하기 위하여 점유를 개시하였다는 점이 인정되는 등,[76] 그 점유로 인하여 정상적인 점유가 있는 경우의 경락가격과 비교하여 그 가격이 하락하거나 경매절차가 진행되지 않는 등 저당권의 실현이 곤란하게 될 사정이 있는 경우에는 저당권의 침해가 인정될 수 있다'고 판시하여 일정한 경우에는 점유가 저당권을 침해할 수 있다는 것을 인정하였다. 이 판결에 의하면 교환가치의 감소 외에도 경매절차의 진행이 정상적인 경우보다 지연되는 경우에도 저당권의 침해가 있는 것으로 보고 있다. 하지만 위 판결의 결론에 있어서는 저당권의 침해를 인정하지 아니하여 구체적으로 어떤 경우가 저당권의 침해가 되는지에 의문이 있었다.

최근의 대법원 2012.9.13. 선고 2010도11665 판결은 저당권 침해가 인정된 사안이 아닌가 생각하여 사안을 소개한다.

관리하는 목적의 점유)라는 하는데 그 성격에 대하여는 아직 명확하지 않다고 한다(內田貴, 民法Ⅲ[第3版], 債權總論·擔保物權, 東京大學出版會(2009), 439면).

76) 개인적으로는 이런 사해의 의사가 인정된다고 하더라도 그 점유가 통상적인 방법에 의한 것이라면 저당권의 침해라고 할 수는 없을 것으로 생각된다.

B가 A로부터 자금을 대출받아 자신의 어머니 C의 명의로 자동차를 매수하고 그 자동차에 A의 저당권을 설정했다.[77] 그 후 B는 A의 동의없이 D로부터 돈을 빌리고 자동차를 D에게 양도담보로 제공하였는데, 당시 B는 D의 신원을 잘 알지도 못한 상태로 정상적인 거래였다면 마땅히 수반되었어야 할 양도인의 인감증명서 교부 등 이전등록에 필요한 조치를 전혀 취하지 않은 채 자동차를 인도하면서 차량포기각서까지 작성해 주었으며 이후 차용금을 변제하지 아니하였을 뿐만 아니라 A에 대하여 차용금의 변제도 중단하였다. 이에 A가 자동차에 대한 저당권을 실행하기 위하여 자동차 인도명령을 받았으나 자동차의 소재파악이 되지 않아 집행불능에 이르렀다. 이에 대해 대법원은 B의 행위는 A의 추급권 행사가 불가능하게 될 수 있음을 알면서도 그 담보가치를 실질적으로 상실시키는 것이라고 보았다.

라. 저당물의 현상의 변경행위

우리 판례상으로 문제된 경우로서 저당물인 나대지상에 도로와 옹벽을 설치한 행위와 건축물을 설립하는 행위가 있다.

대법원 2008.1.17. 선고 2006다586 판결[78]은 지목이 전(田)으로 되어 있는 토지에 저당권을 설정해 두었는데, 그 후 그 토지에 노폭 8m의 아스팔트 포장도로를 개설하고 높이 2m~6m, 길이 89.5m의 콘크리트 옹벽을 설치하여 그 토지의 시가가 본래 6천만원 상당에서 3천만원으로 하락한 사안에 대하여 저당권의 침해라고 보았다. 타당한 판결이라 할 것이다.

대법원 2006.1.27. 선고 2003다58454 판결의 사안은 다음과 같다.

나대지의 소유자가 금융기관으로부터 건축자금으로 180억원을 차용하면서 저당권을 설정해 준 후 나대지상에 오피스텔(지하 6층, 지상 20층)을 신축하다가 지하공사 도중 부도가 나서 공사가 중단되고 피담보채

---

77) 아래에서 설명하겠지만, 우리나라에서는 자동차에 대해서 자동차 등 특정동산 저당법에 의하여 저당권의 설정을 인정하고 있다.

78) 이 판결은 저당권 외에도 지상권을 설정해 둔 사안이었고, 저당권자 겸 지상권자가 저당권 침해로 인한 손해배상 외에도 지상권 침해를 이유로 임료상당의 손해배상도 청구한 사안이었다.

무를 변제하지 못하고 있는 상황이었다. 그러자 위 오피스텔 분양자들이 조합을 결성하여 위 공사를 속행하여 지하공사가 거의 마무리된 상태(평가액 196억원)였다. 한편, 저당권자의 저당권 실행으로 경매절차가 진행되어 매각허가결정까지 내려졌으나, 위 경매에는 지하공사 부분이 토지에 부합되지 않은 독립된 물건임에도 저당권의 경매대상에 포함시킨 하자가 있었고 이 하자로 인하여 매각허가경절이 상급심에서 취소되었다. 이에 저당권자가 공사를 속행하려는 조합을 상대로 저당권의 침해라고 하여 공사의 금지를 구하여 왔다.

여기서 대법원은 '대지의 소유자가 나대지 상태에서 저당권을 설정한 다음 대지상에 건물을 신축하기 시작하였으나 피담보채무를 변제하지 못함으로써 저당권이 실행에 이르렀거나 실행이 예상되는 상황인데도 소유자 또는 제3자가 신축공사를 계속한다면 신축건물을 위한 법정지상권이 성립하지 않는다고 할지라도 경매절차에 의한 매수인으로서는 신축건물의 소유자로 하여금 이를 철거하게 하고 대지를 인도받기까지 별도의 비용과 시간을 들여야 하므로, 저당목적 대지상에 건물신축공사가 진행되고 있다면, 이는 경매절차에서 매수희망자를 감소시키거나 매각가격을 저감시켜 결국 저당권자가 지배하는 교환가치의 실현을 방해하거나 방해할 염려가 있는 사정에 해당한다'고 판시하여 공사금지를 받아들였다.

이 판결에 대해서는 찬성하는 견해[79]와 이에 반대하는 견해[80]가 있는데, 적어도 저당권이 임박한 상황에서는 나대지상에 이런 건축행위를 하는 것은 저당권을 해하는 행위라고 보아야 하는 것이 아닐까.

마. 임차권 설정행위

저당권을 설정한 후에 임차인에게 임대를 해 주는 것은 어떤가.

통상의 경우 저당권이 설정된 후에 임차권을 설정하게 되면 저당권

---

79) 대표적인 것으로는 윤진수, '2006년도 주요민법관련판례 회고', 법학 48권 제1호, 서울대학교 법학연구소(2007), 409면 이하.

80) 건물 신축행위는 소유자의 용익권의 행사라는 점, 저당권자는 나대지 위에 건물이 신축될 것을 알고 있었기 때문에 저당권자의 신뢰를 저버린 것이 아닌 점, 저당권자가 나대지 위에 건물의 신축을 막기 위한 방법으로 지상권을 설정하는 방법이 있는 점 등을 들어 반대한다(양창수, '2006년도 민사판례 관견', 법학 48권 제2호, 서울대학교 법학연구소(2007.6.), 134면 이하).

자보다 후순위가 되어 보호받지 못하게 되어 저당권을 해한다고 보기 어렵고 또 저당물 소유자의 용익권한과의 균형상 이를 저당권의 침해라고 보기는 어려울 것이다. 그러나 주택임대차보호법 제8조(상가건물임대차보호법 제14조)에 의하면 소액 임차인은 설사 저당권자에게 대항할 수 없더라도 일정금액에 대해서는 먼저 배당받게 되므로 이 경우에는 저당권자에게 배당되는 금액이 적어질 수 있다. 이런 경우에는 저당권의 침해가 되는 것은 아닌가.

이에 대해 앞에서 본 대법원 판결(2008다18284,18291 판결)은 저당권자와 저당권 설정자 사이에 새로운 임대차를 금하는 약정이 있었거나 담보권자를 해하기 위하여 부당하게 임대차보증금을 낮추어 소액보증금에 해당하도록 하였다는 특별한 사정이 없는 한 저당권의 침해가 아니라고 보았다. 위 법에서 소액보증금을 보장하는 취지에 비추어 대법원의 태도는 긍정할 수 있을 것으로 생각한다.

Ⅴ. 저당권의 처분과 소멸

1. 저당권의 처분

저당권은 부종성의 원칙상 피담보채권과 분리하여서는 처분할 수 없다(민법 제361조). 따라서 피담보채권을 양도하지 않으면서 저당권을 양도하기로 하여 이전등기(부기등기)를 하게 되면 그 등기는 부종성의 원칙에 위반되고 실체관계와 부합하지 않는 등기로서 무효라고 할 것이다.

실제로 저당권부 채권을 양도하는 당사자 사이에는 채권을 양도한다는 합의만이 있고 저당권의 양도에 관하여 아무런 언급이 없는 경우에는 특별한 사정이 없는 한 저당권도 함께 양도한 것으로 보는 것이 당사자들의 의사에 합치되는 합리적인 해석방법일 것이다. 그리고 이런 경우에는 대부분 채권양도 절차는 취해져 있으나 저당권의 양도에 관한 등기는 아직 이루어지지 않고 있을 것인데, 이런 경우에도 부종성의 원칙을 엄격하게 해석하여, 채권양도와 함께 저당권의 이전등기가 이루지지 않아 일시 채권의 귀속과 저당권의 귀속이 달라졌다고 하여 무효라고 보아야 할 것은 아니고, 어느 정도의 시간의 간격이 있더라도 그 후 양수인이 저당권 이전등기를 하면 유효하다고 보아야 할 것이다.[81]

그런데 당사자들이 굳이 채권만 양도하는 것이고 저당권을 양도하지 않는다는 합의를 한 경우에는 그 효력은 어떻게 될까. 위 법규정에 위반되어 채권양도의 합의 자체가 무효로 되어 전체 계약이 무효로 되는가, 아니면 당사자들의 의사대로 채권양도의 합의는 유효하고 단지 저당권만이 이전되지 않는 것으로 보아야 할 것인가.

사적 자치의 원칙상 후자로 해석하여야 할 것이고, 따라서 양수인은 저당권이 없는 무담보의 채권을 양수한다고 해야 할 것이다. 이렇게 되면 양도인 명의로 남아 있는 저당권은 부종성의 원칙상 저당권은 소멸하게 된다.

이러한 저당권부 채권에 대하여 질권을 설정하려면, 권리질권의 규정이 적용되고 저당권 등기에 질권의 부기등기가 경료되어야 질권의 효력이 저당권에도 미치게 된다.

2. 저당권의 소멸

일반적인 소멸사유로서 경매와 피담보채권의 변제에 의하여 소멸한다.

시효소멸과 관련하여서는 부종성의 원칙상 피담보채권이 소멸하지 않는 이상 저당권만 독립하여 시효로 소멸하는 일은 없다.

Ⅵ. 특수한 저당권

1. 공동저당

가. 의 의

동일한 채권을 담보하기 위하여 수개의 부동산 위[82]에 설정된 저당

---

81) 대법원 2003.10.10. 선고 2001다77888 판결.
82) 대법원 2002.7.12. 선고 2001다53264 판결은 동일한 채권의 담보로 부동산과

권을 말하는 것으로 복수의 부동산이 동일한 채권의 담보로 되어 있다는 점에서 보통의 저당권과 차이가 있다. 예를 들면, 700만원의 채권을 담보하기 위하여 H부동산(시가 600만원)과 L부동산(시가 400만원)에 저당권을 설정하는 경우를 말한다.

이러한 공동저당권은 앞의 예에서도 보는 바와 같이 H부동산 하나만으로는 700만원 채권의 담보로서 부족하나, H, L 부동산을 함께 담보로 제공하면 위 채권의 담보로서 충분한 경우에 이용되기도 하고(이 경우에는 L, H 부동산을 담보로 제공함으로써 담보가치를 확대시키는 효과를 얻는다), 채권자로서는 L부동산이 향후에 멸실, 훼손되더라도 H부동산으로부터 600만원은 회수할 수 있으므로 채권자로서는 위험을 분산시키는 효과도 얻을 수 있으며, 또 두 부동산 중 어느 하나만을 골라서 실행할 수 있는 편의도 있다.

특히 우리나라의 경우에는 서양과 달리 토지와 건물을 각각의 독립된 부동산으로 보기 때문에, 토지와 건물을 일체로서 파악되어야 할 필요가 있을 때에도 공동저당을 이용하게 된다.

나. 성 립

공동저당권은 동시에 설정되어야 할 필요는 없으며(즉, L부동산에 대한 저당권은 2006. 1. 1.의 저당권설정계약에 의하여 성립되어 있었는데, 그 후 동일한 채권의 추가담보로 H부동산에 대하여 2006. 2. 1. 저당권설정계약이 체결되는 경우에도 공동저당이 성립된다는 것이다), 순위도 동일할 필요는 없다(즉, 동일한 채권이 L부동산에는 1순위로, H부동산에는 2순위로 저당권이 설정되어도 상관없다는 것이다).

다. 효 력[83]

공동저당권에 있어서의 법률관계는 수개의 부동산 위에 1개의 저당권이 있는 것이 아니라, 각 부동산마다 1개의 저당권이 있는 것으로 보

선박에 대하여 저당권이 설정된 경우에는 민법 제368조 제2항 후문의 규정이 적용 또는 유추적용되지 아니한다고 판시하고 있으므로, 동일한 종류의 담보물에 대해서만 공동저당권을 인정하는 입장인 것으로 보인다. 이는 아래에서 보는 바와 같이 본조 제2항의 대위와 같은 복잡한 법리 문제가 발생하는 것을 회피하기 위하여 적용범위를 줄이려는 것으로 보인다.

83) 이 부분의 예는 内田貴, 위 책, 461면 이하의 예를 참고하였다.

므로, 담보물권의 불가분성 원칙에 따라 각 부동산은 동일한 채권 전액을 담보하게 된다.

따라서 앞의 예에서 공동저당권자는 피담보채권 700만원을 회수하기 위하여 H부동산에 대한 저당권을 실행할 것인지, 또는 L부동산에 대한 저당권을 실행할 것인지는 전적으로 공동저당권자의 자유이다.

그러나 H나 L부동산에 후순위 저당권자가 있는 경우에는 공동저당권자가 H부동산에 대하여 피담보채권을 전액 회수하는 것으로 선택한 경우에는 H부동산의 후순위저당권자는 불이익을 받게 되는 반면, L부동산의 후순위저당권자는 이익을 받게 되는 결과가 된다.

그리하여 우리 민법은 이런 불합리를 해결하기 위하여 민법 제368조를 두어, 공동저당권자의 선택을 존중함과 동시에 후순위채권자 내지 다른 채권자들(일반 채권자가 배당요구를 하여 온 경우 등)의 보호를 위한 대책을 강구하고 있다.

<예 9-20> 채권자 A가 500만원의 B에 대한 채권의 담보로 H부동산(시가 600만원)과 L부동산(시가 400만원)에 공동저당권을 가지고, C가 H에 후순위 저당권 400만원을 가지고 있는 경우 배당은 어떻게 되는가.

		H	L
	시가	600	400
A	공동저당액	500	500
	동시배당시 분담액	300	200
C		400	
D			300

---

(1) H와 L이 모두 채무자 소유인 경우

A가 H와 L을 동시에 경매신청하여 동시에 배당하는 경우에는 본조 제1항에 의하여 H와 L의 경매대가에 비례하여 피담보채권의 분담

을 정하게 된다. 위의 예에서 시가대로 경매되었다고 보면, A의 채권액 500만원에 대하여 H와 L의 분담액은 600 : 400으로 되어, H로부터 300만원(500만원×600/(600+400)), L로부터 200만원(500만원× 400/(600+400))을 배당받게 된다. 그리고 C는 H로부터 남은 300만원을 배당받게 되고, L의 나머지 200만원은 채무자에게 배당하게 된다.

그런데 H가 먼저 경매되게 되면 A에게 500만원, C에게 100만원이 배당되고, 그 후 L이 경매되면 C는, A가 L에서 동시배당시에 받을 수 있었던 금액 200만원을 A를 대위하여 받게된다. 결국 A는 500만원, C는 300만원(100만원+200만원)이 되어 동시배당의 경우와 동일한 금액을 취득하게 된다.

그런데 L이 먼저 경매되면 A가 L에서 400만원을 배당받게 되고, H에서 A는 100만원, C는 400만원을 배당받게 되어, 동시배당시보다 C가 유리하게 된다.

이는 동시배당의 경우에는 L에 후순위 저당권자가 없어도, 본조 제1항에 의하여 A의 채권액이 H와 L로 분담액이 나누어지게 되기 때문이고 이는 L에 대한 일반채권자의 이익을 고려한 것이라고 할 수 있을 것이다. 따라서 C는 본조 제1항에 위반하여 자기에게 유리하게 L의 매각대금으로 A의 채권액에 먼저 배당하여 줄 것을 요구하지는 못한다고 할 것이다.

C는 L로부터 채무자가 받아가게 되는 200만원에 대하여는 일반채권자로서 배당요구를 하여 다른 일반 채권자와 함께 안분배당을 받을 수는 있을 것이다.

만일 A가 L상의 저당권을 포기하고 H를 경매한 경우, C를 보호할 수 있는가. 판례[84]는 후순위저당권자가 있는 부동산에 관한 경매절차에서, 저당권을 포기하지 아니하였더라면 후순위저당권자가 대위할 수 있었던 한도에서는 후순위저당권자에 우선하여 배당을 받을 수 없다고 하였다. 따라서 H의 배당시 A에게 500만원(그러나 이 중, L의 분담액 200만원은 C에 대항할 수 없으므로 C에게 배당되어 결국 300만원이 배당됨), C에

---

84) 대법원 2009.12.10. 선고 2009다41250 판결.

게 100만원(그러나 앞서 C로부터 받게 되는 200만원을 포함하면 결국 300만원이 배당됨)이 배당되어, 결국 A가 300만원, C가 300만원을 배당받게 된다.

(2) H는 채무자 B, L은 물상보증인 B'의 소유인 경우

(가) 문 제 점

L이 물상보증인 소유인 경우에는, L의 A에 대한 배당은 물상보증인이 A의 채무를 변제한 셈이 되어 타인 채무의 변제로서 변제자 대위를 하게 되고, 이로 말미암아 다음과 같은 문제가 생긴다(〈예 9-20〉에서 L에 후순위 저당권자 D가 300만원의 저당권이 설정되어 있는 경우를 예로 상정하여 살펴본다).

첫째 동시배당의 경우 물상보증인은 A의 채권액을 H와 L에 안분함이 없이 먼저 채무자 소유의 H에서 먼저 배당받을 것을 주장할 수 있는가.

둘째 만일 H가 먼저 경매되는 때 H의 후순위 저당권자 C는 물상보증인 B'의 L에 대하여 본조 2항의 대위가 가능한가.

셋째 만일 L에서 경매가 이루어져 A의 채권이 변제되면 물상보증인 B'는 채무자에 대한 구상채권을 취득하고 민법 제481조의 변제자 대위가 가능한가. 만일 변제자 대위가 가능하다면 이 대위와 본조 제2항의 대위와의 관계는 어떻게 조정할 것인가.

(나) 판례의 태도

첫 번째 문제에 대하여, 판례[85]는 타인 채무의 변제를 강요당한 물상보증인을 보호하여야 한다는 입장에서 가능한 한 물상보증인의 부동산이 변제에 충당되는 경우 법정대위에 대한 기대를 보호하기 위하여 동시배당시에는 본조 제1항은 적용되지 않고 채무자의 재산 H로 먼저 A의 채권에 충당하고, 그 나머지에 대해서 물상보증인 재산 L로 충당해야 한다고 한다. 이 결과는 H가 먼저 경매되는 이시배당의 경우와 같아진다.

두 번째 문제에 대하여, 판례[86]는 H가 먼저 경매되는 경우

---

85) 대법원 2010.4.15. 선고 2008다41475 판결.
86) 대법원 2008.4.10. 선고 2007다78234 판결; 대법원 1995.6.13.자 95마500 결정.

H의 후순위 채권자 C는 L에 대해 본조 제2항의 대위를 할 수 없게 된다고 한다. 이렇게 되면 H에서 A는 500만원, C는 100만원, L에서 D는 300만원을 각 배당하고 나머지 100만원은 소유자인 물상보증인 B'에게 돌아가게 된다.

　　　　세 번째 문제에 대하여, 판례[87]는 L이 먼저 경매되면 물상보증인 B'는 채무자에 대하여 400만원의 구상권을 취득함과 동시에 민법 제481조, 제482조에 의한 변제자 대위에 의하여 채무자 소유의 H에 대하여 A의 저당권을 취득하게 된다고 한다.[88] 이 경우 만일 D가 없다면, H의 배당은 A에게 100만원,[89] 물상보증인 B'에게 400만원, C에게 100만원이 배당된다.

　　　　그런데 D가 있는 경우에는 D의 권리는 어떻게 보호할 것인가. D의 저당권은 물상보증인 B'가 부담한 저당권이기 때문에 어떻게 하든 B'보다 우선하여 권리를 인정하든지 아니면 적어도 B'가 가지게 되는 배당금에 대하여 어떤 권리를 인정해주어야 할 것이다. 이에 판례[90]는 물상보증인이 변제자 대위에 의하여 취득하는 저당권을, 마치 L

---

87) 대법원 1994.5.10. 선고 93다25417 판결; 대법원 2009.5.28.자 2008마109 결정.

88) 이렇게 보는 이유는 민법 제368조 제2항 후단의 규정에 의한 후순위저당권자의 대위는 공동저당의 목적물이 모두 채무자 소유일 때 적용되고 하나는 채무자, 하나는 물상보증인 소유인 경우에는 적용이 없다고 하며, 그 근거로는 물상보증인은 변제자 대위에 관한 규정에 의하여 최종적인 책임을 채무자에게 귀속시킬 수 있는 권리를 기대하고 담보를 제공하는 것이므로 그 후에 채무자 소유의 부동산에 후순위저당권이 설정되었다고 하여 그 기대이익을 박탈할 수 없고, 채무자 소유의 부동산에 후순위저당권이 설정된 후 물상보증인 소유의 부동산이 추가로 공동저당의 목적물로 된 경우에는 채무자 소유의 부동산에 설정된 후순위저당권은 원래 민법 제368조 제2항의 규정에 의한 보호를 기대하지 않고 설정된 것이므로 나중에 물상보증인의 부동산이 공동저당의 목적으로 추가되었다 하여 새삼스럽게 민법 제368조 제2항의 규정에 의한 보호를 할 필요가 없다는 것을 들고 있다(위 93다25417 판결).

89) 변제자 대위에 의하여 물상보증인이 A의 저당권을 취득하게 되지만, A와 물상보증인 사이의 우열은 본래 A가 물상보증인에 대하여 우위에 있었으므로 물상보증인보다는 A가 우선권자가 된다. 그리고 이때 물상보증인은 민법 제481조 제482조 제1항에 의하여 A의 공동저당권을 취득하여 A와 함께 공동저당권을 공유하게 되는데, 공동저당권의 공유자로서 A의 의사와 무관하게 독립적으로 저당권의 실행을 할 수 있는가 하는 문제가 있으나, 통설은 A가 우선권자이므로 물상대위권자는 A의 의사에 반하여 실행할 수 없다고 하여 부정적으로 해석하고 있다. 대법원 1987.1.20. 선고 86다카1547 판결은 통설의 입장에 있는 것으로 보인다.

90) 위 93다25417 판결.

부동산의 변형물 내지 대체물인 것과 같이 취급하여 D는 물상대위규정에 의하여 B'보다 우선하여 변제를 받을 수 있다고 한다.[91] 판례는 D의 이런 권리는 등기나 압류도 필요없이 당연히 발생한다고 보고 있는 듯 하나, 물상보증인이 변제자 대위에 의하여 취득하는 저당권이 L의 변형물 내지 대체물로 볼 수 있는지 또 물상대위의 규정인 민법 제342조는 저당권자의 압류를 요건으로 하고 있는데 왜 이 경우에는 압류 없이도 물상대위가 가능한지에 대하여 의문이 없는 것은 아니다.

그리고 A와 물상보증인 B' 사이에 'B'는 이런 변제자 대위권을 행사하지 않는다'는 특약을 맺는 경우가 있는데, 이런 특약이 있다고 하더라도 D의 위와 같은 물상대위권을 제한할 수 없다고 해야 할 것이다. 이를 인정하게 되면 A와 B' 합의로 제3자인 D의 권리를 해하게 되는 결과가 되기 때문이다.

(3) H와 L이 모두 동일인인 물상보증인의 소유인 경우(H, L이 모두 물상보증인 소유이고, H에 후순위 저당권자 D가 400만원, L에 후순위 저당권자 D가 300만원이 있는 때)

만일 L이 경매되면 물상보증인은 채무자에 대하여 구상권을 취득하고, 그 결과 A의 저당권에 대한 법정대위가 가능하다. 그러나 A의 그 저당권은 물상보증인 자신의 부동산에 대한 것이기 때문에 자신이 자신의 부동산을 경매하는 것이 되고, 배당을 받아도 이것에 대하여 또 구상권이 발생하게 되어, 법정대위를 인정할 의미가 없다.

이런 점을 감안하면 이 경우에는 C, D와 같은 후순위 채권자의 이익을 고려하여 H와 L이 모두 채무자에게 속하고 있는 것과 동일하게 처리하는 것이 나을 것이다.

따라서 이 경우에는 A의 채권액은 H와 L의 경매대가에 따라 안분하여 처리하는 것이다.

---

91) 대법원 2011.8.18. 선고 2011다30666,30673 판결은, A가 L에서 배당을 받은 후에 H에 대한 저당권을 포기하였고, 그에 따라 H에 등재되어 있던 A의 저당권을 말소하였는데(본래 말소하여서는 안 되고, L 소유자인 물상보증인을 위하여 변제자 대위로 일부 이전의 부기등기를 해 줘야 한다), 그 후 H에 제3자 C를 위한 저당권이 설정된 경우, 민법 제482조 제2항 제1호에 의하여 물상보증인이나 D로서는 위와 같은 대위의 부기등기가 없는 이상 C에 대항할 수 없다고 한다.

이는 결국 본조는 H와 L이 채무자에게 속하는 경우뿐 아니라 동일한 물상보증인에게 속하는 경우에도 적용된다고 보게 될 것이다.

(4) H는 물상보증인 E, L은 또 다른 물상보증인 F의 소유인 경우(H에 후순위 저당권자 C가 400만원, L에 후순위 저당권자 D가 300만원이 있는 때)

이 경우 E와 F는 민법 제482조 제2항 제4호, 제3호에 따라 H, L 부동산의 시가에 응하여 A의 채권을 변제할 책임이 있다. 즉 E는 300만원, F는 200만원의 책임을 진다. 따라서 만일 A가 L을 먼저 경매하게 되면, F는 자신의 책임부분 200만원을 넘어선 200만원에 대해서는 E에 대하여 구상권을 행사할 수 있고 A가 가지는 공동저당권도 행사할 수 있게 된다.

그리하여 나중에 H가 경매되면 A에게 100만원, E에게 200만원(그러나 이 200만원은 D가 물상대위로 가져가게 되므로 결국 D에게 200만원이 배당될 것이다), C에게 300만원이 배당될 것이다.

L이 먼저 경매되는 경우는 각자가 생각해 보도록 한다.

동시배당의 경우에는 본조 제1항에 따라 A 채권액을 안분하여 배당하여야 할 것이다.

(5) 제3취득자와의 관계

<예 9-21> H(시가 600만원), L(시가 400만원)은 채무자 B의 소유로서 A의 채권(500만원)을 담보하기 위하여 공동저당권이 설정되고 이어서 H에 C의 채권 400만원을 담보하기 위하여 후순위 저당권이 설정되었는데, 그 후 L이 D에게 양도되었다. 이 경우의 배당은 어떻게 되는가.

L이 양도되는 것에 의하여 D는 물상보증인적인 지위에 서므로 앞에서 본 바에 따라 C의 본조에 의한 대위권보다 우선하는 지위를 가지게 된다고 본다면, C로서는 저당권 설정 당시는 H, L이 모두 채무자 소유였기 때문에 본조에 의한 대위를 할 수 있었는데, 그 후 채무자의 양도행위로 인하여 C는 D보다 후순위로 되게 되고, 경우에 따라서는

배당을 한 푼도 받지 못하게 된다. 이는 부당하다고 하지 않을 수 없다.

따라서 이런 경우에는 C의 본조에 의한 대위에 대한 기대를 보호하여 물상보증인적 지위에 있는 D의 변제자 대위보다 우선한다고 해야 할 것이다. 이런 결론은 D의 입장에서 보아도 D가 양도받을 당시에 위와 같은 권리관계가 등기부에 공시되어 있어서, 자신이 양도받더라도 C보다 후순위가 된다는 상황을 예상할 수 있었으므로 불의의 손해를 입는 것은 아니다.

이와 같이 공동저당권이 설정된 상태에서 제3취득자가 생기는 경우에는 D가 물상보증인적 지위를 취득한 시점과 후순위 저당권자 C가 생긴 시점의 선후에 의하여 결정되어야 할 것이다.

이것은 제3취득자가 생기는 다양한 상황에도 적용 가능한데, 예를 들면 H부동산이 물상보증인 소유이고, L부동산이 채무자 소유인데, 후에 L부동산이 E에게 양도된 경우 물상보증인의 구상에 대한 기대가 우선하고, L부동산이 먼저 경매되어도 E는 변제자 대위할 수 없다고 해야 할 것이다. 즉 제3취득자는 양도인의 지위를 그대로 인수한다고 해야 할 것이다.

2. 근저당권

가. 의 의

A가 B에게 2000. 1. 1. 금 1천만원을 대여하면서 B의 부동산에 보통의 저당권을 설정해 두면, 그 저당권의 피담보채권은 2000. 1. 1. A가 B에게 대여한 금 1천만원이 된다.

그래서 그 후인 2001. 1. 1. A가 B로부터 금 1천만원을 변제받고 다시 1천만원을 대여해주더라도 위 저당권은 2001. 1. 1. 대여한 1천만원은 담보하지 못한다.

이처럼 보통의 저당권은 단발성 거래에는 적합지만 A와 B 사이의 거래관계가 계속되는 경우에는 A나 B의 입장에서는 2001. 1. 1.의 채권도 담보될 수 있는 저당권이 있으면 편리할 것이다. 물론 그때그때 기존의 저당권을 말소하고 새로운 저당권을 설정하면 되지만 이것은 번잡

할 뿐아니라 또 저당권 말소비용과 설정비용이 들어 비경제적이며, 또 그 중간에 다른 저당권자가 생겨서 후순위로 될지도 모른다.

그리하여 저당권을 한 번 설정함으로써 순위도 유지하고 일정한 기간 동안의 증감하는 채권을 담보하는 저당권의 필요성이 거래계에서 대두하였고, 이 수요를 만족시키기 위하여 고안된 것이 근저당권이라는 것이다.

이처럼 근저당권이란 계속적인 거래관계로부터 발생하는 다수의 불특정채권을 장래의 결산기에서 일정한 한도까지 담보하려는 저당권을 말한다.

예를 들면, 컴퓨터 제조업체인 A와 컴퓨터 판매업체인 B 사이에 1년간 컴퓨터를 공급한다는 컴퓨터 공급계약이라는 기본계약을 체결하고, 그 기본계약에 따라 외상으로 A가 B에게 컴퓨터를 공급하면, B는 매달 말에 컴퓨터의 공급대금을 지불하여 정산하도록 하면서, 5년 후에 정산하여 남은 금액에 대하여는 최고액을 2천만원의 한도까지 담보하는 근저당권을 설정하는 것이다.

그런데 이런 근저당권에서는 다음과 같은 것이 문제로 될 수 있다. 즉 위 기본계약인 컴퓨터 공급계약의 기간이 2000. 1. 1.부터 2000. 12. 31.까지 1년이라고 하면, 매달 말에 A가 B에 대하여 공급한 컴퓨터의 공급대금과 B가 A에게 지급한 컴퓨터대금을 정산하게 될 것이고, 계약기간중인 2000. 3. 31.까지 정산해 본 결과 A의 B에 대한 컴퓨터 공급대금채권이 0원이 될 수 있는데 이때 피담보채권인 컴퓨터납품대금채권이 소멸된 것이므로 근저당권도 소멸되는가, 위 근저당권의 피담보채권은 언제 확정이 되는가, 피담보채권이 되는 기본계약을 양도하게 되면 근저당권은 이전되는가 등등의 문제가 발생할 수 있다.

이러한 문제의식을 가지고 근저당권이 보통의 저당권과 구별되는 특징을 살펴보면 대략 다음 3가지 점에서 보통의 저당권과 차이가 난다.

첫째 근저당권은 장래에 증감·변동하는 '불특정'의 채권을 담보한다.

보통의 저당권도 장래의 채권이나 불확정 채권을 담보할 수는 있으나(민법 제26조, 제206조, 제588조 단서, 제639조 제2항, 제662조 제2항 등), 장래에 증감·변동하는 채권을 담보할 수 있다고 허용하는 민법 규정은 없으므로 일반 저당권으로서는 불특정의 채권을 담보할 수 없다고 할 것이다. 따라서 이런 채권은 근저당권만이 담보할 수 있다.

두 번째, 근저당권은 저당권의 소멸에 있어서 부종성이 요구되지 않는다.

민법 제369조에 의하여 본래 저당권은 피담보채권이 소멸하면 당연히 소멸하게 되는데(부종성), 근저당권의 경우에는 민법 제357조 제1항 후단에서 '확정될 때까지의 채무의 소멸 또는 이전은 저당권에 영향을 미치지 아니한다'고 규정함으로써 부종성을 완화시키고 있다.

셋째 근저당권은 장래 증감·변동하는 불특정의 채권을 최고액을 한도로 하여 담보하므로, 민법 제360조의 적용을 받지 않아 1년분 이상의 지연손해금도 최고액의 범위 내에 있는 한 피담보채권의 범위 내에 속하게 된다.

나. 성 립

근저당권 설정계약의 당사자는 근저당권자와 근저당권설정자이다.

따라서 채무자는 자신의 소유물에 근저당권을 설정할 때는 당사자이지만, 제3자의 소유물에 근저당권을 설정할 때에는 제3자(물상보증인)가 당사자이고, 채무자는 당사자가 아니다.

그 계약에는 담보할 채권의 최고액과 피담보채권액의 범위를 결정하는 기준을 정하여져 있어야 한다.

그리고 근저당권임을 나타내는 등기가 필요하고, 채권최고액을 반드시 등기하여야 한다.

다. 피담보채권의 확정

피담보채권은 계속적 거래로 인하여 거래기간 동안 증감·변동하는데 언제 이런 유동적인 상태가 종료되는가. 즉 언제 근저당권에 의하여 담보되는 채권이 어떤 것이고, 얼마인지가 결정되는가 하는 것이 피담보채권의 확정문제이다.

이것이 중요한 이유는 한번 피담보채권이 확정되게 되면, 그 당시에 피담보채권으로 확정된 채권만이 피담보채권이 되는 것이므로, 그 후에 발생하는 채권은 피담보채권으로 될 수 없게 된다는 데 있고, 따라서 후순위담보권자의 권리에도 많은 영향을 끼치게 되기 때문이다.

피담보채권을 확정시키는 사유로는 당사자의 의사에 기한 경우와 의사에 기하지 아니한 경우로 나눌 수 있다.

전자는 계약에서 정해진 결산기나 확정시기의 도래, 근저당권설정자의 확정청구(기본계약이 적법하게 해지, 해제된 경우도 포함한다), 근저당권자의 경매신청 등으로 근저당권이 확정되는 경우를 말하고, 후자는 근저당권자가 아닌 다른 근저당 설정자의 채권자의 신청으로 개시된 경매개시결정, 파산선고, 회사정리절차개시결정 등의 경우를 말한다.

따라서 계약에서 정해진 결산기나 확정시기가 도래하면 그때 피담보채권이 확정되어 그 이후의 채권은 담보되지 않게 되는 것은 당연할 것이고,[92] 결산기나 확정시기를 정하지 않은 경우에는 근저당권설정자가 확정청구를 하고 그 확정청구의 의사표시가 상대방에게 도달된 때, 근저당권자의 경매신청의 경우에는 경매개시신청을 한 때[93]에 각각 확정된다.

그리고 근저당권자 이외의 자가 경매신청을 한 경우 통설은 경매개시결정이 있는 때에 확정된다고 하나, 판례[94]는 당해 부동산의 소유권이 매수인에게 이전하는 때인 매수인이 경락대금을 완납하는 때로 보고 있다.

이와 같이 근저당권이 확정되면 확정 이후에는 비록 동일한 거래관계로부터 채권이 발생하더라도 그 채권은 당해 근저당권의 피담보채권에 포함되지 않아 보통의 저당권과 같은 취급을 받게 되나, 채권최고액의 범위 내에서는 확정된 채권 원본의 1년 이후의 지연손해금도 담보되는 것에 주의를 요한다.

공동근저당의 경우는 좀 특수하다. 즉 공동담보된 부동산 H와 L이 있는 경우 공동근저당권자 A가 H나 L에 대하여 경매신청을 하게 되면 전체 채권액이 확정되는 것은 당연한데, 만일 제3자가 L에 대해 경매

---

92) 대법원 2001.11.9. 선고 2001다47528 판결.

93) 대법원 2002.11.26. 선고 2001다73022 판결. 근저당권자가 경매신청을 한 것은 근저당권자가 채무자와 더 이상 거래를 계속할 의사가 없는 것으로 보기 때문이다.

94) 대법원 1999.9.21. 선고 99다26085 판결.

신청을 하는 경우 A의 피담보채권액은 확정되어 H에 대해서도 확정된 금액만이 피담보채권으로 되는가, 아니면 A의 의사에 기하지 않은 것이므로 L에 대해서만 확정되고 여전히 H에 대해서는 확정되지 않은 것으로 보아야 하는가. 만일 후자라면 A가 L에서 배당받은 금액에 대해서는 H의 배당시 채권최고액의 범위 내에서 공제해야 하는가하는 문제가 있다.

공동근저당권자인 A의 의사는 제3자에 의하여 L에 대해 경매가 이루어진다고 하더라도 H담보가 있으므로 채무자와 거래를 계속하려고 하는 의사를 가지고 있을지도 모르는데 이런 A의 의사를 무시하고 확정시키는 것이 타당하지 않다고 볼 수도 있다. 이렇게 확정이 되지 않는다고 보게 되면 A는 L에서 채권최고액까지 배당받고 후에 다시 H에 대해서도 채권최고액까지 배당받게 된다면 이중으로 채권최고액까지 배당받게 되어 L에 후순위 저당권자가 있는 경우에는 민법 제358조 제2항의 대위권이 침해받게 될 수도 있고, 채권최고액의 범위 내의 채무만을 부담한다고 생각한 물상보증인의 기대가 침해받을 수도 있다.

이에 대하여는 학설이 나뉘어 있는데, 판례[95]는 확정 여부에 대하여는 명확한 판단을 하지 않으면서 L에서 A가 배당받게 되면 후에 H에서 배당을 받을 때에는 후순위 저당권자와 물상보증인의 기대를 감안하여 H의 채권최고액에서 A로부터 배당받은 금액은 공제되어야 한다고 판시했다.

라. 피담보채권의 범위

피담보채권액이 확정 전에는 피담보채권이 증감, 변동하는 것이기 때문에 피담보채권액이 일시적으로 0이 되거나, 최고액을 초과하더라도 상관없으나, 확정되면 이제 근저당권은 그 확정된 채권만을 담보하게 된다.

이런 근저당권이 장래의 불특정채무를 담보하는 것이라면 근저당권 설정계약 체결 당시에 기본계약과 같은 동일한 거래에 기하여 이미 발생하고 있는 채무는 피담보채권의 범위에 속하는가에 대하여 판례는 포함

---

95) 대법원 2006.10.27. 선고 2005다14502 판결.

하는 것으로 보는 것이 당사자의 의사에 합치한다고 한다.[96]

피담보채권은 원본, 이자, 위약금, 채무불이행으로 인한 손해배상도 포함되며, 1년 이상의 지연손해금도 채권최고액의 범위 내에 있으면 담보된다.

근저당권자가 피담보채권 중 일부만을 청구금액으로 경매신청을 하게 되면, 다른 특별한 사정이 없는 한 신청채권자가 당해 경매절차에서 배당을 받을 금액이 그 기재된 채권액을 한도로 확정되는 것이며, 피담보채권이 경매신청서에 기재된 청구금액으로 확정되는 것은 아니다. 따라서 채권계산서를 제출하는 방법으로 금액을 확장할 수 없고 나머지 부분에 대해서도 배당을 받기 위해서는 이중경매 신청을 하는 등의 방법을 취하여야 한다.[97]

저당권의 실행비용과 관련하여서는 포함된다는 견해와 포함되지 않는다는 견해가 대립되고 있다.

그러면 기본계약에 의하여 발생하는 채권뿐만 아니라 채권자가 채무자에게 생기는 우발적인 채권, 예를 들면 교통사고로 인한 손해배상 채권과 같은 것을 포함한 모든 채권을 담보하는 근저당권도 가능한가.

이는 포괄근저당권의 문제로서 다뤄지는데 이 문제에 관한 판례의 입장은 근저당권설정계약의 계약내용을 통하여 당사자 사이에 문제된 채무까지도 담보할 의사였는지를 해석하는 방식으로 해결하고 있는 것으로 보인다.[98]

불특정채권을 담보하기 위한 근저당권을 특정채권을 담보하기 위하여서도 설정할 수 있는가가 문제로 될 수 있는데, 판례[99]는 긍정하고 있다.

---

96) 대법원 1970.4.28. 선고 70다103 판결.
97) 대법원 1997.2.28. 선고 96다495 판결.
98) 대법원 2003.4.11. 선고 2001다12430 판결; 대법원 2001.1.19. 선고 2000다44911 판결 등.
99) 대법원 1990.6.26. 선고 89다카26915 판결; 대법원 1992.11.27. 선고 92다40785 판결.

마. 이 전

민법 제361조는 저당권은 그 담보한 채권과 분리하여 양도하거나 다른 채권의 담보로 하지 못한다고 규정하고 있다.

근저당권의 경우 근저당권의 확정 전과 확정 후에 따라 근저당권의 내용이 달라지므로 이 두 가지 경우로 나누어 볼 필요가 있다.

(1) 근저당권의 확정 후의 이전

먼저 근저당권이 확정된 후의 경우를 보면, 이때의 근저당권은 보통의 저당권과 같이 확정되어 특정된 채권을 담보하게 되므로 보통의 저당권과 같이 확정되어 특정된 채권의 양도 및 통지와 근저당권의 이전등기하면 된다. 만일 양도하는 채권이 확정되어 특정된 채권의 일부일 경우에는 양도하는 채권에 대하여 채권의 양도 및 통지와 근저당권의 일부 이전등기를 하면 된다. 이때에는 근저당권을 채권 양도인과 채권 양수인이 채권액의 비율로 준공유하는 관계에 서게 되고, 채권 양도인과 양수인 사이에 채권액의 비율대로 안분배당하면 된다.

그런데, 일부 채권의 양도가 아니라 확정된 근저당권의 피담보채무의 일부를 대위변제한 사람은 변제자 대위의 규정인 민법 제482조에 의하여 원채권과 그 담보권을 행사할 수 있게 되는데, 이때 부동산의 경매대금이 채권액을 변제하기에 부족할 경우 원채권자인 근저당권자와 일부 대위변제자 사이에 어떻게 배당하여야 하는가가 문제로 된다.

원래 저당권자는 저당권의 피담보채권액의 범위 내에서는 우선변제권이 있으므로 대위변제자보다 우선하여 배당받을 수 있다고 보아야 할 것이다.[100]

(2) 근저당권의 확정 전의 이전

근저당권이 확정되기 전에는 피담보채권이 확정되지 않았기 때문에 채권양도방식을 취할 수는 없으므로 결국 근저당권을 설정하게 된 원인이 되는 기본계약을 이전하고, 그에 따라 근저당권도 이전하게 될 것이다.

---

100) 위 86다카1547 판결.

이때 기본계약의 이전은 특정한 채권의 이전방식, 즉 채권양도가 아니라 계약인수에 해당하므로 특정한 채권에 관한 양도규정인 민법 제450조의 규정이 적용되는 것이 아니라, 근저당권자와 채무자, 양수인 이렇게 3인이 계약을 체결하여야 할 것이고, 그에 따른 근저당권이 이전등기도 이루어져야 한다(물론, 인수계약과 같은 법률행위에 의한 것이 아니라 상속이나 합병등의 경우와 같이 법률의 규정에 의한 물권변동에 해당할 때에는 등기가 없어도 근저당권의 이전을 주장할 수 있을 것이다).

그런데, 근저당권의 확정 전에 기본계약의 승계가 아니라 기본계약에서 발생한 구체적 채권을 양도하거나 일부 대위변제한 경우에 근저당권이 이전되는가. 판례는 근저당권의 피담보채권이 확정되기 전에 그 채권의 일부를 양도하거나 대위변제한 경우 근저당권이 양수인이나 대위변제자에게 이전할 여지가 없다고 보고 있다.[101]

바. 소 멸

피담보채권이 확정되기 전에는 이미 발생한 채권을 변제하더라도 근저당권의 경우 소멸상의 부종성이 완화되어 있기 때문에 근저당권은 소멸하지 않는다.

다만, 대법원 1966.3.22. 선고 66다68호 판결은 '근저당권에 의하여 담보되는 채권이 전부 소멸하고 채무자가 거래를 더 계속할 의사가 없는 경우에는 근저당 또는 그 기초되는 계약에 존속기간의 정함이 있고 그 기간의 경과 전이라 할지라도 설정자는 그 계약을 해지하고 설정등기의 말소를 구할 수 있다고 해석함이 조리에 합당하다'고 하여 일정한 경우 근저당권의 소멸청구를 할 수 있다고 보고 있고, 기본계약에 결산기를 정하지 않은 경우에도 근저당권설정자는 이미 발생한 채무가 전부 소멸하고 있으면 소멸청구를 할 수 있다고 본 대법원 1965.12.7. 선고 65다1617 판결도 있다.

피담보채권이 확정된 이후에는 담보할 채권이 없거나, 피담보채권을 변제하거나, 근저당권이 실행되면 소멸한다.

이때 피담보채권의 변제와 관련하여 피담보채권액이 채권최고액을

---

101) 대법원 2000.12.26. 선고 2000다54451 판결.

초과하는 경우에 채권최고액만을 변제하면 되느냐, 아니면 채권최고액을 초과하는 피담보채권액을 변제하여야 하느냐가 문제로 되는데, 판례에 의하면 채무자겸 근저당권설정자[102]나 연대보증인 겸 근저당권설정자[103]는 채권최고액을 초과하는 피담보채권액 전액을 변제하여야만 근저당권을 말소시킬 수 있으나, 담보물의 제3취득자[104]나 후순위담보권자 및 단순한 물상보증인은 민법 제364조에 의하여 채권최고액 및 경매비용만 변제하면 근저당권의 소멸을 청구할 수 있다고 한다.

Ⅶ. 특별법상의 저당권

1. 입목(立木)저당

민법에 의하면 수목이나 수목의 집단은 토지의 정착물로 보아 독립성을 인정하지 않는 것이 원칙이나, 우리나라에서는 상당히 오래전부터 토지의 정착물인 수목의 집단에 대하여 독립된 거래의 객체로 인정하는 관행이 있어서 '입목에 관한 법률'을 제정하여 일정 범위의 수목의 집단에 대하여 그 수목이 자라고 있는 토지와 분리하여 독립된 부동산으로 보고, 등기를 할 수 있도록 하여 양도 및 저당의 목적으로 하고 있다.

2. 공장재단, 광업재단(財團) 저당

공장과 같이 공장 부지나 공장 건물 및 공장에 비치되어 있는 기계, 기구와 같이 이는 유기적으로 밀접한 관계가 있으므로 각각 분리하게 되면 가치가 현저히 떨어진다.

그러나 채권자로서는 공장부지와 같은 부동산은 저당권으로 기계나 기구는 질권이나 양도담보권으로 담보권을 설정받더라도 한 사람이 이를 모두 경매에서 매수한다는 보장이 없게 되어 경매대가가 현저히 낮

---

102) 대법원 1981.11.10. 선고 80다2712 판결.
103) 대법원 1972.5.23. 선고 72다485,486 판결.
104) 대법원 1971.4.6. 선고 71다26 판결.

아지게 될 것이다. 그러나 만일 이를 일괄해서 경매를 하게 되면 경매대가는 높아질 것이다.

이런 거래계의 요구를 받아들여 공장 및 광업재단 저당법을 제정하여, 부동산인 공장 부지나 공장건물과 그 부지나 건물에 비치되어 있는 고정된 기계, 기구인 동산을 하나의 저당권의 대상으로 할 수 있도록 하여 일괄하여 부동산과 동산을 경매할 수 있도록 하고 있다.

위 법에 의하면 공장토지저당은 공장 토지 및 그 토지에 설치된 기계, 기구, 그 밖의 공장의 공용물(공용물)에 미치도록 하고, 기계 기구에 대하여 목록을 작성하여 비치해 둔다.

공장건물저당도 공장 건물 및 그 건물에 설치된 기계, 기구, 그 밖의 공장의 공용물을 대상으로 하고 있다.

그런데 이런 것 외에 공장을 가동하기 위해 필요한 토지이용권과 지적재산권까지도 포함한 광범위한 물건의 집합물에 대하여 재단을 만들어 그 재단에 저당권을 설정하는 공장재단저당도 있다.

또 공장재단저당과 같이 광업권과 관련하여 광업권자에게 속하는 권리의 전부 또는 일부를 대상으로 재단을 만들어 그 재단에 저당권을 설정하는 광업재단저당도 있다.

3. 동산저당

우리나라 민법에 의하면, 동산은 질권의 목적으로 할 수 있을 뿐이고 저당권의 목적으로 할 수는 없으나, 거래계에서는 영업용인 동산을 설정자의 수중에 남겨둔 상태에서 담보화할 수 있게 하려는 요구가 강하였다.

이런 요구에 대한 해결책으로 양도담보와 동산에 관한 공시방법, 즉 일정한 동산에 대하여 등기·등록의 제도를 두어 그 위에 저당권을 등기 등록함으로써 공시하는 방법이 있는데, 후자의 방법이 자동차 등 특정동산 저당법(2009.3.25. 법률 제9525)에서 규정한다.

위 법 제3조에 일정한 건설기계, 선박, 자동차, 항공기에 대하여 저당권을 인정하고 있다.

제10장 양 도 담 보

Ⅰ. 의 의

1. 필 요 성

우리의 민법의 경우 부동산은 저당권을, 동산이나 채권을 질권을 담보권으로 활용하도록 하고 있다.

그런데 저당권의 경우는 그 실행을 위해서는 경매라는 법원을 통한 복잡한 절차를 거쳐야 하게 되어 채권자의 의사를 실행절차에 반영시키기가 어렵고,[1] 질권의 경우는 그 동산을 채권자가 점유하게 되어 앞서 본 것처럼 기계와 같이 채무자가 계속 그 물건을 사용하여 영업을 하여야 하는 경우에는 이용하기 곤란하다.

그리하여 거래계에서는 예전부터 담보의 목적으로 물건의 소유권을 잠정적으로 채권자에게 넘기지만 그 물건은 채무자가 계속 점유하면서 사용, 수익하게 하고, 채무자가 채무를 변제하면 그 물건의 소유권을 원소유자에게 복귀시키고, 변제하지 않으면 그 물건의 소유권을 채권자에게 완전하게 넘기는 제도를 고안해 내었다.

이를 담보의 목적으로 소유권을 양도한다는 의미에서 양도담보라고 불렀다.

2. 문 제 점

이에 대하여는 첫째 이러한 양도담보를 인정하는 것은 물권법정주

---

1) 채권자가 원하는 시기에 적당한 가격으로 개인적으로 처분하고 그 대금에서 채권에 충당하고 나머지 금액을 채무자에게 반환하면 편리할 것이다.

의에 어긋나는 것은 아닌가. 둘째 이런 담보권을 인정한다고 하더라도 담보권을 소유권 이전으로 표시하는 것은 실체관계와 공시가 부합하지 아니하거나 허위표시로서 무효가 아닌가라는 의문이 있다.

첫 번째에 대하여는 물권은 관습법에 의해서도 창설될 수 있으므로 양도담보를 인정한다고 하여 물권법정주의에 위배되는 것은 아니라고 하고, 두 번째에 대해서는 양도담보 설정자와 양도담보권자 사이에 실제로 소유권을 양도한다는 의사는 존재하기 때문에 허위표시라거나 실체관계에 부합하지 않는 것은 아니므로 무효라고 할 수 없다고 보는 것이 판례, 학설의 태도이다.

그러나 아래에서 보는 것처럼 양도담보 설정자의 지위를 보호하기 위하여 양도담보권을 담보권에 가깝게 법적 구성을 하는 것이 학설의 대세인데, 이렇게 양도담보를 담보권에 가깝게 구성하면 할수록 양도담보권은 소유권을 이전하지 않는 담보권이 되어 등기상으로는 소유권을 이전한 이전등기와의 괴리는 더 커지고 허위표시로서 무효로 될 가능성은 그만큼 더 커지게 되는 문제점이 생긴다.

또 이와 같이 담보권임에도 소유권을 이전하는 등기가 되어 있기 때문에 제3자로서는 이전등기가 경료되어 있는 명의자인 양도담보권자를 소유자로 알게 되고 그를 상대로 거래를 한 제3자의 보호가 문제가 된다.

특히 등기에 공신력을 인정하지 않는 우리 법제하에서는 무권리자로부터는 소유권을 취득할 수 없다는 점을 감안하더라도, 양도담보의 등기에 있어서는 양도담보 설정자가 소유권을 양도한다는 의사를 가지고 스스로 이전등기까지 경료하였고 그 이전등기에는 아무런 하자가 없기 때문에 등기명의자인 양도담보권자로부터 소유권이전등기를 경료받은 제3자는 구제를 받아야 하는 것이 아닌가 하는 문제가 생긴다.

이런 문제들에 대하여 학설과 판례는 어떻게 대응하고 있는지에 대하여 아래에서 살펴 보기로 한다.

주의를 요하는 것은, 이런 논의는 부동산에 관한 양도담보뿐만 아니라 동산과 채권에 대하여도 공통적으로 적용되는 것이라는 점이다. 다만 논의의 편의상 부동산을 주대상으로 하여 논의를 진행하지만, 동산과 채권에 대하여도 주의를 기울여야 할 것이고, 중간 중간에 동산과 채권에 대하여도 부동산과 다른 점을 언급을 하도록 한다.

Ⅱ. 법적 성격

1. 가등기 담보법의 제정 전의 상황

가. 판례의 태도

> <예 10-1> B가 A로부터 돈을 빌리면서 자기 소유의 L부동산[2]에 가등기를 해 두고, 변제기에 변제를 하지 않으면 A명의로 본등기를 하여 채무의 원리금에 충당하기로 약정하였는데, B가 변제기에 변제를 하지 않자 A가 B로부터 미리 지급받아 둔 서류를 이용하여[3] A명의로 이전등기를 하였다. 이 경우의 법률관계는 어떻게 되는가.

보통의 경우 L의 시가가 채무의 원리금보다 높을 것이므로 A가 본등기를 함으로써 L의 소유권을 취득하게 된다면 A는 그 차액만큼 이득을 보고, B는 그 차액만큼 손해를 본다. 그러나 이 차액이 크다고 하더라도 민법 제104조의 폭리행위에 해당할 정도에 이르지 않으면 무효라고 하기 어려워 A는 대물변제합의에 따라 유효하게 L의 소유권을 취득할 수 있을 것이다.

판례는 최초에는 이와 같이 해석했으나, 그 후 B의 이익을 보호하기 위하여 예약 당시 L의 가액이 차용금의 원리금을 초과하는 경우에는 대물변제약정을 무효로 하고, 이에 위반한 당사자의 약정은 효력이 없다라고 하는 민법 제607조. 제608조가 신설되었다.

---

2) 물론 물상보증인처럼 제3자가 B의 채무를 담보하기 위하여 양도담보 목적물로 제공하는 경우도 있을 수 있으나, 이하부터는 논의의 편의상 채무자 소유인 경우만을 상정하여 논의를 진행한다.

3) 통상의 경우 이와 같이 가등기를 할 경우에는 A는 B의 협력 없이도 혼자서 본등기를 할 수 있도록 하기 위하여 이전등기에 필요한 서류를 미리 교부받거나, 제소전 화해를 해 두는 경우가 많다. 이전등기에 필요한 서류 중 인감증명서는 통상 6개월 이내의 것을 요구하므로 제소전 화해를 해 두는 경우가 대부분이다(대법원 1992.5.26. 선고 91다28528 판결 참조).

이에 따라 최초 판례는 위와 같이 민법 제607조에 위반될 때[4]는 위 대물변제 약정은 무효이고 따라서 A의 본등기도 무효라고 보았다가,[5] 당사자 사이의 의사를 참작하여 이런 경우 당사자 사이에 정산절차를 예정하고 있는 약한 의미의 양도담보를 설정한 것으로 보았다.[6]

이렇게 보면 양도담보에는 처음부터 A 앞으로 이전등기를 해 두는 양도담보와, 가등기를 거쳐 본등기를 함으로써 성립하는 양도담보가 있게 된다(이 경우 B를 양도담보 설정자, A를 양도담보권자라고 한다).

이런 양도담보에 대하여 가등기담보법이 시행되기 전의 판례는 신탁적 소유권이전설의 입장에 서서 다음과 같이 보았다. 양도담보권에는 A와 B 사이에서는 소유권자가 B이지만(대내적 관계), 그 외 사람들 사이에서는 소유권자가 A라고 보는(대외적 관계) 약한 의미의 양도담보와, 대내적 관계에서든 대외적 관계에서든 모두 소유권자가 A라고 보는 강한 의미의 양도담보가 있다.

우리 판례상으로는 강한 의미는 양도담보를 인정한 예는 없으므로 약한 의미의 양도담보를 기준으로 설명하면 다음과 같이 된다.

(1) 대내적 관계

B가 A와의 관계에서는 소유권자로 보므로 양도담보 목적물의 사용, 수익권을 가진다. 따라서 소유권자인 B가 등기부상 소유권자로 등기되어 있는 A를 임대인으로 하여 L을 임차하는 임대차계약을 체결하여 임대보증금과 차임을 지급하였더라도 이는 피담보채권에 대한 원금과 이자의 일부 변제조로 지급한 것으로 보게 되고,[7] 따라서 B가 차임을 연체하더라도 A로서는 이를 이유로 임대차계약을 해제하여 L의 명도를 구할 수 없다.

B가 변제기에 채무를 변제하지 않는 경우에는 담보권을 실행할

---

4) 대법원 1985.10.22. 선고 84다카2472,2473 판결에 의하면, 민법 제607조에 위반하지 않는 경우에도 별단의 특약이 없으면 정산절차를 요하는 약한 의미의 양도담보라고 추정하여야 한다고 한다.

5) 대법원 1962.10.11. 선고 62다290 판결.

6) 대법원 1980.7.22. 선고 80다998 판결; 대법원 1987.11.10. 선고 87다카62 판결; 대법원 1995.2.17. 선고 94다38113 판결.

7) 대법원 1977.5.24. 선고 77다430 판결.

수 있는데 그 실행방법으로서는, A가 제3자에게 L을 처분하여 그 처분
가액에서 채권액에 충당하고 나머지를 B에게 반환하는 처분정산형과, L
의 시가를 평가하여 그 소유권을 A에게로 확정적으로 귀속시키고 그 시
가와 채권액과의 차액을 B에게 반환하는 귀속정산형이 있다.[8] 청산시에
L의 평가와 처분은 공정한 가격으로 하지 않으면 귀속정산시에는 소유
권의 취득이 불가능하고,[9] 처분정산시에는 채무불이행으로 손해배상책
임을 부담하게 된다.[10]

그리고 B가 채무를 변제하지 않는 경우 처분정산시에는 정산금
지급전이라도 담보권실행(환가)을 위하여 A는, 사용·수익권이 있는 B는
물론이고 B로부터 L을 임차한 사람에 대해서도 명도를 청구할 수 있으
며, 그 임차인이 전입신고와 입주를 하여 대항력을 갖추었더라도 A의
양도담보설정일(이전등기날짜가 될 것이다)보다 후라면 A의 명도청구에 응
하여야 한다고 한다.[11]

약한 의미의 양도담보에서의 대내적 관계에서는 정산절차(목적
물의 가액과 채권액과의 차액을 채권자가 채무자에게 지급하는 것)를 거쳐야만 L
이 A의 소유로 확정되고, 정산절차를 거치기 전에는 B는 A에게 언제든
지 채무의 원리금을 지급하고 L의 소유권을 다시 찾아올 수 있다.[12]

---

8) 위 2가지 실행방법 중 어느 한 가지로 실행한다는 약정이 없는 경우에는 양도담보권
자는 둘 중 어느 하나를 선택할 수 있다고 할 것이다(대법원 1977.11.22. 선고 77다1513
판결은 위 2가지 중 하나를 선택할 수 있는 것을 전제로 판시하고 있는 것으로 보인다).

9) 대법원 1976.2.24. 선고 75다1608 판결.

10) 대법원 1981.12.22. 선고 81다462 판결은 고의나 과실이 있으면 불법행위책임도
진다고 한다.

11) 대법원 2001.1.5. 선고 2000다47682 판결. 개인적인 견해로는 반대하고 싶다. 저
당권의 경우에는 저당권 설정자는 경매에서 매수인의 대금지급시까지는 계속하여 저당물을
점유·사용할 수 있는데, 양도담보의 경우에는 아직 처분이나 정산이 되지도 않았음에도 담보
물의 명도를 요구할 수 있게 하는 것은 양도담보권자에게 지나치게 큰 권한을 주는 반면 양도
담보 설정자에게 큰 불이익을 주게 된다고 생각한다. 법원으로서는 부동산의 경우 가급적 비
전형담보인 양도담보보다는 전형담보인 저당권을 이용하도록 권장하고 양도담보 설정자의
불이익을 구제하는 측면에서 처분정산시 적어도 양도담보권자의 처분에 양도담보설정자가
협력을 거부하는 등의 사태(예를 들어, 양도담보 설정자가 원매자에게 담보 목적물의 상태를
은폐하거나 보여주지 않는 행위를 하는 경우)로 인하여 처분이 어려운 사정이 있는 때에 한하
여 명도를 청구할 수 있다고 해야 할 것으로 생각한다.

12) 대법원 2005.7.15. 선고 2003다46963 판결. A가 행사하는 가등기 또는 본등기

(2) 대외적 관계

대외적 관계에서는 A가 소유권자이므로[13] A로부터 이전등기를 경료받은 제3자가 악의이든 선의이든, 청산기간 전이든 후이든 소유권을 유효하게 취득하게 된다.[14]

그리고 B로서도 양도담보물에 대하여 점유를 방해하는 제3자가 있으면 자신의 점유권에 기하여 방해배제를 구할 수 있는 것 외에는 소유권자는 대외적으로는 A이기 때문에 A의 권리를 대위하여 행사할 수밖에 없게 된다.

나. 판례에 대한 학설의 태도

이런 판례에 태도에 대하여는 양도담보권자의 임의처분을 양도담보 설정자가 막을 수 없기 때문에 양도담보 설정자의 지위를 현저히 약화시키고 있다는 학설의 비판이 있었고, 양도담보권 설정자의 지위를 강화시키기 위해 양도담보권자를 대외적인 관계에서도 소유권자로 보지 않고 양도담보권이라는 담보권을 가진 자로 보는 학설도 있다.

2. 가등기 담보법의 제정 후의 상황

가. 기존 판례 이론과의 저촉

그 후 가등기담보법이 제정되면서 상황에 변동이 생겼다.

즉 위 법에 따르면 A가 가등기를 하였다가 본등기를 하기 위해서는 청산금을 지급해야만 본등기를 청구할 수 있고 청산금지급의무와 본등기의무는 동시이행관계에 있으며, 이미 본등기를 경료되어 있는 때에는 청산금을 지급한 때에 소유권을 취득하고(위 법 제4조 제1항·제2항), 이렇게 소유권을 취득하지 않은 양도담보권자로부터 선의의 제3자가 이전등기를 경료 받으면 소유권을 취득한다(위 법 제11조 단서)고 규정하고 있으므로 양도담보는 이제는 저당권과 같은 담보권으로 기능하게 되었기 때문이다.

말소청구권은 소유권에 기한 것이므로 소멸시효에 걸리지 않는다(87다카62 판결).

13) 대법원 1971.3.23. 선고 71다225 판결.
14) 대법원 1967.3.28. 선고 67다61 판결.

따라서 기존의 판례이론을 수정하지 않을 수 없게 되었다.

나. 판례와 학설의 대응

가등기담보법에 의하면 양도담보는 담보권으로 기능하게 되는데, 그러면 가등기담보법은 모든 양도담보에 다 적용이 되는가.

이에 대하여는 위 규정이 차용액의 담보를 위한 부동산에만 적용된다고 보는 입장과 위 규정은 모든 양도담보 즉 미등기 부동산을 포함한 모든 부동산, 동산 내지 채권의 경우에도 적용된다는 입장이 있다.

자세한 것은 가등기담보에서 보도록 하고, 결론만 보면 판례는 전자의 입장을 취하나, 많은 학설은 후자의 설을 취하고 있다.[15]

판례와 같이 전자의 입장을 취한다면 기존의 판례이론은 가등기담보법의 적용이 없는 분야에서는 여전히 유효하나, 만일 후자의 입장을 취한다면 기존의 판례이론은 적용의 여지가 없게 될 것이다.

가등기담보법의 적용을 받지 않는 양도담보에 대하여 그 양도담보의 법적 성격을 판례가 어떻게 보고 있느냐에 대하여 학설은, 담보권설을 취하고 있다는 견해와 가등기담보법의 적용을 받는 경우에는 담보권설을 취하지만 그렇지 않은 경우에는 종래와 같이 신탁적 소유권이전설을 취하고 있다는 견해로 나뉘고 있다.

이렇게 견해가 나뉘는 것은 가등기담보법 시행 후에 나온, 가등기담보법이 적용되지 않는 양도담보에 대한 대법원의 판례가 어느 견해에 의하든 해석이 가능하기 때문이다.

즉 B가 A에게 L을 양도담보로 제공한 후 C에게 임대하였고, 그 후 B가 A에게 양도담보의 피담보채권을 변제기에 변제하지 아니하자 A가 C를 상대로 L의 인도를 구한 사안에 대하여 대법원 1991.11.8. 선고 91다21770 판결은 A가 '직접 소유권에 기하여 인도청구를 할 수 없지만, B가 변제기를 도과하여 피담보채무의 이행지체에 빠졌을 때에는 담보계약에 의하여 취득한 L의 처분권을 행사하기 위한 환가절차의 일환으로서 즉, 담보권의 실행으로서 B에 대하여 그 인도를 구할 수 있고,

---

15) 양도담보의 이론을 목적물이 무엇이냐에 따라 다르게 세운다는 것은 논리에 맞지 않는다는 것을 이유로 든다.

제3자인 C가 B로부터 적법하게 L의 점유를 이전받아 있는 경우에도 인도청구를 할 수 있다'고 판시하여 A의 인도청구를 인용했다.[16]

담보권설을 취하는 입장에서는 위 판결에 대해, 이 판결은 A의 C에 대한 인도청구가 A의 소유권에 기한 것인 때에는 인정하지 않고 담보권의 실행절차로서 인정한 것이고 판결의 내용 중에 '담보목적의 범위 내에서 채권자에게 소유권이 이전된다'라는 표현이 있으므로 판례가 담보권설을 취한 것으로 본다.

이에 대하여 신탁적 소유권이전설을 취하는 입장에서는, B에게는 L의 사용, 수익권능이 있으므로 그 권능에 기하여 B가 점유하거나 제3자인 C에게 임대하여 줄 수 있고, 이런 권능이 있는 한 A는 소유권에 기하여 인도청구를 할 수 없고, 단지 처분정산형의 양도담보의 경우에는 예전부터 담보권의 실행을 위하여 채무자인 B에 대해 인도를 청구할 수 있다는 것이 판례의 태도이고, 또 제3자 C의 사용수익권한은 B의 위 권능에 기한 것이므로 B의 위 권능이 A에게 대항할 수 없게 되는 때에는 C도 A에게 대항하지 못하게 되는 것은 당연하고, 또 판례는 동산의 양도담보에 관해서는 가등기 담보법 시행 이후에도 여전히 종래의 이론에 따르고 있는 점에[17] 비추어 가등기담보법의 적용을 받지 않는 양도담보에 대하여 담보권설을 취하고 있다고 볼 수 없다고 한다.

현재 대법원의 태도는 완전히 담보권을 취한 것이라고 단정하기는 어려운 것으로 보이고, 가등기 담보법이 적용되지 않는 양도담보의 경

---

16) 나아가 C가 전입신고도 하고 입주한 경우, 즉 대항력을 갖추고 있어도 B는 인도청구가 가능한가가 문제로 될 수 있는데, 대법원 2001.1.5. 선고 2000다47682 판결은, 양도담보권을 저당권과 비교하여, 저당권이 먼저 설정된 후에 임차인이 대항력을 갖춘 경우 저당권이 실행되면 임차인의 대항력은 저당권에 열위하게 되므로 임차권으로 대항할 수 없는 것과 같이 양도담보권이 먼저 설정된 상태에서 C가 대항력을 갖추게 되더라도 그 대항력은 양도담보권에 열위하여 대항할 수 없다고 판시했다. 이런 설시는 담보권설에 가까운 것이라고 할 것이나, 신탁적 소유권이전설에서도 C의 권한은 A의 권한을 기초로 한 것이므로 A가 그 권한을 잃게 되면 C가 대항력을 갖추더라도 B에게 대항할 수 없고, 이는 B를 소유권자, A를 지상권자로 보아 A로부터 임차권을 설정받은 C는 A의 지상권을 근거로 한 것이므로 A가 지상권을 잃게 되면 소유권자인 B에 대하여 대항할 수 없다고 보는 것과 같은 논리라고 할 수 있을 것이다. 이렇게 본다면 위 판결도 역시 담보권설을 취한 것의 근거인 판례라고 단정하기는 어려울 것이다.

17) 대법원 1999.9.7. 선고 98다47283 판결 등 다수.

우에는 효력에서 보는 바와 같이 담보권설을 취할 경우의 문제점을 고려하면 여전히 앞에서 본 판례의 이론이 적용된다고 보아야 할 것으로 생각한다.

Ⅲ. 성　립

양도담보계약과 목적물에 대한 소유권이전, 즉 소유권이전의 합의(물권적 합의)와 공시방법을 갖추어야 한다. 따라서 부동산의 경우에는 등기, 동산의 경우에는 인도(점유개정도 포함)가 있어야 한다.

부동산의 경우 그 등기원인을 통상 매매로 기재하지만, 양도담보계약을 등기원인으로 기재하는 것도 인정된다.

Ⅳ. 효　력

가등기담보법이 적용되는 양도담보의 효력에 대하여는 가등기담보법에서 보도록 하고 여기서 하는 논의는 가등기담보법이 적용되지 않는 양도담보의 효력에 대한 논의이다.

피담보채권의 범위에 관하여는 일반적으로 당사자 사이에 합의가 되어 있을 것이므로 큰 문제가 없고,[18] 그 외 목적물의 범위에 대해서도 저당권과 같이 생각하면 될 것이다.

또 판례[19]는 양도담보에 대하여 물상대위도 인정하고 있다.

그리고 양도담보권 설정자인 B와 양도담보권자인 A의 관계에 대해서도 앞에서 보았으므로 따로 설명할 것은 없다.

---

18) 대법원 1981.7.28. 선고 81다257 판결은 '채권자가 부동산을 담보로 취득하기 위하여 지급한 등기비용, 취득세, 소개료, 대서료 등 비용은 채권자가 부동산을 담보로 취득하기 위한 것으로 채무자가 부담하기로 한 특약이 없는 한 담보권자인 채권자의 부담'이라고 한다.

19) 대법원 2009.11.26. 선고 2006다37106 판결.

문제는 대외적 소유권자인 양도담보권자가 그 물건을 점유하고 있지 않으므로 제3자와의 관계를 어떻게 설정하느냐에 있다.

이에 대하여는 제3자를 A나 B의 처분에 의하여 어떤 권리를 취득한 자와 다른 일반 채권자로 나누어서 보는 것이 좋다.

1. 양도담보 설정자와 양도담보권자로부터 권리를 취득한 자의 지위

가. 양도담보 설정자로부터 권리를 취득한 자의 지위

부동산의 경우 B가 소유자로 등기되어 있지 않으므로 L의 소유권을 제3자에게 넘기기 위하여 매도하는 행위를 할 수는 없을 것이다. 그러나 그의 사용수익권한 내에서는 제3자인 C에게 임대등의 행위를 할 수는 있다. 다만 B나 임차인인 C는 B가 채무불이행을 하는 경우 A의 담보권의 실행을 위한 인도청구에 응해야 하는 것은 앞에서 본 바와 같다.

동산의 경우는 선의취득이 인정되므로 그 규정이 적용되는 범위 내에서는 부동산과 다른 결과가 된다. 즉 B로부터 동산을 매수한 B'는 선의취득이 인정되면 유효하게 소유권을 취득할 수 있다. 그러나 선의취득이 인정되지 않는다면 A는 소유권자[20]로서 인도청구를 할 수 있을 것이다.

B가 이중으로 제3자에게 양도담보를 설정해준 경우에 대한 법적인 관계는 동산의 선의취득에서 보았으므로 참조하면 좋을 것이다.[21]

채권의 경우에도 선의취득이 인정되는 채권(무기명 채권 등)인 경우에는 동산과 같이 보면 된다.

---

20) 담보권설에 따른다면 양도담보권의 침해로서 양도담보권에 기한 물권적 청구권인 방해배제청구권으로서 A에게로의 반환청구권을 행사하게 될 것이다.

21) 동산의 이중 양도담보의 예를 보면, 판례에서는 나중에 양도담보를 설정받은 사람은 현실적으로 그 동산을 인도받지 못하는 한 아무런 권리도 취득하지 못하게 되는데, 담보권설을 취한다면 그 자도 먼저 양도담보를 설정한 사람보다 후순위인 양도담보를 취득하였다고 보게 되고, 따라서 그 동산의 환가대금에서 선순위 양도담보권자에게 배당하고 남은 금액은 그의 채권에 배당받을 수 있게 될 것이다.

나. 양도담보권자로부터 권리를 취득한 자의 지위

부동산의 경우 판례에 따르면, A가 제3자 A'에게 L을 양도하고 이전등기를 해 주는 경우 A'는 선의 악의를 불문하고 유효하게 소유권을 취득하게 되고, 변제기 전에 양도했다면 B에 대해 채무불이행책임 또는 경우에 따라서는 불법행위책임까지도 지게 된다는 것은 앞서 본 바와 같다.[22]

만일 담보권설에 따른다면 A'가 선의라고 하더라도 등기에 공신력을 인정하지 않는 우리 민법상으로는 소유권이 아닌 양도담보권을 취득하게 된다고 보게 될 것이나, 우리 민법은 담보권에 관하여는 부종성을 엄격하게 요구하고 있으므로 A'에게 양도담보권이 이전되기 위해서는 이전등기와 아울러 피담보채권의 양도라는 절차가 필요할 것인데, 통상은 A'에게 이전등기만을 해 주고 피담보채권의 양도라는 절차는 취해지지 않을 것이고, 또 A'의 의사도 양도담보권을 취득하는 데에 있었던 것이 아니라 소유권의 취득에 있었던 것이기 때문에 양도담보권을 취득한다고 보기도 어려울 것으로 생각한다.

동산의 경우 판례에 의하면 A가 반환청구권의 양도의 형식으로 이전할 수 있고 이 경우 부동산과 마찬가지로 A'의 선의, 악의를 불문하고 소유권을 취득하게 된다고 할 것이다. 만일 담보권설을 취한다면 A'가 양도담보권을 취득한다고 보아야 할 것이나 그와 같이 해석하기에는 앞

---

22) 이에 대하여는 가등기담보법이 적용되지 않는 양도담보에도 가등기담보법을 적용하여야 한다는 입장에서는, 가등기담보법 제11조(이 규정 내용 자체에 대한 반대의견도 있는데, 이는 아래 가등기담보법 항목에서 본다)에 의하여 A'가 선의인 경우에 한하여 소유권을 취득하게 되므로 악의자를 배제할 수 있어 타당한 결과를 도출할 수 있다고 한다. 그러나 A'가 악의인 경우를 보면 가등기담보법에 의한 가등기담보는 담보권으로 보는 것이 통설적 견해이므로 악의의 A'는 등기부에 소유권자로 이전등기가 되어 있으나 가등기담보라는 담보권만을 가진 자로 보아야 할 것이고, 악의의 A'는 통상 L을 소유할 의사로 매수하였을 것이므로 가등기담보에 의하여 담보되는 피담보채권에 대하여는 양도절차를 취하지 않고 있을 것이다. 이렇게 되면 피담보채권은 양도담보권자인 A가 가지고, 그 담보권인 가등기담보는 A'가 가지고 있는 셈이 되어 이는 담보물권의 부종성의 원칙에 어긋나 A'명의 등기는 무효라고 보아야 할 것이다. 이렇게 보면 L의 소유자는 A가 악의의 A'에게 L을 양도하는 바람에 가등기담보가 없는 물건의 소유자가 되는 망외의 이득을 올리게 될 것이다. 이는 정당한 것이라고 보기 어렵다. 따라서 가등기담보법의 적용범위를 가등기담보법 제1조에서 규정한 범위로 한정하는 판례의 태도에 찬성한다.

에서 본 바와 같은 어려운 점이 있다.

2. 양도담보 설정자와 양도담보권의 일반채권자의 지위

가. 양도담보 설정자의 일반채권자의 지위

부동산의 경우 판례에 의하면, F의 채권자들은 등기부상 소유자가 A로 되어 있으므로 L에 대하여 압류를 할 수 없으므로 이들과 A 사이에 어떤 문제가 발생할 여지는 없을 것이다.

만일 담보권설에 의하면 B의 일반채권자들은 A명의의 등기가 양도담보임을 증명하여 압류를 할 수 있다고 보아야 할 것이다.

동산의 경우에는 B가 점유하고 있으므로 B의 채권자들은 그 동산이 F의 소유인 것으로 생각하여 압류 등의 집행을 할 수 있다. 이때 A는 그 동산의 소유권이 자신에게 있음을 이유로 제3자 이의를 하여 그 압류집행을 취소할 수 있다.[23]

그런데 판례[24]는 양도담보권자는 집행증서에 의한 담보목적물에 대한 이중 압류의 방법으로 배당절차에 참가하여 선행한 동산압류에 의하여 압류가 경합된 양도담보권설정자의 일반채권자에 우선하여 배당을 받을 수도 있다고 하는데, 신탁적 양도설을 취하는 한 이런 배당요구권한까지 인정하는 것은 무리라고 생각한다.

만일 담보권설을 취한다면 B의 일반채권자도 압류를 할 수 있고, 다만 A보다 후순위로서 배당을 받게 될 것이다.

나. 양도담보권자의 일반채권자의 지위

부동산의 경우 판례에 의하면, L의 소유권은 양도담보권자인 A에게 있으므로 A의 일반채권자들은 압류를 할 수 있을 것이고, 그 압류집행에 의하여 경매되게 되면 A가 타에 처분한 것과 같이 보아 A는 B에 대하여 채무불이행책임 내지는 경우에 따라 불법행위책임까지도 질 수 있다.

만일 담보권설에 의하면, A의 채권과 양도담보권을 압류하여야 할

---

23) 대법원 1994.8.26. 선고 93다44739 판결.
24) 대법원 2004.12.24. 선고 2004다45943 판결.

것이므로 저당권부 채권에 대한 압류절차를 취하여야 할 것이다. 그러나 통상은 A명의로 된 L에 대한 부동산에 대한 압류절차를 취하게 될 것인데 이것이 유효한 것인가가 문제로 될 수 있을 것이고, 담보권설을 철저히 따른다면 그런 압류절차는 무효라고 보아야 할 것이다.

동산의 경우 판례에 따르면 A의 채권자들은 B가 점유하고 있지만 A의 소유라는 것을 증명하여 그 동산을 압류할 수 있을 것이다.

만일 담보권설을 취한다면, A가 B에 대하여 가지는 것은 동산에 대한 소유권이 아니고 피담보채권과 양도담보권이므로 피담보채권과 양도담보권을 압류하는 채권집행절차를 취하여야 할 것이다.

Ⅴ. 특수한 양도담보

1. 집합물의 양도담보

앞서 물권의 종류에서 물건항에서 본 집합물(뱀장어와 관련한 88다카 20224 판결)의 예를 보듯이 집합물에 대하여도 양도담보를 설정할 수 있는 것으로 보고 있다.

이런 집합물에 대하여는 앞에서는 특정성과 관련하여 보았으나, 그 외에도 이를 법적으로 어떻게 구성할 것인지와 일물일권주의와의 관계에서도 문제가 될 수 있다.

먼저 그 법적 구성에 대하여 본다.

집합물에는 식당 내의 가구와 식기 등의 모든 비품과 같이 그 구성물에 변동이 없는 경우(고정 집합물)가 있고, 뱀장어의 판례와 같이 그 구성물에 변동이 있는 경우(유동 집합물)가 있다. 고정 집합물의 경우에는 각각의 하나의 물건에 양도담보가 이루어졌다고 법적 구성을 하면 별 문제는 없을 것이다. 문제는 목적물이 계속 바뀜에도 불구하고 양도담보의 객체로서 동일성이 있다고 할 것인지에 있다.

이에 대하여는 개개의 물건상에 양도담보가 설정되고 그 전체가 집합물의 양도담보라고 보는 입장(분석적 구성)과, 집합물을 전체로서 1개의 물건으로 구성하고 그 물건 위에 양도담보가 설정된다고 보는 입장(집합물론적 구성)이 있다. 전자의 입장에서는 개개의 물건이 집합체에 들어오면 그와 동시에 양도담보물로 되지만 집합체에서 나가게 되면 양도담보의 목적물이 아닌 것으로 된다는 계약이 있었던 것으로 보게 된다. 이 입장은 일물일권주의에는 부합하나 너무 기교적이고 번잡하다는 비판이 있다.

그래서 판례는 집합물론적인 구성을 취하고 있다. 판례와 같은 집합물론적인 구성에는 일물일권주의에 반한다는 비판이 있다. 즉 뱀장어의 예를 들어 보면 뱀장어 1마리는 하나의 물건이면서 동시에 전체 집합물인 뱀장어 전체의 집합물의 구성물이 되어 일물일권주의에 반한다는 것이다. 그러나 하나의 물건이라는 것은 거래관념상의 개념에 불과한 것이라고 할 것이다. 즉 자동차의 타이어는 1개는 독립된 1개의 물건으로 볼 수 있지만 어떤 경우에는 자동차 1대의 부속품에 불과하다고 볼 수도 있기 때문이다. 이렇게 본다면 집합물론적 구성이 일물일권주의에 반한다고 볼 수는 없을 것이다.

그리고 또 문제가 되는 것은 양도담보 설정자의 소유가 아닌 물건이 집합물에 들어온 경우에 양도담보권의 효력이 미치는가인데, 동산의 경우에 양도담보권자는 점유개정으로는 소유권을 취득할 수 없으므로 집합물에 양도담보 설정자 소유가 아닌 물건이 혼입되면 양도담보권은 그 물건에는 효력이 미치지 않고, 실제로 양도담보권자가 양도받았을 때에 선의취득을 할 수 있다. 따라서 원 소유자는 양도담보권자가 선의취득하지 전까지는 반환을 청구할 수 있을 것이다.

이런 집합물론적 구성에 의하면, 양도담보계약을 한 이후에는 개별적인 구성물건이 변동이 되더라도 양도담보는 현재 잔존하고 있는 물건에 그 효력이 미치고, 이렇게 변동하는 구성물건 중에서 구체적으로 어떤 물건에 양도담보권의 효력이 미치는가는 양도담보권자가 실행의사를 가지고 양도담보 설정자의 반출행위를 그만두도록 요구한 때에 그 집합물의 범위에 속해 있었던 개별적 구성물에 미친다고 볼 것이다. 이는 마치 근저당권에 있어서 근저당권의 확정에 의하여 담보되는 피담보채권과 그 금액이 정해지는 것과 같이 생각하면 좋을 것이다. 이렇게 본다면 다른 채권자가 그 집합물에 대하여 압류를 하는 경우 압류권자와 양도담보권의 우열은 압류시기와 양도담보 설정시기와의 선후에 의하여 그 우열이 결정될 것이다.

2. 집합 금전 채권의 양도담보

요즘에는 장래의 채권을 양도담보로 제공하는 경우도 적지 않다.

예를 들면 의사가 장래 의료보험공단으로부터 받을 진료비채권을 대출받은 은행에 담보로 제공한다든지, 건설업체가 장래 도급업자로부터 받을 공사대금을 담보로 은행에 돈을 빌린다든지, 부동산 임대업을 하는 회사가 건물에 입주하고 있거나 장래 입주할 임차인의 임료채권을 담보로 은행으로부터 돈을 빌리는 등의 경우이다.

이때 문제가 되는 것은 장래채권에 대하여 양도가 가능한가 하는 문제이다.

이에 대하여 대법원 1991.6.25. 선고 88다카6358 판결은 '장래 발생할 채권이라도 현재 그 권리의 특정이 가능하고 가까운 장래에 발생할 것임이 상당한 정도로 기대되는 경우에는 채권양도의 대상이 될 수 있다'고 판시하여 권리의 특정이 가능하고, 가까운 장래에 발생할 상당한 가능성이 있어야만 가능하다고 보고 있다.[25]

그런데 '채권이 가까운 장래에 발생할 상당한 가능성'이 있는지 여부에 대하여는 판단이 달라질 수 있어 장래채권에 대하여는 선뜻 양도담보의 목적물로 하기는 어렵고, 또 대항요건을 갖추기 위해서는 제3채무자에 대한 통지가 있어야 하므로 앞서의 예처럼 아직 계약조차 되지 아니한 임차인의 장래 임료를 담보로 하기도 어렵게 된다.

그리하여 우리나라는 동산·채권 등의 담보에 관한 법률(2010.6.10. 공포)을 제정하여 2012. 6. 11.부터 시행하고 있다.

위 법은 담보등기제도를 도입하여 장래 취득할 동산 및 채권을 집

---

25) 이런 대법원의 입장에 대하여는 채권의 특정이 가능하면 양도가 가능하고, 굳이 장래에 발생할 가능성을 그 요건으로 할 필요가 없다는 유력한 견해가 있다. 장래의 발생가능성은 양도인과 양수인 사이에 채무불이행의 문제로 해결하면 되지 굳이 그 양도를 무효로 할 필요는 없다는 것이다. 자세한 것은 채권총론에 넘긴다.

합물로 하여 담보등기부에 기재함으로써 담보로 제공할 수 있도록 하고 있다.

동산의 경우 복수의 동산이나 장래 취득할 동산이라도 목적물의 종류, 보관장소, 수량을 정하거나 이와 유사한 방법으로 특정할 수 있으면 설정이 가능하다고 한다.

채권의 경우 금전지급을 목적으로 하는 지명채권(수개의 채권 및 장래의 채권 포함)을 담보로 하는 것을 인정하고, 장래의 것은 채권의 종류, 발생원인, 발생 연월일을 정하는 등의 방법으로 특정하여 담보로 할 수 있도록 하고, 채무자가 특정되지 않더라도 담보할 수 있도록 하고 있다.

여기서 특이한 점은 판례와 달리 장래 채권에 대하여 '가까운 장래에 발생할 것임이 상당한 정도로 기대되는 경우'의 요건은 제외하고 있고, 제3채무자가 특정되지 않아도 되며, 담보등기가 동산담보와 달리 제3채무자 이외의 제3자에 대한 대항요건이고,[26] 제3채무자에게 통지할 수 있는 자는 담보권설정자 외에 담보권자도 할 수 있다는 점 등에 있다.

또 위 법에 의하면 2개 이상의 지적재산권도 담보제공할 수 있도록 하고 있다.

VI. 소　멸

양도담보 목적물이 소멸하게 되면 양도담보권도 소멸하게 되고, 양도담보 설정자가 피담보채권을 변제하게 되면 양도담보권도 소멸하게 된다.

그러면 양도담보 설정자가 가지는 양도담보권의 말소등기청구권은 어떤 권리인가에 관하여 검토가 필요하다.

앞서 본 바와 같이 양도담보 설정자가 가지는 위 권리는 소유권에

---

26) 제3채무자가 특정되지 않은 상태에서도 채권을 담보로 제공할 수 있기 때문이다.

기한 권리로서 소멸시효에 걸리지 않고, 양도담보권자가 정산절차를 마칠 때까지는 언제든지 피담보채권을 변제하고 이전등기의 말소를 구하여 자기 명의의 등기로 환원시킬 수 있으며, 피담보채권의 변제는 위 말소등기청구권과 동시이행관계가 아니고 선이행관계임에 주의해야 한다.

　이런 점은 다음에 나올 가등기담보법과 비교하여 생각하면 좋을 것이다.

제11장 가등기담보

Ⅰ. 의 의

앞서 본 바와 같은 양도담보에서는 양도담보권자의 처분에 대하여 제3자는 선의, 악의를 불문하고 소유권을 취득하고, 처분정산시에는 담보권 실행을 위하여 명도청구를 할 수 있는 등으로 양도담보설정자의 지위가 약화되어 있었다.

그리하여 양도담보 설정자자의 지위를 강화시키기 위하여 가등기담보법(이하 가담법이라 한다)을 제정하여 1984. 1. 1. 이후 양도담보계약이 체결되는 경우에는 가담법을 적용하도록 하고 있다.

Ⅱ. 법적 성격과 적용범위

1. 법적 성격

가담법이 적용되는 양도담보는 담보물권으로 보는 것이 통설적 견해이다.

2. 적용범위

판례는 가담법의 적용을 받는 양도담보는 가담법 제1조에서 정한 것처럼 '차용물의 반환'에 관한 것이어야 하고, 대물변제하는 재산의 예약 당시 가액이 차용액의 원리금을 초과하는 경우에 적용된다고 본다.

따라서 차용물이 아닌 공사잔대금의 지급을 담보하기 위하여 체결된 양도담보계약,[1] 매매계약에 따른 소유권이전등기청구권 보전을 위한 가등기를 매매계약 해제에 따른 대금반환채무를 담보하는 담보가등기로 유용하기로 당사자 사이에 합의한 경우,[2] 채권자가 낙찰자로서의 권리를 포기하는 대가로 채무자가 지급하기로 약정한 금원을 담보하기 위하여 가등기가 경료된 경우[3]에는 가담법이 적용되지 않는다고 보고 있다.

이에 반하여 일부 학설은 모든 양도담보에 다 적용된다고 보고 있다.

> **<예 11-1>** 판례의 입장을 따를 경우 매매대금채권과 대여금 채권, 이 두 채권 모두를 담보하기 위하여 가등기담보를 설정하면 가담법의 적용을 받는 것인가.

판례에 의하면 가등기에 의하여 담보되는 채권 중 매매대금 채권이 42억원, 대여금 채권이 6억원이었던 사안에서 가등기의 주목적이 매매대금 채권의 확보에 있었고 대여금 채권의 확보는 부수적 목적이었고 매매대금 채권이 가등기의 피담보채권액의 대부분을 차지하고 있었다고 보아 가담법의 적용이 될 수 없다고 보았고,[4] 두 채권이 병존하다가 매매대금채권이 변제 등의 사유로 소멸하여 대여금 채권만이 남게 되면 가담법이 적용된다고 하며,[5] 매매대금채권을 피담보채권으로 한 양도담보권설정계약 후 대여금채권이 그 피담보채권에 포함되더라도 가담법의 적용이 될 수 없다고 했다.[6]

이러한 판례의 태도는 담보권 실행시를 기준으로 피담보채무에 대여금 채무 이외에 다른 채무가 일부라도 포함되어 있으면 가담법은 적용이 될 수 없다는 태도인 것으로 추측된다.

사견으로는 앞서 양도담보에서 본 것처럼 동산이나 채권 등에도 가등기 담보법이 적용된다고 보면 담보물권의 부종성과 관련하여 제3자에게 처분한 경우에 문제가 생기는 점을 감안하면 차용금 채무를 담보하

---

1) 대법원 1996.11.15. 선고 96다31116 판결.
2) 대법원 1996.11.29. 선고 96다31895 판결.
3) 대법원 1998.6.23. 선고 97다1495 판결.
4) 대법원 2002.12.24. 선고 2002다50484 판결.
5) 대법원 2004.4.27. 선고 2003다29968 판결.
6) 대법원 2001.3.23. 선고 2000다29356,29363 판결.

기 위한 가등기담보가 아니라면 가담법이 적용되지 않는다는 판례의 태도에는 기본적으로 찬성하고 싶다. 그러나 이런 판례의 태도를 엄격하게 취하면 채무자를 보호하려는 가담법의 입법취지와 달리 가담법의 적용범위를 상당히 좁히는 셈이 되어 채무자를 제대로 보호하지 못하게 된다. 따라서 적어도 가등기 담보 설정시 또는 양도담보 설정시에 양 당사자가 대여금 채무를 담보하기 위하여 가등기나 본등기를 한 것이라면 그 후에 대여금 채무 외의 채무가 피담보채무에 부가되더라도 가등기 담보설정시의 양 당사자의 의사는 가담법에 의한 적용을 예상하였던 것이므로 가담법의 적용을 받게 하는 것이 맞지 않을까 생각한다.

가담법의 적용은 가등기나 본등기가 가능해야 하므로 등기를 할 수 없는 미등기 부동산에는 가담법이 적용될 수 없을 것이고 동산, 채권 등의 양도담보에는 가담법이 적용되지 않는다고 보아야 할 것이다.

Ⅲ. 성 립

가등기담보 설정자와 가등기담보권자 사이에 가등기담보계약 내지는 양도담보계약과 가등기 또는 이전등기를 함으로써 성립한다.

본래 청구권보전을 위한 가등기의 경우에는 가등기인 상태에서는 아무런 효력이 없다는 것이 판례의 태도이나 가등기담보의 경우에는 가담법에 의하여 가등기인 상태에서도 우선변제권이 인정된다(가담법 제16조).

Ⅳ. 효 력

1. 일반적 효력

피담보채권의 범위와 목적물의 범위는 저당권과 같이 보아 민법 제360조,[7] 민법 제358조가 적용된다.

---

7) 가담법 제3조 제2항을 근거로 한다.

　　판례에 의하면 피담보채권과 관련하여 가등기 이후에 발생하는 채권도 가등기부동산의 피담보채권이 범위에 포함시키기로 하는 약정은 가능하고,[8) 가등기를 경료하고 금원을 대여한 후에 다시 추가로 대여한 대여금에 대하여도 별도의 담보제공이 되어 있거나 반대의 특약이 없는 한 조리상 당사자의 의사는 기존의 가등기 부동산의 피담보채권의 범위에 포함시키려는 의사라고 해석하여야 한다고 하며,[9) 그러나 가등기 담보권의 설정 후에 후순위 권리자나 제3취득자 등 이해관계자가 생긴 후 기존의 가등기담보권에 피담보채권을 추가하거나 피담보채권의 내용을 변경, 확장하는 경우에는 그 부분은 이해관계 있는 제3자에 대하여 우선권을 주장할 수 없다고 한다.[10)

2. 목적물의 이용관계

　　가담법에 의하면 가등기담보권의 실행을 하기 전까지는 대내적으로나 대외적으로나 소유권이 설정자에게 있다. 이 부분은 기존의 양도담보에 관한 판례의 이론과 다르다.

　　따라서 차용금 채무의 담보를 위하여 가등기에 기하여 본등기를 하거나 처음부터 본등기를 한 경우에도 가담법의 적용을 받기 때문에 대외적으로도 소유권은 설정자에게 있다(가담법 제4조 참조).

3. 가등기담보권의 실행

　　가등기담보권자는 담보권의 실행방법으로 사적 실행과 경매에 의한 실행, 이렇게 두 가지가 있고, 둘 중 하나를 선택할 수 있다.

　　가담법의 적용이 없는 양도담보의 경우에는 사적 실행방법으로 귀속정산형과 처분정산형이 있고, 별다른 특약이 없으면 위 두가지 실행방법 중에 선택할 수 있으나, 가담법에서는 귀속정산형만을 규정하고

---

8) 대법원 1993.4.13. 선고 92다12070 판결. 이런 약정은 근가등기담보라고 할 수 있을 것이다. 그런데 근가등기담보는 근저당권과 같이 채권최고액이 등기부에 공시되지 않으므로 후순위 권리자가 불이익을 받을 우려가 있다.

9) 대법원 1989.4.11. 선고 87다카992 판결.

10) 대법원 2011.7.14. 선고 2011다28090 판결.

있으므로 사적 실행을 선택하게 되면 귀속정산만이 가능하다고 보아야
할 것이다.[11]

가. 사적 실행절차

사적 실행절차는 귀속정산을 하게 되는데, 이는 곧 담보물의 소유
자로부터 담보물을 매수하는 것과 유사하므로, 담보물의 대금 중에서
채무자에게 대여한 자금은 공제하고 그 나머지 금액을 담보물의 소유자
에게 지급하는 것이라고 생각하면 된다. 담보물의 소유자에게 지급할
금액을 계산할 때는 A보다 선순위 담보권자가 있으면 그 선순위의 담보
권의 피담보채무를 가등기담보권자가 인수하는 것으로 하여 공제하도록
하고 있다.

> **<예 11-2>** A가 B에게 3천만원을 대여하고 담보로 B의 L부동산(평
> 가액 7천만원이라 한다)에 가등기를 경료해 두었는데, L에는 A보다 선
> 순위로 C 명의의 1번 저당권(피담보채무가 2천만원이라고 한다)이, A
> 보다 후순위로 D의 2번 저당권(피담보 채무가 1천만원이라고 한다)이
> 있는 경우 청산절차는 어떻게 되는가.

(1) 통지에서 청산까지

B가 A에게 변제기까지 변제를 하지 않은 경우 귀속정산을 실행
하려면 먼저 B(물상보증인, 제3취득자도 포함)에게 실행하겠다는 통지를 해
야 한다. 그 통지의 내용에는 L의 평가액에서 통지할 때까지의 피담보
채권의 원리금을 공제한 잔액(이하 청산금이라 한다)이 포함되어야 한다(가
담법 제3조, 제4조).

청산금 산정시 선순위 담보권의 피담보채권액은 B가 인수하는
것이므로 L의 평가액에서 공제하여야 하는 것은 당연할 것이고, B에게
도 L에 대한 본등기나 실행을 막기 위한 기간을 주어야 하므로 통지가
B에게 도달한 날로부터 2개월(이하 청산기간이라 한다)이 지나야 실행할 수
있다.[12]

---

11) 대법원 2002.12.10. 선고 2002다42001 판결.
12) 대법원 1995.4.28. 선고 94다36162 판결은 채무자, 물상보증인, 제3취득자 중 1

그리고 B의 실행은 L에 대한 후순위권리자(후순위 전세권자 및 후순위 가등기 담보권자도 포함)도 아래에서 보는 바와 같이 이해관계가 많기 때문에 B 외 이런 이해관계자들에게도 B에게 통지하였다는 사실과 통지의 내용 및 도달일을 통지하여야 한다.

청산기간이 지나면 그때서야 A는 B에 대하여 가등기에 본등기를 청구할 수 있고(따라서 본등기가 되어야만 물권변동이 생겨 A가 소유권자가 된다),[13] 이러한 A의 B에 대한 본등기청구권과 L의 인도청구권은 A의 B에 대한 청산금 지급의무와 동시이행관계에 있다고 한다(가담법 제4조).[14]

따라서 A는 B에게 통지할 때, L의 평가액이 7천만원, 선순위 담보권자의 피담보채권액이 2천만원, A의 피담보채권액이 3천만원(계산의 편의상 이자는 제외하기로 한다), 청산금이 2천만원이라는 내용이 그 통지내용에 기재되어 있어야 한다.

만일 L의 평가액을 7천만원보다 적은 6천만원으로 기재하거나 그보다 많은 8천만원으로 기재하여 보낸 통지는 통지로서 유효한가.

L의 평가를 제대로 하는 일은 일반인으로서는 쉽지 않고, 또 그 금액이 틀리다고 하여 A가 변제하고 있지도 않은 상황에서 청산기간이 진행하지 않는다고 보는 것은 채권자에게 불리하다. 그리하여 이와 같이 그 금액이 적정한 시가와 맞지 않는다고 하여 청산기간이 도과하지 않는다고 보기 힘들고 청산기간은 진행한다고 보아야 할 것이다. 그렇다고 하여 그 금액의 상이함이 아무런 효과를 가지는 것은 아니고 가담법에 의하면 다음과 같은 효력은 가진다.

인에게라도 통지를 누락하게 되면 청산기간이 진행하지 않기 때문에 설사 청산금을 L의 소유자에게 지급하였더라도 B는 본등기를 청구할 수 없고, 양도담보의 경우에는 B가 소유권자로 될 수 없다고 한다.

13) 이미 본등기가 되어 있는 경우, 즉 가담법이 적용되는 양도담보의 경우에는 가담법 제4조 제2항에 의하여 이전등기가 되어 있더라도 B는 소유권자가 아니다. 이렇게 이전등기가 되어 있는 경우는 처음부터 가등기 없이 이전등기를 하고 돈을 차용하는 양도담보의 형식을 취한 경우와, 가등기를 해 두면서 A의 협력없이 본등기를 할 수 있도록 제소전 화해를 해 두고 변제기가 도래하면 B가 위 제소전 화해조서를 이용하여 본등기를 해가는 경우가 있다.

14) 본래 가등기담보가 담보권이라고 하면 피담보채권의 변제가 선이행되어야 할 것인데, 가담법은 양도담보 설정자를 보호하기 위하여 동시이행관계라고 보고 있다. 귀속정산을 매매에 준하는 것으로 본다면 동시이행의 관계로 보는 것이 타당할 것이다.

시가보다 많은 8천만원으로 기재한 경우, 통지한 후에는 A가 적정한 시가가 그보다 적다고 다툴 수 없도록 하고 있다(가담법 제9조). 이는 아래에서 보는 것처럼 후순위 권리자는 L의 평가액이 8천만원인 것으로 알고 청산금을 산정하여 경매청구 등의 권리를 행사하지 않고 그 행사기간을 도과시켰는데 나중에 적정 시가가 통지액보다 적다고 하여 다투는 것을 인정하면 후순위 권리자의 예상 청산금과 달리 적어질 가능성이 있어 부당하고, 채권자가 그 금액까지는 자신이 부담할 용의가 있다는 의사를 표시한 것으로 보아야 할 것이기 때문일 것이다. 다만 아래에서 보는 바와 같이 후순위권리자가 경매를 신청하여 사적 실행이 되지 않고 경매가 되는 경우에는 채권자는 이와 같은 구속력에서 벗어난다.[15]

다음으로 시가보다 적은 6천만원으로 기재한 경우에는 A로서는 동시이행항변권을 주장하여 정상적인 시가인 7천만원에서 공제한 청산금을 지급받을 때까지는 본등기나 L을 인도해 줄 수 없다고 항변할 수 있다.[16]

만일 L의 평가액이 5천만원으로서 청산금이 없는 경우에도 통지를 해야 하는가. 이에 대하여 가담법은 통지를 하도록 하고 있다(가담법 제3조 제1항 단서). L의 소유자인 B로서는 A가 사적 실행과 경매 중 어느 실행방법을 택할지 알 수 없고 따라서 통지도 없고 경매도 하지 않으면 실행하였는지를 알 수 없기 때문일 것이다. 이와 같이 통지를 하지 않으면 청산기간은 진행하지 않게 된다.

(2) 후순위 권리자의 권리행사

선순위 권리자는 A가 담보권을 실행하더라도 그 부담을 그대로 인수하기 때문에 소유권자가 B에서 A로 바뀐다고 하여 권리상 아무런 손해가 없다.

---

15) 후순위 권리자가 신청한 경매가 변제가 되어 경매가 취소되거나, 무잉여로 취소가 되면(민사집행법 제91조 제1항) 경매절차는 이루어지지 않게 되어, 가등기담보권자는 다시 사적 실행을 할 수도 있다. 가등기담보권자가 통지의 구속력에서 해방되는 것은 이때 의미가 있을 것이다.

16) 대법원 1996.7.30. 선고 96다6974,6981 판결.

그러나 후순위 권리자는 가등기담보를 저당권과 같은 담보권으로 보는 이상 청산을 해야 하게 된다. 즉 A가 사적 실행을 하게 되면 후순위 권리자인 D의 권리는 소멸하게 되므로 D의 입장에서는 담보물을 상실하게 되는 결과를 초래한다. 이런 불이익을 방지하기 위하여 D에게 B가 A로부터 받을 청산금에 대하여 어떤 권리를 행사할 수 있도록 하는 방도를 찾아야 한다.[17]

그리하여 후순위 권리자는 B에게 통지된 청산금액의 범위 내에서 청산금이 지급될 때까지 그 권리를 행사할 수 있다(가담법 제5조 제1항).

이 경우 채권자는 이와 같이 권리를 행사한 후순위 권리자에게 청산금을 지급하여야 하고 이렇게 지급하게 되면 그 범위에서 청산금 채무는 소멸하게 된다.

특히 그 후순위 권리자가 가등기담보권자보다는 후순위이지만 대항력을 갖춘 임차인이라면 청산금의 범위 내에 동시이행항변권을 행사할 수 있다. 이를 인정하지 않는다면 A로서는 B가 점유하고 있으면 청산금을 지급함과 동시에 L을 인도받을 수 있지만, 임차인이 점유하고 있으면 청산금의 지급 없이도 L을 인도받을 수 있게 되어 형평에 반하기 때문일 것이다.

이와 같은 후순위 권리자의 권리행사를 보장하게 하기 위하여, 채무자는 청산기간 동안에 청산금에 대하여 양도나 그 밖의 처분을 하지 못하도록 하고, 그럼에도 불구하고 이런 처분을 하게 되면 그 처분은 후순위 권리자에게 대항하지 못하도록 하고 있으며, 채권자도 청산기간 동안에 청산금을 지급하지 못하게 하고 있다(가담법 제7조).

앞의 예에서 A가 D에게의 통지를 누락하고 B를 상대로 본등기를 청구하거나 B에게 청산금을 지급하고 본등기를 하게 되면 D는 청산금이 없어졌으므로 청산금에 대하여 권리를 행사할 수 없는가.

판례는 A가 B에 대하여 본등기를 청구하는 것은 후순위 권리자가 존재한다는 사실에 의하여 방해받지 않는다고 하고 있고,[18] 다만 D

---

17) 이는 마치 물상대위를 상기하게 만든다.
18) 대법원 1996.7.12. 선고 96다17776 판결. 따라서 청산금 지급과 동시에 본등기를 하라고 하거나, 후순위 권리자가 권리를 행사하지 않았다면 반대채권으로 청산금 채권과 상

에게는 통지 없이 B에게 청산금을 지급한 경우에는 D는 아직 청산금이 소멸하지 않은 것으로 보아 권리행사를 할 수 있다고 보고 있다.[19)]

D가 A로부터 통지를 받았으나, A가 평가한 L의 시가가 너무 적다고 생각하는 경우에는 어떤 방도가 있는가, 즉 A가 L의 평가금액을 5천만원으로 평가를 하게 되면 선순위 저당권자인 C의 채권액인 2천만원과 A 자신의 채권액 3천만원에 충당하면 B에게 지급되어야 할 청산금은 없게 되고, 따라서 D도 권리를 행사하지 못하게 된다. 이 경우 B가 L의 시가를 너무 적게 평가하였다고 이의를 제기하여 동시이행항변권을 주장하는 등의 조치를 취해 주면 좋겠으나 이를 제기하지 않는 경우에는 D로서는 불이익을 입게 된다.

가담법 제12조 제2항은 이런 경우에는 후순위 권리자인 D에게 변제기가 도래하지 않았더라도 청산기간 내에 경매를 청구할 수 있는 권한을 부여하여 불이익을 피할 수 있게 하였다.

(3) 채무자의 말소등기청구권

채무자 B는 변제기가 도래하더라도 A가 정산을 완료하기 전까지는 피담보채권을 변제하고 A명의의 가등기와 본등기의 말소를 청구할 수 있는 것은 당연할 것이다.

문제는 A가 가등기를 했다가 변제기에 변제가 없다는 이유로 특약에 따라 본등기를 한 경우에는 채권액에 대물변제되었다고 판단하여 아무런 조치를 취하지 않는 경우가 많고, 특히나 L이 채권의 원리금에 미달한 때에는 일부 변제에 충당된 것으로 보고 아무런 정산절차를 취하지 않는 경우가 종종 있다.

이런 경우에도 채무자는 말소등기청구권이 있는가.

<예 11-3> A가 2000. 1. 1. B에게 6천만원을 대여하면서 다음과 같이 합의를 하였다.
위 대여금 담보로 B 소유 L부동산에 관해 위 대여금 6천만원을 매매대금으로 하는 매매예약을 체결하고, 2000. 6. 30.까지 6

계하고 본등기를 청구할 수 있을 것이다.
19) 대법원 2002.12.10. 선고 2002다42001 판결.

천만원을 변제하기로 하되, 그날까지 변제하지 못하면 그 다음
날 예약완결의 의사표시가 있는 것으로 하여 A가 이를 매수한
것으로 보며, 위 매매예약에 따른 소유권이전등기 청구권을 보
전하기 위하여 가등기를 경료해 주기로 한다.
그리하여 2000. 1. 10. L에 대하여 A 앞으로 가등기가 되었고,
그 후 A와 B는 2000. 6. 30.까지 6천만원을 지급하지 아니하면
위 가등기에 기한 본등기를 한다는 제소전 화해를 하였다.
그런데 2000. 6. 30.이 되어도 B가 6천만원을 변제하지 아니하
자 2000. 7. 15. A가 제소전 화해조서를 이용하여 본등기를 했
고, 2000. 1. 1. 당시 L의 시가는 4천만원 정도였다.
여기서 A는 B를 상대로 대여금 6천만원에서 L의 시가 4천만원
을 공제한 2천만원을 청구한 경우 어떻게 될 것인가.[20]

이에 대해 원심은 '2000. 1. 1. 예약 당시 담보로 제공된 목적
물의 가액이 채무원리금을 초과하면 그 매매예약은 민법 제607조, 제
608조에 위반되어 무효이고, 다만 이에 기한 소유권이전등기만이 정산
절차를 요하는 양도담보의 효력을 가지게 되어 채권자는 정산 후 목적
물의 가액에서 채권액을 충당하고도 나머지가 있으면 채무자에게 이를
반환할 의무를 부담한다 할 것이나, 이와 반대로 매매예약 당시의 목적
물의 가액이 채무원리금을 초과하지 아니하는 경우에는 반대의 특약이
없는 한 그 매매예약은 적법유효하고 그 예약의 내용대로 채무불이행의
사실이 있으면 예약완결의 의사표시가 있는 것으로 되어 매매의 효력이
발생하고, 그 가등기에 기하여 본등기를 함으로써 채무전액은 소멸하고
채권자는 목적부동산의 소유권을 완전히 취득하며 그 후 정산관계는 남
지 않는다'는 법률론을 전개한 뒤 '위 사안에서는 L의 가액이 채무원리
금을 초과하지 않고 있고 위와 같은 반대의 특약이 있었다는 주장과 입
증이 없으므로 위 6천만원의 대여금 채권은 A가 L에 관하여 가등기에
기한 본등기를 하여 자기에게 귀속시킴으로써 모두 소멸하였다'고 보아
A의 청구를 기각하였다.

---

20) 대법원 1985.10.22. 선고 84다카2472,2473 판결 사안을 변형한 것이다.

그러나 대법원은 다음과 같은 이유로 위 판결을 파기환송했다.

'채권의 담보로서 부동산에 관하여 매매예약의 형식을 빌어 가등기를 하고 또 제소전화해에 기하여 이에 관한 소유권이전본등기를 한 경우에 있어서 그것이 어떤 형태의 담보계약인지는 개개의 사건마다 구체적으로 당사자의 의사를 탐구하여 확정하여야 할 것이나, 별단의 특약이 인정되지 아니하는 경우 이는 채권자가 변제기 도과 후 위 부동산의 소유권을 확정적으로 자기에게 귀속시키거나 또는 이를 타에 처분하여 그 대금으로써 채권원리금에 충당하고 잔여가 있으면 이를 채무자에게 반환하고 부족이 있으면 이를 채무자에게 청구할 수 있는 이른바 정산절차를 요하는 약한 의미의 양도담보라고 추정함이 타당하고 이는 담보목적물의 매매예약 당시 시가가 채권원리금에 미달한다 하여 달리 볼 것은 아니다'는 법률론을 전개하면서. 위 사안에 대하여는 'L에 관한 가등기가 채권담보의 목적으로 경료된 것임은 원심이 확정한 바이고 또 화해조서기재에 의하면 위 가등기에 기한 소유권이전본등기도 역시 채권담보의 목적으로 경료한 것임을 알 수 있으므로 다른 별단의 약정이 인정되지 않는 이상 이는 약한 의미의 양도담보라고 보아야 할 것이며, 다만 부동산매매예약서에 이 사건 채무원리금인 금 6천만원이 매매대금으로 되어 있고 B가 변제기까지 위 금액을 지급지 않을 때는 그 다음 날 A가 매매완결의 의사표시를 한 것으로 보아 그 소유권을 취득한다는 취지의 기재가 있다 하더라도 이 사건 매매예약은 원심이 본 것처럼 채권담보를 위한 가등기를 경료함에 있어 형식상 체결한 것에 불과하므로 이로써 정산절차를 배제하는 특약이 있었다고는 볼 수 없다 할 것이다' 고 하여 대여금 채권이 소멸하지 않았다고 보았다.

위 사안은 매매예약 당시의 L의 시가가 차용액과 이에 붙인 이자의 합산액수를 초과하지 않고 있었기 때문에 가담법은 적용이 되지 않는 사안이고, 이런 경우 위 대법원의 판단에 따른다면 A가 L의 소유권을 취득하기 위해서는 설사 청산금이 없다고 하더라도 정산절차를 취해야만 할 것인데, 이를 하지 않고 있으므로 여전히 채권전액은 잔존하고 있으므로 A는 채권 전액에 대하여 청구를 할 수 있을 것이다.

한편 B로서도 아직 정산절차가 종료된 것은 아니기 때문에 A에게 그동안의 원리금을 변제하고 A명의의 가등기와 본등기의 말소를 구하여 L에 대하여 자기명의의 등기를 회복시킬 수 있다. 이런 소송은 개발계획의 발표로 L의 지가가 급등하여 그동안의 원리금을 변제하고도 이익이 될 때 B가 취하는 방법으로서 실무에서는 종종 문제가 되는 사안이다.[21]

그러면 언제까지 A는 L의 소유권을 되찾아올 수 있는가.

가담법이 적용되지 않는 경우에는 A의 위 청구권은 소유권에 기한 것이어서 소멸시효에 걸리지 않는다고 보고 있으나, 가담법 제11조는 채무의 변제기가 지난 때로부터 10년이 지나거나 선의의 제3자가 소유권을 취득한 경우에는 말소청구를 하지 못한다고 규정하고 있으므로, A가 정산절차를 취하지 않는 한 변제기로부터 10년이 지나기 전이거나 A가 선의의 제3자에게 L을 양도하여 이전등기하기 전까지는 말소등기청구를 할 수 있다고 할 것이다.

가등기담보를 담보권으로 보게 된다면 피담보채권은 10년이 소멸시효가 걸리므로[22] B로서는 10년간을 기다렸다가 아무런 정산절차를 취하지 않고 있는 A를 상대로 피담보채권이 소멸되었다는 이유로 A의 가등기 및 본등기의 말소를 구할 수 있다고 하는 것은 타당하지 않으므로 10년이 지나면 B에게 위 청구권을 인정하지 않고 있는 것이다.

'선의의 제3자가 소유권을 취득한 경우'에도 B에게 말소청구권을 인정하지 않는데, 이 규정에 대해서는 그 규정 문언과 내용에 대하여 비판이 있다. 가등기담보를 담보권으로 보면서 선의의 제3자가 이전등

---

21) 대법원 1998.4.10. 선고 97다4005 판결.

22) 대법원 2009.11.12. 선고 2009다51028 판결은 피담보채권의 지연손해금에 대한 변제조로 가등기담보권자로 하여금 담보목적물을 사용수익하게 한 경우에 피담보채권의 소멸시효가 진행되느냐와 관련하여 '담보가등기를 경료한 부동산을 인도받아 점유하더라도 담보가등기의 피담보채권의 소멸시효가 중단되는 것은 아니지만 채무의 일부를 변제하는 경우에는 채무 전부에 관하여 시효중단의 효력이 발생하는 것이므로, 채무자가 채권자에게 담보가등기를 경료하고 부동산을 인도하여 준 다음 피담보채권에 대한 이자 또는 지연손해금의 지급에 갈음하여 채권자로 하여금 부동산을 사용·수익할 수 있도록 한 경우라면, 채권자가 부동산을 사용·수익하는 동안에는 채무자가 계속하여 이자 또는 지연손해금을 채권자에게 변제하고 있는 것으로 볼 수 있으므로 피담보채권의 소멸시효가 중단된다고 보아야 한다'고 하였다.

기를 받았다고 하여 소유권을 취득하게 하는 것은 등기의 공신력을 인정하지 않는 우리 법제와 맞지 않는다는 것이다. 또 선의의 제3자가 소유권을 취득하게 되면 당연히 가등기담보 설정자는 말소등기청구권을 행사하지 못하는 것은 당연한 것이므로 그 표현을 '선의의 제3자에게 이전등기가 되었을 경우'라는 것으로 바꿔야 한다는 등의 비판이 있다.

나. 경매청구권

가담법 제12조 제1항은 가등기담보권자에게 저당권과 같이 경매청구권을 인정하고 있다. 그러나 가등기담보권자가 사적 실행을 선택하여 사적 실행을 착수한 이후에는 경매청구권을 행사할 수 없으나[23] 다만 일단 사적 실행에 착수하였으나 청산금을 지급하지 아니한 상태에서는 B의 다른 일반 채권자는 경매신청을 할 수 있고, 이렇게 경매신청이 되었으면 이때에는 가등기담보권자는 사적 실행을 할 수 없다. 이 경우에 가등기 담보권자에게 경매신청권을 인정해야 할 것이다. 왜냐하면 이를 인정하지 않으면 선행하는 경매절차가 정지되게 되면 가등기담보권자는 그 권리를 실행할 수 있는 방법이 없기 때문이다.

경매가 되는 경우의 가등기담보권자의 지위는 저당권과 같이 생각하면 된다.

4. 제3자가 신청한 경매절차에서의 지위

B의 일반 채권자가 강제경매를 신청하거나 후순위 권리자가 경매를 신청한 경우에 있어 가등기담보권자인 A는 저당권자와 같이 취급하면 된다.

다만 등기부에 A명의로 가등기가 되어 있는 경우 경매법원으로서는 그 가등기가 채권의 담보를 위한 것인지 아니면 소유권 이전등기청구권을 보전하기 위한 것인지, 담보를 위한 것이면 피담보채권은 얼마인지를 알 수 없으므로 경매법원에 신고하도록 하고 있고, 신고를 하지 않으면 배당을 받을 수 없고 말소된다(가담법 제16조 제2항).

---

23) 이를 인정하게 되면 청산금의 구속력의 규정은 무의미하게 될 것이다.

제12장 소유권 유보부 매매

Ⅰ. 의 의

소유권 유보부 매매는 물건을 매매함에 있어 매도인이 매매목적물을 매수인에게 인도하면서 대금완납시까지 소유권을 매도인에게 유보하기로 특약한 것을 말하는데, 통상은 일정기간 동안 분할하여 일정기마다 계속하여 대금을 지급하게 된다.

이런 방식은 소비자의 구매력을 증대시키는 효과가 있다.

Ⅱ. 법적 성격

소유권은 매도인에게 유보되어 있다가 매매대금의 완납을 정지조건으로 하여 소유권이 매수인에게 이전된다고 하는 정지조건부 소유권이전설과, 처음부터 소유권이 매수인에게 이전되고 매도인은 미납 대금을 피담보채권으로 하는 양도담보권을 갖는다는 견해도 있다.

판례[1]는 전자의 견해를 취하여 매매대금을 완납하면 정지조건이 완성되어 별도의 의사표시 없이 바로 소유권이 매수인에게 이전된다고 한다.

소유권 유보부 매매에서는 당사자 사이에는 소유권을 유보하는 실질적인 의미는 매매대금의 담보에 있기 때문에 양도담보로서의 기능을 하고 있다. 따라서 소유권 유보부 매매에 있어서도 양도담보의 법리를

---

1) 대법원 2010.2.11. 선고 2009다93671 판결.

참조할 필요는 있을 것이다.

Ⅲ. 성 립

매매 당사자의 의사의 합치와 목적물의 이전이 있어야 성립한다. 통상의 목적물은 동산일 것이다.

부동산도 소유권유보부 매매의 대상이 되는가에 대하여 견해가 나뉘나, 판례[2]는 '부동산과 같이 등기에 의하여 소유권이 이전되는 경우에는 등기를 대금완납시까지 미룸으로써 담보의 기능을 할 수 있기 때문에 굳이 위와 같은 소유권유보부매매의 개념을 원용할 필요성이 없으며, 일단 매도인이 매수인에게 소유권이전등기를 경료하여 준 이상은 특별한 사정이 없는 한 매수인에게 소유권이 귀속되는 것이라고 하고, 아울러 동산이기는 하나 부동산과 마찬가지로 등록에 의하여 소유권이 이전되는 자동차, 중기, 건설기계 등은 등록이 부동산 등기와 마찬가지로 소유권이전의 요건이므로, 역시 소유권유보부매매의 개념을 원용할 필요성이 없다'고 판시하고 있어 부정설의 입장에 가까운 것으로 보인다.

Ⅳ. 효 력

1. 대내적 효력

매수인은 소유자가 아니나 목적물을 점유하면서 사용·수익권한을 가진다. 따라서 목적물이 불가항력으로 멸실되더라도 매수인은 대금을 지급할 의무가 있다고 할 것이다.

일정한 경우[3] 그 효력에 대하여는 할부거래에 관한 법률이 적용될 수 있는데, 위 법에 의하면 계약 전에 할부조건을 명시하고 고지하여야

---

2) 대법원 2010.2.25. 선고 2009도5064 판결.
3) 위 법은 대금을 2개월 이상의 기간에 걸쳐 3회 이상 나누어 지급하고, 목적물의 대금을 완납하기 전에 동산의 인도를 받기로 하는 경우에 적용된다.

하며(제5조), 계약은 서면으로 하여야 하고(제6조), 계약 후에라도 일정기간까지 계약을 철회할 수 있다(제8조).

2. 대외적 효력

매수인이 할부대금을 완납하지 하지 않은 상태에서 제3자에게 처분하면, 매수인은 소유권자가 아니므로 제3자가 선의취득하지 않은 이상은 소유권을 취득하지 못한다.

매도인이 처분하게 되면 제3자는 유효하게 소유권을 취득하게 될 것이나, 매수인에 대하여 매도인은 채무불이행책임을 지게 될 것이다.

매도인의 채권자는 목적물은 매도인의 소유이므로 그 목적물에 대하여 강제집행을 할 수 있지만, 매수인의 채권자는 목적물에 대하여 강제집행을 할 수 없고, 매수인의 채권자가 압류하게 되면 매도인은 제3자 이의의 소를 제기할 수 있다.

Ⅴ. 소유권 유보의 실행

매도인은 매수인이 대금을 지급하지 않으면 소유권자로서 목적물의 반환을 청구할 수 있을 것이다.

> <예 12-1> A는 100만원의 컴퓨터를 B에게 매월 10만원씩 10개월 지급하기로 하는 소유권유보부 매매를 하였고, B가 컴퓨터를 인도받아 사용하면서 7회분까지는 할부대금을 지급했으나 8회분 이후의 대금을 지급하지 않았다. 이런 경우 A는 어떻게 해야 하는가.

할부매매를 양도담보와 같은 담보권으로 생각하여 양도담보와 대비하여 생각하면 A로서는 담보권의 실행으로서 컴퓨터의 인도를 청구할 수 있다고 할 것이고, 또 다른 방법으로는 할부대금의 미지급이라는 채무불이행을 소유권유보부 매매를 해제하고 소유권에 기하여 컴퓨터의 반환을 청구할 수도 있을 것이다. 해제를 한다면 소유권유보부 매매가 아니라도 소유권에 기한 반환을 청구할 수 있을 것이다.

이처럼 컴퓨터의 반환만을 생각한다면 굳이 해제를 하지 않아도 가능하다. 그러나 소유권유보부 해제를 하지 않으면 A로서도 소유권유보부 매매에 기한 반대채무를 이행해야 할 책임을 부담할 수도 있으므로 해제를 하는 것이 좋을 것으로 생각된다.

이와 같이 해제를 하게 되면 원상회복의 의무가 생기므로 B는 A에게 컴퓨터를 반환해야 할 의무가 생기고, A는 B에게 지급받은 할부대금 70만원을 반환해야 할 의무가 생기게 될 것이다. 그러나 컴퓨터는 이미 7개월간 B가 사용하였으므로 중고품이 되어 가치가 떨어지게 된다. 만일 컴퓨터의 가치가 떨어져 50만원이 되었다면 A는 B에 대하여 가치가 떨어진 부분에 해당하는 금액인 50만원에 대하여 손해배상을 청구할 수 있을 것이다. 이 경우 A는 B에 대하여 위 손해배상채권 50만원으로 반환할 할부대금채권 70만원을 상계하게 되면 A는 B에게 20만원만을 반환하면 될 것이다.

참고로 할부거래에 관한 법률에 의하면, 해제하는 경우 매도인이 매수인에게 반환을 청구할 수 있는 금액을 제한하고 있다(제12조). 예를 들면 할부거래 대상물의 반환 등 원상회복이 된 경우에는 통상적인 사용료와 계약체결 및 그 이행을 위하여 통상 필요한 비용의 합계액을 초과하지 못한다. 다만 할부가격에서 할부거래 대상물이 반환된 당시의 가액을 공제한 금액이 그 사용료와 비용의 합계액을 초과하는 경우에는 그 공제액을 한도로 한다고 규정하고 있다(제12조 제2항 제1호).

Ⅵ. 소 멸

할부대금을 완납거나, 제3자가 선의취득하여 소유권이 이전되거나, 매도인이 소유권유보를 포기하거나, 할부대금채무가 시효로 소멸하는 경우 등에 소멸하게 된다.

찾아보기

〈사항색인〉

가공   117
가등기   57
가등기담보   314
간이인도   68
간접점유   89
견련관계   192
경매권(질권실행)   210
경매청구권   326
계약명의신탁   152
공동소유   132
공동저당   279
공유   133
공유물분할   134
공장재단   295
과실   231
과실수취권   200
관습법상의 법정지상권   253
관습상의 법정지상권   161
광업재단저당   295
구분건물   43
구분소유적 공유   142
구분지상권   161
권리질권   216
근저당권   287

대세권   5
대인권   5
동산저당   296

동산질권   205
등기권리자   50
등기명의신탁   151
등기부 취득시효   127
등기의무자   50
등기인수청구권   62

말소등기   47
말소회복등기   51
명의신탁   150
목적물 사용권   200
목적물반환청구권의 양도   68
무인성 이론   26
무효등기의 유용   60
물건   10
물권   3
물권적 청구권   17
물상대위   234

반환청구권   18
발견   110
방해예방청구권   18
방해제거청구권   18
법정지상권   244
부기등기   61
부종성   223
부합   111
부합물   230

분묘기지권 161
비용상환청구권 97, 200
상대권 5
상린관계 106
생활방해 107
선의취득 70
선점 110
소멸청구 177
소멸통고 177
소유권 106
소유권 유보부 327
습득 110
승낙전질 214

압류 235
양도담보 297
우선변제효력 207
유동 집합물 10
유인성 이론 26
유치권 188
이전등기 45
일괄경매청구 258
일물일권주의 10
1부동산 1용지주의 38
입목저당 295

자주점유 86
저당권 222
저당부동산 261
전세권 165
전세권 저당권 179
전질권 211
절대권 5
점유개정 68

점유권 85
점유보조자 90
점유보호청구권 100
점유자 91
종물 230
주위토지통행권 108
준공동소유 149
준점유 104
중간생략등기 54
중복등기 41
지배권 5
지상권 156
지역권 162
질권 204
집합물 10
집합물의 양도담보 309

채권 4
책임전질 212
첨부 110
청구권 5
총유 145
추정력 90
취득시효 117

타주점유 86
특수지역권 164

합유 144
현실의 인도 68
혼동 81
혼화 117
회복자 91

〈판례색인〉

대법원 1962.10.11. 선고 62다290 판결　300

대법원 1963.2.21. 선고 62다913 판결　111

대법원 1965.3.30. 선고 64다1977 판결　195

대법원 1965.4.22. 선고 65다268 전원합의체판결　138

대법원 1965.12.7. 선고 65다1617 판결　294

대법원 1966.2.15. 선고 65다2189 판결　128

대법원 1966.6.7. 선고 66다600, 601 판결　196

대법원 1966.7.19. 선고 66다994 판결　96

대법원 1967.2.27. 선고 66다2228 판결　21

대법원 1967.3.28. 선고 67다61 판결　302

대법원 1967.7.18. 선고 67다954 판결　128

대법원 1968.1.31. 선고 67다2007 판결　162

대법원 1968.3.5. 선고 67다2786 판결　198

대법원 1968.7.31. 선고 68다1102 판결　139

대법원 1968.9.17. 선고 68다1142,68다1143 판결　139

대법원 1968.9.30.자 68마890 결정　260

대법원 1969.2.18. 선고 68도906 판결　111

대법원 1969.3.18. 선고 68다1617 판결　52

대법원 1969.5.27. 선고 68다725 판결　17

대법원 1969.11.25. 선고 66다1565 판결　27

대법원 1969.11.25. 선고 69다1592 판결　197

대법원 1970.2.24. 선고 69다967 판결　56

대법원 1970.4.14. 선고 70다171 판결　139

대법원 1970.4.28. 선고 70다103 판결　292

대법원 1971.3.23. 선고 71다225 판결　302

대법원 1971.4.6. 선고 71다26 판결　295

대법원 1972.5.23. 선고 72다485,486 판결　295

대법원 1973.5.31.자 73마283 결정　175

대법원 1974.10.26.자 74마440 결정　262

대법원 1974.12.10. 선고 74다998 판결　262

대법원 1975.1.28. 선고 74다1564 판결　77

대법원 1975.4.8. 선고 73다29 판결　239

대법원 1975.11.11. 선고 75다82 판결　134

대법원 1975.12.23. 선고 75다533 판결   32
대법원 1976.2.24. 선고 75다1608 판결   301
대법원 1976.5.11. 선고 75다1305 판결   194
대법원 1976.9.28. 선고 76다582 판결   193
대법원 1976.10.26. 선고 76다1184 판결   178
대법원 1976.10.26. 선고 76다2079 판결   59, 100, 266
대법원 1976.10.29. 선고 76다1623 판결   181
대법원 1977.4.13.자 77마90 결정   175
대법원 1977.5.24. 선고 75다1394 판결   26
대법원 1977.5.24. 선고 77다430 판결   300
대법원 1977.6.7. 선고 76다3010 판결   63
대법원 1977.6.28. 선고 77다47 판결   122
대법원 1977.7.26. 선고 76다388 판결   248
대법원 1977.11.22. 선고 77다1513 판결   301
대법원 1979.1.16. 선고 78다1648 판결   42
대법원 1979.1.30. 선고 78다2088 판결   139
대법원 1979.2.13. 선고 78다2412 판결   17
대법원 1979.5.22. 선고 79다239 판결   64
대법원 1979.6.26. 선고 79다639 판결   118
대법원 1979.8.21. 선고 79다783 판결   262
대법원 1979.9.25. 선고 77다1079 전원합의체판결   155
대법원 1979.9.25. 선고 79다343 판결   52
대법원 1979.11.13. 선고 79다483 전원합의체판결   27
대법원 1980.5.27. 선고 80다565 판결   27
대법원 1980.7.8. 선고 79다1928 판결   24, 90
대법원 1980.7.8. 선고 80다790 판결   96
대법원 1980.7.22. 선고 80다998 판결   300
대법원 1980.8.26. 선고 79다1 판결   127
대법원 1980.12.9. 선고 79다634 전원합의체판결   153
대법원 1981.7.7. 선고 80다2643,2644 판결   112
대법원 1981.7.28. 선고 81다257 판결   305
대법원 1981.9.8. 선고 80다1468 판결   224
대법원 1981.9.8. 선고 80다2873 판결   252
대법원 1981.11.10. 선고 80다2712 판결   295

대법원 1981.12.8. 선고 80다2821 판결　112
대법원 1981.12.22. 선고 80다2910 판결　73
대법원 1981.12.22. 선고 81다462 판결　301
대법원 1982.6.22. 선고 81다791 판결　64
대법원 1982.6.22. 선고 81다1298,1299 판결　256
대법원 1982.7.13. 선고 81다254 판결　55
대법원 1983.2.22. 선고 80다589 판결　112
대법원 1983.5.10. 선고 81다187 판결　21
대법원 1983.7.12. 선고 82다708,709, 82다카1792,1793 전원합의체판결　119
대법원 1984.9.11. 선고 83다카2245 판결　252
대법원 1985.2.8. 선고 84다카921,922 판결　109
대법원 1985.4.9. 선고 84다카130,131 판결　57
대법원 1985.4.9. 선고 84다카1131,1132 전원합의체판결　251
대법원 1985.5.28. 선고 84다카2188 판결　149
대법원 1985.10.22. 선고 84다카2472,2473 판결　300, 323
대법원 1986.11.11. 선고 86누173 판결　13
대법원 1987.1.20. 선고 86다카1547 판결　284
대법원 1987.4.28. 선고 86다카2856 판결　258
대법원 1987.6.23. 선고 86다카2188 판결　247
대법원 1987.11.10. 선고 87다카62 판결　300
대법원 1988.1.19. 선고 87다카1315 판결　166
대법원 1988.2.23. 선고 87다카961 판결　138
대법원 1988.9.27. 선고 88다카4017 판결　19
대법원 1988.10.25. 선고 87다카1564 판결　246
대법원 1988.11.8. 선고 87다카2188 판결　63
대법원 1988.12.6. 선고 87다카2733 판결　123, 124, 126
대법원 1989.4.11. 선고 87다카992 판결　317
대법원 1989.4.11. 선고 88다카8217 판결　123
대법원 1989.7.11. 선고 88다카21029 판결　171
대법원 1989.9.12. 선고 88다카10517 판결　143
대법원 1989.12.26. 선고 87다카2176 전원합의체판결　128
대법원 1990.5.8. 선고 90다684,90다카3307 판결　21
대법원 1990.5.8. 선고 90다카1097 판결　64
대법원 1990.6.26. 선고 89다카5673 판결　52

대법원 1990.6.26. 선고 89다카26915 판결   292
대법원 1990.11.27. 선고 89다카12398 전원합의체판결   49
대법원 1990.11.27. 선고 87다카2961,87다453 전원합의체판결   42
대법원 1990.12.26. 선고 88다카20224 판결   11
대법원 1990.12.26. 선고 90다카24816 판결   237
대법원 1991.4.23. 선고 91다5761 판결   55
대법원 1991.4.26. 선고 90다19985 판결   246
대법원 1991.6.25. 선고 90다14225 판결   123
대법원 1992.3.10.자 91마256,91마257 결정   175
대법원 1992.3.31. 선고 91다39184 판결   61
대법원 1992.4.10. 선고 91다45356, 91다45363 판결   257
대법원 1992.5.26. 선고 91다28528 판결   299
대법원 1992.7.14. 선고 92다534 판결   149
대법원 1992.9.22. 선고 92다22602,22619(반소) 판결   88
대법원 1992.11.27. 선고 92다40785 판결   292
대법원 1993.1.19. 선고 91다1226 전원합의체판결   147
대법원 1993.3.26. 선고 91다14116 판결   102
대법원 1993.4.13. 선고 92다12070 판결   317
대법원 1993.4.13. 선고 92다24950 판결   230
대법원 1993.5.14. 선고 92다45025 판결   95
대법원 1993.6.8. 선고 92다18634 판결   144
대법원 1993.11.10.자 93마929 결정   113
대법원 1993.12.14. 선고 93다22906 판결   108
대법원 1993.12.21. 선고 91다41170 판결   17
대법원 1993.12.21. 선고 92다47861 판결   203
대법원 1994.1.24.자 93마1736 결정   258
대법원 1994.1.25. 선고 93다16338 판결   49
대법원 1994.3.22. 선고 93다9392,9408 전원합의체판결   136
대법원 1994.5.10. 선고 93다25417 판결   284
대법원 1994.8.26. 선고 93다44739 판결   308
대법원 1994.9.9. 선고 94다4592 판결   97, 201
대법원 1994.11.11. 선고 94다35008 판결   138
대법원 1994.11.22. 선고 94다5458 판결   256
대법원 1994.12.9. 선고 94다27809판결   19

대법원 1995.2.10. 선고 94다18508 판결　167
대법원 1995.2.17. 선고 94다38113 판결　300
대법원 1995.3.28. 선고 93다47745 전원합의체판결　126
대법원 1995.4.7. 선고 93다54736 판결　135
대법원 1995.4.28. 선고 94다36162 판결　318
대법원 1995.6.9. 선고 94다13480 판결　128
대법원 1995.6.13.자 95마500 결정　283
대법원 1995.6.30. 선고 95다12927 판결　99
대법원 1995.7.11. 선고 94다4509 판결　123
대법원 1995.8.11. 선고 94다58599 판결　264
대법원 1995.9.15. 선고 94다61144 판결　250
대법원 1995.9.18.자 95마684 결정　180, 181
대법원 1995.9.29. 선고 94다4912 판결　154
대법원 1995.9.29. 선고 95다22849 판결　39
대법원 1996.3.8. 선고 95다34866,34873 판결　125
대법원 1996.3.21. 선고 93다42634 전원합의체판결　158
대법원 1996.3.22. 선고 95다55184 판결　233
대법원 1996.6.14 선고 96다14036 판결　161
대법원 1996.6.28. 선고 96다3982 판결　56
대법원 1996.7.12. 선고 96다17776 판결　321
대법원 1996.7.30. 선고 95다30734 판결　64
대법원 1996.7.30. 선고 96다6974,6981 판결　320
대법원 1996.8.23. 선고 95다8713 판결　203
대법원 1996.10.17. 선고 96다12511 전원합의체판결　43, 128
대법원 1996.11.15. 선고 96다31116 판결　315
대법원 1996.11.29. 선고 96다31895 판결　315
대법원 1996.12.10. 선고 94다43825 판결　123
대법원 1997.2.28. 선고 96다495 판결　292
대법원 1997.3.28. 선고 96다51875 판결　118
대법원 1997.7.25. 선고 97다8403 판결　265
대법원 1997.7.27. 선고 98다47528 판결　21
대법원 1997.8.21. 선고 95다28625 전원합의체판결　121
대법원 1997.9.9. 선고 96다16896 판결　37
대법원 1997.11.25. 선고 97다29790 판결　228

대법원 1998.1.23. 선고 97다43406 판결　52
대법원 1998.3.13. 선고 95다30345 판결　145
대법원 1998.3.24. 선고 97다56242 판결　61
대법원 1998.3.27. 선고 97다32680 판결　71
대법원 1998.4.10. 선고 97다4005 판결　325
대법원 1998.4.24. 선고 96다30786 판결　90
대법원 1998.4.28.자 97마2935 결정　259
대법원 1998.6.23. 선고 97다1495 판결　315
대법원 1998.9.4. 선고 98다20981 판결　166
대법원 1998.9.22. 선고 98다12812 판결　237
대법원 1998.9.22. 선고 98다29568 판결　64
대법원 1998.9.25. 선고 98다22543 판결　55
대법원 1998.10.13. 선고 98다12379 판결　242
대법원 1998.10.27. 선고 97다26104, 26111 판결　55
대법원 1998.11.10. 선고 98다34126 판결　270
대법원 1998.11.19. 선고 98다24105 전원합의체판결　61
대법원 1999.1.26. 선고 97다48906 판결　75
대법원 1999.2.5. 선고 97다33997 판결　173
대법원 1999.3.18. 선고 98다32175 판결　126
대법원 1999.4.20.자 99마146 결정　259
대법원 1999.7.9. 선고 97다53632 판결　130
대법원 1999.7.23. 선고 99다25532 판결　260
대법원 1999.7.27. 선고 98다35020 판결　15
대법원 1999.7.27. 선고 98다47528 판결　18
대법원 1999.9.7. 선고 98다47283 판결　304
대법원 1999.9.17. 선고 98다31301 판결　171, 179, 182
대법원 1999.9.21. 선고 99다26085 판결　221, 290
대법원 2000.3.16. 선고 97다37661 전원합의체판결　87, 120
대법원 2000.3.24. 선고 98도4347 판결　152
대법원 2000.6.9. 선고 99다15122 판결　174
대법원 2000.12.26. 선고 2000다54451 판결　294
대법원 2001.1.5. 선고 2000다47682 판결　301
대법원 2001.1.16. 선고 2000다51872 판결　13
대법원 2001.1.19. 선고 2000다44911 판결　292

대법원 2001.2.9. 선고 2000다60708 판결   63
대법원 2001.3.13. 선고 99다17142 판결   161
대법원 2001.3.15. 선고 99다48948 전원합의체판결   224
대법원 2001.3.23. 선고 2000다29356,29363 판결   315
대법원 2001.5 29. 선고 99다66410 판결   156
대법원 2001.6.13.자 2001마1632 결정   260
대법원 2001.7.13. 선고 2001다17572 판결   118
대법원 2001.9.20. 선고 99다37894 전원합의체판결   26, 49
대법원 2001.9.20. 선고 2001다8677 전원합의체판결   140
대법원 2001.10.9. 선고 2000다51216 판결   55
대법원 2001.11.9. 선고 2001다47528 판결   290
대법원 2001.11.9. 선고 2001다51336 판결   168
대법원 2002.2.5. 선고 2001다72029 판결   64
대법원 2002.2.27.자 2000마7937 결정   53
대법원 2002.3.15. 선고 2001다61654 판결   152
대법원 2002.4.26. 선고 2001다8097,8103 판결   101
대법원 2002.5.14. 선고 2002다9738 판결   136
대법원 2002.5.24. 선고 2002다7176 판결   264
대법원 2002.6.20. 선고 2002다9660 전원합의체판결   162, 252, 253
대법원 2002.7.12. 선고 2001다53264 판결   279
대법원 2002.8.23. 선고 99다66564,66571 판결   99
대법원 2002.8.23. 선고 2001다69122 판결   172
대법원 2002.10.11. 선고 2002다33137 판결   241
대법원 2002.10.11. 선고 2002다33502 판결   34
대법원 2002.11.22. 선고 2001다6213 판결   93
대법원 2002.11.26. 선고 2001다73022 판결   290
대법원 2002.12.10. 선고 2002다42001 판결   318, 322
대법원 2002.12.24. 선고 2002다50484 판결   315
대법원 2002.12.26. 선고 2000다21123 판결   153
대법원 2003.4.11. 선고 2001다12430 판결   292
대법원 2003.4.11. 선고 2003다3850 판결   259
대법원 2003.4.11. 선고 2003다5016 판결   62
대법원 2003.7.15.자 2003마353 결정   259
대법원 2003.7.25. 선고 2001다64752 판결   100

대법원 2003.9.5. 선고 2001다32120 판결   154

대법원 2003.9.5. 선고 2003다26051 판결   245

대법원 2003.10.10. 선고 2001다77888 판결   279

대법원 2003.11.13. 선고 2002다57935 판결   19

대법원 2003.11.14. 선고 2001다61869 판결   96

대법원 2003.12.18. 선고 98다43601 전원합의체판결   249, 259

대법원 2003.12.26. 선고 2002다61934 판결   160

대법원 2004.4.27. 선고 2003다29968 판결   315

대법원 2004.6.11. 선고 2004다13533 판결   246, 247

대법원 2004.6.25. 선고 2003다46260,53879 판결   168

대법원 2004.7.22. 선고 2004다10183,10190 판결   135

대법원 2004.9.24. 선고 2004다31463 판결   129, 131

대법원 2004.11.12. 선고 2004다22858 판결   11

대법원 2004.12.24. 선고 2004다45943 판결   76, 77, 308

대법원 2004.12.24. 선고 2004다52798 판결   234

대법원 2005.3.25. 선고 2003다35659 판결   36, 171, 172, 173, 182

대법원 2005.4.29. 선고 2005다3243 판결   275

대법원 2005.5.12. 선고 2005다1827 판결   137

대법원 2005.5.26. 선고 2002다43417 판결   64, 123

대법원 2005.6.10. 선고 2002다15412,15429 판결   62

대법원 2005.7.15. 선고 2003다46963 판결   301

대법원 2005.8.19. 선고 2005다22688 판결   196

대법원 2005.9.15. 선고 2004다44971 전원합의체판결   146

대법원 2005.9.29. 선고 2003다40651 판결   138

대법원 2006.1.26. 선고 2005다17341 판결   262

대법원 2006.2.9. 선고 2005다59864 판결   168, 186

대법원 2006.4.20. 선고 2004다37775 전원합의체판결   148

대법원 2006.5.12. 선고 2005다75910 판결   129

대법원 2006.6.29. 선고 2004다3598,3604 판결   141

대법원 2006.6.30. 선고 2000다15944 판결   148

대법원 2006.10.27. 선고 2005다14502 판결   291

대법원 2006.11.9. 선고 2004다67691 판결   14

대법원 2007.9.7. 선고 2005다16942 판결   197

대법원 2007.11.29. 선고 2007다64167 판결   137

대법원 2008.1.17. 선고 2006다586 판결　276
대법원 2008.3.13. 선고 2006다29372,29389 판결　166
대법원 2008.4.10. 선고 2007다78234 판결　283
대법원 2008.5.15. 선고 2007다74690 판결　153
대법원 2008.5.30.자 2007마98 결정　115
대법원 2009.1.15. 선고 2008다58367 판결　225
대법원 2009.1.15. 선고 2008다70763 판결　196, 199
대법원 2009.2.26. 선고 2008다4001 판결　229
대법원 2009.5.14. 선고 2008다17656 판결　239
대법원 2009.5.28. 선고 2006다42818 판결　272
대법원 2009.5.28.자 2008마109 결정　284
대법원 2009.5.28. 선고 2009다4787 판결　61
대법원 2009.6.11. 선고 2009다8802 판결　108
대법원 2009.7.9. 선고 2009다21386 판결　62
대법원 2009.7.16. 선고 2007다15172,15189 전원합의체판결　123, 125
대법원 2009.9.24. 선고 2009다15602 판결　70
대법원 2009.9.24. 선고 2009다40684 판결　200
대법원 2009.10.15. 선고 2009다43621 판결　220
대법원 2009.10.29. 선고 2006다37908 판결　135
대법원 2009.11.12. 선고 2009다51028 판결　325
대법원 2009.11.26. 선고 2006다37106 판결　305
대법원 2009.12.10. 선고 2009다41250 판결　282
대법원 2009.12.10. 선고 2009다54294 판결　137
대법원 2010.1.14. 선고 2009다66150 판결　113
대법원 2010.1.14. 선고 2009다67429 판결　138
대법원 2010.2.11. 선고 2009다93671 판결　327
대법원 2010.2.25. 선고 2009도5064 판결　328
대법원 2010.2.25. 선고 2009다83933 판결　114
대법원 2010.4.15. 선고 2008다41475 판결　283
대법원 2010.7.29. 선고 2008다18284,18291판결　271, 278
대법원 2010.9.9. 선고 2007다42310,42327 판결　148
대법원 2010.9.9. 선고 2010다37905 판결　135
대법원 2010.10.28. 선고 2010다52799 판결　151, 154
대법원 2010.11.25. 선고 2010다58957 판결　118

대법원 2010.12.23. 선고 2008다57746 판결   34
대법원 2011.1.13. 선고 2010다67159 판결   248
대법원 2011.6.15.자 2010마1059 결정   199
대법원 2011.7.14. 선고 2011다28090 판결   317
대법원 2011.8.18. 선고 2011다30666,30673 판결   285
대법원 2011.10.13. 선고 2011다55214 판결   195
대법원 2011.11.24. 선고 2009다19246 판결   199
대법원 2011.12.22. 선고 2011다84298 판결   199
대법원 2012.1.12.자 2011마2380 결정   194
대법원 2012.2.16. 선고 2010다82530 전원합의체판결   150
대법원 2012.3.15. 선고 2011다54587 판결   259
대법원 2012.5.17. 선고 2011다87235 전원합의체판결   219
대법원 2012.9.13. 선고 2010도11665 판결   275
대법원 2013.1.17. 선고 2010다71578 전원합의체판결   14
대법원 2013.4.11. 선고 2009다62059 판결   256
대법원 2012.5.17. 선고 2010다28604 전원합의체판결   17
대법원 2012.10.18. 선고 2010다52140 전원합의체판결   254
대법원 2012.11.29. 선고 2011도7361 판결   152

저자 약력

서울대학교 법과대학 졸업
사법시험 합격
부산지방법원, 인천지방법원, 서울가정법원 판사 역임
변호사 개업(법무법인 천지인 구성원 변호사)
현 중앙대학교 법과대학 교수
"저당권자의 물상대위"(2012) 외 논문 다수

물 권 법

초판인쇄   2013. 7. 25
초판발행   2013. 8. 10

저 자   황 경 웅
발행인   황 인 욱
발행처   도서출판 오 래
　　　　서울특별시용산구한강로2가 156-13
　　　　전화: 02-797-8786, 8787; 070-4109-9966
　　　　Fax: 02-797-9911
　　　　신고: 제302-2010-000029호 (2010. 3. 17)

ISBN 978-89-94707-85-3   93360

http://www.orebook.com
email ore@orebook.com

정가 20,000원

이 도서의 국립중앙도서관 출판시도서목록(CIP)은
서지정보유통지원시스템 홈페이지(http://seoji.nl.go.kr)와
국가자료공동목록시스템(http://www.nl.go.kr/kolisnet)에서 이용하실 수 있습니다.
(CIP제어번호: CIP2013012887)